チャオプラヤー川 MAP

チャオプラヤー川周辺には、バンコクのみどころがたくさん。
ボートで巡り…を味わおう。

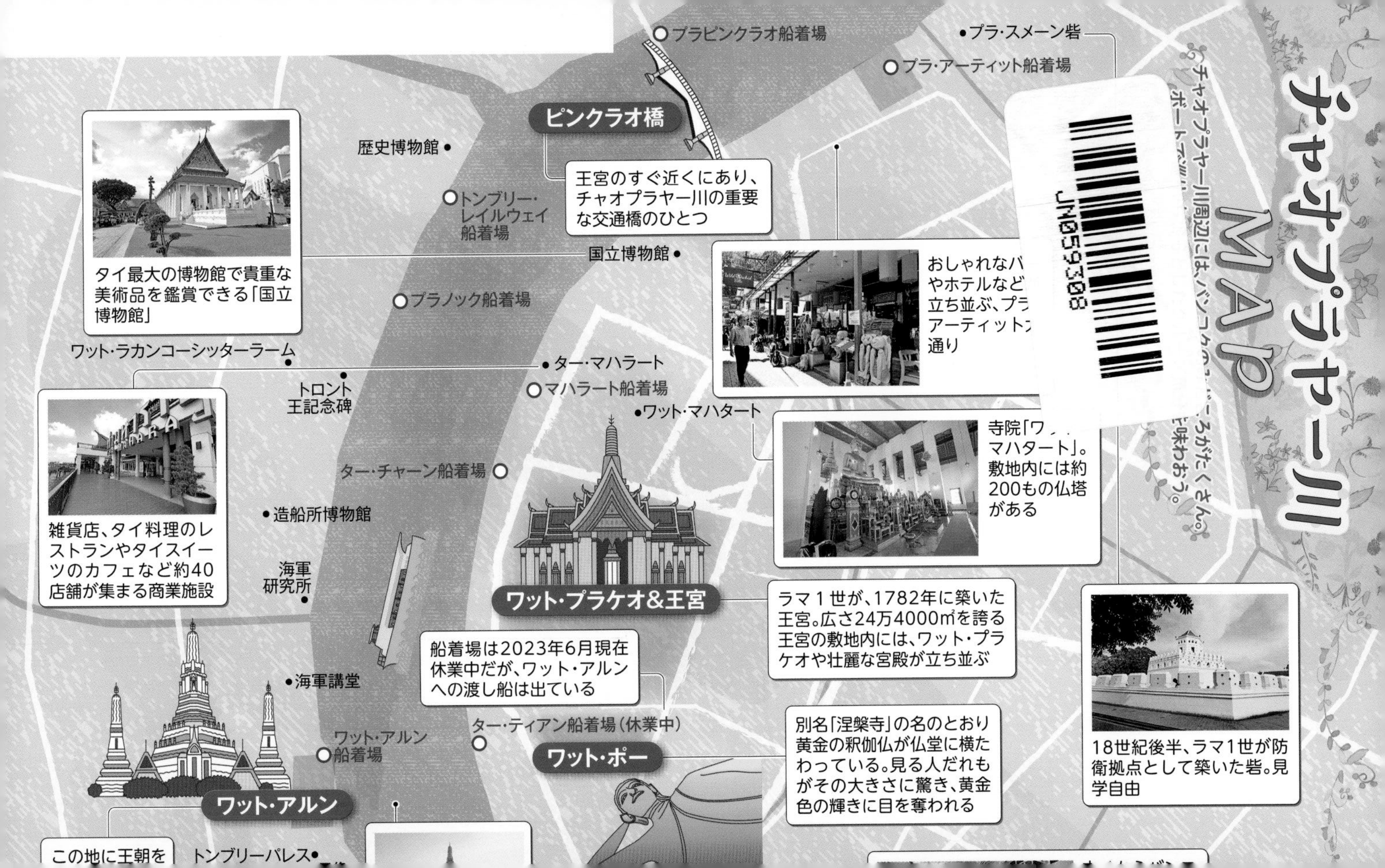

プラピンクラオ船着場
プラ・スメーン砦
プラ・アーティット船着場
ピンクラオ橋
王宮のすぐ近くにあり、チャオプラヤー川の重要な交通橋のひとつ
歴史博物館
トンブリー・レイルウェイ船着場
国立博物館
タイ最大の博物館で貴重な美術品を鑑賞できる「国立博物館」
プラノック船着場
おしゃれなバ やホテルなど 立ち並ぶ、プラ アーティット 通り
ワット・ラカンコーシッターラーム
ター・マハラート
マハラート船着場
トロント王記念碑
ワット・マハタート
寺院「ワ マハタート」。敷地内には約200もの仏塔がある
ター・チャーン船着場
造船所博物館
雑貨店、タイ料理のレストランやタイスイーツのカフェなど約40店舗が集まる商業施設
海軍研究所
ワット・プラケオ&王宮
ラマ1世が、1782年に築いた王宮。広さ24万4000㎡を誇る王宮の敷地内には、ワット・プラケオや壮麗な宮殿が立ち並ぶ
18世紀後半、ラマ1世が防衛拠点として築いた砦。見学自由
船着場は2023年6月現在休業中だが、ワット・アルンへの渡し船は出ている
海軍講堂
ター・ティアン船着場（休業中）
ワット・アルン船着場
ワット・ポー
別名「涅槃寺」の名のとおり黄金の釈伽仏が仏堂に横たわっている。見る人だれもがその大きさに驚き、黄金色の輝きに目を奪われる
ワット・アルン
この地に王朝を
トンブリーパレス

各エリアからチャイナタウンへのアクセス

Ⓢ…START Ⓖ…GOAL

エリア	公共交通の移動例（👣：徒歩、🚃：BTSまたはMRT、⛴：チャオプラヤー・エクスプレス・ボート）	公共交通の所要時間	タクシーまたは配車アプリの所要時間
サイアム	Ⓢ BTSサイアム駅⇒ 🚃 BTSサラデーン駅⇒ 👣 MRTシーロム駅⇒ 🚃 MRTワットマンコン駅⇒ 👣 Ⓖ チャイナタウン	約50分	約10〜25分
シーロム	Ⓢ MRTシーロム駅⇒ 🚃 MRTワットマンコン駅⇒ 👣 Ⓖ チャイナタウン	約30分	約10〜25分
サトーン・ピア周辺	Ⓢ サトーン・ピア⇒ ⛴ ラーチャウォン船着場⇒ 👣 Ⓖ チャイナタウン	約20分	約20分
王宮周辺	Ⓢ ター・チャーン船着場⇒ ⛴ ラーチャウォン船着場⇒ 👣 Ⓖ チャイナタウン	約30分	約15〜30分
カオサン	Ⓢ ター・チャーン船着場⇒ ⛴ ラーチャウォン船着場⇒ 👣 Ⓖ チャイナタウン ※徒歩が長いため注意	約40分	約15〜30分
スクンビット	Ⓢ MRTスクンビット駅⇒ 🚃 MRTワットマンコン駅⇒ 👣 Ⓖ チャイナタウン	約30分	約20〜45分
トンロー	Ⓢ BTSトンロー駅⇒🚃 BTSアソーク駅⇒ 👣 MRTスクンビット駅⇒ 🚃 MRTワットマンコン駅⇒ 👣 Ⓖ チャイナタウン	約50分	約20〜45分

Bangkok Chinatown Map

金製品の売買が行われる「金行」やレストラン、食料品店などが多くある「ヤワラート通り」
衣料品、靴、おもちゃ、文具などの卸し問屋が並ぶ「サンペンレーン（ソイ・ワーニット1）」
エンジンや電気製品など機械のパーツや工具を売る電器店が多い「クローントム・エリア」
近年おしゃれなカフェやバーがたくさんオープンしている「ソイ・ナナ」
細い道の両側に商店が並ぶ中華食材の市場通り「イサラヌパープ通り」
遊歩道に雑貨店が並び、日暮れはライトアップされる「オンアーン運河ウォーキングストリート」
ルアン通り
中央病院
クローントム・エリア
Khlong Thom
Phlap Phla Chai Rd
Phapphachai2
（警察署）
New markets
ワット・マンコン
呂帝廟
イサラヌパープ通り
Itsaranuphap Aly
MRTワットマンコン駅
WAT MANGKON
陳點心
（点心の店）
1番出口から歩いて約2～3分で中心部のヤワラート通りに着く
7月22日ロータリー
（公園&噴水）
夕方以降は、バーがオープン。明かりが灯り、風情ある雰囲気に
Charoen Krung Rd.
ソムチャーイラングノッ
（ツバメの巣スープの屋台）
ヤワラート屋台街
テキサス・スキ
（鍋料理店）
ソイ・ナナ
Soi Nana
&豆花の屋台）
セブンイレブン
T&Kシーフード（魚介料理店）
ピージュー・バー
UBO（銀行）
ウォールフラワーズ・カフェ
チャイナタウン
益生老店
（カフェ）
セブンイレブン
チャタ・スペシャルティ・コーヒー（カフェ）
Song Sawat
ワット・サンパンタウォン
ワット・トライミット
Wat Tramit
（黄金仏寺院）
昔ながらのカフェ「益生老店」の付近はチャイナタウンの日常に出合える
ヤワラート門
（中華大門広場）
MRTフアランポーン駅から中華街へ徒歩で行く場合はこの橋を利用する

ン王ゆかりの寺院。チャオプラヤー川の向こうに立つ大仏塔の姿は、バンコクを象徴する景色のひとつ
ウィチャイプラシッド砦
ワット・カンラヤー・ウォラマハーウィハーン
船上からのワット・アルンの眺めも見逃せない！
ラーチニー船着場
パーク・クローン市場
ク最大の花市場として栄える「パーク・クローン市場」
サンタクルス教会
プッタ・ヨードファー橋
メモリアルブリッジ船着場
チャオプラヤー・スカイパークに行きたいならこの船着場で降りよう
州政府事務所
Playu Phanta Khan Museum
プラ・ポッククラオ橋
ラマ7世の通称「ポッククラオ」を冠した橋
バンコク市街地とトンブリー地区を繋ぐことを目的に建設された、タイで2番目に古い橋
Kwatin Islam
関帝廟
ラーチャウォン船着場
プラ・ポッククラオ橋の上に造られた庭園「チャオプラヤー・スカイパーク」。チャオプラヤー川を見渡せる
商船用の船着場を改装し、中国文化を取り入れた建物や装飾が特徴の商業施設
ロン1919
Che Chin Khor
マリン・デパートメント船着場
タイ最大級の規模を誇る巨大複合施設。館内にはファッションブランドをはじめとするショップや飲食店、美術館や映画館なども
アイコンサイアム
無料シャトルボート船着場
ミレニアム・ヒルトン・バンコク
アイコンサイアム
シー・プラヤー船着場

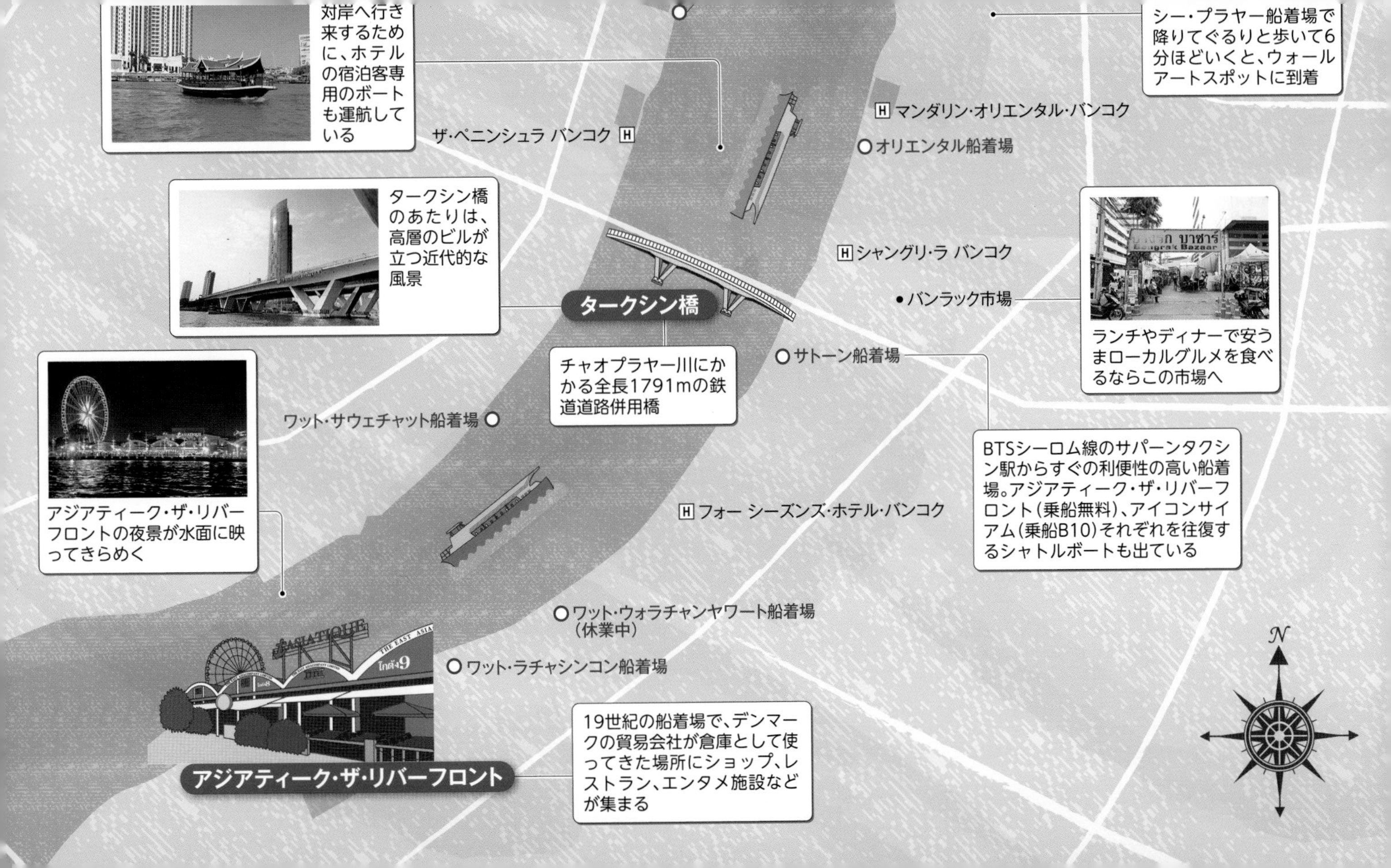
対岸へ行き来するために、ホテルの宿泊客専用のボートも運航している
シー・プラヤー船着場で降りてぐるりと歩いて6分ほどいくと、ウォールアートスポットに到着
マンダリン・オリエンタル・バンコク
ザ・ペニンシュラ バンコク
オリエンタル船着場
タークシン橋のあたりは、高層のビルが立つ近代的な風景
シャングリ・ラ バンコク
バンラック市場
ランチやディナーで安うまローカルグルメを食べるならこの市場へ
タークシン橋
チャオプラヤー川にかかる全長1791mの鉄道道路併用橋
サトーン船着場
ワット・サウェチャット船着場
BTSシーロム線のサパーンタクシン駅からすぐの利便性の高い船着場。アジアティーク・ザ・リバーフロント(乗船無料)、アイコンサイアム(乗船B10)それぞれを往復するシャトルボートも出ている
アジアティーク・ザ・リバーフロントの夜景が水面に映ってきらめく
フォー シーズンズ・ホテル・バンコク
ワット・ウォラチャンヤワート船着場(休業中)
ワット・ラチャシンコン船着場
N
アジアティーク・ザ・リバーフロント
19世紀の船着場で、デンマークの貿易会社が倉庫として使ってきた場所にショップ、レストラン、エンタメ施設などが集まる

バンコク チャイナタウンMAP

チャイナタウン周辺は、雑多なローカル感が魅力。
ヤワラート通りから、特色ある路地をさんぽしてみるのもおすすめ。

ダウンロード
方法は
袋とじへ！

せかたび

バンコク

完全 Map

S ショップ
R レストラン
H ホテル
C カフェ
N ナイトスポット
B エステ・スパ
E エンタメ

バンコク全体図

A
B
C
1
2
3
4
クルンテープ・アピワット中央
Krung Th
Aphiwat Central Termi
バンポー
BANG PHO
タオプーン
TAO POON
バンスー
BANG SU
バンオー
BANG O
パーディパット
PRA DIPAT
バンプラット
BANG PHLAT
チャオプラヤー川
Charan Sanitwong Rd.
Rama V Rd.
バンバルム
BANG BAMRU
シリントーン
SIRINDHORN
南バスターミナル(サーイタイ)へ
クルントン橋
Ratchawithi
バンイーカン
BANG YI KHAN
サムセン
SAMSEN
ウィマンメーク宮殿（ラマ5世博物館）
イン・ラブ
ラマ8世橋
旧国会議事堂
ドゥシット動物園
チットラダー宮殿
サナーム
SANA
ラマティボディ病院
RAMATHBODHI HOSPITAL
戦勝記念塔
ワット・ベンチャマボピット
Wat Benchamabophit
P236
Sri Ayutthaya Rd.
プラ・スメーン砦
P235 Phra Sumen Fort
ロイヤル・ターフ・クラブ
ビクトリーモニュメント
VICTORY MONUMENT
バンクンノン
BANG KHUN NON
王宮～チャイナタウン P4-5
サイアム周辺 P6-7
トンブリー
THON BRI
ラチャダムヌン・ボクシング・スタジアム
P154
ヨマラート
YOMMARAT
Lan Luang Rd.
ファイチャイ
FAI CHAI
ウルポン
URUPONG
パヤタイ
PHAY
ラチャテーウィー
RATCHATHEWI
ワット・プラケオ
P44
P44 王宮
サムヨート
SAM YOT
ナショナル・スタジアム
NATIONAL STADIUM
ワット・ポー
P46
サイアム
SIAM
Rama I Rd.
ワット・アルン
P48
サナームチャイ
SANAM CHAI
ワットマンコン
WAT MANGKON
フアランポーン
HUA LAMPHONG
ラチャダム
RATCHADAM
プラ・ポックラオ橋
チャラン13
CHARAN 13
イサラパープ
ITSARAPHAP
フアランポーン
HUA LAMPHONG
MRT（地下鉄）
Rama IV Rd.
Phaya Thai Rd.
Prajadhipok
クローンサーン
KHLONG SAN
サムヤーン
SAM YAN
Sri Praya Rd.
ターブラ
THA PHRA
Phetkasem Rd.
BTS（スカイトレイン）ゴールドライン
Surawong Rd.
Silom Rd.
サラデーン
SALA D
ウォンウィアン・ヤイ
WONGWIAN YAI
タークシン王像
チャルンナコーン
CHAROEN NAKHON
バンパイ
BANG PHAI
ワット・パクナム
Wat Paknam P50
ウォンウィアン・ヤイ
WONGWIAN YAI
BTS（スカイトレイン）シーロム線
チョンノンシー
CHONG NONSI
サパーンタクシン
SAPHAN TAKSIN
SATHORN
タラートプルー
TALAT PHLU
クルントンブリー
KRUNG THONBURI
Sathon Nua Rd.
セントルイス
SAINT LOUIS
ポーニミット
PHO NIMIT
スラサック
SURASAK
ARKHAN SONFKHRO
サトーン船着場
シーロム～サトーン・ピア P8-9
ウッタカート
WUTTHAKAT
タラートプルー
TALAT PHLU
フォーシーズンズ・ホテル・バンコク
P215
カペラ・バンコク
P215
YEN ARKART
Taksin Rd.
マノーラ・クルーズ
P150
アナンタラ・リバーサイド・バンコク・リゾート
P213
クローントンサイ
KHLONG TON SAI
BRT
アジアティーク・ザ・リバーフロント P54
THANON CHA
チョームトーン
CHOM THONG
Charoen Krung Rd.

バンコク周辺図
サーイマイ
ドンムアン国際空港
ノンタブリー
バーンケーン
クローン
サームワー
チャトゥチャック
カンナーヤーオ
ミンブリー
バンコク全体図
タリン
チャン区
フワイ
クワーン
バーン
カピ区
サパーン
スーン
ワッタ
ナー区
スワン
ルワン区
バーン
ケー区
SATHON
プラウェート
スワンナプーム
国際空港
バーンナー区
バーンクン
ティアン区
5km
北バスターミナル
（モーチット・マイ）
クイーン・
シリキット公園
パホーンヨーティン
PHAHON YOTHIN
ルンピニ・
ボクシング・
スタジアム
P154へ
ラップラオ
LAT PHRAO
モーチット
MO CHIT
チャトゥチャック・
ウィークエンド・
マーケット P138
ラチャダーピセーク
RATCHADAPHISEK
オートーコー市場
P71
サパーンクワーイ
SAPHAN KHWAI
スティサーン
SUTTHISAN
Thanon Sutthisan Winitchai
MRT（地下鉄）
Don Muang Toll Way
Rathadaphisek Rd.
ファイクアン
HUAI KHWANG
Lat Phrao Rd.
P59 ザ・ワン・ラチャダー
Thiam Ruam Mit
タイランド・
カルチュラル・センター
THAILAND
CULTURAL CENTRE
ラチャナカン病院
Din Daeng Rd.
ナーナー駅周辺 P12
Chalong Rat Expy
プララーム9
PHRA RAM 9
Rama IX Rd.
Royal City
マッカサン
MAKKASAN
バンコク病院
エアポート・レイル・リンク
ペッチャブリー
PHETCHABRI
Phetchaburi Rd.
ラムカムヘーン
RAMKHAMHAENG
プルーンチット
PHLOEN CHIT
Soi 21
ナーナー
NANA
オアシス・スパ
P162
スクンビット
SUKHUMVIT
アソーク
ASOK
Soi 39
BTS（スカイトレイン）スクンビット線
Soi 55 (Thonglor)
Soi 63 (Ekkamai)
スワンナプーム国際空港へ
ザ・オ・エカマイ P111
プロームポン
PHROM PHONG
Sukhumvit Rd.
トンロー
THONG LO
クイーン・シリキット・
ナショナル・コンベンション・
センター
QUEEN SIRIKIT NATIONAL
CONVENTION CENTRE
クロントーイ
KHLONG TOEI
エカマイ
EKKAMAI
東バスターミナル
（エカマイ）
Soi 71
ジョー・ルイス・シアター
アジアティーク・スカイ P57
カリプソ・キャバレー P57・152
ナッタキット・デコ P56
ジョエラ P56
シーラック＆クオリティ P56
コン・ファイ P56
カス P57
プタワン P57
シリマハノップ P56
コーダン・タレー P56
クア・サワディー P57
スクンビット周辺 P10-11
トンロー周辺 P13
プラカノン
PHRA KHANONG
オンヌット
ON NUT
ジム・トンプソン・
スクンビット93
アウトレットストア
P127
P162 シリ・ギリヤ・スパ
P62 エラワン・ミュージアムへ
500m

リヴァ・スルヤ・バンコク P215
クンデーン・クイチャップユアン P97
マム・トムヤムクン P86
パトンコー・カフ P181
プラ・アーティット通り P235 Phra Athit Rd.
P181 フー・バー
Ram Buttri Rd.
Phra Sumen Rd.
ワット・チャナ・ソンクラーム P236 Wat Chana Songkhram
バンランプー市場 P181
Thanon Tani Rd.
ランブトリ通り P235
スターバックス
トンブリー・レイルウェイ Thonburi Railway
Somdet Phra Pin Klao Rd.
世界中のバックパッカーが集う、バンコク有数の安宿街。おしゃれなカフェやバーが立ち並び、若者たちでにぎわう
警察署
アーバン・タイ・マッ P181
ザ・ワン P181
モーリー・バ P181
国立美術館 National Gallery
カオサン通り Khao San Rd. P234
国立劇場 National Theatre
国立博物館 The National Museum Bangkok P63
バディ・ビア P181
パッタイ・フ
ラチャダムヌン・クラン通り Ratchadamnoen Klang Rd.
ロイヤル
マリア
セブンイレブン
フック・アベニュー
リム・コブ・ファ・ブックストア
プラジャン船着場
タマサート大学
プラノック Prannok
セブンイレブン
Phra Chan Rd.
カフェ・ヴェロ・ダム
Na Phra That Rd.
サナム・ルアン（王宮前広場）Sanam Luang
アサダン通り Atsadang Rd.
ワット・プラナシリ・マッタヤラム
クルア・アプソーン P88
ター・マハラート Tha Maharaj
ター・マハラート P77
ワット・マハタート Wat Mahathat P236
Bun Siri Rd.
ワット・マハンナ・パーラーム
最高裁判所
川沿いのショッピングモール。飲食店・雑貨店などが並ぶ。自転車のオブジェが目印
Mahannop Rd.
ティトーン通り Tithong Rd.
ワット・ラカン船着場
ター・チャーン Tha Chang
シラパコーン美術大学
検察所
サーン・ラック・ムアン San Lak Muang P234
ジンジャーブレッド・ハウス P179
ナ・プラ・ラン通り Na Phra Lan Rd.
Plaeng Nara Rd.
プレーン・プートン通り Phraeng Phuthon Rd. P179
ウィセーチャシー門（正門入口）
ネイビー・ワイブス・アソシエーション・ショップ
ワット・プラケオ Wat Phra Kaeo P44
国防省
P179 ナッタポーン
Bamrung Muang Rd.
バムルン・ムアン通り
サオ・チン（大ブラン P235 Sao Ching
サナムチャイ通り
Kanlaya Namit Rd.
Maharat Rd.
内務省
ワット・スタ Wat Sutha P179
チャオプラヤー川
Fuang Nakhon Rd.
ロード運河 Khlong Road
ワット・ラチャプラディット
王宮 Grand Palace P44
サラムロム宮殿
サラムロム公園
ワット・ラーチャボピット Wat Ratchabophit P179
Titong Rd.
Sanam Chai Rd.
王宮、ワット・ポー周辺には観光客目当てのトゥクトゥクが多く集まっている。「今日は王宮は休みだ」と嘘をついて、市内観光に誘う悪質ドライバーが多いので注意が必要
チャルン・クルン通り Charoen Krung Rd.
サム
モンティップ・ココナッツ・アイスクリーム P115
タイ・ワン通り Thai Wang Rd.
正面入口
ワット・ポー・トラディショナル・メディカル・スクール P82・168
ター・ティアン（休業中）Tha Tien（ワット・アルン行き）
ワット・ポー Wat Pho P46
マハラート通り
P77 シックス
正面入口
Chettuphon Rd.
メガ・ブ
サラ・ラタナコーシン・バンコク P215
Phra Phitak Rd.
ワット・アルン船着場
サラ・ラタナコーシン（5F）P147
サイアム博物館 Museum Siam P179
サナームチャイ駅 SANAM CHAI
サラ・アルン
ビュー・アルン P77
Arun Amarin Rd.
ワット・アルン Wat Arun P48
Maharat Rd.
アサダン通り Atsadang Rd.
Ban Mo Rd.
スアン・クラブ大学
Triphet Rd.
警察署
インド
ロイヤル・インディア
メイク・ミー・マンゴー P112
フローラル・カフェ・アット・ナパソーン P118
ワット・ラチャプラナ Wat Ratchaburana
チャクラペット通り Chakraphet Rd.
リヴァ・アルン・バンコク P215
ラチニラン学校
セブンイレブン
P120 ブルー・ホエール
セブンイレブン
ワット・ポー・タイ・トラディショナル・メディカル＆マッサージ・スクール P167
パーク・クローン市場 P235
ヨートピマン市場
ラーチニー Rajinee
ワット・ポピット・ピムク
Saphan Rd.
ラマ1世像
ワット・カンラヤナミット船着場
ヨートピマン・リバーウォーク
セブンイレブン
チャオプラヤー・スカイパーク Chao Phraya Sky Pa P71
ワット・カンラヤナミット
メモリアルブリッジ Memorial Bridge
ラマ1世橋
100m

王宮~チャイナタウン
P4~5
P6~7
P12
P8~9
P10~11
P13
ホテル
デ モック
Wisut Kasat
ナンダ ヘリテイジ
ホテル
Ratchadamnoen Nok Rd.
ワット ソーマナット
ラーチャウォラウィハーン
Krung Kasem Rd
Luk Luang Rd
Thanon Rama V
ナーンルーン市場
Nakhon Sawan Rd.
Phaniang Rd.
警察署
ワット スントン
タンマターン
ロイヤル プリンセス
ラーン ルアン
Lan Luang Rd.
ラマ7世王博物館
Phanfa Bridge
船着場
マハーカーン砦
チェディ・カフェ&バー
P121
ワット・ラーチャナダーラーム
Wat Ratchanatdaram P236
スターティップ
P97
Thanon Chakkraphatdi Phong
ワット
シターラーム
ラワディット宮
Soi Damrong Rak
Luk Luang 2
Prince Suites Residence
スマイル イン
ボーベー
ワット・サケート
P235 Wat Saket
Soi Nak Bamrung
Bobe Market
船着場
ボーベー
市場
ティップサマイ
P94
Soi Phuchong
Soi Anantanak
Soi Maen Si 2
Soi Rong Liang Dek
Krung Kasem Rd.
Bamrung Mueang Rd.
Soi Ban Bat
ユハディー・ワニス
P129
Maha Chai Rd.
Soi Suan Mali 1
Soi Suan Mali 2
Phaya Maha Ammat Alley
P6へ
華僑医院
Soi Chulin
Soi Ban Dok Mai
Soi Suan Mali 1
Yukol 1 Rd.
Soi Thewi Worayat
Phlap Phla Chai Rd
ルアン通り
クローントム・センター
中央病院
Luang Rd.
"泥棒"市場
チャルン・クルン通り Charoen Krung Rd.
MRT
Chakkawat
New markets
ワット・チャイチャナ
ソンクラーム
警察署
ワット・
マンコン
呂帝廟
ヤワラート通り周辺一帯はチャイナタウン。中国料理店や金製品の店などが多数集まっている
サンペン市場
P177
真真アイスクリーム
P177
グランドチャイナ
陳點心
P177
和成興
大金行
ワットマンコン駅
WAT MANGKON
7月22日ロータリー
Soi Klong Thom
Ratchawong Rd.
Soi mangkon
ヤワラート通り
Yaowarat Rd. P177
セブン
イレブン
ヤワラート通り
屋台街
P109
セブンイレブン
チャイナタウン
テキサス・スキ P103
T&Kシーフード P177
セブン
イレブン
UBO
ビージュー・バー
P148
ウォールフラワーズ・
カフェ
フアランポーン駅
HUA LAMPHONG
RAILWAY STATION
P177 益生老店
チャタ・スペシャルティ・コーヒー
P119
ワット・サンパンタウォン
ワット・トライミット
Wat Tramit
P177
Song Sawat
ソンワート通り
Songwat Rd.
Rachawong
フアランポーン駅へ
P8へ
N5
D
E
F
1
2
3
4

サイアム周辺
P4～5
P6～7
P12
P8～9
P10～11
P13
A
B
C
1
2
3
4
Thanon Si Ayutthaya
パヤタイプレイス
35ワンナソー
C.P.タワー
パヤタイ駅
PHAYA YHAI
パヤタイプラザ
ウルポン駅
URUPONG
国鉄
ファランポーン駅へ
ピーオー P96
ペッブリー通り
Petchaburi Rd.
Soi 5
Soi 7
バンコク・シティ
Soi 19
Soi Phaya Nak
Soi 10
Soi Petchaburi 12
レジェンド P129
Petchaburi Rd.
Soi Petchaburi 18
ラチャテーウィー駅
RATCHATHEWI
アジア
シーライフ・バンコク・オーシャン・ワール
(B1F,B2F) P1
Rama VI Rd.
Sirat Expressway(Toll Rd.)
Banthat Thong Rd.
P5へ
Ban Krua Nua
船着場
Hua Chang
船着場
パヤタイ通り
Phaya Thai Rd.
P132 アーブ（
P135 ドナ・チャン（GF
P135 バス&ブルーム（
P135 プラナリ（
P141・171 グルメ・マーケット（
P94 サンサブ（
P96 ファイ・ソー・カム（
P102 MKゴールド（
P106 パラゴン・フードホール（
P115 ブッディ・ベリー（
P113 アイベリー（
ジム・トンプソン（
サイアム・パ
サイアム・セ
P171
ジム・トンプソンの家
Jim Thompson's House & Museum
P127
Soi Kasem San 2
Soi Kasem San 1
ロータス
ザ リッツ バンコク ホテル
ラマ1世通り
Rama I Rd.
サイアム@サイアム
ホリデイ・イン・エクスプレス
P103 しゃぶし（2F）
イエンリー・ユアーズ（2F）
P171
サイアム・ディスカバリー
P137
バンコク・アート&カルチャー・センター
Bangkok Art & Culture Centre
P171
P115 アイスディア（4F）
ナショナル・スタジアム駅
NATIONAL STADIUM
ドンドンドンキ
国立競技場
ニミブット・スタジアム
P137 MBKセンター
P87 バーン・クン・メー（2F）
P107 MBKフード・レジェンド（6F）
P132 オリエンタル・プリンセス（2F）
リド・コネクト
TMB
サイアム・スクエア
Soi 2
Soi 10
Soi 9
Soi Rong Mueang 5
Banthat Thong Rd.
Soi Chulalongkorn 12
クルアイ・クルアイ
P115
P113 マンゴー・タンゴ
P171 サイアム・スクエア・ワン
パトゥムワン・プリンセス
ボナンザモールの3FがMBKセンターの2Fとつながっており、横断通路沿いにはネイルショップが立ち並ぶ
Soi Chulalongkorn 62
P105 ソンブーン（4F）
P121 カジャ・バー（4F）
P171 ソムタム・ヌア
サイアムキット
ノボテル・バンコク
サイアム・ス
Soi Chulalongkorn 3
Soi Chulalongkorn 5
Soi Chulalongkorn 9
タクシーとトゥクトゥクが夜遊び客を待つ場所。深夜料金と言って料金を高く要求してくる場合もあるので注意を
パヤタイ通り
チュラロンコーン大学
Soi Chulalongkorn 22
Phaya Thai Rd.
100m
P8～9へ

D
E
F
ビクトリーモニュメント駅へ
キングパワー・ランナム
S P125
クアン・シーフード
P105
R
H プルマン・バンコク・キング・パワー
スコソン・バンコク
CV セブンイレブン
ンダ
スアン・パッカード宮殿
パタヤイ病院
国鉄
ラチャプラロップ駅
RACHAPRAROP
フルーツ・コート（18F）
P115
C
バイヨーク・スカイ
H
P214
インドラ・リージェント H
ラチャプラロップ通り
Rachaprarop Rd.
Soi 15
Soi 17
Soi 19
Soi 21
B アーブ（1F）P159
S タン（2F）P133
S カルマカメット（L1）P133
R リー・カフェ（6F）P93
R レム・チャロン・シーフード（3F）P104
R バーンイン・カフェ&ミール（4F）
S セントラル・フード・ホール（7F）
S ジム・トンプソン（7F）
Soi Samran
Soi 23
Soi 25
Soi 27
Soi 29
Soi Chaurat
Soi 33
エアポート・レイル・リンク
1
2
マッカサン駅・スワンナプーム国際空港駅へ
アマリ・ウォーターゲート・バンコク H
S シティ・コンプレックス
パラディウム・ワールド・ショッピング
S
S パンティップ・プラザ
プラチナム・ファッション・モール S
R クアンヘン P90
Soi 30
R コーアン・カオマンガイ・プラトゥーナム P90
P12へ
ペッブリー通り
Petchaburi Rd.
アム・ケンピンスキー・ル・バンコク P214
イーサン屋台街
R
Pratu Nam
船着場
Soi 32
センセーブ運河
Chitlom
船着場
Witthayu
船着場
ー・シャンバンバー・アット・レッド・スカイ（55F）P147
N
センタラ・グランド
H
アット セントラルワールド
プラ・ガネーシャ
Phra Ganesha
P79
プラ・トリムルティ
Phra Trimuruti
P79
BK スーパーリッチ
R ビッグC フードパーク（4F）P104
S ビッグC スーパーセンター P141
Soi Chitlom
Soi Som Khit
Chalerm Mahanakhon Expressway
3
セントラル・ワールド S
P136・171
B パンピューリ・ウェルネス（12F）P163
S パンピューリ（2F）P133
S ゲイソーン・ヴィレッジ P137
インターコンチネンタル・バンコク P214
H
H ホリデイ・イン・バンコク
プラ・ナライーソンスバン
R イータイ（LG）P107
イギリス大使館
スイス大使館
H パーク ハイアット バンコク P211
Soi Sukhumvit 1
ラマ1世通り Rama I Rd.
ゼン・タワー S
ハーン・ヘリテージ・スパ・クルンテープ（3F）P133
S
エラワンの祠
Erawan Phum
P78
S セントラル・チットロム
N ピア・リパブリック P149
ターウ・アマリン
チットロム駅
CHIT LOM
BTS（スカイトレイン）スクンビット線
S セントラル・エンバシー P137
プルーンチット駅
PHLOEN CHIT
ナーナー駅へ
（サイアム・スクエア店）
警察中央病院
S アマリン・プラザ
JCBプラザ ラウンジ・バンコク（9F）
S マーキュリー・ヴィレ
プルーンチット通り Phloen Chit Rd.
グランド・センター・ポイント・プルーンチット H P211
マンハッタン・プラザ
ハイアット エラワン バンコク H
ペニンシュラ・プラザ
S
H ルネッサンス・バンコク・ラッチャプラソーン
P213
オークラ・プレステージ・バンコク H
プルーンチット・センター
フ・アストリア・バンコク
H
P214
BTSシーロム線
ラチャダムリ通り
Mahatlek Luang 1
コートヤード・マリオット H
スーパーリッチ
BK
ソイ・ランスアン
N アップ&アボーヴ レストラン&バー（24F）P147
H ザ アテニー ホテル
N ヘア・オブ・ザ・ドッグ
P149
4
Soi 2
117 ピーコック・アレー
C
アナンタラ・スパ
B
H グランデ・センター・ポイント
B ラリンジンダ・ウェルネス・スパ（ラチャダムリ店）
P160 オークラスパ B
ベトナム大使館
ガン・バン・ペー R
P105
アナンタラ・サイアム・バンコク H
R タミー・ヤミー
P100
Mahatlek Luang 2
ントレジス・バンコク H
ラチャダムリ駅
RATCHADAMRI
JETRO
NANTAWANビル
Soi Lang Suan
Soi Tonson
Witthayu Rd.（Wireless Rd.）
Soi Ruam Rudi
Th. Duang Phithak
Soi 1
R パパラッチ（イタリア）
オール・シーズンズ・プレイス
P10へ
ロイヤルバンコク スポーツクラブ
S. Lang Suan 1
H センター・ポイント
サラデーン駅へ
P214 コンラッド・バンコク H
1
2
3
4
5
6
7
8
9

A
B
C
1
2
3
4
P5へ
ワット・サンパンタウォン
ヤワラート通り
ワット・トライミット
Wat Traimit P177
ヤワラート門
Song Sawat
Song Wat
Khao Lam
フアランポーン駅
HUA LAMPHONG RAILWAY STATION
フアランポーン駅
HUA LAMPHONG
セブンイレブン
Chula 30 Rd.
Chula 34 Rd.
Chula 36 Rd.
Banthat Thong
CALTEX
ラマ4世通り
ファミリーマート
Wat Pathum Khongkha Ratchawihan
サワディー・ピア
Sawadee Pier
ワット・トーンタマチャート・ピア
Wat Thongthummachat Pier
ロン1919
P76
マリン・デパートメント
Marine Dept.
N4
LOFTEL 22
ワット・マハーパルッターラーム
Charoen Krung Rd.
Mahaphruettharam Rd.
Second Stage Express Way
Mahanakhon Rd.
Sawang Rd.
Soi Kaeo Fa
Soi Song Phra
アミーゴ・タワー
アイコン・クラフト
P67
アイコニック・マルチメディア・ウォーター・フューチャーショー
P67
スーク・サイアム
P67
アイコンサイアム
P66
クローンサーン駅へ
シープラヤ通り
リバーシティ
アイコンサイアム シャトルボート乗り場 (シー・プラヤ・ピア)
ロイヤル・オーキッド・マンダラ・スパ
ロイヤル・オーキッド・シェラトン・ホテル&タワーズ P214
バンラック警察署
Naret Rd.
ミレニアム・ヒルトン・バンコク
P215
ウェアハウス30
Warehouse30
P175
Soi 43
シー・プラヤ
Si Phraya
N3
ポルトガル大使館
タイランド・クリエイティブ・デザイン・センター
Thailand Creative Design Center
P175
Soi Phuttha Osot
ナコン通り
ピア4
チャルンクルン・ソイ32
P235
Soi 32
チャルンクルン通り
バンコク・モスク
Surawong
アイコンサイアム
ICONSIAM
スラウォン通り
チャルンナコーン駅
CHAROEN NAKHON
ピア2
Soi 34
ハーモニック P175
アイコンサイアムシャトルボート乗り場 (キャットタワー・ピア)
サフロン・クルーズ乗り場
P151
ピア1
BTS (スカイトレイン) ゴールドライン
チャオプラヤー川
ワット・ムアン・ケー
Mahesak Rd.
Soi 18
オリエンタル・スパ
P161
O.P.ガーデン
P175 バーン・ソムタム
セブンイレブン
マンダリン・オリエンタル・バンコク別館
フランス大使館
シーロム・ヴィレッジ・トレード・センター
Silom
O.P.プレイス
アニタ・タイシルク
シーロム通り
ヒンドゥー寺
ワット・スワン
Wat Suwan
マンダリン・オリエンタル・バンコク P210
オーサーズ・ラウンジ P77・117
Soi 30
トップス (スーパー)
イエンタフォー ワット・ケーク
P96
ジム・トンプソン
オリエンタル
Oriental
N1
ファミリーマート
骨董品街
フォード
バンコク・ファッション・アウトレット
ザ・ペニンシュラ バンコク
P210
アサンプション大学
アサンプション教会
ルートシン病院
サン・スクエア
ホリデイ イン シーロム バンコク
Soi Silom 19
Pramuan Rd.
Pan Rd.
P116 ザ・ロビー
ザ・ペニンシュラ スパ
P160
ペニンシュラ船着場
ステート・タワー
スカイバー (63～65F) P175
タワー クラブ アット ルブア - SHA Extra Plus
クルントンブリー駅へ
P211 シャングリ・ラ バンコク
P116 ロビー・ラウンジ
バーン・パッタイ
P95
Soi 44
Si Wiang Rd.
ミャンマー大使館
プラチャック
P161 Chiスパ
シャングリ・ラ バンコク・クルンテープ・ウイング
Mode Sathorn Hotel
Sathon Nua
Sathon
Surasak Rd.
ロビンソン
セブンイレブン
バンラック市場
P109
スラサック駅
SURASAK
ホンダ
セントルイス・カトリック教会
BTS (スカイトレイン) シーロム線
サパーンタクシン駅
SAPHAN TAKSIN
セブンイレブン
ブルー・エレファント
P98
クルントンブリー駅へ
サトーン・ヌア通り
サトーン・タイ通り
Soi 15
サトーン
Sathorn
アイコンサイアム シャトルボート乗り場
アジアティーク・ザ・リバー・フロント シャトルボート乗り場
Charoen Rat Rd.
Charoen Krung Rd.
Charoen Krung 55
Jawa Mosque
Soi Charoen Rat 1 Yaek
100m

シーロム〜サトーン・ピア
P6〜7へ
P10へ
ラチャダムリ駅へ
ロイヤルバンコク スポーツクラブ
チュラロンコーン大学
パヤタイ通り
Phayathai Rd.
Henri Dunant Rd.
Chulalongkorn 11
みやげ物店などもあるが、ナイトマーケットが開かれる夕方からが圧倒的に賑やかになるパッポン通り。
地下鉄
Rama IV Rd.
Ratcha Damri Rd.
Sarasin Rd.
ルンピニ公園 屋台街 P108
ルンピニ公園
Lumphini Park P173
ジム・トンプソン本店 P126
チャムチュリ・スクエア
サムヤーン駅 SAM YAN
スネーク・ファーム
チュラロンコーン・メモリアル病院
ワット・ファランポーン
タニヤ・プラザ
タニヤ・プラザBTSウイング
P91 ルアントン
P101 ルアン・ウライ
ローズ
P214 ル・メリディアン・バンコク
タワナ
アマラ・バンコク P214
トン・カオ P88・173
P103 コカ
Surawong Rd.
スリウォン通り
タニヤ通り
Thaniya Rd.
Patpong 2
パッポン通り
Soi Than Tawan
クラウン・プラザ・バンコク・ルンピニ・パーク P214
ラマ6世像
シーロム駅 SI LOM
ミン・ヌードル P97
サバーイ・タイ・マッサージ
サラデーン駅 SALA DAENG
デュシタニ・バンコク
シーロム・コンプレックス P173
ロスニョム（B1F）P96
アフター・ユー・デザート・カフェ（2F）P113・172
ソムタム・ダー
ルンピニ駅へ
CPタワー
リバティ・スクエア
ユナイテッド・センター
ル・サイアム・ホテル
シーロム通り Silom Rd.
バンコク
シーロムシーリン
コンベント通り
Convent Rd.
P102 MKゴールド（サラデーン店）
マース・サトーン
サラデーン通り
Sala Daeng Rd.
Soi Sala Daeng 1
ムー・ムー・イータリー
遼寧餃子館
ダーラ・ビューティー&スパ P164
スーパーリッチ
タイ航空
シーロム・プラザ
宝石店
ル・ドゥ P98
トリニティ・モール
マハナコン・キューブ
プラウ P93
BNH病院
TISCOタワー
クラフト・ルーム サトーン P148
マハナコン P64 Mahanakhon
P65・173 展望台
マハナコン・スカイバー（76・77F）P65
キングパワー・マハナコン（2〜4F）P125
バンコク・マハナコン（G〜18F）P214
チョンノンシー駅 CHONG NONSI
セブンイレブン
マクドナルド
ユニコーン・カフェ P121
エバーグリーン・ローレル
JTBタイランド（ハリントンビル9F）
Phiphat 2
Sathon Nua (North) Rd.
Sathon Tai (South) Rd.
チャイドン
シェル
コモ・メトロポリタン・バンコク P213
P99 ナーム（GF）
スコータイ・バンコク P212
バーン・カニタ・サトーン P87
サトーン・ヌア通り
サトーン・タイ通り
シンガポール大使館
サトーン・シティ・タワー
バンコク・シティ・タワー
P210 バンヤン・ツリー・バンコク
P117 ロビー・ラウンジ
P146 ムーン・バー&ヴァーティゴ（61F）
P161 バンヤン・ツリー・スパ
セントルイス駅 SAINT LOUIS
サトーン駅 BRT SATHON
サヴォイ（M2F）
Wバンコク P212
ハウス・オン・サトーン P173
Soi Naradhiwas Rajanagarindra 7
Soi Naradhiwas Rajanagarindra 9
Soi Naradhiwas Rajanagarindra 11
Suan Phlu 6
Suan Phlu 8
Suanphlu Rd.
Nara Thiwat Rajanagarindra Rd.
BRT
バス・ラピッド・トランジット。専用レーンで走るバス路線で、主に在住者向け
P4〜5
P6〜7
P12
P8〜9
P10〜11
P13

スクンビット周辺
P4～5
P6～7
P12
P8～9
P10～11
P13
A
B
C
1
2
3
4
コンラッド バンコク
オリエンタル・レジデンス・バンコク
アメリカ合衆国大使館
P7へ
Soi 2
Soi 4
ロハス・レジデンス・スクンビット
アトランタ
ナーナー
P128 タイ・イセキュ
ウェスティン・グランデ・スクンビ
ガレリア10
プライ・ラヤ
P110
Soi 8
Soi Ruam Ruedi
Soi Ruam Rudi 2
Ruam Rudi 5 Alley
Soi Ruam Ruedi
オーシャ P87
Sarasin Rd.
Polo 1 Alley
Soi Polo 2
Polo 3 Alley
Polo 4 Alley
Polo 5 Alley
Polo 6 Alley
Sanam Khli Alley
ルンピニー警察署
Phra Chen Alley
Chalerm Maha Nakhon Express Way (Toll Rd.)
Duang Phitthak Rd.
Pluk Chit 1 Alley
ルンピニ公園
Lumphini Park
P173
Wireless Rd.
在タイ日本国大使館
シーロム駅へ
ソ バンコク
ルンピニ駅
LUMPHINI
Sathon Nuea Rd.
Sathon Tai Rd.
ライフ・センター
ヤム&タム
Soi Pluk Chit
MRT（地下鉄）
Rama IV Rd.
バンコク シティシティ美術館
ピナクル・ホテル・ルンピニー
Sathon 1 Alley
P9へ
Ngam Duphli Alley
マレーシアホテル
Saphan Khu Alley
Suwan Sawat Alley
クロントーイ駅
KHLONGTOEI
Phraya Phiren Alley
Sathon 1 Alley, Lane 1
パンティップスイーツ
Soi Si Bamphen
イッサヤ・サイアミーズ・クラブ
Pridi Alley
ジ エイム サトーン ホテル
クロントゥーイ郵便局
Uサトーン・バンコク
Soi Si Bamphen
Suan Phlu Park
Ngam Duphli Alley
Yen Akat Rd.
Soi Mek Sawat
Chuea Phloeng Rd.
Prasat Suk Alley
Princess Mothers Commemoration Public Park
100m

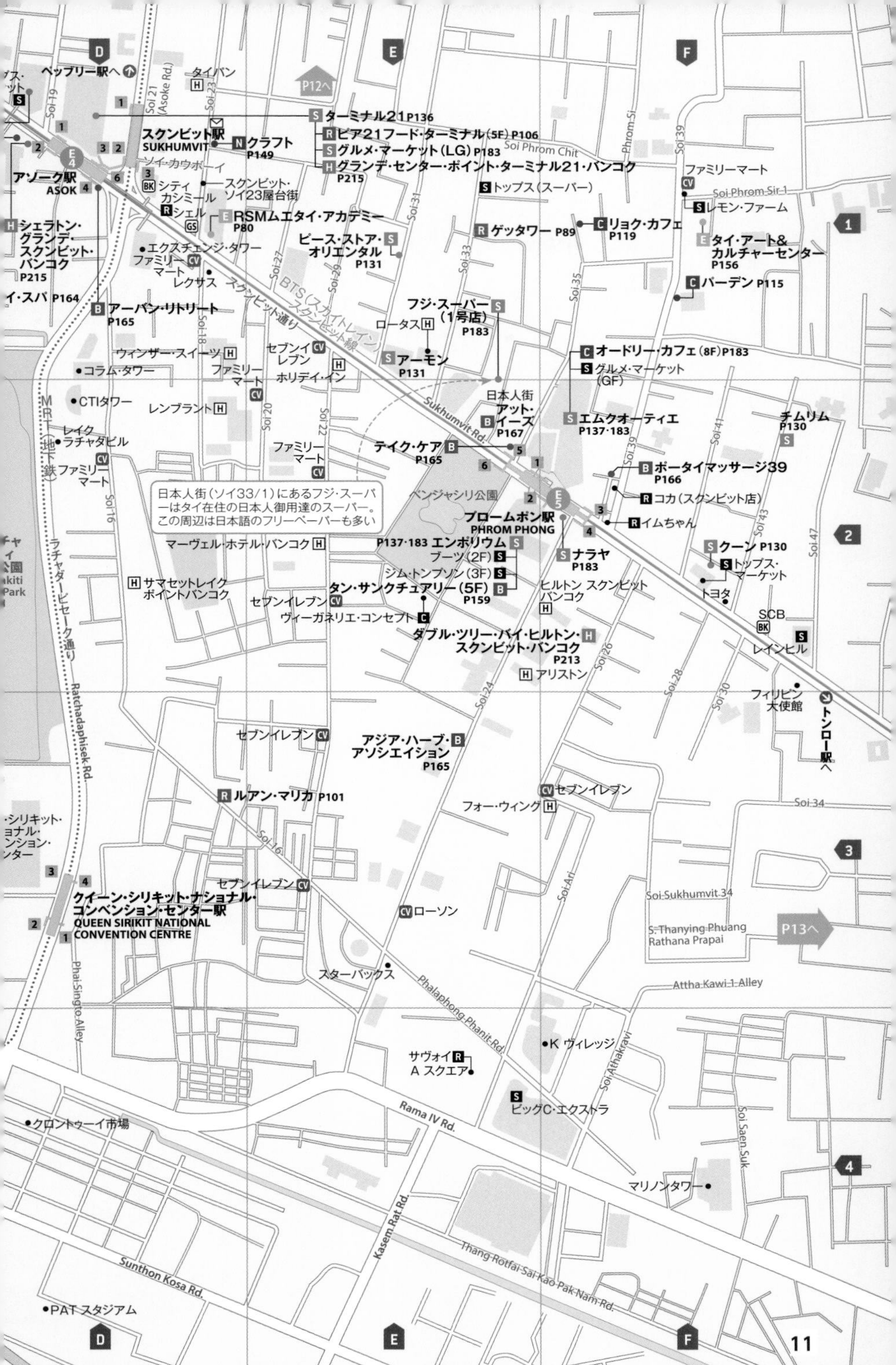
ペッブリー駅へ
タイパン
P12へ
ターミナル21 P136
ピア21フード・ターミナル(5F) P106
グルメ・マーケット(LG) P183
グランデ・センター・ポイント・ターミナル21・バンコク P215
スクンビット駅
SUKHUMVIT
クラフト P149
Soi Phrom Chit
ソイ・カウボーイ
アソーク駅
ASOK
シティ
カシミール
スクンビット・
ソイ23屋台街
トップス(スーパー)
ファミリーマート
Soi Phrom Sir 1
レモン・ファーム
シェル
RSMムエタイ・アカデミー P80
シェラトン・
グランデ・
スクンビット・
バンコク
P215
ゲッタワー P89
リョク・カフェ P119
ピース・ストア・
オリエンタル
P131
タイ・アート&
カルチャーセンター
P156
エクスチェンジ・タワー
ファミリー
マート
レクサス
パーデン P115
イ・スパ P164
アーバン・リトリート
P165
BTS(スカイトレイン)
スクンビット線
スクンビット通り
フジ・スーパー
(1号店)
P183
ロータス
ウィンザー・スイーツ
セブンイ
レブン
アーモン
P131
オードリー・カフェ(8F) P183
グルメ・マーケット
(GF)
コラム・タワー
ファミリー
マート
ホリデイ・イン
CTIタワー
レンブラント
日本人街
アット・
イーズ
P167
エムクオーティエ
P137・183
チムリム
P130
レイク
ラチャダビル
ファミリー
マート
テイク・ケア
P165
ポータイマッサージ39
P166
コカ(スクンビット店)
日本人街(ソイ33/1)にあるフジ・スーパーはタイ在住の日本人御用達のスーパー。この周辺は日本語のフリーペーパーも多い
ベンジャシリ公園
プロームポン駅
PHROM PHONG
イムちゃん
マーヴェル・ホテル・バンコク
P137・183 エンポリウム
ブーツ(2F)
ジム・トンプソン(3F)
ナラヤ
P183
クーン P130
トップス・
マーケット
サマセットレイク
ポイントバンコク
タン・サンクチュアリー(5F)
P159
セブンイレブン
ヒルトン スクンビット
バンコク
トヨタ
ヴィーガネリエ・コンセプト
ダブル・ツリー・バイ・ヒルトン・
スクンビット・バンコク
P213
SCB
レインヒル
アリストン
ラチャダーピセーク通り
Ratchadaphisek Rd.
MRT(地下鉄)
フィリピン
大使館
トンロー駅へ
セブンイレブン
アジア・ハーブ・
アソシエイション
P165
セブンイレブン
フォー・ウィング
ルアン・マリカ P101
Soi 34
セブンイレブン
ローソン
クイーン・シリキット・ナショナル・
コンベンション・センター駅
QUEEN SIRIKIT NATIONAL
CONVENTION CENTRE
Soi Sukhumvit 34
S.Thanying Phuang
Rathana Prapai
P13へ
スターバックス
Atha Kawi 1 Alley
Phalaphong Phanit Rd.
Phai Singto Alley
K ヴィレッジ
サヴォイ
A スクエア
Soi Athakravi
ビッグC・エクストラ
Rama IV Rd.
クロントゥーイ市場
Soi Saen Suk
マリノンタワー
Kasem Rat Rd.
Thang Rotfai Sai Kao Pak Nam Rd.
Sunthon Kosa Rd.
PAT スタジアム
Soi 19
Soi 21 (Asoke Rd.)
Soi 23
Soi 27
Soi 29
Soi 31
Soi 33
Soi 35
Soi 39
Phrom Si
Soi 41
Soi 43
Soi 47
Soi 18
Soi 20
Soi 22
Soi 16
Soi 24
Soi 26
Soi 28
Soi 30
Soi Ari
D
E
F
1
2
3
4

ナーナー駅周辺

P4～5
P6～7
P12
P8～9
P10～11
P13
タイランド・カルチュラル・センター駅へ
セントラル グランド
プララーム9駅
PHRA RAM 9
ジョッド・フェアーズ
P58
フォーチュン・タウン
スペース・ハイダウェイ・アソーク・ラチャダ
ICCタワー
グランド・メルキュール・バンコク
Rama IX Rd.
ラマ9世通り
ハイ・レジデンス・バンコク
Sirat Express Way(Toll Rd.)
Chaturathit Rd.
パヤタイ駅へ
エアポート・レイル・リンク
Thanon Nikhom Makkasan Rd.
P7へ
Kamphaeng phet 7 Rd.
マッカサン駅
MAKKASAN
リズム・アソーク
高速道路管理事務所
アソーク・スキン病院
プリンス・ホテル・バンコク
ドン・ボスコ工業学校
ペッブリー通り
Petchaburi Rd.
マッカサン・ピタヤ学校
タナプーム・タワー
セント・ドミニク学校
Qアソーク
ペッチャブリー駅
PHETCHBURI
Nana Nua 船着場
Asok 船着場
ナ・アルン
P101
日本大使館公邸
バムルンラート・インターナショナル病院
ハバナ・ソシアル
アバーブ・イレブン (33F)
フレイザー・スイーツ
パキスタン大使館
ロイヤル・ベンジャ
ゼニス・スクンビット
ルフェニックス
ネスト(9F)
シーナカリンウィロート大学
ルアムサップ市場
P108
MRT(地下鉄)
グレース
SALIL HOTEL
ブルーシチット駅へ
グランド・イン
KTB
ナナ・スクエア
アラブ人街 P234
Arabian Town
グランド5
税務署
アマリ
パーク
JWマリオット・ホテル・バンコク
P215
ナナプラザ
パシフィック・プレイス
アンバサダー
ハイアット・リージェンシー・バンコク・スクンビット
P215
ヘルス・ランド
P167
ガパオ・ターペ P92
ザ・ローカル P183
ダイナスティ・イン
シティ・ロッジ
ランドマーク・バンコク
ナーナー駅
NANA
グリーン・ハウス
P91
マンハッタン
BTS(スカイトレイン・スクンビット線)
フォー・ポインツ・バイ・シェラトン・スクンビット15
カムティエン・ハウス博物館
The Kamthieng House Museum
ローソン
マックスバリュ(スーパー)
ジャイ・サマーン教会
スクンビット
ソフィテル・バンコク・スクンビット P215
グランド スクンビット ホテル バンコク マネジメント バイ アコー
アソーク駅へ
スクンビット駅へ
P10～11へ
Sukhumvit Rd.
Soi 21(Asok Montri Rd.)(Sukhumvit 21)
Asok-Din Daeng Rd.

トンロー周辺

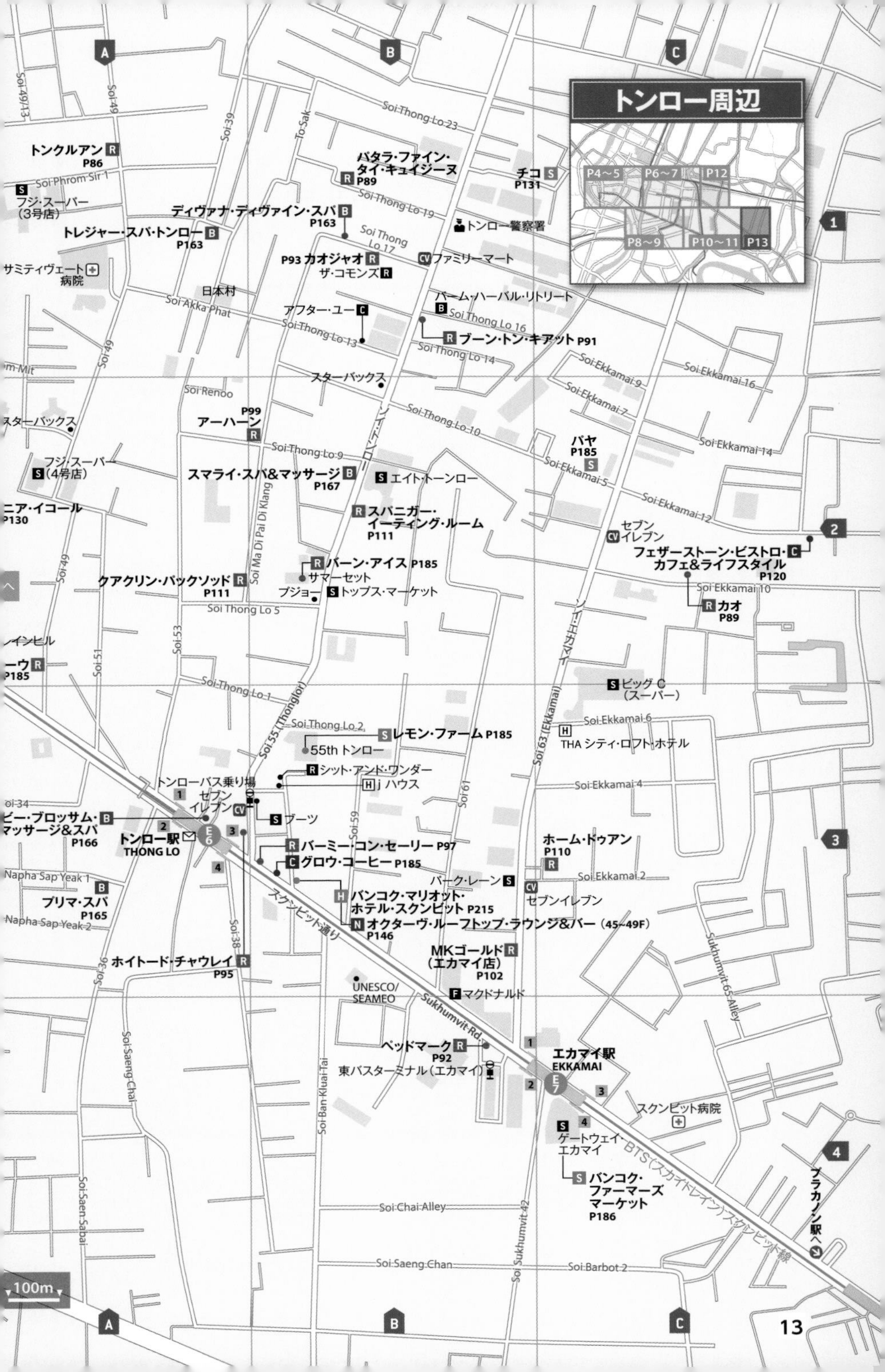

トンクルアン R P86
フジ・スーパー（3号店）
パタラ・ファイン・タイ・キュイジーヌ R P89
チコ S P131
ディヴァナ・ディヴァイン・スパ B P163
トレジャー・スパ・トンロー B P163
トンロー警察署
サミティヴェート病院
P93 カオジャオ R
ザ・コモンズ R
ファミリーマート
日本村
バーム・ハーバル・リトリート B
アフター・ユー C
ブーン・トン・キアット R P91
スターバックス
アーハーン R P99
パヤ S P185
フジ・スーパー（4号店）
スマライ・スパ&マッサージ B P167
エイト・トーンロー
スパニガー・イーティング・ルーム R P111
セブンイレブン
フェザーストーン・ビストロ・カフェ&ライフスタイル C P120
バーン・アイス R P185
サマーセット
クアクリン・パックソッド R P111
ブジョー
トップス・マーケット
カオ R P89
ビッグC（スーパー）
レモン・ファーム S P185
55th トンロー
THA シティ・ロフト・ホテル
シット・アンド・ワンダー R
j ハウス H
トンローバス乗り場
セブンイレブン
ブーツ S
トンロー駅 THONG LO
ホーム・ドゥアン R P110
バーミー・コン・セーリー R P97
グロウ・コーヒー C P185
パーク・レーン S
セブンイレブン
バンコク・マリオット・ホテル・スクンビット H P215
オクターヴ・ルーフトップ・ラウンジ&バー N（45~49F）P146
プリマ・スパ B P165
MKゴールド（エカマイ店）R P102
ホイトード・チャウレイ R P95
UNESCO/SEAMEO
マクドナルド F
ペッドマーク R P92
エカマイ駅 EKKAMAI
東バスターミナル（エカマイ）
スクンビット病院
ゲートウェイ・エカマイ S
バンコク・ファーマーズ・マーケット S P186
プラカノン駅へ
スクンビット通り
Sukhumvit Rd.
BTS（スカイトレイン）スクンビット線
Soi Thong Lo 23
Soi Thong Lo 19
Soi Thong Lo 17
Soi Thong Lo 16
Soi Thong Lo 14
Soi Thong Lo 13
Soi Thong Lo 10
Soi Thong Lo 9
Soi Thong Lo 5
Soi Thong Lo 2
Soi Thong Lo 1
Soi 55 (Thonglor)
Soi 63 (Ekkamai)
Soi Ekkamai 16
Soi Ekkamai 14
Soi Ekkamai 12
Soi Ekkamai 10
Soi Ekkamai 9
Soi Ekkamai 7
Soi Ekkamai 6
Soi Ekkamai 5
Soi Ekkamai 4
Soi Ekkamai 2
Soi Akka Phat
Soi Renoo
Soi Phrom Sir 1
Soi Ma Di Pai Di Klang
Soi 39
Soi 49
Soi 49/13
Soi 51
Soi 53
Soi 59
Soi 61
Soi 38
Soi 36
Soi 34
Napha Sap Yeak 1
Napha Sap Yeak 2
Soi Ban Kluai Tai
Soi Saeng Chai
Soi Saen Sabai
Soi Chai Alley
Soi Saeng Chan
Soi Barbot 2
Soi Sukhumvit 42
Sukhumvit 65 Alley
To Sak
P4～5
P6～7
P12
P8～9
P10～11
P13
100m

バンコク交通路線図

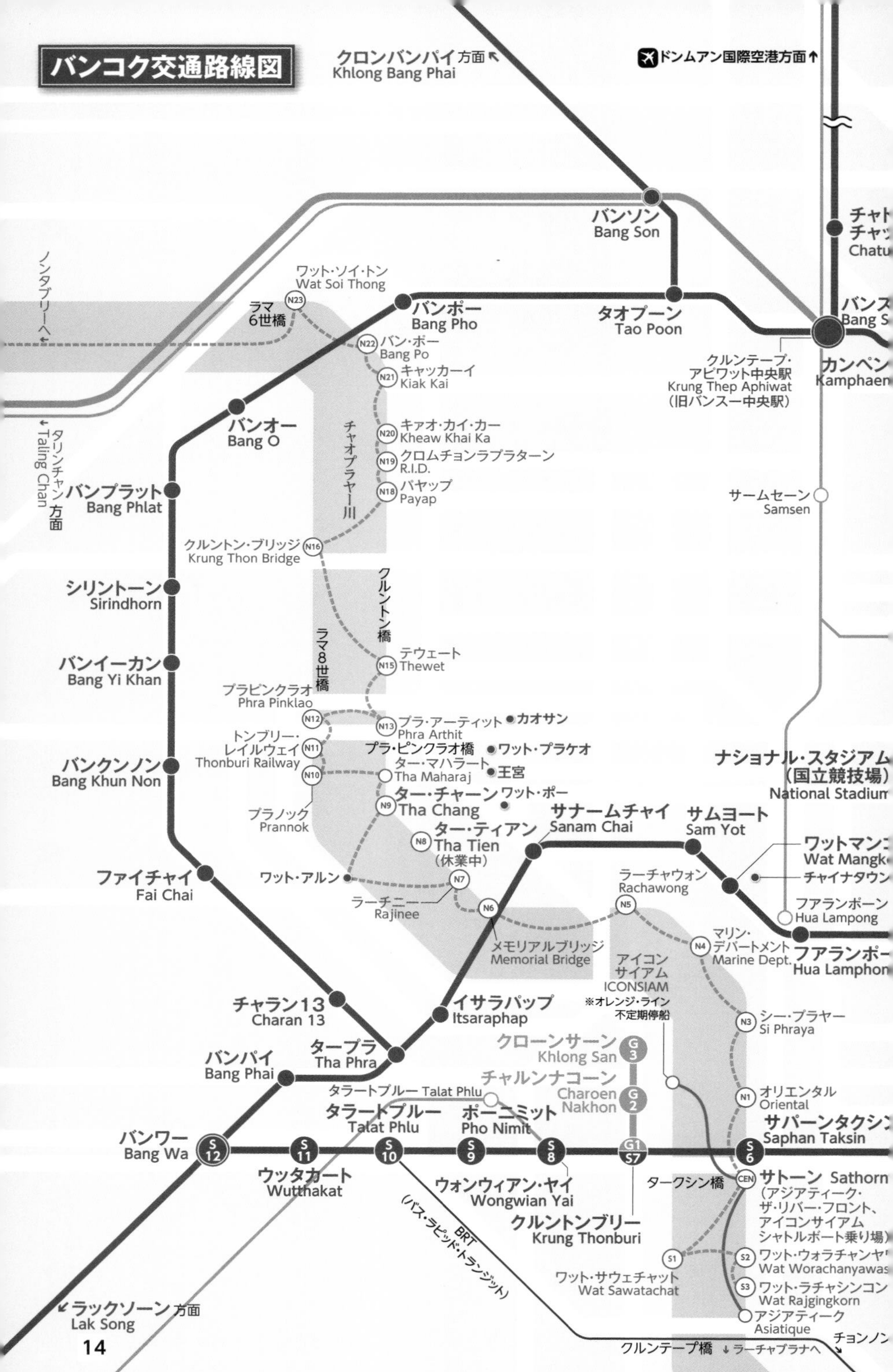

クロンバンパイ方面
Khlong Bang Phai
ドンムアン国際空港方面
チャトゥチャッ
Chatu
バンソン
Bang Son
ノンタブリーへ
ワット・ソイ・トン
Wat Soi Thong
ラマ6世橋
N23
バンポー
Bang Pho
タオプーン
Tao Poon
バンス
Bang S
カンペン
Kamphaen
クルンテープ・アピワット中央駅
Krung Thep Aphiwat
(旧バンスー中央駅)
N22 バン・ポー
Bang Po
N21 キャッカーイ
Kiak Kai
バンオー
Bang O
タリンチャン方面
Taling Chan
チャオプラヤー川
N20 キャオ・カイ・カー
Kheaw Khai Ka
N19 クロムチョンラプラターン
R.I.D.
N18 パヤップ
Payap
バンプラット
Bang Phlat
サームセーン
Samsen
クルントン・ブリッジ
Krung Thon Bridge
N16
シリントーン
Sirindhorn
クルントン橋
ラマ8世橋
N15 テウェート
Thewet
バンイーカン
Bang Yi Khan
プラピンクラオ
Phra Pinklao
N12
N13 プラ・アーティット
Phra Arthit
カオサン
トンブリー・レイルウェイ
Thonburi Railway
N11
プラ・ピンクラオ橋
ワット・プラケオ
バンクンノン
Bang Khun Non
N10
ター・マハラート
Tha Maharaj
王宮
ナショナル・スタジアム(国立競技場)
National Stadium
プラノック
Prannok
N9 ター・チャーン
Tha Chang
ワット・ポー
サナームチャイ
Sanam Chai
サムヨート
Sam Yot
N8 ター・ティアン
Tha Tien
(休業中)
ワットマンコ
Wat Mangk
チャイナタウン
ファイチャイ
Fai Chai
ワット・アルン
N7
ラーチニー
Rajinee
ラーチャウォン
Rachawong
N5
N6
ファランポーン
Hua Lampong
メモリアルブリッジ
Memorial Bridge
N4 マリン・デパートメント
Marine Dept.
ファランポー
Hua Lamphon
アイコンサイアム
ICONSIAM
※オレンジ・ライン不定期停船
チャラン13
Charan 13
イサラパップ
Itsaraphap
N3 シー・プラヤー
Si Phraya
タープラ
Tha Phra
クローンサーン
Khlong San
G3
バンパイ
Bang Phai
チャルンナコーン
Charoen Nakhon
G2
タラートプルー Talat Phlu
N1 オリエンタル
Oriental
タラートプルー
Talat Phlu
ポーニミット
Pho Nimit
サパーンタクシン
Saphan Taksin
バンワー
Bang Wa
S12
S11
S10
S9
S8
G1
S7
S6
ウッタカート
Wutthakat
ウォンウィアン・ヤイ
Wongwian Yai
タークシン橋
CEN サトーン Sathorn
(アジアティーク・ザ・リバー・フロント、アイコンサイアムシャトルボート乗り場)
BRT(バス・ラピッド・トランジット)
クルントンブリー
Krung Thonburi
S1
S2 ワット・ウォラチャンヤワ
Wat Worachanyawas
ワット・サウェチャット
Wat Sawatachat
S3 ワット・ラチャシンコン
Wat Rajgingkorn
ラックソーン方面
Lak Song
アジアティーク
Asiatique
クルンテープ橋
ラーチャプラナへ
チョンノン

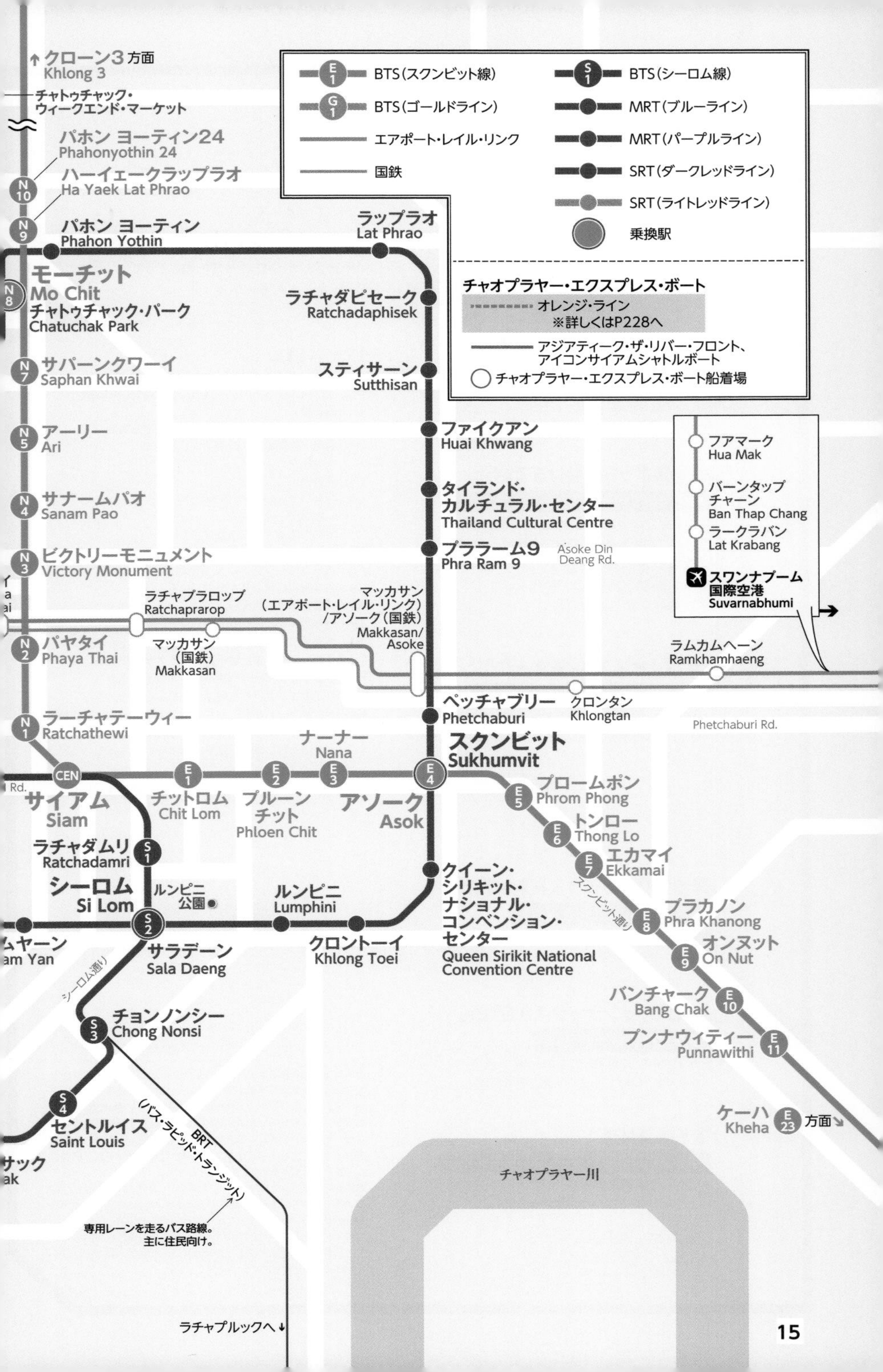

↑クローン3方面
Khlong 3
チャトゥチャック・ウィークエンド・マーケット
パホン ヨーティン24
Phahonyothin 24
ハーイェークラップラオ
Ha Yaek Lat Phrao
N10
N9
パホン ヨーティン
Phahon Yothin
ラップラオ
Lat Phrao
N8
モーチット
Mo Chit
チャトゥチャック・パーク
Chatuchak Park
ラチャダピセーク
Ratchadaphisek
N7
サパーンクワーイ
Saphan Khwai
スティサーン
Sutthisan
N5
アーリー
Ari
ファイクアン
Huai Khwang
N4
サナームパオ
Sanam Pao
タイランド・カルチュラル・センター
Thailand Cultural Centre
N3
ビクトリーモニュメント
Victory Monument
プララーム9
Phra Ram 9
Asoke Din Deang Rd.
ラチャプラロップ
Ratchaprarop
マッカサン（エアポート・レイル・リンク）/アソーク（国鉄）
Makkasan/Asoke
N2
パヤタイ
Phaya Thai
マッカサン（国鉄）
Makkasan
ラムカムヘーン
Ramkhamhaeng
ペッチャブリー
Phetchaburi
クロンタン
Khlongtan
Phetchaburi Rd.
N1
ラーチャテーウィー
Ratchathewi
ナーナー
Nana
スクンビット
Sukhumvit
CEN
E1
E2
E3
E4
Rd.
サイアム
Siam
チットロム
Chit Lom
プルーンチット
Phloen Chit
アソーク
Asok
E5
プロームポン
Phrom Phong
E6
トンロー
Thong Lo
E7
エカマイ
Ekkamai
スクンビット通り
S1
ラチャダムリ
Ratchadamri
シーロム
Si Lom
ルンピニ公園
ルンピニ
Lumphini
クイーン・シリキット・ナショナル・コンベンション・センター
Queen Sirikit National Convention Centre
E8
プラカノン
Phra Khanong
E9
オンヌット
On Nut
S2
ムヤーン
am Yan
サラデーン
Sala Daeng
クロントーイ
Khlong Toei
E10
バンチャーク
Bang Chak
E11
プンナウィティー
Punnawithi
シーロム通り
S3
チョンノンシー
Chong Nonsi
S4
セントルイス
Saint Louis
BRT（バス・ラピッド・トランジット）
サック
ak
ケーハ
Kheha
E23
方面↘
チャオプラヤー川
専用レーンを走るバス路線。主に住民向け。
ラチャプルックへ↓
E1 BTS（スクンビット線）
G1 BTS（ゴールドライン）
エアポート・レイル・リンク
国鉄
S1 BTS（シーロム線）
MRT（ブルーライン）
MRT（パープルライン）
SRT（ダークレッドライン）
SRT（ライトレッドライン）
乗換駅
チャオプラヤー・エクスプレス・ボート
オレンジ・ライン
※詳しくはP228へ
アジアティーク・ザ・リバー・フロント、アイコンサイアムシャトルボート
チャオプラヤー・エクスプレス・ボート船着場
フアマーク
Hua Mak
バーンタップチャーン
Ban Thap Chang
ラークラバン
Lat Krabang
スワンナプーム国際空港
Suvarnabhumi

せかたび こんな本！

はじめてバンコクを訪れる人も、新しい発見をしたいリピーターも
「せかたび」一冊あれば、充実した旅になること間違いなし！

01 “本当に使える”モデルコース集

➡王道+テーマ別でアレンジ自在

はじめてなら王道コース(→P28)、リピーターならテーマ別コース(→P34)をチェック！

02 観光スポットは星付きで紹介

➡行くべき観光スポットがすぐわかる！

限られた時間でも、見るべきものは逃したくない！ 下の★を参考に行き先を検討。

★★★…絶対行くべき
★★…時間があれば行きたい
★…興味があれば行きたい

03 「定番」「オススメ」をマーク化

➡行くべきところがひと目でわかる

レストランやショップは、人気の定番店はもちろん、特徴のある編集部オススメ店も。

定番…バンコクを代表する有名店
オススメ！…編集部のオススメ店

04 詳細折りこみイラストマップ付

➡注目エリアを“見て”楽しむ

表紙裏の折りこみMAPに注目！ 街のメインストリートから、話題のローカルエリアまで。

05 「まとめ」インデックスが超便利

➡掲載物件を一覧・比較

巻末には本誌掲載スポットをリスト化(→P234)。物件データや地図位置も確認。

06 電子書籍付き

➡スマホにダウンロードでも持ち歩ける

本書の電子書籍版が無料でダウンロードできる！ スマホで持ち歩けば街歩きに便利。

ダウンロードの仕方は袋とじをチェック！

〔マークの見方〕

- 交…**交通**　駅や広場など、街歩きの基点となる場所などからのアクセス方法と所要時間の目安
- 住…**所在地**
- ☎…**電話番号**　現地の番号を市外局番から掲載
- 時…**営業・開館時間**　時期により変更の可能性あり
- 休…**定休日**
- 料…**料金**　大人1名分を表示。ホテルの場合は、1泊1室あたりの室料　時期や季節により変動あり。
- 客室数…**客室数**　ホテル・宿泊施設の総客室数
- URL…**ホームページアドレス**　http://は省略
- 日…**日本語対応可のスタッフがいる**
- 英…**英語対応可のスタッフがいる**
- 日…**日本語メニューあり**
- 英…**英語メニューあり**
- 予…**予約が必要、または予約することが望ましい**
- カード…**クレジットカード利用不可**　利用可の場合も、特定のカード以外は使用できない場合もある
- 👔…**ドレスコードあり**　レストランでフォーマルな服装を義務付けていることを示す。一般に男性はネクタイ着用、女性はそれに準じた服装が望ましいとされているが、店により異なる

●本誌掲載の記事やデータは、特記のない限り2023年5月現在のものです。その後の移転、閉店、料金改定などにより、記載の内容が変更になることや、臨時休業等で利用できない場合があります。
●各種データを含めた掲載内容の正確性には万全を期しておりますが、おでかけの際には電話などで事前に確認・予約されることをおすすめいたします。また、各種料金には別途サービス税などが加算される場合があります。
●本書に掲載された内容による損害等は、弊社では補償致しかねますので、あらかじめご了承くださいますようお願いいたします。
●休みは曜日ごとに決まっている定休日のみを記載しています。年末年始、旧正月(ソンクラーン)などの国の祝祭日は省略しています。特にタイでは、旧正月の時期には、飲食店、観光施設の多くが休みとなりますので、ご注意ください。

せかたび
バンコク
bangkok
เที่ยวให้สนุกนะ!
ティアオ ハイ サヌック ナ 良い旅を！

せかたび バンコク

bangkok

Contents

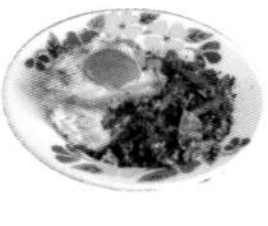

「バックパッカーの聖地」ともいわれるカオサン通り

BANGKOK

世界がひろがる！Column

Mapで図解!

行くべきエリア

チャオプラヤー川で二分されるバンコク。主なみどころやグルメ＆買物スポットは東側
集中している。エリアの特徴を知って旅の計画を立てよう。

バンコク観光のハイライト

王宮周辺

●Around Royal Palace

広大な王宮をはじめ、ワット・プラケオやワット・ポーなど壮麗な寺院が集まる観光の中心地。昔ながらの食堂やおしゃれなカフェが点在する旧市街も要チェック。

→P178

世界各国の旅人で賑わう

カオサン

●Khaosan

長期滞在向けのホテルが集まるエリアで、世界中からの旅人で賑わう。リーズナブルなマッサージ店やレストンが多く、メイン通りは夕方以降に盛り上がる。

→P180

中国のグルメと雑貨が目白押し！

チャイナタウン

●Chinatown

安価な雑貨や生活用品、漢方などを売る店が集結する中華街。中国料理やシーフード、屋台グルメを楽しめるほか、Soi Nana周辺のリノベ系カフェ＆バーにも注目。

→P176

新旧が交差するリバーサイド

サトーン・ピア周辺

●Around Sathorn Pier

サトーン船着場とBTSサパーンタクシン駅の北側に広がるエリア。元倉庫を改装したスポットの洗練された雰囲気と、チャルンクルン通り沿いの賑わいが楽しめる。

→P174

高級ホテルも多いオフィス街

シーロム

●Silom

オフィスビルが立ち並ぶビジネス街で、昼間はビジネスパーソンご用達のレストランやカフェなどが賑わう。高級ホテルが多く落ち着いた雰囲気。

→P172

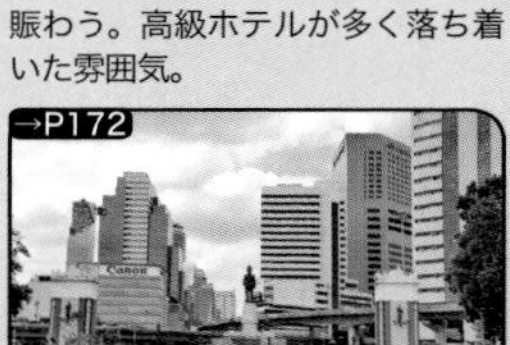

チェック!

\ZOOM UP/

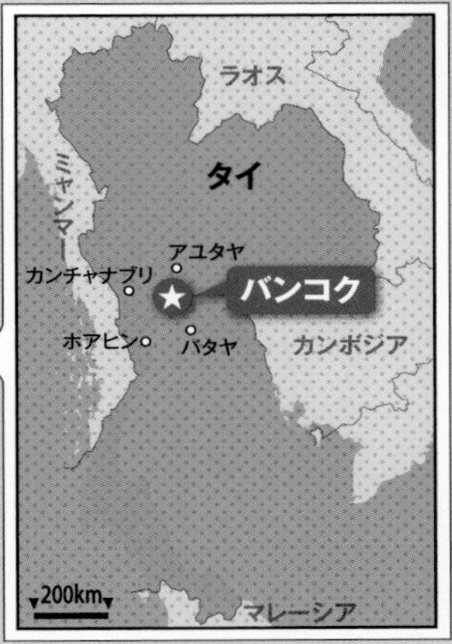

超大事なことだけまとめ

通貨とレート

B1=約4円 (2023年6月現在)
タイの通貨はバーツ

物価の目安

- ☐ミネラルウォーター(500ml) B9～
- ☐タクシー初乗り B35
- ☐缶ビール(350ml) B39～

時差

−2時間 日本が正午ならタイは午前10時。サマータイム制は導入していない。

日本からのフライト

約7時間（東京から）

若者が集まるトレンド発信地

サイアム
●Siam

大型ショッピングセンターやレストランが集中し、多くの若者が集まる流行の発信地。タイコスメやバラマキみやげ探しにおすすめ。街なかにはパワースポットも(→P78)。

→P170

雑貨探し&カフェめぐりならココ!

スクンビット
●Sukhumvit

在住外国人が多く暮らし、カフェや雑貨店などおしゃれなスポットが集まる。古い邸宅をリノベしたレストランも点在し、ナイトスポットも多い。

→P182

洗練された高級住宅街

トンロー
●Thong Lo

BTSトンロー駅から北へのびるSoi 55(トンロー通り)を中心に、モダンなレストランやバーなどが点在。在住日本人が多く暮らし、洗練された雰囲気。

→P184

ひと目で確認！

進化する街を楽しみ尽くす！

バンコクのみどころ＆体験

三大寺院など絶対に外せない歴史ある名所から、
話題のフォトジェニックスポットまでみどころが満載！

ワット・プラケオ＆王宮
Wat Phra Kaeo & Grand Palace

ラマ1世が建造した王宮とその守護寺院。本堂に安置されたエメラルド仏は必見。

ワット・プラケオ＆王宮→P44

ワット・ポー
Wat Pho

別名「涅槃寺」の名の通り、金箔で覆われた巨大な寝釈迦仏が横わたる。

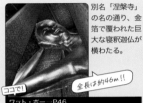

ワット・ポー→P46

ワット・アルン
Wat Arun

チャオプラヤー川西岸にある、高さ67mの大仏塔が見事な寺院。夕暮れも美しい。

ワット・アルン→P48

ワット・パクナム
Wat Paknam

仏教の宇宙観を体現したという緑の光に包まれた天井画が話題の寺院。

ワット・パクナム→P50

ワット・サマーン・ラッタナーラーム
Wat Saman Rattanaram

ド派手なピンク色のガネーシャ像が横たわる。インパクト大な写真をパシャリ！

ワット・サマーン・ラッタナーラーム→P52

アジアティーク・ザ・リバーフロント
Asiatique the Riverfront

1500軒以上の店が集まる巨大ナイトマーケット。かつての倉庫街の雰囲気も。

アジアティーク・ザ・リバーフロント→P54

ジョッド・フェアーズ
Jodd Fairs

ローカルでありながら、洗練された雰囲気のナイトマーケット。

ジョッド・フェアーズ→P58

マハナコン
Mahanakhon

バンコクを360度見渡せるビュースポット。サンセットタイムはロマンチック。

マハナコン→P64

アイコンサイアム
ICONSIAM

チャオプラヤー川沿いの複合施設。スーク・サイアムでタイ全土のグルメが味わえる。

アイコンサイアム→P66

水上マーケット
Floating Market

運河を中心とした市場に食料品や雑貨などを積んだ小舟が集結。運河の遊覧も楽しめる。

ダムヌアン・サドゥアック水上マーケット→P60

エラワン・ミュージアム
The Erawan Museum

3つの頭をもつ「エラワン」の巨大な像が目印。色鮮やかなステンドグラスは圧巻。

エラワン・ミュージアム→P62

国立博物館
The National Museum Bangkok

先史時代からチャックリー王朝までの貴重な資料などを展示。日本語ガイドツアーあり。

国立博物館→P63

迷ったらコレBest 3

1 三大寺院

タイ仏教寺院の美しさにうっとり

2 ワット・パクナム

まるで宇宙な神秘的空間

3 マハナコン

バンコクのランドマーク

エレファントライド
Elephant Ride

アユタヤの体験観光の定番。象に乗って古都をのんびり散策できる。

エレファントライド→P72

トゥクトゥク
Tuk Tuk

バンコク名物の三輪タクシー。アトラクション感覚で街なかをドライブ！

トゥクトゥク→P74

エラワンの祠
Erawan Phum

仕事、お金、学業など、あらゆる願いを叶えるバンコク最強のパワースポット。

エラワンの祠→P78

プラ・トリムルティ
Phra Trimuruti

恋愛の神様を祭る祠。毎週火・木曜の神様降臨タイムは女性参拝客で盛り上がる。

プラ・トリムルティ→P79

ディナークルーズ
Dinner Cruise

チャオプラヤー川から客船に乗って船上からバンコクの風景を満喫。

ディナークルーズ→P150

ルーシーダットン
Rusie Dutton

体の動きを重視したタイ式ヨガ。第1・3日曜にワット・ポーで体験できる！

ワット・ポー・トラディショナル・メディカル・スクール→P82

キャバレーショー
Ladyboy Show

パフォーマーが繰り広げる歌あり、ダンスあり、コメディーありの舞台に感激。

カリプソ・キャバレー→P152

ムエタイ観戦
Muay Thai

世界最強の格闘技ともいわれるタイ式キックボクシング。白熱の試合に大興奮！

ボクシング・スタジアム→P154

スパ&マッサージ
Spa & Massage

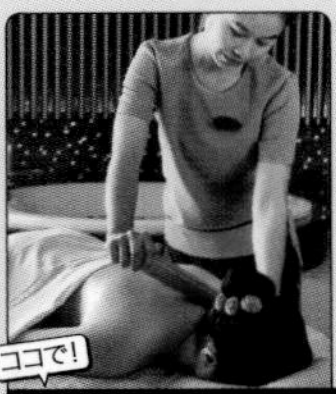

優雅な気分を味わえるホテル&一軒家スパからタイ古式マッサージまで多彩。

スパ・マッサージ店→P160〜167

アユタヤ
Ayutthaya

王朝文化の面影を残す世界遺産の街。遺跡めぐりや象乗り体験が楽しめる。

アユタヤ→P190

パタヤ
Pattaya

人気のビーチリゾートでマリンスポーツやシーフード料理を満喫。

パタヤ→P198

カンチャナブリ
Kanchanaburi

映画『戦場にかける橋』の舞台。クウェー川鉄橋や泰緬鉄道などがみどころ。

カンチャナブリ→P204

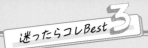

ひと目で確認!

王道メニューもスイーツもいただきます!

バンコクのおいしいもの

バンコクは地域色豊かなタイ料理が楽しめるグルメの宝庫。
本場で必食の王道メニューからスイーツまでをまとめてチェック!

☐トムヤムクン
●Tom Yum Kung

世界三大スープのひとつでタイ料理の大定番。辛くて酸っぱいスープが美味。

トンクルアン→P86

☐タイカレー
●Thai Curry

グリーン、イエロー、レッドに、ご当地カレーもあり、本場ならではの豊富なバリエーション。

トン・カオ→P88

☐カオマンガイ
●Khao Man Kai

チキンライスのタイ版。鶏肉の旨みを味わい尽くせる王道のご飯もの。

コーアン・カオマンガイ・プラトゥーナム→P90

☐ガパオライス
●Khao Pad Gapao

ホーリーバジルと具材を炒めてご飯に添えた料理。使う具材で味付けが異なる。

ガパオ・ターペー→P92

☐パッタイ
●Pad Thai

モチモチ食感の中太の米麺を使ったタイ式焼きそば。マイルドな味で食べやすい。

ティップサマイ→P94

☐カオソイ
●Khao Soi

茹でた中華麺とカリカリに揚げた麺にカレースープを合わせた北部の名物麺。

ファイ・ソー・カム→P96

☐クイティオ
●Kway Teow

タイの麺料理によく使われる米粉の麺。細麺、中細麺、幅広麺に分けられる。

ロスニョム→P96

☐バーミー
●Bamee

卵と小麦粉で作った黄色い中華麺。汁なし中華麺のバーミー・ヘーンが定番。

バーミー・コン・セーリー→P97

☐タイスキ
●Thai Suki

鶏ガラなどでとったスープに肉、魚介、野菜などお好みの具を入れて食べる鍋料理。

MKゴールド→P102

☐プーパッポンカリー
●Poo Pad Pong Curry

カニをカレーパウダーで炒め、溶き卵でふんわりと包んだ名物シーフード料理。

ソンブーン→P105

カットされた食べやすいタイプもある

☐ソムタム
●Somtum

千切りした青パパイヤのスパイシーなサラダ。魚介入りや卵入りなど種類豊富。

ソムタム・ヌア→P171

想像以上に辛いので要注意!

☐イサーン料理
●Isan Food

辛みと塩味が強い料理が多い。ソムタムやラープ、ガイヤーンなどが代表的。

ザオ・エカマイ→P111

迷ったらコレBest 3

1 トムヤムクン

タイ料理といえば やっぱりコレでしょ!

2 タイカレー

本場だから 種類もいろいろ

3 マンゴースイーツ

甘みたっぷりで とろける食感!

タイ南部の料理
●Southern Thailand Food

刺激的な辛さで塩味と酸味が強い。マッサマンカレーやカオヤムなどが有名。

クアクリン・パックソッド→P111

タイ北部の料理
●Northern Thailand Food

やや脂が多めでマイルドな味付け。ゲーン・ハンレーやカオソイなどが名物。

ホーム・ドゥアン→P110

フードコート
●Food Court

人気のタイ料理が気軽に味わえるフードコート。涼しく快適で、安心の明朗会計。

フードコート→P106

屋台グルメ
●Street Food

朝から夜まで地元客で賑やかな屋台街は安くておいしい、タイならではの味の宝庫。

屋台グルメ→P108

邸宅レストラン
●Historic House Restaurant

資産家などが暮らした邸宅をリノベしたレストランで、雰囲気も味もタイ気分を。

邸宅レストラン→P100

マンゴースイーツ
●Mango Sweets

フレッシュで濃厚な甘みのタイ産マンゴー。かき氷などのスイーツも人気。

マンゴースイーツ→P112

南国フルーツ
●Tropical Fruits

太陽を浴びたタイのフルーツ。デザートはもちろん料理に使われることも。

パーデン→P115

アフタヌーンティー
●Afternoon Tea

一流ホテルのアフタヌーンティーは日本よりもリーズナブルで、スタイルも多彩。

アフタヌーンティー→P116

ボタニカル&フラワーカフェ
●Botanical & Flower Cafe

植物や花々に囲まれたカフェが次々オープン。居心地抜群で、写真映えポイントがたくさん。

フローラル・カフェ・アット・ナパソーン→P118

ルーフトップバー
●Rooftop Bar

高層ビルが集まるバンコクはルーフトップバーが多い。夜景を眺めながら素敵な時間を。

ルーフトップバー→P146

クラフトビール
●Craft Beer

クラフトビールがブーム。国内産から外国産までラインナップも充実している。

クラフトビール→P148

映えドリンク
●Photogenic Drink

思わず写真に撮りたくなるカラフルなドリンクが増加中。

フェザーストーン・ビストロ・カフェ&ライフスタイル→P120

ひと目で確認！

雑貨やコスメからグルメ系みやげまで

バンコクのおかいもの

伝統工芸品やフォークロア雑貨から、コスメやタイモチーフのアイテムまで
バンコクはショッピングが楽しい。グルメ系みやげも忘れずに！

ジム・トンプソン

タイ産シルクの最高級ブランド。定番のスカーフやポーチからウエアまで揃う。

ここで！ ジム・トンプソン本店→P126

セラドン焼

艶やかな表面とひび割れが特徴の陶器。淡い緑の伝統色から鮮やかな色まで多彩。

ここで！ レジェンド→P129

ベンジャロン焼

王室専用の磁器として発展。タイの花や植物をモチーフにした模様が美しい。

カラフルな模様がポイント

ここで！ タイ・イセキュウ→P128

カゴ製品

竹や水草、籐などの植物を編んだバッグや小物入れなどはみやげの定番。

ここで！ ユパディー・ワニス→P129

フォークロア雑貨

タイ北部の山岳民族に伝わる伝統的な織物で作った布小物はみやげにおすすめ。

ここで！ クーン→P130、アーモン→P131

アルミ製品

シルバー色のアルミ製品はカップや小物入れなどがあり、おしゃれなカフェなどでさり気なく使われている。

ここで！ チャトゥチャック・ウィークエンド・マーケット→P138

ナチュラルコスメ

ハーブやフルーツなど天然由来成分たっぷりでお肌にやさしい実力派が揃う。

パッケージもチェック

ここで！ タイコスメ→P132

ショッピングセンター

高級系から庶民派まで多くのショッピングセンターが点在。館内のグルメもチェック。

人気のサイアム・パラゴン

ここで！ サイアム・パラゴン→P134、ショッピングセンター→P136

リボンバッグ

大きめのリボンが付いたバケツ型バッグは、バンコク女子にも人気の店、ナラヤの定番。

ここで！ ナラヤ→P183

ウィークエンド・マーケット

土・日曜限定で開催。雑貨やファッションアイテムなど、あらゆるものが集結。

ここで！ チャトゥチャック・ウィークエンド・マーケット→P138

迷ったらコレBest 3

1 ジム・トンプソン

2 セラドン焼

3 ナチュラルコスメ

スーパーみやげ

お菓子類やインスタント食品はばらまき用にスーパーでまとめ買いがおすすめ。

ココで! スーパーマーケット→P140

タイの調味料

定番はナンプラーやチリソース、ナンプリックなど。お家で本場の味を再現!

ココで! スーパーマーケット→P140

ドライフルーツ

マンゴー、パパイヤ、バナナなどのドライフルーツ。南国らしいみやげにぜひ!

ココで! スーパーマーケット→P140

タイフレーバーのスナック

トムヤムクンやプーパッポンカリーなど名物料理風味のスナックはヤミツキに。

ココで! スーパーマーケット→P140

ドリアン味のお菓子

強烈な香りが特徴のドリアン。お菓子なら風味もマイルドでみやげにおすすめ。

ココで! スーパーマーケット→P140

ビール

シンハー、チャーン、リオは定番ブランド。スーパーやコンビニで購入できる。

ココで! スーパーマーケット→P140

タイコーヒー

日本で入手困難なタイコーヒー。「ドントイ」「ドイチャン」といったブランドが有名。

ココで! ビッグCスーパーセンター→P141

ヤードム

ハッカ配合の液体スティックはタイ人の愛用品。鼻づまりなどに効果あり。

ココで! チャトゥチャック・ウィークエンド・マーケット→P138

象グッズ

象柄のポーチやバッグ、象のぬいぐるみやキーホルダーなどはみやげの代表格。

ココで! チャトゥチャック・ウィークエンド・マーケット→P138

タイティー

コンデンスミルクなどが入ったオレンジ色のミルクティーは缶入りや粉末などが揃う。

ココで! スーパーマーケット→P140

タイ名物モチーフ

タイ料理やムエタイなど、タイのアイコンがモチーフのアイテムはおみやげに重宝しそう。

ココで! アイコン・クラフト→P67

ホーロー製品

おしゃれなカフェやレストランで見かけるホーロー製品。レトロ風がかわいい!

ココで! サンペン市場→P177

3泊5日

モデルコース

Day 1・2

王宮周辺 ~ シーロム ~ トンブリー で 寺院&ランドマーク巡り!

ワット・プラケオは
みどころが
盛りだくさん!

バンコク着は午後便を選択し、ホテルでチェックインを済ませてから夕食はタイ料理を楽しもう。2日目は朝イチでワット・プラケオを訪問。その後、ワット・ポーやワット・アルン、マハナコンなどバンコク観光のハイライトを巡る。夕食はスーク・サイアムでタイ地方料理を食べ歩き!

クアンヘンのカオマンガイトム&ガイトード →P90

黄金に輝く
ワット・ポーの
寝釈迦仏は必見!

マハナコンから
大パノラマを
満喫しよう!

Day1

14:00 スワンナプーム国際空港到着

日本からバンコクへの直行便は5時台、14時台、16時台、19時台、21時台に到着。

18:30 タイ料理で夜ごはん

初日の夜はベーシックなタイ料理を満喫しよう。

Choice!

- **サイアム：コーアン・カオマンガイ・プラトゥーナム** ➡P90
「ピンクのカオマンガイ」でおなじみの名店。
- **スクンビット：ガパオ・ターペ** ➡P92
スパイシーなガパオライスがおいしい。
- **スクンビット：ゲッタワー**
カオソイなどタイ北部の郷土料理。➡P89

夕日に染まる
ワット・アルンに
うっとり♡

バンコクの展望スポットといえばマハナコン →P66

Day2

8:30 ワット・プラケオ&王宮

ハイシーズンは行列も。早めに行くのがおすすめ。➡P44

↓ 徒歩約10分

10:30 ワット・ポー

巨大な寝釈迦仏の頭から足の裏までしっかり見学。➡P46

↓ 徒歩と専用ボートで約5分

12:00 ワット・アルン

色鮮やかなモザイクが美しい大仏塔は必見！➡P48

↓ 専用ボートとタクシー／配車アプリで約15分

13:30 旧市街でランチ&散策

昔ながらの雰囲気が残る旧市街のローカル店で安うまランチの後は散策。➡P88、97、178

Choice!

- **王宮周辺：クルア・アプソーン**
カレーや定番タイ料理が揃う。➡P88
- **王宮周辺：スターティップ**
中太麺のカノムチーン・ハイラムが美味。➡P97

↓ MRT・BTS・徒歩で約25分

クルア・アプソーンのグリーン&レッドカレー →P88

15:00 マハナコンの展望台へ

屋内・屋外2つの展望台があり、大迫力の眺めに感激！➡P64

↓ BTSとシャトルボートで約15分

19:00 スーク・サイアムで晩ごはん

タイ各地の名物グルメを食べ歩きしよう。屋内なので快適。➡P67

スーク・サイアムで買える南部名物の肉まん →P67

タイの文化を
意識した演出も
見逃せない！

モデルコース

3泊5日

Day 3

バンコク南部 ~ チャイナタウン ~ サイアム ~ スクンビット ~ シーロム

映え寺院参拝&お買物！

3日目は人気のSNS映え寺院からスタート。移動も含め、午前中はワット・パクナムを楽しみ尽くそう。午後はチャイナタウンでランチ、サイアム＆スクンビットで買物を楽しみながら、新旧の街の雰囲気も感じてみたい。バンコク最後の夜はルーフトップバーで夜景を眺めて締めくくろう。

ワット・パクナムでフォトジェニックな写真にトライ♪

ワット・パクナムの超巨大な大仏にご挨拶

チャイナタウンは散策するだけでテンションup！

陳點心の手作り焼売はアツアツで食べたい →P177

タイ発のナチュラルコスメは
パッケージも素敵 →P132、135

ファッション系なら
サイアム・センターへ
→P171

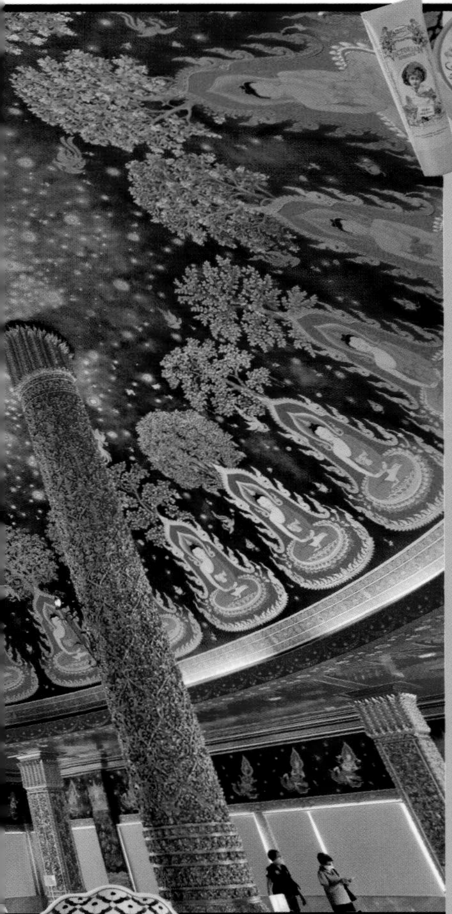

Day3

9:00 ワット・パクナムへ

SNS映え寺院として知られる寺院。
巨大な仏像も見逃せない。→P50

徒歩とMRTで約30分

12:00 チャイナタウンでランチ&散策

中国テイストのランチを満喫したら、
活気あふれる通りをおさんぽ。→P176

Choice!

- **●チャイナタウン：陳點心**
  秘伝レシピの点心は種類豊富。→P177
- **●チャイナタウン：益生老店**
  タイ産コーヒーでひと休み。→P177

タクシーで約15分

14:00 ショッピングセンターでお買物

タイ発コスメは要チェック。→P132～137、171

BTSと徒歩で約15分

16:00 スクンビットで雑貨探し

Choice!

- **●スクンビット：アーモン**
  タイ北部の布小物やアクセサリー。→P131
- **●スクンビット：クーン**
  サンカローク焼やカゴ製品をチェック。→P130

18:30 邸宅レストランでディナー

雰囲気も素敵なレストランで優雅にタイ料理を
堪能しよう。→P100

Choice!

- **●サイアム：タミー・ヤミー**
  洋館のようなレトロな邸宅。→P100
- **●スクンビット：ルアン・マリカ**
  アユタヤから移築した伝統家屋。→P101

21:30 ルーフトップバーへ

Choice!

- **●シーロム：ムーン・バー&ヴァーティゴ** →P146
  360度の夜景を見渡す天空バー。
- **●サイアム：クルー・シャンパンバー・アット・レッド・スカイ**
  21時からのDJパフォーマンスも人気。
  →P147

多彩なタイ雑貨に
出合えるニア・
イコール →P130

タイ北部のアイテム
探しならアーモンで
決まり →P131

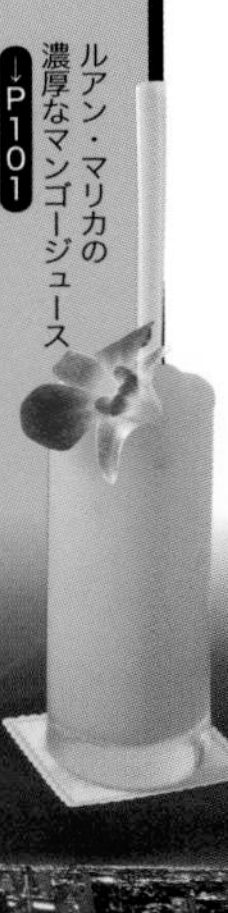

ルアン・マリカの
濃厚なマンゴージュース
→P101

築70年の木造家屋を
利用したタミー・
ヤミー →P100

ムーン・バー&ヴァーティゴ
からの眺め →P146

モデルコース

3泊5日

Day 4

サイアム～サトーン・ピア周辺～スクンビット

最後までバンコクを堪能！

帰国便は夜出発にして最終日を満喫。スーパーで最後のみやげ探しをしたら、ホテルに戻りパッキングしてチェックアウト。荷物はホテルに預けて、アフタヌーンティーやスパ&マッサージでゆったり過ごそう。

アフタヌーンティーが手頃に楽しめる →P116

オーサーズ・ラウンジのアフタヌーンティー →P117

優雅な雰囲気もアフタヌーンティーの楽しみ♪

KUNNA
タイで出合った
おいしいものを
おみやげに!
グルメも買物も
サイアム・パラゴンは
楽しみがいっぱい!

Day4

10:00 スーパーでおみやげ探し

ショッピングセンター内のスーパーで
最後のおみやげゲット! ➡P140

Choice!

- **●サイアム：ビッグCスーパーセンター**
  品揃え豊富。レジに行列ができるので注意。➡P141
- **●サイアム：グルメマーケット**
  高級スーパー。オリジナル商品も多数。➡P141

↓ BTSと徒歩またはタクシーで15～20分

14:00 憧れのホテルでアフタヌーンティー

意外とボリュームがあるので、
朝食をしっかり食べておけばランチ替わりに。➡P116

Choice!

- **●サトーン・ピア周辺：ロビー・ラウンジ**
  シャングリ・ラ バンコク。季節ごとにメニューが変わる。➡P116
- **●サトーン・ピア周辺：オーサーズ・ラウンジ**
  マンダリン・オリエンタル・バンコク。英国式を堪能。➡P117

↓ BTSと徒歩またはタクシーで15～20分

16:30 スパ&マッサージへ

ホテルスパや街なかスパ、タイ古式マッサージで
リフレッシュして空港へ。➡P160、164、166

Choice!

- **●スクンビット：マイ・スパ**
  駅近のカジュアル店ながらセットメニュー多数。➡P164
- **●スクンビット：ポータイマッサージ39**
  タイ古式マッサージの人気店。➡P166

↓ タクシーで約1時間

20:00 スワンナプーム国際空港へ

出発の3時間前の空港到着を目指そう。
夕方はかなり渋滞するのでタクシー利用の場合は余裕を
もって出発を。日本到着は翌朝。早朝出発で同日着便もある。

雰囲気も◎の
ホテルスパで
リフレッシュ♪

本場でタイ古式
マッサージを
体験しよう
→P166

ラマ4世通りと
シーロム通りの
交差点 →P172

テーマ別……Short Short

モデルコース

テーマ別の旅なら、
好みに応じてもっとバンコクを知れるはず。
1日〜半日ほどで回れるモデルコースだから、
短いコースは組み合わせて巡ってみるのもおすすめ。

←エラワン・ミュージアムで記念の一枚を

↓自然光を生かしてカフェのステキな写真を

フォトジェニック巡りコース

バンコクらしいフォトジェニックなスポットを巡りたい希望に応える、初心者もリピーターも満足なスポットをピックアップ。一日かけて巡ってみよう。

TIME 9時間

9:00 BTSチャーエラワン駅 Start

▼ 徒歩約20分

9:30 ❶ エラワン・ミュージアム

色鮮やかなステンドグラスが壮観な博物館！ 内部は宇宙をはじめ多様な世界観が表現されている。➜P62

▼ BTS+MRT+徒歩　約1時間30分

13:00 ❷ ワット・パクナム

SNS一番人気といっても過言ではない寺院は必訪。息をのむほど美しい極彩色の世界にうっとり。➜P50

▼ BTS+徒歩　約40分

14:30 ❸ ハウス・オン・サトーン

旧邸宅の建物はタイの国家遺産に認定されている。上品なアフタヌーンティーは写真映え♪➜P173

▼ 徒歩約10分

16:30 ❹ マハナコン

地上78階、高さ314mを誇るランドマーク的な高層ビル。展望台に上って街を一望しよう。➜P64

Goal

←緑の光に包まれるワット・パクナム

↓ワット・パクナムにそびえ立つ仏像

←ハウス・オン・サトーンの中庭でアフタヌーンティー

←マハナコンの展望台から大パノラマの写真を狙おう

おしゃれカフェ探しコース

続々とカフェがオープンするバンコクのなかでも、とっておきのお店たちへ。生花店が営むカフェや雰囲気が魅力のリノベ系など、絵になるお店がいっぱい。

TIME 7時間

10:00 MRTサナームチャイ駅 Start

▼ 徒歩約5分

10:10 ❶ フローラル・カフェ・アット・ナパソーン

元々はフラワーショップ。ドライフラワーを配したセンスのいいインテリアに、スイーツもかわいい♪➜P118

▼ MRT+徒歩　約25分

12:00 ❷ チェディ・カフェ＆バー

寺院群を望む水路に面したカフェ。オリジナルブレンドコーヒーを使うなどドリンクも実力派！➜P121

▼ 徒歩約15分

13:30 ❸ ジンジャーブレッド・ハウス

1913年に建てられた伝統家屋をリノベーション。風通しの良い木造2階建てで、どの席も居心地がいい。➜P179

▼ MRT+徒歩約20分

15:30 ❹ チャタ・スペシャルティ・コーヒー

レトロ感のあるインテリアに、スイーツもかわいい。緑あふれる隠れ家的なカフェで締めくくり。➜P119

Goal

←フルーツを使ったケーキでひと休み

↓➜カラフル＆おしゃれなドリンクに出合える

↓ジンジャーブレッド・ハウスの2階から

↓ココナッツミルクがかかったバナナケーキ

↑エラワンの祠はいつも花でいっぱい

パワースポット詣でコース

TIME 3時間

チットロム駅の周辺には神様を祭る祠が集まり、パワースポットとして知られている。運気アップを願って訪ねよう。ラストは足をのばして"美仏"とご対面。

Start

9:00 BTSチットロム駅

▼ 徒歩約2分

9:05 ❶ エラワンの祠

大願成就の神と崇められ昼夜を問わず参拝客が絶えない、"バンコク最強のパワースポット"。➡P78

▼ 徒歩約5分

9:45 ❷ プラ・トリムルティ

恋愛成就を叶えてくれるとされるトリムルティ神を祭る祠で、おひとりさまにもカップルにも人気。➡P79

▼ 徒歩すぐ

10:00 ❸ プラ・ガネーシャ

ヒンドゥー教の神様として有名なガネーシャ神を祭る祠。障害や困難から守ってくれるといわれている。➡P79

▼ BTS+MRT+徒歩約20分

11:00 ❹ ワット・スタット

礼拝堂に安置された「サカヤムニー仏」はすらりとした御姿で、バンコクで最も美しいといわれている。➡P179

Goal

←顔が四方に向いているエラワンの祠のブラフマー神

➡トリムルティ神は恋の神様として大人気

←富の神様ともいわれるガネーシャ神

↓仕事運にご利益があるといわれるワット・スタット

↑ローカルプライスの洋服がずらり！

↑花模様のバティック布のバッグ

←オリジナルのサンダルが作れるお店も

ローカルマーケットコース

TIME 7時間

バンコクには魅力的なマーケットがたくさん！ ついつい買い過ぎてしまうことも考えられるので、途中でホテルに戻って荷物を下ろしてもいい。

Start

11:25 MRTカンペンペット駅
BTSモーチット駅

▼ 徒歩約1〜3分

11:30 ❶ チャトゥチャック・ウィークエンド・マーケット

すべて見て回ると約3時間かかるほど巨大。道に迷うこともあるので、気に入ったら即購入がおすすめ。➡P138

▼ 徒歩約10分

14:30 ❷ オートーコー市場

食材専門でマーケットは高品質な食材が集まることで有名。フード系のみやげ探しを楽しもう。➡P71

▼ MRT+徒歩　約45分

16:00 ❸ サンペン市場

小さな小売店が密集する市場で、食器などが格安で手に入る。卸売りでバラ売りはないのでそのつもりで。➡P177

▼ 徒歩すぐ

17:00 ❹ ヤワラート通り屋台街

チャイナタウンのメインストリートおよび周辺の路地は、月曜以外は夕方過ぎから屋台が出てにぎわう。➡P109

Goal

←チャトゥチャックはタイ雑貨の宝庫

➡レトロかわいいホーロー製品は注目アイテム

↓ヤワラート通り屋台街の名物、イカ焼き

↓お祭りのような賑わいのヤワラート通り

テーマ別 Short Short

モデルコース

⬅タイ式ヨガ体で、気持ちよく一日をスタートしよう

➡一軒家スパで優雅な気分にひたろう

タイ的ビューティーコース

タイにはスパ&マッサージ店がたくさん。また、コスメも天然由来の本格派やコスパに優れたプチプラなど多彩。ビューティー天国を楽しみつくそう！

TIME 7.5時間

Start

7:45 MRTサナームチャイ駅

▼ 徒歩約5分

8:00 ❶ ルーシーダットン

簡単に言うと"タイ式ヨガ"。朝早くからルーシーダットンに参加して、スッキリと血の巡りをよくしよう。➡P82

▼ MRT+BTS+タクシー　約40分

10:00 ❷ オアシス・スパ

チェンマイに本店をもつ有名なスパ。技術やサービスも素晴らしく、極上の時間を提供してくれる。➡P162

▼ タクシー+BTS+徒歩　約10分

14:00 ❸ アーブ

タイのオーガニック素材を使ったケア用品やフレグランスは、王室に伝わるレシピを元にしている。➡P132

▼ 徒歩約5分

14:45 ❹ タン

米ヌカ油、シソの葉や種子のエキスなど伝統の要素と、最新科学を融合したケア商品を手に入れよう。➡P133

▼ 館内移動

15:15 ❺ ハーン・ヘリテージ・スパ・クルンテープ

高級スパブランド「ハーン」の直営店。米ヌカ油、大豆やシアバターなどを使ったナチュラルコスメを。➡P133

Goal

⬆タイ生まれのナチュラルコスメは大人気

⬇シリーズごとに商品が置かれたタンの店内

⬇石けんはばらまきみやげとして重宝しそう

⬅国立博物館に展示された黄金に輝く山車

⬆サイアム博物館では王族の衣装や学校の制服も展示

バンコクHistroy散策コース

硬派に博物館や昔の建築様式の建物が残る通りを巡ってみるのも、タイの歴史文化を体感できておすすめ。最後は貿易倉庫を改装したアジアティークへ。

TIME 7時間

Start

9:55 MRTサナームチャイ駅

▼ 徒歩約1分

10:00 ❶ サイアム博物館

映像や写真、模型などを使ったユニークな展示でタイの歴史文化を紹介してくれ、飽きることなく楽しめる。➡P179

▼ タクシー／配車アプリで約6分

11:30 ❷ 国立博物館

1782年に建てられた元副王宮の建物と1966年に建てられた建物からなる、タイ最大の博物館！➡P63

▼ 徒歩約15分

13:00 ❸ プレーン・プートン通り

約150年前に整備された商業地区で、中国と西洋の建築様式が融合した街並みが見られる。➡P179

▼ タクシー／配車アプリ　約15分

14:30 ❹ ウェアハウス30

1922年ごろから使われていた古い倉庫が、いまや若者が集うおしゃれな流行発信地に変貌！➡P175

▼ 徒歩+シャトルボート約30分

16:00 ❺ アジアティーク・ザ・リバーフロント

1500以上の店舗が集まる巨大夜市！ その前身は19世紀にデンマークの貿易会社の倉庫。➡P54

Goal

⬆風情たっぷりのプレーン・プートン通り

⬆ウェアハウス30にはベーカリーも

⬅アジアティークは大きな観覧車がシンボル

⬇アジアティークはフォークロア雑貨も多い

↓露店がぎっしり連なるジョッド・フェアーズ

↑ジョッド・フェアーズは屋台グルメが充実

ナイトスポットはしごコース

比較的治安のよいバンコクではナイトライフも楽しみ。せっかく来たからには、ナイトマーケットやクラフトビール、ルーフトップバーをはしごしよう！

TIME 5時間

16:55 Start MRTプララーム9駅

▼ 徒歩約5分

17:00 ❶ ジョッド・フェアーズ

定番屋台料理の炭火焼きや串焼き、ハンドメイドのバッグやアクセサリーなど、にぎやかな露店が並ぶ。→P58

▼ MRT+徒歩　約15分

19:30 ❷ クラフト

世界のクラフトビールのタップが充実していてうれしい！タップ約40種類、ボトル約50種類が揃う。→P149

▼ BTS+徒歩　約15分

21:30 ❸ オクターブ・ルーフトップ・ラウンジ&バー

バンコクのルーフトップバーのなかでは比較的リーズナブルなのも人気のポイント。夜景が素敵！→P146

Goal

←半屋外で開放感たっぷりのクラフト

↑お気に入りのクラフトビールで乾杯！

←夜景を眺めながらカクテルを堪能しよう

↓オクターブの最上階からの眺めは格別

↑ワット・プラ・マハタートの仏頭

アユタヤ遺跡探検コース

かつてはアユタヤ王朝の都があった、バンコクから日帰りOKの人気観光地。ユネスコ世界遺産に登録されているアユタヤへ、一日がかりで足をのばしてみよう。

TIME 10時間

9:00 Start 国鉄アユタヤ駅

アユタヤ駅前でレンタサイクルを調達。

▼ レンタサイクル約15分

9:30 ❶ ワット・プラ・マハタート

仏像の頭が菩提樹の木に覆われている、神秘的で有名な光景が見られる。信仰の場なので心静かに。→P193

▼ レンタサイクル約5分

10:30 ❷ ワット・プラ・シー・サンペット

アユタヤといえばここと言われるほど、3つ並んだ仏塔はアユタヤを代表する壮大な佇まい。→P192

▼ レンタサイクル約10分

11:45 ❸ ワット・ロカヤ・スター

全長28mのスケールが圧巻の巨大な涅槃仏が有名な遺跡。少し離れて全貌を拝んでみよう。→P192

▼ レンタサイクル約15分

12:45 ❹ バーン・マイ・リム・ナム

アユタヤが誇る名産品の川エビ。なかなかのボリュームがあるのでシェアしよう。→P197

▼ レンタサイクル約15分

14:00 ❺ ワット・ヤイ・チャイ・モンコン

高くそびえる大仏塔は、アユタヤの遺跡のなかでは珍しく、登ることができる。階段は急。→P194

↑ワット・プラ・シー・サンペット

©ASEAN-Japan Centre

↑アユタヤでは川エビのグリルをぜひ味わおう

↓ワット・ヤイ・チャイ・モンコンの大仏塔は登れる

←野外に横たわるワット・ロカヤ・スターの涅槃仏

パッキング上手で
楽しい旅を♪

★荷物のすべて★

スーツケースサイズ

一般的には1泊10ℓ程度を目安に考えたい。旅行先で洗濯をする場合は別だが、ホテルに3～5泊するなら40～60ℓ程度が理想。

バンコク旅行を楽しむための大切な準備。
行きの持ち物は？ 必需品は？
帰りのパッキングはどうすればいい？
そんな荷物に関するあらゆるお悩みを解消。

行きのパッキング

荷物はなるべく少なく、が上手な旅行の鍵。小さくたためるバッグを一つ入れておくと、帰りに荷物が多くなりすぎた時に分けて入れられる。

ホテル到着後に
必要のないもの
はスーツケース
にイン！
シューズやバス
グッズなど
重いものは下に
入れよう

★衣類

乾季 11～2月

雨はほとんど降らない。日中は暑いが、朝晩は涼しいこともあるので、半袖だけではなく通気性のよい長袖の用意も。

暑季 3～5月

一年で最も暑い時期。日差しが強く蒸し暑い日が続くので、帽子やサングラス、日焼け止めなど暑さ対策は万全に。

雨季 6～10月

毎日1～2時間程度の土砂降りのようなスコールがある。気温が高く蒸し暑いので、通気性のよい服装がおすすめ。靴は濡れても乾きやすいものがベター。

通気性がよく動きやすいタイパンツは一枚持っていると便利。市場などで購入できる

＋

オールシーズンあると便利

羽織物

ショッピングセンターやレストラン、ホテルは空調が効きすぎていることがあるので一枚持っておくと◎。

サングラス

一年を通して、晴れた日の日中は日差しが強いので、手荷物で持っておきたい。

帽子

紫外線と熱中症の両方の対策として使える。折りたためるタイプの帽子があると便利。

★コスメ

女性の必需品であるコスメは、機内で必要なものと、不要なもので分けるのがオススメ。

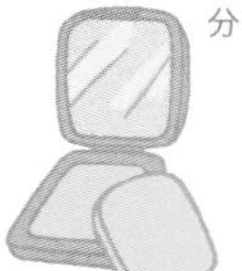

ファンデーションなどは衝撃で割れる可能性あり。コットンなどを挟んでおこう。

スティックタイプ(固形)の口紅やリップクリームは機内への持ち込みもOK。

★シューズ

シューズはかさばるので必要最低限の数にしたい。履き慣れた靴が一足あると安心。

歩きやすい履き慣れた靴がベスト。高級店でもビーチサンダルでなければ入店可。

暑さ対策も兼ねてサンダルが役立つ。ベルト付きでソールが厚いものがおすすめ。

意外と気づかない！あると便利なもの

☐ウェットティッシュ	汗拭き、トイレ、レストランなどで重宝する
☐筆記用具	機内での税関申告書の記入などで必要
☐歯ブラシ・歯磨き粉	ホテルのアメニティに含まれていないこともある
☐ジップロック	買物、機内でのちょっとした荷物入れにも
☐延長コード	ホテルのコンセントの数が少ないケースあり
☐輪ゴム	何かとまとめるのに便利
☐携帯スリッパ	ホテルでは用意がないことも多い。機内でも役立つ
☐雨具	雨に備えて、あると安心

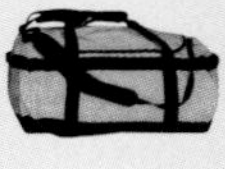

帰りのパッキング

楽しい旅のあとはおみやげもたくさん。増えた荷物は隙間を埋めるようにして詰めこもう。荷分け袋の空気をしっかり抜くこともポイント。

おみやげをいっぱい
入れたいなら、
行きは半分空けて
おくのがベター

★スーツケースに入れる食品

食品はドリンクなどの液体類はもちろん、調味料やソース、ペースト類なども手荷物では持ち込めない。搭乗前に没収されてしまうので、必ずスーツケースに入れよう。

ビン類はスーツケースの中で割れないようにタオルや衣類で包んでビニール袋に入れよう。プラスチック容器入りの調味料はジッパー付きのビニール袋に入れるとよい。

★コスメもスーツケースへ

固形リップなら機内に持ち込めるが、化粧水などの液体は基本的に預け入れとなるので注意。

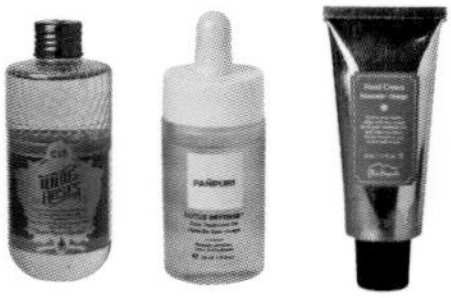

ガラスボトルタイプも多いので割れないように注意。100ml以下の液体物は、透明のジッパー付き袋に入れれば機内に持ち込める。

★おみやげの定番、レトルト食品やインスタント麺も

帰国後もバンコクの味が楽しめるレトルト食品やインスタント麺が人気。麺は袋入りがかさばらない。

軽くてつぶれやすいものは、まとめてタオルや衣類で包んでパッキング。重い荷物のそばに入れないこと。

★手荷物のこと

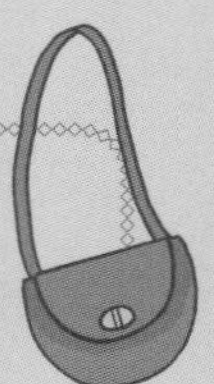

手荷物で機内に持ち込めるもの一覧。機内で快適に過ごすために必ずチェック！

◎マスト　○あると便利　△必要ならば

◎	パスポート
◎	航空券（または引換券）
◎	旅行関連書類（日程表、予約関連書類など）
◎	お金（日本円・バーツ）
◎	クレジットカード
◎	海外旅行保険の控え
◎	スマートフォン、充電器
○	カメラ（予備バッテリー、SDカード）
○	筆記用具
○	ガイドブック
○	上着
○	マスク
○	耳栓
○	ポケットWi-Fi（またはSIMカード）
○	歯ブラシ、歯磨き粉
△	ハンドクリーム
△	化粧水
△	コンタクトケース、保存液
△	モバイルバッテリー

ホテルにたいていあるもの・ないもの

※ホテルにより異なる

ある
- バスタオル
- ヘアドライヤー
- シャンプー・石けん

ない
- 寝巻き
- リンス・コンディショナー
- 変圧器
- 歯ブラシ・歯磨き粉
- スリッパ

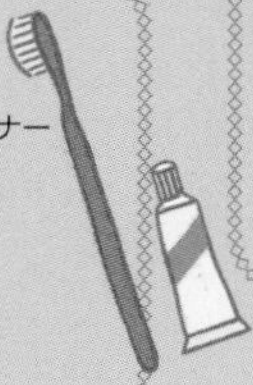

写真提供：エース株式会社

旅ドキを一発検索

★シーズンカレンダー★

イベントに合わせて訪れるのもバンコク旅行の楽しみのひとつ。
まずはココで祝日やイベントをチェックしよう。

旅の目的となるBIGイベント

ソンクラーン…4月13～15日

©ASEAN-Japan Centre

タイの正月のこと。仏像や仏塔、家族の年長者の手に水をかけて清める風習から発展した。現在は街なかで水をかけ合って祝うことから「水かけ祭り」ともいわれる。シーロム通りやカオサン通りなどでは特に大がかりな水かけ合戦が繰り広げられる。

ロイクラトン祭り…10～11月

水の精霊に感謝を捧げ、罪や汚れを水に流して魂を清める祭り。バナナの葉や紙で作った灯籠(クラトン)をロウソクや花などで飾り付けして川に流す。市内各所で行われ、幻想的な雰囲気に包まれる。

ラマ9世生誕日…12月5日

1927年に誕生した国民の父として親しまれているラマ9世前国王の誕生日。タイのナショナルデイとして祝日になっており、サナム・ルアン王宮前広場で盛大に祝典が行われる。タイではこの日が父の日。

カウントダウン…12月31日～1月1日

チャオプラヤー川沿いをはじめ、アイコンサイアム、ワット・アルンなど市内の主要スポットで新年を迎えるイベントを開催。打ち上げ花火やレーザーショーなどで盛り上がる。

観光のベストシーズンは11～2月

タイは一年を通して高温多湿で、乾季、暑季、雨季がある。旅行するなら、雨はほとんど降らず、日中の気温は27℃前後で、朝晩は涼しいこともある11～2月ごろの乾季がおすすめ。6～10月ごろの雨季は激しい雨が短時間で一気に降るスコールが頻発する。

暑季は想像以上に暑い!

3～5月の暑季は日差しが強く、蒸し暑い日が続く。特に4月は気温が40℃近くになる日もあるので、日中はなるべく涼しい場所で過ごせるような旅のプランを立てるようにしよう。

ノンアルコールデーに注意

タイではアルコールの販売時間に規制がある(→P232)。また、酒類が飲めない日があり、選挙前日～当日や王室行事、仏教行事のときはアルコールの販売・飲酒が禁止されている。

フルーツのシーズンをチェック

タイはフルーツの宝庫。4～6月ごろはマンゴーとドリアン、5～8月ごろはマンゴスチンとランブータンといったタイを代表するフルーツが旬を迎える。詳しくは→P122をチェック。

月	祝日・イベント	平均降水量(mm) バンコク	平均降水量(mm) 東京	平均気温(℃) 東京	平均気温(℃) バンコク	日の出(バンコク)	日の入り(バンコク)
1月	●1月1日 元日	24.2mm	59.7mm	東京 5.4℃	バンコク 27.6℃	出 6:45	入 18:10
2月	●2月10日 春節祭(中国旧正月)★ ●2月24日 マカブーチャ(万仏祭)★☆	19.4mm	56.5mm	6.1℃	28.7℃	出 6:41	入 18:24
3月		53.6mm	116mm	9.4℃	29.8℃	出 6:25	入 18:29
4月	●4月6日 チャックリー記念日 ●4月13～15日 ソンクラーン(タイ旧正月)	92.7mm	133.7mm	14.3℃	30.8℃	出 6:04	入 18:32
5月	●5月1日 レイバーデイ ●5月4日 戴冠記念日 ●5月22日 ヴィサカブーチャ(仏誕節)★☆	215.4mm	139.7mm	18.8℃	30.5℃	出 5:51	入 18:38
6月	●6月3日 スティダー王妃生誕日	209.9mm	167.8mm	21.9℃	29.8℃	出 5:50	入 18:47
7月	●7月28日 ワチラロンコーン国王陛下生誕日	182.9mm	156.2mm	25.7℃	29.3℃	出 5:58	入 18:50
8月	●8月1日 アサラハブーチャ(三宝節)★☆ ●8月2日 カオパンサー(入安居)★☆ ●8月12日 シリキット王太后生誕日	212mm	154.7mm	26.9℃	29.1℃	出 6:04	入 18:41
9月		343.6mm	224.9mm	23.3℃	28.7℃	出 6:06	入 18:20
10月	●10月13日 ラマ9世記念日 ●10月23日 チュラロンコーン大王記念日	304mm	234.8mm	18℃	28.5℃	出 6:08	入 18:00
11月		46.5mm	96.3mm	12.5℃	28.4℃	出 6:17	入 17:48
12月	●12月5日 ラマ9世生誕日 ●12月10日 憲法記念日 ●12月31日 大晦日	13.5mm	57.9mm	7.7℃	27.4℃	出 6:32	入 17:53

※祝祭日・イベントは2023年8月～2024年7月のもの。
★印は毎年日付が変わる移動祝祭日、☆印は禁酒日を示す。

BANGKOK

ぜったい観たい！

Sightseeing

Contents

知っておきたいこと12

#ぜったい観たい!

初めてでもリピーターでも押さえておきたい
バンコク観光で役立つマナーや情報をピックアップ。

01 参拝時のマナー

●服装の注意点

男女ともにノースリーブやミニスカート、短パン、やぶれたジーンズなど、肌の露出が多い服装で参拝(観光)するのはマナーに反する。長ズボンか長いスカート、半袖か長袖で出かけよう。場所によっては腰巻などの有料レンタルもあるが、入場できない可能性もあるので気を付けること。

⬆堂内では帽子を脱ぎ、サングラスも外すこと

●寺院内NG行為

- 堂内の仏像に向かって、足の裏(不浄とされている)を向けてはいけない。
- 男女が手をつないだり、肩を組んだりするのは好ましくない。
- 大声を出したり、走り回ったり、飛び上がったりなど騒がない。
- 写真撮影が禁じられている場所では写真を撮らない。
- 僧侶は尊敬の対象なので、記念写真の強要はしない。
- 女性が僧侶の体、衣、持ち物に直接ふれるのはタブー。

⬆静かにお参りをしよう

02 タイ仏教の美術様式あれこれ

スコータイ様式(13～15世紀)

タイ北部で広がったクメール文化の建築様式の影響を残しながら育まれたスコータイ独自の様式。仏像の面長の顔や流麗な身体の線、仏像の頭頂の火焔宝珠などが特徴。

➡スコータイのワット・マハタート　©ASEAN-Japan Centre

アユタヤ様式(14～18世紀)

スコータイ様式やそれ以前の美術様式の影響を受けながら、「プラ・プラーン」という砲弾型の仏塔、冠をかぶり正装させた柔和な表情の仏像が特徴。ストゥッコ(化粧漆喰)が外部装飾に用いられた。

➡アユタヤのワット・ヤイ・チャイ・モンコン→P194

ランナータイ様式(14～19世紀)

タイ北部のチェンマイを中心としたランナータイ王朝で発展。屋根の破風や堂内を精緻な彫刻で装飾し、細長い尖塔をもつビルマ式の仏塔などが多く見られる。

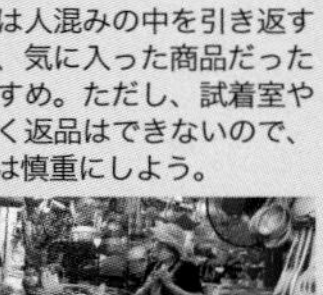

➡チェンマイのワット・プラ・タート・ドイ・ステープ

03 寺院を彩る神話の像たち

タイの伝説や神話に登場する英雄や悪魔などの像は、寺院の装飾に欠かせない。胴体は人間で、頭と足は鳥、腕には羽が生えた「ガルーダ」、蛇の神で水の象徴でもある「ナーガ」、「アプサラ」や「キンナリー」といった天女などが有名。

➡守護神のヤックとモック(ワット・プラケオ→P44)

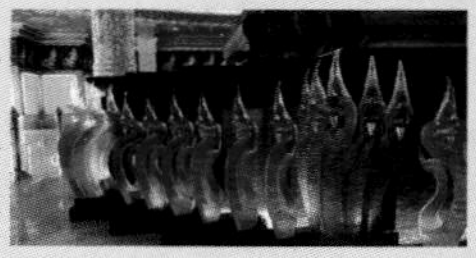

⬅ナーガ(ワット・パクナム→P50)

04 ローカルマーケット散策のコツ

●服装と持ち物

暑さ対策で帽子やタオル、飲み物は必需品。スリ被害が多いので、バッグは常に前で持ち体から離さないようにしよう。持っていく荷物は必要最小限にするのがおすすめ。

●料金交渉

たいていの店では値切り交渉に応じてくれる。まとめ買いするとより交渉しやすい。店によっては値引き不可の店もある。

●決断力がカギ

混雑する時間帯は人混みの中を引き返すのが難しいので、気に入った商品だったら即買いがおすすめ。ただし、試着室や鏡はほとんどなく返品はできないので、商品のチェックは慎重にしよう。

05 耳より

「ソイ」と「タノン」を知ろう

バンコクの道は大通りの「タノン」と、そこから延びる横道「ソイ」で構成されている。ソイには番号が付いており、王宮を背に左側が奇数、右側が偶数となっている。タクシーの運転手に行き先を告げる際、「タノン(通り)・スクンビット・ソイ31」のように、タノン名とソイ番号を組み合わせて伝えるとわかりやすい。

06 耳より

仏教国ならではのあいさつ「ワイ」

「ワイ」は手を合わせてお辞儀をする、タイに昔からある伝統的なあいさつ。目下の人から目上の人にするのが基本で、相手によって手を合わせる高さが変わる。旅行者は胸の前くらいの高さでほとんど問題ない。ワイをされたらワイで返そう。

07 耳より

フォトジェニックスポット一覧

ワット・パクナム（→P50）

仏塔5階はまるで宇宙のような幻想的な空間。ステキな写真が撮れること間違いなし！

ワット・サマーン・ラッタナーラーム（→P52）

中心部から車で約1時間30分の距離だが、インパクト抜群のガネーシャ像は必見！

©ASEAN-Japan Centre

ワット・アルン（→P48）

夕暮れ時、対岸から眺める寺院は最高の美しさ。対岸のバーなどでくつろぎながら見るのがグッド！

エラワン・ミュージアム（→P62）

まるでヨーロッパの教会のような天井のステンドグラスをはじめ、映える装飾などがたくさん。

08

王室への敬意を忘れずに

タイの国民は王室を深く敬愛している。タイの人々と王室について話題にする際は、冗談でも侮辱するような発言や行動は慎むこと。8時と18時に公共の場で国歌が流れている間は起立して聞くのが通例。映画館では上映前に国王賛歌と王室の映像が流れるので、外国人も含め、全員が起立する。

09

頭をなでるのはダメ

タイでは人の頭は精霊が宿る神聖なところとされている。そのため他人に頭を触れられることは侮辱的な行為となるので気をつけよう。子供の頭は親しい間柄であればなでても大丈夫だが、そうでない場合は失礼な行為になるので十分に注意すること。

10

移動は渋滞を考慮して

バンコク名物の「渋滞」は移動時間が読めないので、旅行者にとっては困りごとのひとつ。滞在中の移動は高架鉄道BTSと地下鉄MRTをフル活用しよう。ただし、朝夕は通勤ラッシュで車内は混雑しているのでスリなどに注意。貴重品の管理はしっかりしよう。

11 耳より

アジアティークからの帰りはGrabがスムーズ

アジアティークからホテルに戻る際、無料シャトルボートでサトーン船着場まで行く以外には、チャルンクルン通り沿いでGrab(→P227)を呼ぶのが便利。アジアティーク出入口付近は混雑しているので、少し離れた場所に移動して呼ぼう。

12

スコール時は無理に移動しない

➡スコール時はタクシーやトゥクトゥクもつかまりづらい

6〜10月ごろの雨季は、激しい雨が短時間に一気に降るスコールが頻発し、傘をさしてもずぶ濡れになってしまうほど。だいたい1〜2時間程度で収まるので、無理に移動せずに観光施設内や近場のカフェなどで過ごして雨が弱まってから次の目的地に向かおう。

【編集MEMO】

コレだけはいいたい！

王宮周辺には三大寺院以外にも歴史ある寺院が点在。昔ながらの街の雰囲気も楽しみながらめぐってみるのもいい。

寺院見学の服装で特に厳しいのがワット・プラケオ＆王宮(→P44)。長ズボン＆スカートで、長袖の羽織るものを。

チャルンクルン通りのソイ32(Soi 32/MAP：P8D2)はウォールアートが集まるスポット。タイ出身のアーティストの作品も！

編集A

Wat Phra Kaeo
& Grand Palace

美しきエメラルド仏とご対面

ワット・プラケオ&王宮へ

Read me!

バンコクでチャックリー王朝を興したラマ1世が1782年に居城として築いた王宮とその守護寺院。敷地内には壮麗な宮殿や黄金の仏塔などが並び、見ごたえ十分！

タイで最高の格式と優美さを誇る

ワット・プラケオ&王宮

●Wat Phra Kaeo & Grand Palace ★★★

広さ21万8000㎡を誇る王宮は四方を約1900mの壁に囲まれ、王室専用寺院であるワット・プラケオや壮麗な宮殿、博物館などが立ち並ぶ。みどころの中心はワット・プラケオで、本堂や仏塔、仏堂が並び圧巻の美しさ。本堂に翡翠で造られたエメラルド仏を祭ることから別名「エメラルド寺院」ともよばれる。

王宮周辺 **MAP:P4B2〜3**

図ター・チャーン船着場から徒歩5分、またはMRTサナームチャイ駅から徒歩15分 住Na Phra Lan Rd. ☎なし ⏲8時30分〜15時30分 休なし 料B500

敷地内の回り方

広大な敷地内はワット・プラケオと王宮の2つのエリアに分かれている。北側のウィセーチャシー門から入場→服装チェック→チケット購入→ワット・プラケオ見学→王宮見学→ピマンチャシー門から出る、という順で回る。再入場は不可なので注意しよう。

観光のポイント

●エメラルド仏は年に3度、季節ごとに国王によって衣装が取り換えられている。見た目ががらりと変わるのでしっかり見学しよう。

●ワット・プラケオ&王宮の入場券には、王宮敷地内の「クイーン・シリキット・テキスタイル博物館」の入場、敷地外の「サラ・チャレームクルン・ロイヤルシアター」での仮面舞踏劇鑑賞、アユタヤにある「アーツ・オブ・キングダム・ミュージアム」の入場が含まれている。

注意点

! ミニスカートや短パン、タンクトップなど露出の多い服装での入場は禁止。入口では服装チェックをしている。該当者は入口付近の露店でTシャツやスカートなどを購入しよう。

! ワット・プラケオの本堂内や王宮の建物内部など撮影禁止エリアがあるので注意しよう。また三脚は全エリア使用できない。

ワット・プラケオのみどころを回ってみよう！

本堂からスタートし、主なみどころをゆっくり見学して回ると所要1時間30分ほど。
きらびやかな世界を満喫しよう。

必見！

ガンダーラ堂

青と白と黄色を基調としたモザイクタイルの壁が美しい。本堂から見ると南東の角に位置している。

① 本堂
Phra Ubosot

外観が金箔と色ガラスのモザイクで装飾された絢爛豪華な建造物。内部に安置された緑色のエメラルド仏は正面の窓からも見ることができるが、撮影不可。

ココも見たい！

鐘楼

鐘の音は寺院全体に響くほどの大きさとされるが、実際に鳴らされることはほとんどないという。

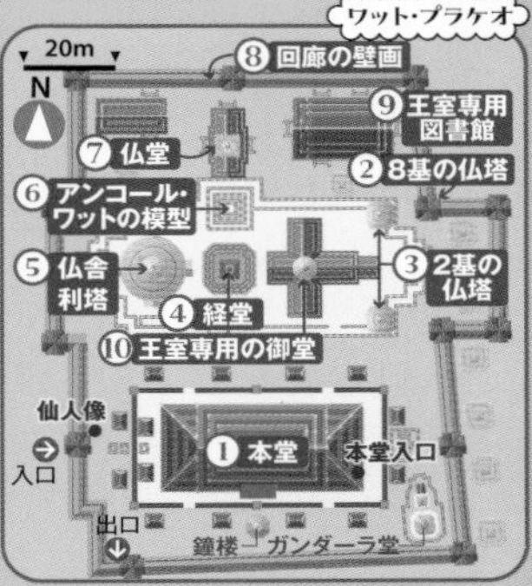

② 8基の仏塔
Eight Prangs

東側の壁に沿って並ぶコーン型の8基の仏塔。ブッダが亡くなり荼毘に付されたとき、その遺骨(仏舎利)を8つの部族に分配したことに由来する。

③ 2基の仏塔
Phra Suwana Chedi

プラ・スワナ・チェディが正式名称で、寺院内で最も古い建造物。王室専用の御堂前のテラスの両端に立つ。ラマ1世が両親に捧げるために建造したといわれているが、現在のものはラマ4世時代に再建された。台座を支えるのは、守護神ヤックとモック。働き者の2人に注目♪

台座を支える守護神のヤックとモックにも注目

④ 経堂
Phra Mondop

大理石の台座の上に立ち、王宮内でも初期の建物。「トリピタカ(三蔵)」とよばれる経典を納めている書庫で、守護神のヤックとモックが入口を警護している。

⑤ 仏舎利塔
Phra Sri Rattana Chedi

ラマ4世がアユタヤにあるワット・プラ・シー・サンペットを真似て建てたもので、内部に釈迦の遺骨である仏舎利が納められている。現在のように金色に装飾されたのはラマ5世の時代。

写真提供：タイ国政府観光庁

⑥ アンコール・ワットの模型
The Model of Angkor Wat

19世紀末、クメール国のアンコール・ワットに感銘を受けたラマ4世が造らせたもの。本物をそのまま小さくしたような精密さで、遺跡の様子が見てとれる。

⑦ 仏堂
Phra Wihan Yot

内部に銀の王冠を着けた仏陀像や釈迦立像、王家の遺灰などが納められている。内部は非公開だが、アユタヤ朝様式の螺鈿細工を施した正面扉はぐるりと回るだけでも楽しめる。

⑧ 回廊の壁画
Cloister Gallery

ワット・プラケオを取り囲む長い屋根付きの回廊。インドの叙事詩である『ラーマーヤナ』をタイ風にアレンジした『ラーマキエン』の神話が描かれている。

⑨ 王室専用図書館
Ho Phra Monthien Tham

歴史的にも貴重な仏教経典が多く納められているという王家専用の図書館で、ホープラ・モンティエン・タムとよばれる。内部は非公開。

⑩ 王室専用の御堂
Prasat Phra Dhepbidorn

屋根は典型的なタイの建築様式で、内部に高貴なものが安置されていることを示している。堂内にはラマ1世からラマ9世まで歴代国王の像を安置。チャックリー記念日にだけ扉が開かれるが、内部は非公開。

Pho

黄金に輝く釈迦像が横たわる

ワット・ポーで寝釈迦仏に会う

Read me!

「涅槃寺」(ねはんじ)の別名で知られるワット・ポー。その名のとおり、黄金の巨大な釈伽仏が仏堂に横たわっており、圧倒的なスケールと黄金色の輝きに目を奪われる。

バンコク最古の歴史ある名刹

ワット・ポー

●Wat Pho ★★★

僧侶が法を学ぶためにアユタヤ時代からの寺院をラマ1世が再建。ラマ3世の時代に大改修が行われ、現在の姿になった。境内には本尊を安置する本堂や仏塔などもあり、タイの僧院らしい雰囲気が味わえる。また、タイ古式マッサージの総本山である学校が境内にある。

王宮周辺 **MAP:P4B3**

図MRTサナームチャイ駅から徒歩5分 住2 Sanamchai Rd. Phra Nakhon ☎083-057-7100 ⏲8〜17時 休なし 料B200

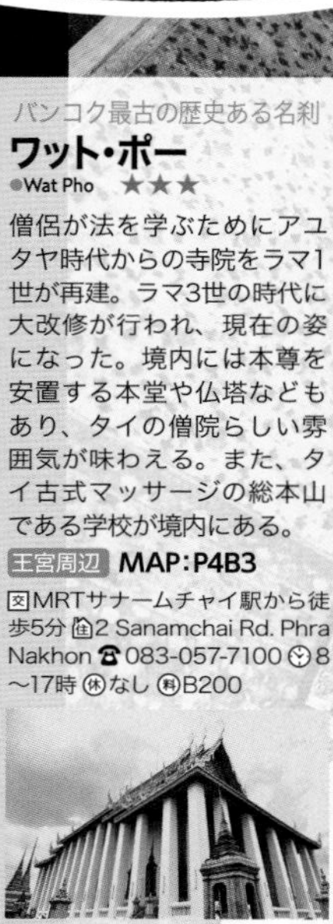

観光のポイント

●いくつかの入口があるが、観光客はタイ・ワン通り(Thai Wang Rd./MAP:P4B3)の門から入るのが一般的(ツアーの場合は異なることも)。チケット売り場の隣が寝釈迦仏の御堂。

●寝釈迦仏の背中側の通路には、お坊さんが托鉢に持ち歩く応量器が並ぶ。B20をサタン硬貨と交換し、1枚ずつこの器の中に入れていく。仏教徒として徳を積む修行のひとつ。

注意点

！ワット・プラケオ&王宮ほど厳しくはないが、ミニスカートや短パン、タンクトップなど露出の多い服装での入場は避けること。

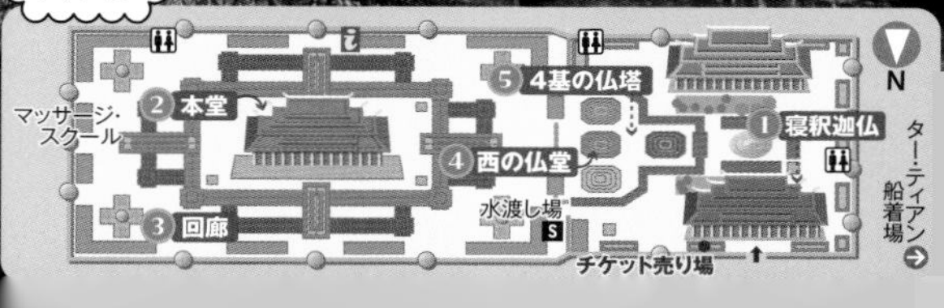

寺院のみどころをチェック!

巨大な寝釈迦仏が見学のハイライト。
本堂や仏塔などをゆっくり見て回っても所要1時間あれば十分楽しめる。

必見!

1 寝釈迦仏 Reclining Buddha

専用に造られた仏堂に横たわる、全身を金箔で覆われた全長約46m、高さ約15mの釈迦像。ラマ3世により1832年に造立されたもので、涅槃に入る直前の寝姿を表しているという。超然とした姿に釈迦の悟りの境地と慈愛が感じられる。

注目!

幅5m、高さ3mの足の裏には真珠貝を使って螺鈿細工で描かれた108の絵がある。これはバラモン教から生まれた仏教の宇宙観を表現した「モンコイロンペート」といわれるもので、人々に幸福をもたらすという。

注目!

堂内の壁には釈迦の生涯が描かれ、8枚の扉には『ラーマキエン』の物語が螺鈿で表されている。

2 本堂 Phra Ubosot

本堂に納められた本尊は、ラマ1世がトンブリー(チャオプラヤー川西岸)にあったワット・サラシーナの本堂から移したもので、ブロンズの釈迦座像に金箔が施され、台座にはラマ1世の遺骨が納められている。

3 回廊 Cloister Gallery

本堂を囲み、4つの礼拝堂をつなぐ形で造られた回廊には信者から寄進された仏像が並ぶ。立像と座像に分かれ、印相なども異なる充実した仏像コレクションが見られる。

4 仏堂 Phra Buddha Lokanat

本堂を囲む回廊の四方に仏堂があり、それぞれに仏像を安置。必見は西の仏堂で、木の下に座る釈迦をナーガ(蛇神)が雨風から守る姿の仏像が安置されている。

5 4基の仏塔 Suan Misakawan

寝釈迦仏の仏堂の隣に立つ、色鮮やかな陶器片で飾られた4基の仏塔。緑色に見える塔がラマ1世、白色がラマ2世、黄色がラマ3世、青色がラマ4世を表し、それぞれの塔の中には各王の遺骨が納められているという。

Wat Arun

チャオプラヤー川岸に立つ旧王朝の象徴

壮麗なワット・アルンを眺める

Read me!

チャオプラヤー川西岸にあるワット・アルン。すっくと立つ大仏塔の姿はバンコクを象徴する景色のひとつ。近くから、対岸からとさまざまな場所から眺めたい。

かつての王朝を偲ばせる寺院

ワット・アルン

Wat Arun ★★★

チャオプラヤー川西岸のトンブリーに王朝を開いたタークシン王ゆかりの寺院。ワット・アルンとはタイ語で「暁の寺」という意味。これは、タークシン王が王朝の菩提寺としてワット・チェーン"夜明けの寺"と名付けたのが始まり。日没後のライトアップも見逃せない。

王宮周辺 **MAP：P4A4**

住34 Arunamarin Rd., Wat Arun, Bangkok Yai ☎0-2891-2185
時8〜18時 休なし 料B100

観光のポイント

●対岸から食事をしながらワット・アルンを眺められるレストランやバーもある（→P77・P147）。

ワット・アルンのライトアップは18時30分ごろ〜。

注意点

! ミニスカートや短パン、タンクトップなど露出の多い服装で参拝するのはマナー違反。Tシャツやスカート、長ズボンなどで出かけよう。

アクセス方法

アクセス方法は2つ。対岸から専用渡し船か、チャオプラヤー・エクスプレス・ボートを利用する。

●専用渡し船の場合…対岸のター・ティアン船着場(MAP：P4A3)から乗船。10〜15分間隔で運航し、桟橋入口で料金(片道B5)を支払う。

●チャオプラヤー・エクスプレス・ボートの場合…BTSサパーンタクシン駅前にあるサトーン船着場(MAP：P8A4)からオレンジ・ラインでワット・アルン船着場まで行ける。料金B16。

寺院のみどころをチェック!

境内はそれほど広くないので所要1時間もあれば
ハイライトの大仏塔、本堂など主なみどころは回れる。

1 山門 Entrance Gate

本堂への門はタイの寺院らしいランナー様式の屋根に、仏塔のような尖塔がのる。花のレリーフで飾られた大きな破風も見事。2体の立派なヤックが門番を務めている。

2 本堂 Phra Ubosot

本堂の壁には釈迦の生涯が描かれている。本尊の釈迦座像の顔はラマ2世が彫ったと伝えられ、その台座にはラマ2世の遺骨が納められている。

4 ラマ2世像 Rama II Statue

ワット・アルンの保護と拡大に尽力したラマ2世の像がチャオプラヤー川のほとりに立っている。ラマ2世によって「ワット・チェーン(夜明けの寺)」から「ワット・アルン(暁の寺)」に改名されたといわれる。

3 回廊 Cloister Gallery

本堂を囲む回廊には信者が寄進した仏像が並び、その手前に中国風の仙人や天女の石像などが整然と置かれているのが特徴。動物に乗った老人の像など、珍しいものもあって楽しい。

必見!

5 大仏塔 The Central Prang

高さ67mのワット・アルンのシンボル。色鮮やかな陶器片のモザイクで飾られた5 基の仏塔のなかでも、ひときわ高くそびえる。塔の上部には3つの頭をもつエラワン(象神)の上に乗ったインドラ神の像や、シヴァ神を示す印があり、ヒンドゥー教の影響が見られる。

6 小仏塔 Small Prangs

大仏塔の四方に置かれているのが小仏

黄金に輝く巨大な大仏が見守る…

ワット・パクナムで異空間体験

Read me!

フォトジェニックな寺院として知られるワット・パクナム。神秘的な空間が広がる仏塔最上階の天井画とガラス塔、黄金に輝く超巨大な仏像が撮影ポイント。

教育機関としても有名な歴史ある寺院

ワット・パクナム

●Wat Paknam ★★★

アユタヤ時代に創設された寺院で、前僧正ルアンポーソッドの座禅・瞑想の新理論でも知られている。境内には本堂などのほか、高さ80mの5階建ての大仏塔があり、1～4階は仏像・資料の展示フロアや儀式用のホールで構成されている。

バンコク南部 **MAP:P2A4**

図MRTバンパイ駅から徒歩15分
住300 Ratchamongkhon Prasat Ally
☎0-2467-0811 ⏲8～18時
休なし 料なし

⬆多くの参拝者が訪れる本堂

⬆真っ白な仏塔。こちらの5階に天井画とガラス塔がある

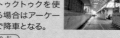

観光のポイント

●寺院内の数カ所に日本語も記載された案内があるので、移動はスムーズ。

●最寄り駅からタクシーやトゥクトゥクを使用する場合はアーケード前で降車となる。

注意点

❗●信仰の場であることを忘れずに大声を出したりしないよう静かに見学すること。

●仏塔内の展示物や金色の漆喰の柱には触らないこと。

ワット・パクナム

極彩色の世界にうっとり
仏塔の3・4Fにも立ち寄ってみよう

注目ポイントはココ!

見学のメインは仏塔5階と巨大な仏像。
参拝マナーを守って細部までじっくり見学しよう。

仏塔5F

宇宙のような天井画と緑色に輝くガラス塔がみどころ。ぐるっと一周してさまざまな角度から眺めたり、写真を撮ったりしよう。

天井画を囲む仏陀

天井を縁取るように描かれた色鮮やかな仏陀と、仏陀が悟りを開いた菩提樹が描かれている。

最上部の仏像

ガラス塔の最上部には小さな仏像が。遠くて見えづらいので、カメラのズーム機能を使おう。

光る蓮の花

ガラス塔の下部にはガラス製の蓮の花が配されている。下からライトに照らされ緑色に光る。

ガラス製のナーガ

ガラス塔を囲んでいるのはガラス製のナーガ。細部まで造りこまれているので、近づいて見てみよう。

展望テラス

テラスからは目の前に大仏の大きな後ろ姿や境内を見ることができ、大仏の向こうには街の様子も見渡せる。

大仏

仏塔と本堂の間に2021年に完成した大仏。高さ69mで、瞑想の姿をした仏像としては世界最大級といわれている。

存在感バツグン!

⬆前僧正ルアンポーソッドの像が置かれている(仏塔3F)

⬆仏像やタイ仏教に関する資料が展示されている(仏塔4F)

Wat Saman Rattanaram

ピンク色のガネーシャ像が鎮座する

ワット・サマーン・ラッタナーラーム

Read me!

バンコクの隣、チャチュンサオ県にある寺院に鎮座するガネーシャ像。高さ24m、全長16mという大きさと、色鮮やかなピンク色は写真映えすること間違いなし！

あらゆる願い事を叶えてくれる

ワット・サマーン・ラッタナーラーム

●Wat Saman Rattanaram ★★★

もともと地元の人々からは祈願成就までのスピードが速いと人気を集めていた寺院で、ピンク色のガネーシャ像は2011年に建造されたもの。ガネーシャ像の周りに置かれたネズミの像の耳に願い事をささやくと、願いが叶うという。

バンコク郊外 **MAP:P188**

交 バンコク中心部から車で1時間30分
住 Thanon O Bo To Chachoengsao 2012, Moo 11, T.Bang Kaeo, Amphoe Mueang Chachoengsao, Chang Wat Chachoengsao
☎081-983-0400 ⏲6～18時 休 なし
料 なし

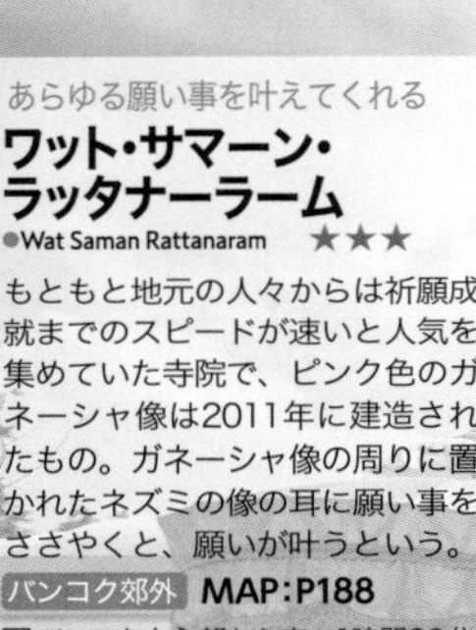

↑ピンクガネーシャが横たわる台座にもガネーシャが彫られている

観光のポイント

●ピンクガネーシャを見学するだけなら所要約30分程度。蓮の花のモニュメントなども見学する場合は所要1時間くらいが目安。
●ピンクガネーシャ正面向かいの参拝所でお参りしてからネズミの像に願い事を伝えるのが一般的。

注意点

! ●バンコクの隣県にあり、公共の交通機関を利用して行くのはハードルが高いのでツアーを利用するのがおすすめ。→P229

願い事を伝えるメッセンジャー

ネズミの像

ピンクガネーシャの周りには合計14のネズミ像が配され、祈願者に代わってガネーシャに願い事を伝える役割を果たしている。ネズミ像は曜日ごとに色分けされた像以外にもあり、ガネーシャ像正面の薄黄色の2体のネズミ像は金運アップにご利益があると特に人気。

写真提供：タイ国政府観光庁

4本の手、1本の牙が特徴

寺院内のココも気になる!

ピンクガネーシャ像のほかにも敷地内にはインパクトのある像がいろいろあるのでチェックしてみて。

↑向かい合う蛇神像の間に立って撮影してみよう。奥に見えるのは川に浮かぶ蓮の花のモニュメントで、橋で渡ることができる

←色鮮やかな中国寺院も。すぐそばにある巨大な観音菩薩立像が印象的

→ヒンドゥー教の創造神のひとつ、4つの顔をもつブラフマー像も超ビッグ

ネズミ像への願い事の伝え方

曜日の色については→P70をCHECK!

自分の誕生日の曜日と同じ色のネズミに祈願するのが基本。願い事はどちらの耳にささやいてもOK。

1. 靴を脱いで踏み台に上がる
2. ネズミの片方の耳をふさいだまま、もう片方の耳に願い事をささやく
3. ネズミが持っている箱にお布施を入れる

倉庫跡地をリノベーション

アジアティークを攻略！

Read me!

近年、バンコクでは、チャオプラヤー川沿いに残る倉庫跡などを商業施設として再生するのがブーム。なかでも1500以上の店舗が集まる巨大夜市、アジアティークは必訪だ。

レトロな雰囲気も漂うナイトマーケット

アジアティーク・ザ・リバーフロント

●Asiatique the Riverfront ★★★

19世紀の船着場で、デンマークの貿易会社が倉庫として使用していた場所に、約1500ものショップ、約40のレストラン、劇場などが集まる。場内は4つのエリアに分かれ迷路のように入り組むが、観覧車や時計塔が目印に。

バンコク南部 **MAP：P2B4**

住 Charoenkrung, Soi 72-76
☎0-2108-4488、092-246-0812
⏲16～24時ごろ(店舗により一部異なる) 休なし

観光のポイント

●チャルンクルン通りの入口近くにインフォメーションセンターがある。無料の園内地図などを配布しているので最初に立ち寄り、行きたい店をチェックしよう。

●園内は細い路地が碁盤の目のように走り、その両側に店が並ぶ。Wearhouseは倉庫、Trokは路地を表し、各々の番号が住所になる。

●1500軒以上もショップが集まる園内を全部見るのは大変。時間がない場合はボート乗り場に近いウォーターフロント地区、ファクトリー地区あたりを回るだけでも楽しめる。

注意点

! 週末はかなり混雑するので、スリや引ったくり、置引きなどに遭わないよう荷物管理はしっかりしよう。

コレが便利！

無料シャトルボートでアクセス

サトーン船着場(MAP：P8A4)から出ている無料シャトルボートの利用がスムーズ。週末や観光シーズンには乗船を待つ行列ができる場合もある。16時～23時30分まで運航、所要約10分。

①乗り場に向かう

BTSサパーンタクシン駅の2番出口を出て、まっすぐ川の方へ向かうとサトーン船着場に到着。左手奥にアジアティーク行きの専用乗り場がある。

②ボートに乗船

スタッフの案内に従って、順番に乗り込む。揺れるので注意。川沿いの風景も眺めながら、ミニクルーズ気分を楽しもう。

③アジアティークに到着

チャオプラヤー川を南下するうちにだんだんアジアティークの観覧車や建物が見えてくる。約10分で到着。

帰りは？

来るときに上記③で降りたボート乗り場から無料シャトルボートに乗ればOK。行き先はサトーン船着場行きのみ。タクシーはなかなかつかまらないのでボートのほうが便利。

4つのエリアに分かれています

ウォーターフロント地区

チャオプラヤー川の河畔に、洗練された高級レストランが集まる。テラス席は予約できない店が多いので早めに席を確保しよう！

アジアティーク・スカイ
→P57
ライトアップされた姿がアジアティークのシンボルにもなっている観覧車。ゴンドラ内から見渡すバンコクの夜景にうっとり。

チャオプラヤー川に面した憩いのスポット。ロマンチックな夕暮れ時が、特に人気。

シャトルボートの乗り場前から、アジアティークの入口までの約300mをトラムが結ぶ。

タクシーやトゥクトゥクの客引きが待ち構えているので注意。タクシーは正規の乗り場から乗車を。

ファクトリー地区

トレンドファッションやおしゃれアイテムを扱う個性的な店が並ぶ。モダンな飲食店も多く、ゆっくり休憩するにもおすすめ。

目印はココ

時計塔
タウンスクエア地区の倉庫6・9の前の広場に立つ。待合せなどにも便利

タウンスクエア地区

各国料理のレストランやカフェが集まる賑やかなエリア。手軽に、リーズナブルに食事を楽しめる。週末ライブなどのイベントも開催。

チャルンクルン地区

案内所はココ

4棟の巨大な倉庫に、1坪サイズの小さなショップが約1000店舗も並び、ナイトマーケットらしさ満点。雑貨からファッションまで充実。

カリプソ・キャバレー
→P152
歌あり、ダンスあり、笑いありのキャバレーショー。ハイクオリティなパフォーマンスは感動的で、きらびやかな衣装は見逃せない！

王宮と三大寺院
人気SNS映え寺院
アジアティーク
ジョッド・フェアーズ
ローカルマーケット
話題のアートスポット
巨大ランドマーク

アジアティーク地区別 おすすめグルメ&ショッピングSPOT

ウォーターフロント地区

B480 骨付きポークチョップ

クラシックな帆船でディナーを満喫

シリマハノップ
●Sirimahannop

ラマ5世時代にタイ海軍が使用した3本マストの帆船を再現してレストランに。タイ、ヨーロッパなどの料理を融合させたメニューは前菜、シーフード、肉料理などが揃う。

㊓Waterfront ☎0-2059-5999
⏲16～24時（土・日曜は10時～）
㊡なし 英 予

↑デッキ席ではチャオプラヤー川を眺めながら食事ができる

↑かつての帆船やチャオプラヤー川の写真が飾られた船内の席

B480 ビーフ・グリーンカレー

↑ロティとライス付き

テラス席でシーフードを堪能

コーダン・タレー
●Ko Dang Talay

タイ料理の手法と味をベースに、ワインに合うアレンジが欧米人に人気。店内にある水槽では魚が泳ぐ様子も見られる。テラス席は満席必至なので、早めの来店がおすすめ。

㊓Warehouse 7
☎090-959-5969
⏲16～24時
㊡なし 英 英

➡夜風が心地いいテラス席

カニ味噌たっぷりのタケノコ入りサワースープ（時価）などが名物

ファクトリー地区

B250 チェンマイの伝統模様の刺繍がかわいい長財布

B350 花模様の刺繍がキュートなトートバッグ

B100 スパンコールの象柄が目を引くティッシュカバー

刺繍アイテムが狙い目

ナッタキット・デコ
●Nattakit Decor

チェンマイの伝統模様をあしらった布小物が勢揃い。バッグやクッションカバー、ポーチをはじめ、象の人形といったタイらしいアイテムも。

㊓Warehouse 8, Trok 9
☎089-903-3180
⏲16～24時 ㊡なし 英
カード不可

B490 パッチワーク風のバケットハット

B790 コットン素材の巾着バッグ

エスニックな洋服&小物探しに

ジョエラ
●Joella

タイで作られたウエアやバッグ、帽子、靴などファッションアイテムがぎっしり。タイ名物をモチーフにしたイラストが描かれたTシャツも要チェック

㊓Warehouse 8, Trok 1-2 ☎なし
⏲16～24時 ㊡なし 英

B1250 エスニック調の柄が印象的なサボサンダル

象柄ポーチをまとめてGet！

コン・ファイ
●Kon Fai

サイズや素材、デザインが異なるポーチが山積み。名刺サイズのポーチB10～など激安で、定番の象柄も豊富でおみやげにぴったり。

㊓Warehouse 8, Trok 7-8
☎098-264-0513
⏲16～24時㊡なし英

B20 小さな象がいっぱいのポーチ

B150 ココナッツウッドのコースターは3枚セット

B1211 ブルーアゲート、タイガーアイの組合せ

B936 ラベンダーアメジストのブレスレット

お気に入りのブレスレットを発見

シーラック&クオリテ
●Se Luck & Quality

クリスタルや天然石を用いたブレスレットを扱う専門店。B230と手頃なものから高価なものまで幅広く揃っている。自分みやげに！

㊓Warehouse 8, Room H50
☎063-429-3661
⏲17～23時 ㊡なし 英

タウンスクエア地区

B350 エビのタマリンドソース添え

B80 やさしい甘さのココナッツジュース

B100 マンゴースムージー

タイ料理とスイーツでひと息

クア・サワディー ●Kua Sa Wat Dee

グリーンカレーやパイナップルの器に入ったエビチャーハンなど、定番のタイ料理が揃う。パンケーキやワッフルなどスイーツメニューも豊富で、休憩にぴったり。

㊖Warehouse 6 ☎063-272-9799
⏲12時～翌2時 ㊡なし 英 英 カード

←買物途中の休憩におすすめ

チャルンクルン地区

ソープは1個B90。レモングラス、ミントなど種類豊富

自然素材のアロマ用品がずらり

カス ●Khas

コールドプレス製法で作ったカラフルなソープや、ボディケア用品などの専門ショップ。100%自然素材のオイルやキャンドルなども充実。

㊖Warehouse 3, Room 3164-3165
☎086-656-1445
⏲15～23時 ㊡なし 英

B120 コールドプレス製法のココナッツオイル

B150 自然素材を使ったハンドクリーム

スティック付きアロマオイルB180。レモングラスなど約15種

お肌にやさしいタイ製スパアイテム

プタワン ●Phutawan

ハーブやフルーツなど自然派素材にこだわったホームスパ製品の専門店。キュートな形のソープやボディースクラブなど、リーズナブルでまとめ買い向き。

㊖Warehouse 3, Trok8
☎092-561-8093
⏲16～23時 ㊡なし 英

+Plus! エンタメスポットも要Check!

国内最大級の観覧車、華やかなキャバレーショーなどエンタメも満喫しよう。

ウォーターフロント地区

アジアティーク・スカイ ●Asiatique Sky

アジアティークの人気アトラクション。高さ60mから見渡すチャオプラヤー川と市街の眺めは雄大。一周約15分で、絶景ビューを存分に堪能できる。

↓ライトアップされた観覧車も撮ってみよう

⏲17～24時
㊡なし
㊒B500
カード

←ゴンドラは全部で42台

チャルンクルン地区

カリプソ・キャバレー ●Calypso Cabaret

約50名のパフォーマーがラインダンスやお色気たっぷりのダンスを披露する。目まぐるしく変わる展開に客席も大盛り上がり。

DATA→P152

↑思わず見入ってしまうほどの美しさ！

王宮と三大寺院
人気SNS映え寺院
アジアティーク
ジョッド・フェアーズ
ローカルマーケット
話題のアートスポット
巨大ランドマーク

Night Market

バンコクらしい熱気とカオスを体感

ジョッド・フェアーズへGO！

Read me!

バンコクの夜を楽しむなら、地元の雰囲気にふれられるナイトマーケット、ジョッド・フェアーズがオススメ。お手頃価格のローカルグルメと雑貨が目白押し！

新鮮な魚介もずらり！

おいしそうな香りに食欲アップ！

掘り出しモノが見つかるかも♡

食べて、買って、ナイトマーケットを満喫！

ジョッド・フェアーズ ●Jodd Fairs ★★

ラマ9世通りにあり、ずらりと並ぶ真っ白なテントが印象的。飲食エリアにはシーフードの炭火焼きや串焼きなどタイの定番屋台料理のほか、韓国や日本のフード＆スイーツも。ファッション＆雑貨エリアにはハンドメイドのバッグやアクセサリーなどが揃う。

バンコク北部 MAP:P12C1

交MRTプララーム9駅から徒歩5分
住Rama IX Rd, Huai Khwang
☎092-713-5599
時16～24時 休なし
※2024年以降、移転予定

観光のポイント

●賑わうのは19時以降。週末はとても混雑するので注意。
●どの商品もすでに格安のため、割引はほぼない。まとめ買いすると割引してくれる場合もあるので聞いてみよう。

注意点

! 支払いにカードの使用はできない。現金の用意を。
! 通路が狭いうえ人が多いので、スリや置き引きには注意。バッグは斜め掛けにして、しっかり手で押さえておこう。

お楽しみはコレ♪

View POINT
隣接するショッピングセンター「セントラルプラザ・グランド・ラマ9店」の駐車場からマーケットが見渡せる。立ち並ぶテントは圧巻！

定番から個性派まで！ ストリートフード

がっつり系の肉&シーフード料理、さくっと系の麺料理や串焼きなど多彩なメニューがずらり。

唐辛子とハーブがたっぷりのポークリブのスープB390(Mサイズ)

バターコーンB39。チーズやベーコンなどトッピングB10が選べる

蒸したホイ・クレーン(上)と焼いたホイ・ワーン各B150。ピリ辛のシーフードソース付き

カニカマに衣をつけて揚げたもの1本B10。食べ歩きにぴったり！

米粉にココナッツミルクを加えてたこ焼きのように焼いたカノム・クロックB75(6個)

お気に入りが見つかる！ 安カワ雑貨

若者向けのウエアを中心に、シューズやアクセサリー、日用品などがローカルプライスで手に入る。

天然素材を使った「WearHat」のバッグB390。取り外し可能なストラップ付き

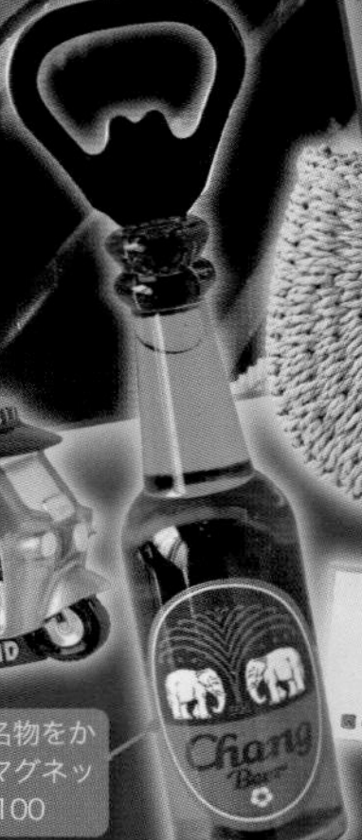

バンコク名物をかたどったマグネットは2個B100

ハンドメイドのシルバーピアスは2個でB100

写真を撮るのも楽しい♡ スイーツ&ドリンク

タイの定番から見た目にもこだわった今どきのものまで、バラエティ豊かに勢揃い

ハチミツたっぷりのバタフライピーとヨーグルトのソフトクリームB69

フレッシュなマンゴーがのったマンゴースムージーB80

モチモチ食感で、噛むほどに甘みが広がるサツマイモ団子B40

Plus! 新ナイトマーケットに行こう!

鉄道市場跡地に新たにオープンしたナイトマーケットにも足を運んでみよう。

グルメも買物も大満喫！

ザ・ワン・ラチャダー ●The One Ratchada ★

ヤシの木が並び南国ムードたっぷり。飲食エリアではタイのローカルフードのほか、キュートなスイーツがたくさん！ 買物エリアには洋服やアクセサリー、バッグ、雑貨などが並ぶ。

バンコク北部 **MAP：P3E2**

図MRTタイランドカルチャーセンター駅から徒歩4分
住Din Daeng ☎0-2006-6655 営17～24時 休なし

↑カラー豊富なネイルも人気。ジェルネイルB200

↑敷地内には有料トイレ(B5)も設置されている

←練り物を揚げた、タイで定番のストリートフードにもトライしてみよう！

Local Market

ワクワク&ドキドキがいっぱい！

ローカルマーケットで冒険気分

Read me!

バンコク郊外には個性豊かなマーケットが点在。買物や地元グルメを堪能できるのはもちろん、ちょっとディープな空気にふれられるのも楽しみのひとつ。

日帰りツアーを利用しよう！

水上マーケットと線路市場観光

自力で行くのは大変なので、「ダムヌン・サドゥアック水上マーケット」と「メークロン市場」を一度に回れるツアーがおすすめ。※ツアー予約はJTBタイランド（→P229）へ

Hoop Rom Market

市場ギリギリを列車が駆け抜ける！

メークロン市場 ●Maeklong Railway Market ★★★

100年ほど前から続く庶民の生活を支える市場で、線路の両脇に野菜や果物、日用品などさまざまな商品が並ぶ。列車が来るたびに店のひさしを折りたたむことから「折りたたみ市場」とよばれている。

バンコク郊外 **MAP:P188**

交バンコク中心部から車で1時間30分 住Maeklong Train Station ,S amutsonkram ⌚6時ごろ〜18時ごろ 休なし

列車発着スケジュール

到着時刻	発車時刻
8時30分	6時20分
11時10分	9時
14時30分	11時30分
17時40分	15時30分

※時刻は変更の可能性があるので事前にタイ国鉄のホームページで確認を

「折りたたみ市場」をのぞいてみよう

1 市場には果物や香辛料、魚介類などの商品が線路の上いっぱいに並べられている。

2 アナウンスが流れると片付けが始まる。列車到着時は混雑するので、見学場所は早めに確保を。

3 慣れた手つきでひさしがたたまれ、線路上の商品も一瞬で片付け完了。

4 列車がゆっくり前進し、市場スレスレを通過。通過後はたちまち市場が再開される。

小舟に揺られて運河を遊覧

ダムヌアン・サドゥアック水上マーケット

Damnoen Saduak Floating Market ★★★

市街地から約80㎞離れた運河で開催され、約150年の歴史をもつ水上マーケット。食料品や日用雑貨、フルーツなどを積んだ小舟が集まり、観光客で賑わう。舟上で作る舟グルメも味わってみよう。

バンコク郊外 **MAP:P188**

交 バンコク中心部から車で2時間
住 Damnoen Saduak
時 8～15時ごろ 休 なし
料 観光用手漕ぎボート1台B600（1時間）、エンジン付きボート1台B1000（1時間）

↑手漕ぎの小舟は情緒たっぷり

舟グルメにトライしよう

さくっと食べられるタイ風ヌードル

↑舟には南国フルーツもどっさり

舟の上で手早く作る麺類やスイーツをお試しあれ!

ココナッツアイスはやさしい甘さ♪

Floating Market

王宮と三大寺院
人気SNS映え寺院
アジアティーク
ジョッド・フェアーズ
ローカルマーケット
話題のアートスポット
巨大ランドマーク

写真提供：タイ国政府観光庁

Museum

知らなかったタイを発見！

個性派ミュージアムでアート鑑賞

Read me!

敬虔な仏教国であるタイの歴史と文化にふれられるおすすめミュージアムがコチラ。ユニークな展示や空間演出でSNS映えスポットとしても人気がある。

みどころ 1

ステンドグラス

ヨーロッパの教会を思わせる色鮮やかなステンドグラスの天井は人気の撮影スポット

みどころ 2

階段の手すり

砕いた焼き物で装飾した階段の手すりの模様は鮮やかな色合い

美しいステンドグラスは圧巻！

エラワン・ミュージアム

●The Erawan Museum ★★

創始者であるレック・ウィリヤパン氏の収蔵品を展示する博物館。巨大なエラワン像が立つ淡いピンク色のドームが目印だ。内部は地下世界・人間界・宇宙とヒンドゥー教の世界観が表現されている。

バンコク東部 MAP:P3F4

図BTSチャーエラワン駅から徒歩20分 ⌂99/9 Moo 1, Bang Mueang Mai, Mueang Samut Prakan ☎0-2371-3135 ⏲9〜18時(チケットの販売は17時まで) ㊡なし ㊕B400

みどころ 3

本堂

最上部にある本堂は宇宙を表現。ブルーの天井が神秘的だ

みどころ 4

エラワン像

3つの頭をもつ象「エラワン」の像は、高さ29m、重さ250tとインパクト抜群。お腹の部分が空洞で本堂になっている

ぜったい観たい！

タイ最大の博物館で貴重な美術品を鑑賞

国立博物館 ●The National Museum Bangkok ★★

1782年に建造されたかつての副王宮と1966年に建てられた建造物からなる博物館。スコータイ王朝からチャックリー王朝までの資料のほか、先史時代からの彫像や美術品、考古学資料などを展示している。

王宮周辺 **MAP:P4A1**

図MRTサナームチャイ駅から車で10分 住Sanamchai Rd. ☎0-2225-2777
時9～16時 休月・火曜 料B200※水・木曜の9時～日本語ガイドツアーあり

大小さまざまな
彫像にも注目！

みどころ 1

礼拝堂

ラマ1世時代の仏像、プラ・プッタシヒンを安置。壁には釈迦の生涯が描かれており、18世紀のものといわれる

みどころ 2

黄金の山車

王の葬儀で使われていた山車が勢揃い。黄金に輝く山車が並ぶ様子は圧巻！

敷地内に展示棟が
点在している

みどころ 3

歴史ギャラリー

数多くの貴重な資料を展示。タイの文字が最初に書かれた石碑、またはラムカムヘン王の碑文といわれる石碑は必見だ

Mahanakhon

展望台からバンコクを一望！

マハナコンで絶景をひとり占め

Bangkok Bank

Read me!

シーロムのビジネス街でひときわ目を引く高層ビル、マハナコン。展望台から見渡すバンコクのパノラマビューは感動モノだ。旅の思い出に写真を撮るのも忘れずに。

屋外展望台のデッキに座ってのんびり♪

スカイバーからの眺めもサイコー！

ガラス張りのグラスリフトで78階へ

バンコクの大パノラマを満喫

マハナコン ●Mahanakhon ★★★

地上78階、高さ314mを誇る高層ビル。屋内・屋外展望台のほか、絶景のレストラン＆バー、ショッピングフロアなどもある。「ピクセル」をイメージしたデザインが印象的で、シーロムのランドマークになっている。

シーロム **MAP:P9D3**

交BTSチョンノンシー駅直結
住 114 Narathiwat Rd. ☎0-2677-8721
時10～24時(最終入場は23時) 休なし
料展望台B880
(3～15歳と60歳以上はB250)

観光のポイント

●事前に公式サイトからのチケット購入が可能。
URL kingpowermahanakhon.co.th
●大きな荷物はセキュリティチェック手前の無料ロッカーを利用しよう。暗証番号を入力してバーコード入りのレシートを受け取る。荷物を取り出せるのは21時まで。

KING POWER

注意点

! 雨の日と雷が発生した場合、78階の屋外展望台へ行くことはできない。
! よく晴れた日中に屋外展望台へ行く際は、気温がかなり高いので暑さ対策をしっかりと。

展望台に上ってみよう！

1 チケットを購入

カウンターでチケットを購入。その後、セキュリティチェックを受けてエレベーターに向かう。

2 エレベーターで74階へ

バンコクを象徴する風景や料理などの映像が流れるデジタルウォールの通路を歩き、エレベーターへ。エレベーター内にも映像が流れ、約50秒で74階へ到着。

↑天井はバンコク市街のジオラマに！

→向かって左側はスカイバー専用エレベーター

3 74階の屋内展望台

全面ガラス張りで、360度の景色を眺められる。天井が鏡になっており、窓の向こうの景色が映る。

↑フォトジェニックな一枚が撮れそう

グッズをCheck！

オリジナルグッズを販売するショップがあるので、おみやげ探しに立ち寄ってみよう。

→建物全体がプリントされたトートバッグB250

↑建物をモチーフにしたマグネットB140

エスカレーターで75階へ行き、グラスリフトまたはらせん階段で78階へ

4 78階の屋外展望台

地上310m、最上部にある屋外展望台。弧を描くように流れるチャオプラヤー川やアイコンサイアム(→P66)、王宮方面なども一望できる。

↑大パノラマの絶景に感動必至！

階段を上っていくと何も遮るものがない展望スペース

床の一部がガラス張りになったグラス・トレー。街が真下に見え、まるで宙に浮いているよう

Plus! 天空のレストラン&バー

76･77階の2フロアを使った眺め抜群のレストラン&バーへも足を運んでみよう。

マハナコン・スカイバー

●Mahanakhon Sky Bar Bangkok

360度ぐるりと席が配され、洗練された空間で西洋とタイを融合させた料理が味わえる。なお、食事をして会計を済ませた後、レシートを提示すれば78階の屋外展望台に行ける。

⏲10～15時、17時～翌1時 ㊡なし

英 英 予 👔

↑ディナータイムは予約必須

←アユタヤでとれた川エビのグリル

リバーサイドの注目スポット

アイコンサイアムを楽しみ尽くす！

Read me!

チャオプラヤー川沿いに立つタイ屈指の巨大複合施設。タイ文化を伝えるテーマパーク「スーク・サイアム」をはじめ、ショッピングやグルメなど楽しみがいっぱい！

買・食・遊がまとめて楽しめる！

アイコンサイアム ●ICONSIAM ★★★

延べ床面積約52万5000㎡とタイ最大級の規模を誇る。全11フロアの館内には、ファッションブランドをはじめとする500以上のショップ、100以上の飲食店のほか、美術館や映画館なども。日系デパート「髙島屋」も7フロアで展開。

トンブリー **MAP:P8A2～3**

図BTSサパーンタクシン駅前のサトーン船着場からシャトルボート(有料)で約5分、またはBTSチャルンナコーン駅直結(髙島屋M階) 住299 Charoen Nakhon Soi 5 , Charoen Nakhon Rd., Khlong Ton Sai Sub District ☎0-2495-7000 ⏲休店舗により異なる

メインのショッピングゾーンは開放感たっぷり♪

6階のダイニングエリアでは、不定期で天井から水が流れ落ちる演出も

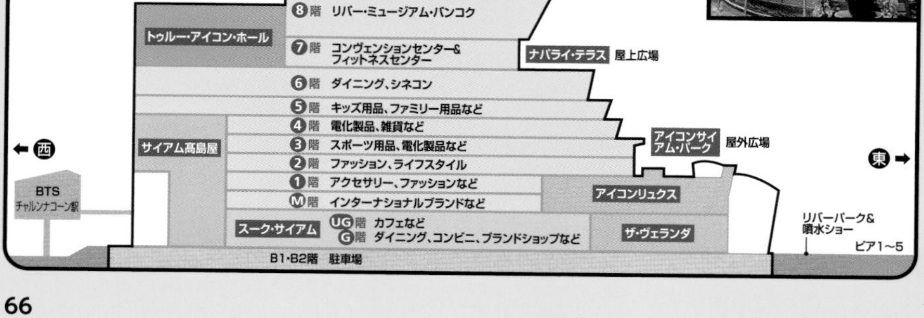

必訪SPOTはココ！

巨大な館内でココだけは
押さえておきたいスポットをピックアップ！

G階 UG階 Spot.1

スーク・サイアム ●Sook Siam

タイ全土のグルメと特産物を集めたテーマパーク。フロアは北部、東北部、中部、南部の4つに分かれ、各地域のローカルフードの食べ歩きや、手工芸品などが購入できる。地域ごとの建築様式や伝統工芸で装飾された空間にも注目しよう。

☎0-2437-0711 ⏲10〜22時 ㊡なし

➡「ザ・ヴェランダ」側の入口では巨大オブジェがお出迎え

⬆水辺に並ぶ屋台フードを満喫♪

北部ゾーン

チェンマイの「ロイクラトン祭り」で行われるランタン上げをイメージしたオブジェが天井に装飾され、幻想的な雰囲気。名店「ラムドゥアン」のカオソイ(カレー麺)もここで味わえる。

⬅「ラムドゥアン」のカオソイ・ガイB80

⬆フィッシュボール、イカ、ソーセージの串焼きB85

➡魚介類と野菜、インスタント麺を和えたサラダB150

中部ゾーン

バンコク近郊やアユタヤに点在する水上マーケットを模した人気ゾーン。舟上で手早く調理された料理が味わえるほか、伝統菓子なども販売。

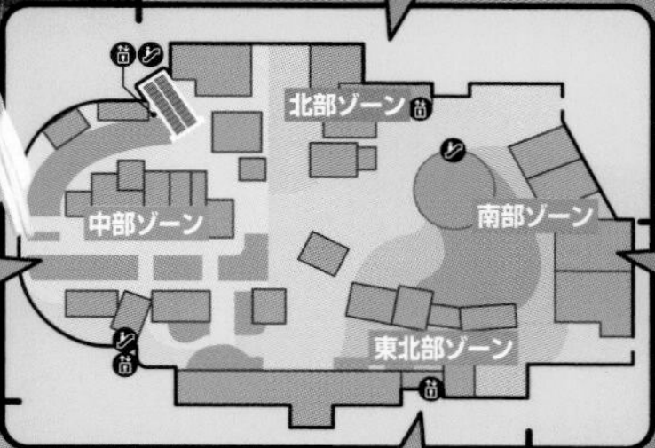

南部ゾーン

プーケットなどで見られるカラフルなプラナカン様式の建物を再現。南部デザインの舟が並ぶ水上マーケットや南部スタイルの屋台で点心などが楽しめる。

東北部ゾーン

タイ東北部、イサーン地方の伝統工芸のひとつ、絹や綿、インディゴなどの織物を使った洋服などが並ぶ。強い辛みが特徴のイサーン料理にもぜひトライしよう。

➡豚ひき肉のソーセージと野菜をライスペーパーで巻いて食べるネームヌアンB380

➡4種類の肉まんとシュウマイはセットでB110

4階 Spot.2

アイコン・クラフト ●Icon Craft

タイのデザイナーが手掛けた雑貨やインテリアをはじめ、食材なども集まるセレクトショップ。クオリティの高いおみやげ探しにおすすめ。

➡タイのニットブランド「aibel」のクロスボディバッグB1190

⬅ムエタイのシーンが描かれた布製トートバッグB290

⬆タイ名物がモチーフのマグネット。ドリアンB165、タイティーB195

➡店名ロゴ入りのホーロー製マグカップB450

リバーパーク Spot.3

アイコニック・マルチメディア・ウォーター・フューチャーショー

●The ICONIC Multimedia Water Features Show

川沿いの広場で繰り広げられる水と音楽と光のショー。約400mにわたる噴水を使ったプロジェクションマッピングは圧巻。

⏲19時〜(金〜日曜は18時30分〜、20時〜) ㊡なし

⬆無料で楽しめるのもうれしい♪

世界がひろがる！
Column

タイ式の参拝方法で
願い事を叶えよう

寺院のお参りのしかた

バンコク旅行で外せないのが寺院めぐり。日本とは参拝方法が異なるので、
タイ仏教のルールに従ってお参りするように心がけよう。
※寺院へ行く際の注意点は→P42をチェック

靴を脱いで本堂に入る。帽子を脱ぎ、サングラスを外すのも忘れずに

お参りに必要なものは？

必要なのは線香、ろうそく、花、金箔。これらをまとめたお参りセットは寺院内や寺院近くの売店で購入でき、B20ほど。

花はジャスミン、バラ、マリーゴールドなどを輪にしたポアンマライや蓮の花がよく使われる

お参りしよう！

1

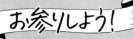

ろうそくに火をつけ、ろうそく立てに挿す。その火で線香に火をつける。

仏像の前に線香立てとろうそく立てがあり、すぐ脇に点火用のランプが置かれている

2

線香と花を持ったまま正座をし、手を合わせて願い事を祈る。

3

線香を仏像前の線香立てに挿し、花を供える。

花はパーンというお盆の上に置く場合と、仏像の手に直接かける場合がある

4

もう一度正座をして、仏像に向かって合掌しながら頭を下げる動作を3回繰り返す。

5

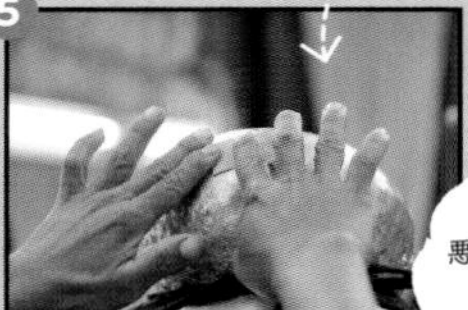

金箔を仏像や台座などに貼り付け、手を合わせて祈る。

金箔は自分の体の悪いところと同じ部分に貼ると癒やされるとか…

やりたいこと

Experience

Contents

知っておきたいこと7

#やりたいこと

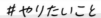

さまざまな体験ができるバンコクで
これだけは押さえておきたいヒントや情報はコチラ。

01 耳より

生まれた曜日の仏像&カラーをチェック!

タイでは生年月日はもちろん、自分が生まれた曜日や時間も大切にしていて、寺院を訪れた際は生まれた曜日の仏像に参拝するのが定番。生まれた曜日ごとに色も決まっており、ラッキーカラーとして認識し、日常に取り入れるタイ人も多い。

曜日	日	月	火	水(午前)
仏像	プラプッタループ・パーンタワーイネート 右手を上に菩提樹を見つめる立像	プラプッタループ・パーンハームサムット 右手のひらを胸の高さで外に向け災いを止める立像	プラプッタループ・パーンサイヤート 右手は耳に、左手は腰の方にのばした寝釈迦像	プラプッタループ・パーンウムバート 両手でタンブン(寄付・托鉢)の鉢を抱えた立像
カラー	赤	黄	ピンク	緑

曜日	水(午後/18〜24時)	木	金	土
仏像	プラプッタループ・パーンパーレーライ 左手のひらは下、右手のひらは上に向け、蓮の花の上に座る座像	プラプッタループ・パーンサマーティ 胸のあたりで両手を重ね、胡坐をかいて瞑想する座像	プラプッタループ・パーンランプン 胸のあたりで両手を重ねて瞑想する立像	プラプッタループ・パーンナークプロック 背後の7頭のナーガ(蛇神)に守られながら瞑想する座像
カラー	グレー	オレンジ	青	紫

02 耳より

運河沿いが新たな散策スポットに!

運河が多いバンコクでは整備が進行中で、新たな散策スポットとして注目されている。オンアーン運河もそのひとつ。運河の両脇には全長約1.5kmの遊歩道が整備され、ハン橋を中心に東側がチャイナタウン、西側がインド人街で、ローカルフードの食堂や露店、雑貨店などが並ぶ。日が暮れてからのライトアップされた運河も幻想的。

オンアーン運河ウォーキングストリート
●Ong Ang Walking Street

王宮周辺 **MAP:P5D4**
図MRTサムヨート駅から徒歩3分 住Khlong Ong Ang, Samphanthawong ⏰16〜22時 休月〜木曜

03 耳より

昼も夜も公園で癒やされる！

バンコクには開園時間が決められた、整備された公園が多く、観光客が楽しめるポイントもいろいろ。2022年にリニューアルオープンしたベンチャキティ森林公園は、3.7kmのスカイウォークを新設。昼は緑を眺めながら散策を、夕暮れはライトアップされたスカイウォークと高層ビル群の夜景を楽しめる。

ベンチャキティ森林公園
●Benchakiti Forest Park

サイアム **MAP:P11D2**
交MRTクイーン・シリキット・ナショナル・コンベンション・センター駅から徒歩8分、またはBTSアソーク駅から徒歩10分
住Ratchadaphisek Rd. ☎0-2254-1263
時5～21時 休なし

写真提供：タイ国政府観光庁

04 耳より

橋の上の空中庭園に注目！

プラナコーン地区とクローンサーン地区を結ぶプラ・ポックラオ橋の中央部に造られた橋上の庭園。360度チャオプラヤー川を見渡せ、ワット・アルン(→P48)やマハナコン(→P64)などの眺めも楽しめる。日差しを遮る場所がないので、日中に行くのは避けたほうがベター。

チャオプラヤー・スカイパーク
●Chao Phraya Sky Park

王宮周辺 **MAP:P4C4**
交MRTサナームチャイ駅から徒歩11分
住Phra Pok Klao Bridge, Phra Pok Klao Rd.,Wang Burapha Phirom
時5～20時 休なし

05 得

料金交渉は必要なし！トゥクトゥク配車アプリ

トゥクトゥク専用の配車アプリ「MuvMi(ムーブミー)」が話題。アプリをダウンロードして電話番号を登録すればOK。行き先と人数を選択すると料金が表示されるというシステムなので、料金交渉する必要がないのが観光客にはうれしい。ただし、利用できるエリアはスクンビットや王宮周辺などに限られている。

06 耳より

タイドラマの聖地巡礼が熱い！

動画配信サービスや日本のBSで放送されるなど、ここ数年、タイドラマが注目を集めている。バンコクには人気ドラマのロケ地になったスポットがたくさん。大物マフィアの世界を描いた『KinnPorsche The Series』ではクラウン・プラザ・バンコク・ルンピニ・パーク(→P214)などラグジュアリーホテルが多数登場。タイ版花より男子『F4 Thailand/BOYS OVER FLOWERS』や『Love Beyond Frontier』ではスワンナプーム国際空港がロケ地に。

⬇『KinnPorsche The Series』のロケ地のひとつ、ハウス・オン・サトーン(→P173)

07 耳より

食材専門マーケット、オートーコー市場

タイの農業協同組合が経営する市場で、タイ各地から厳選した新鮮で安全な食材を販売。値段は高めだが、食の安全にこだわる地元客が大勢訪れる。チャトゥチャック・ウィークエンド・マーケット(→P138)の近くなので合わせて立ち寄ってみよう。フードコートもおすすめ。(MAP：P3D1)

【編集MEMO】

コレだけはいいたい！

フアランポーン駅1番出口から運河を渡った南西エリアが話題のタラートノイ。カフェやアートが点在し散策が楽しい。

ゲイソーン・ヴィレッジ(→P137)4階にある「ラクシュミー」の像は幸運や美にご利益があるというパワースポット。

バイヨーク・スカイ(→P214)84階の屋外展望台は回転式でスリル満点。入場料はB400(77階屋内展望台含む)。

編集Y

Elephant Ride ♪

象の背中に乗ってのんびり遺跡さんぽ

エレファントライドにトライ！

Read me!

タイで人気の体験観光といえば、エレファントライド（象乗り）。バンコクから車で約90分のアユタヤまで足をのばせば、予約不要で体験できるのでぜひチャレンジしてみて！

乗り方のコツは?

象に乗り込むときは中央に詰めて座り、足は象の背中に乗せると安定する

服装は?

長ズボンやタイパンツなどがおすすめ。ヒールが高い靴はNGなので、スニーカーやかかとがペタンコの靴やサンダルを

象の背中から遺跡を眺める

アユタヤ・エレファント・パレス&ロイヤル・クラール

●Ayutthaya Elephant Palace & Royal Kraal

古都、アユタヤ（→P190）にある象乗り体験施設。数種のコースがあり、遺跡往復コースでは世界遺産のワット・プラ・シー・サンペット（→P192）、王宮跡のすぐ近くまで訪れる。

アユタヤ MAP：P191
図アユタヤ観光案内所から徒歩5分
住Pa Thong Rd., Ayutthaya
☎065-009-9361 時9～17時
休なし※悪天候時は中止

体験コース
- ✱ 10分B200
- ✱ 20分B400（ワット・プラ・シー・サンペット往復）
- ✱ 30分B500（王宮跡往復）

※料金はすべて1人あたり

↓象モチーフはあちこちにも

↓象をモチーフにしたグッズが数多く並ぶみやげ店

象に乗ってみよう♪

象の背中にはベンチシートが設置され、1頭に大人2名まで乗ることができる。基本的にはどんな服装でもOKだが、動きやすいものがベター。

1 チケットを購入

象舎の手前にあるチケット売り場で、人数分のチケットを購入。価格はライドの時間とコースによって異なる。遺跡群をバックに散策できる20分コースがおすすめ。

2 象さんとご対面♪

象たちが待つ象舎へ。すぐ乗り場に向かうのもいいが、B50～でエサやりもできるので、時間があればぜひトライしてみよう。

3 いざ乗り場へ!

乗り場を示す日本語の案内がある。象使いにチケットを渡し、ゆっくり象の背中に乗ろう。

4 エレファントライドスタート!

20分コースではアユタヤ王朝初期の寺院、ワット・プラ・ラムを眺めながらアユタヤ散策が楽しめる。象の背中から見る景色を写真に撮るのも忘れずに。

アトラクション感覚で楽しむ！

トゥクトゥクで爽快ドライブ

Read me!

三輪タクシーのトゥクトゥクは、愛嬌あるフォルムが印象的なバンコクのアイコン的存在。乗り方や料金の目安を知って、街なかドライブに出かけよう！

トゥクトゥクに乗ってみよう

乗り方はタクシーと同じだが、料金は決まっていないので交渉がポイント。

1 停める

観光客目当てのドライバーは交渉が手強いこともあるので、道路を流して走っているトゥクトゥクがおすすめ。

手を下向きにしてヒラヒラさせるのが一般的

2 料金交渉

あまりに法外な額を提示する場合は別の車に切り替えよう

目的地を告げ、必ず乗る前に料金交渉すること。たいてい高めの料金を提示されるので、半額以下から交渉してみよう。

3 ドライブスタート！

急カーブでは振り落とされないように！

料金交渉がまとまったらようやく乗車。かなり揺れるので、手すりをしっかり握り、荷物は足の間に固定しよう。スリル満点のドライブが楽しめる。

4 支払い

降りる前に忘れ物がないか確認を！

目的地に着いたら車を降りて支払う。おつりがないことも多いので、小額紙幣を用意しておこう。チップは基本不要。

注意すること

- ！小さいながらかなりスピードが出るので、手や顔を外に出さない
- ！窓がないため、信号待ちの際にバイクに荷物を取られるケースもあるので常に気を配る
- ！目的地以外の場所を案内してくる場合は別のトゥクトゥクを探す
- ！深夜や女性の一人乗車は可能な限り避ける

雨の日はつかまりづらく、料金も高めに

写真を撮る際は
揺れが激しいので要注意

料金の目安付き

おすすめ! トゥクトゥクルート

渋滞の少ないエリアを選んで乗車し、ドライブを楽しむのがポイント。おすすめは、三大寺院がある王宮周辺から近隣の旧市街やカオサン通りへの短めルート。移動を兼ねて利用してみよう。

王宮周辺 ➡カオサン (→P180)

所要約10分／B60~100

カオサン通りへは旅行者が利用しやすい公共交通機関がないので、トゥクトゥクが便利。カオサン通りから王宮周辺に戻る場合も利用しよう。

王宮周辺 ➡プレーン・プートン通り (→P179)

所要約10分／B50~100

真っ白な壁に囲まれた王宮から黄金の仏塔などがのぞく壮麗な景色や、昔ながらの商店が並ぶ旧市街の風景など、雰囲気の移り変わりが楽しい。

王宮周辺 ➡アイコンサイアム (→P66)

所要約20分／B150~200

ラマ1世橋を渡ってチャオプラヤー川西岸のトンブリー地区へ。こちらのルートでは、観光というよりも、日常のバンコクを垣間見ることができる。

Riverside Boat Trip

船上からバンコク新旧の眺めを楽しもう♪

リバーサイドをボートでめぐる

Read me!

バンコクを南北に流れるチャオプラヤー川。旧市街の昔懐かしい雰囲気と、続々と登場する新スポットが同居するリバーサイドは、ボートで回るのがスムーズ。

船内は川からの風が気持ちいい♪

水辺の観光にも使える定期船

チャオプラヤー・エクスプレス・ボート

●Chao Phraya Express Boat

チャオプラヤー川を運航する定期船。急行や特急など4路線と、8カ所に停泊するツーリスト・ボートがある。王宮周辺やアイコンサイアムなど観光に便利な場所に発着所があり、眺めを楽しみながら移動できるのも魅力。

乗り方は ➜ P228へ

ワット・アルン ●Wat Arun

川岸にそびえるタークシン王ゆかりの寺院。高さ67mの大仏塔は船上からもひときわ目を引く。

ワット・アルン船着場からすぐ

DATA ➜P48

アイコンサイアム

●ICONSIAM

買物、グルメ、エンタメ施設が揃う大型複合施設はリバーサイドの新ランドマーク。川から望む夜のライトアップもキレイ。

サトーン船着場からシャトルボートで約5分

DATA ➜P66

レトロ感がおしゃれ!

ロン1919 ●Lhong 1919

商船用の船着場を改装した商業施設。この周辺がかつて中国との交易の中心地だったことから、中国文化を取り入れた建物や装飾に。ウォールアートは撮影スポットとして人気。

トンブリー MAP:P8A1

対岸のサワディー・ピアから渡し船で3分

図BTSクローン・サーン駅から徒歩8分
住248 Chiang Mai Rd., Khlong San
☎091-187-1919 ⏰8〜18時 休なし

アジアティーク・ザ・リバーフロント

●Asiatique the Riverfront

リバーサイドの人気ナイトスポットで、ショップやレストランなど1500店以上が集結。

サトーン船着場から無料シャトルボートで約10分

DATA ➜P54

サトーン船着場近くに架かるタークシン橋

王宮などがある旧市街は、川沿いにも寺院風の建物が多い

周辺の立ち寄りスポット

Ⓐ川沿いの小さなショッピングモール

ター・マハラート ●Tha Maharaj

↓掘り出しモノが見つかるかも！

古い船着場を整備したモダンな商業施設。アクセサリーショップや雑貨店、タイ料理のレストランやタイスイーツのカフェなど約40店舗が集まっている。

↑川沿いはボードウォークで、散策が楽しめる

王宮周辺 **MAP:P4A2**
🚢**ター・マハラート船着場から徒歩1分**
図MRTサナームチャイ駅から車で8分 住1/11 Trok Mahathat, Maharaj Rd. ☎0-2024-1393 ⏲10〜21時（店舗により異なる）休店舗により異なる

Ⓑランチにもぴったりなリノベカフェ

シックス ●The Sixth

↓ペッパーライスにクリームオムレツをのせたものB120

民家だった建物をリノベーション。トムヤムクンB135やエビのチリ＆ガーリック炒めB150、チキンのカシューナッツ炒めB130など、フードメニューが充実している。

↑小ぢんまりとした店内

王宮周辺 **MAP:P4A3**
🚢**ター・チャーン船着場から徒歩11分**
※ター・ティアン船着場から徒歩3分
図MRTサナームチャイ駅から徒歩7分 住6 Soi Tatien Maharaj Rd. ☎081-629-9040 ⏲10時30分〜16時45分 休金曜 英 英 カード

Ⓒ「暁の寺」の美景が目の前に！

ビュー・アルン ●View Arun

↓北部の「カントーク」というスタイルで提供される前菜盛合せB490

リバーサイドに立つホテルの屋上テラスにあるバー＆レストラン。ワット・アルンや船が行き交うチャオプラヤー川を一望できる。タイのサラダ、ソムタムB360やグリーンカレーB340など定番メニューが充実。

↑ワット・アルンの眺めが抜群！

王宮周辺 **MAP:P4A3**
🚢**ター・チャーン船着場から徒歩12分**
※ター・ティアン船着場から徒歩3分
図MRTサナームチャイ駅から徒歩7分 住87-89 Soi Tha Tien, Maharat Rd. Pranakorn ☎0-2221-5651 ⏲12〜21時 休なし 英 英

Ⓓコロニアルな空間がステキ♡

オーサーズ・ラウンジ ●The Authors' Lounge

数々の著名人も訪れた歴史あるラウンジ。伝統的な英国式アフタヌーンティーや、タイ式アフタヌーンティーが楽しめる。
🚢**オリエンタル船着場から徒歩2分**
DATA→P117

←歴史を感じさせる重厚な空間

↑タイ式アフタヌーンティーB1650（1人）

旅行者には、英語ガイドのあるツーリスト・ボートがおすすめ

対岸へ行き来するためのホテル宿泊客専用のボートもある

食事ができるリバークルーズも人気

いろいろな“神様”が集結！

街なかパワースポットで運気UP♪

Read me!

バンコク随一のショッピングエリア、サイアムにはさまざまな神様を祭る祠が集中し、パワースポットとしても知られている。運気アップを願って訪ねてみよう。

Check

伝統の舞踊＆音楽でお礼参り

願い事が叶うと神様に舞踊や音楽を奉納する習慣があり、エラワンの祠にも舞踊スペースがある。エラワンの祠では舞踊が頻繁に見られることから、成就率が高いことが伺える。

↑毎年、ホテルが竣工した11月9日には盛大に祭りを開催

バンコク最強のパワースポット

エラワンの祠

●Erawan Phum

隣接するホテルの建設時に事故が多発したことをきっかけに、1956年に建立された祠。祭られているのは四面体の「ブラフマー神」。ホテル完成後、“大願成就の神”と崇められ、昼夜を問わず参拝客が絶えない。

サイアム **MAP：P7D4**

図BTSチットロム駅から徒歩2分
住494 Ratchadamri Rd.
☎0-2252-8754
営6～19時 休なし 料無料

お参りしよう

1 敷地内の売店で、お供えするための線香や花のセットB200（小）を購入。線香に火をつけ、お参りスタート

2 時計回りで、ブラフマー神の顔がある四方向すべての面に、線香と花輪を手にひざまずいて願い事を唱える

3 願い事を唱えたら、線香3本と花輪1つを四方向にそれぞれ供える

←仕事運、金運、健康運などさまざまな願いを叶えてくれるといわれる

バンコク女子が慕う
恋の神様

プラ・トリムルティ

●Phra Trimuruti

“恋愛成就の神”とされる「トリムルティ神」を祭る祠で、女性参拝客が後を絶たない人気のパワースポット。特に毎週火・木曜の21時30分には神様が降臨するとされ、大混雑する。

サイアム MAP:P7D3

図BTSチットロム駅から徒歩7分
住Rachaprasong Square, Rachadamri Rd.
☎なし ⏲24時間
休なし 料無料

←トリムルティ神は、ヒンドゥーの三大神（ブラフマー、シヴァ、ヴィシュヌ）が一体化した最強の神様

新たなスタートにパワーを発揮！

プラ・ガネーシャ

●Phra Ganesha

プラ・トリムルティの横に立つ「ガネーシャ神」を祭る祠。象の頭をもつヒンドゥーの神様で、あらゆる障害から守ってくれることから、新しく何かを始める際に参拝するのがおすすめ。

サイアム MAP:P7D3

図BTSチットロム駅から徒歩7分
住Rachaprasong Square, Rachadamri Rd.
☎なし ⏲24時間 休なし 料無料

↑黄金に輝くガネーシャ神。商売、学問、芸術の神として信仰されている

いい汗流して気分もアップ

本場でムエタイを体験してみる！

体験中はしっかりと水分補給することを忘れずに

Read me!

国技にもなっているタイ式キックボクシングのムエタイ。バンコクにはムエタイを体験できるジムが増えており、旅行者でも参加OK。本場のトレーニングを体験しよう！

初心者も気軽に体験できる

RSMムエタイ・アカデミー

●RSM Muay Thai Academy

ラチャダムヌン・ボクシング・スタジアム（→P154）が運営するムエタイジム。元プロ選手やプロ選手の元トレーナーのレッスンを受けられる。スクンビットの中心部にあり、ロケーションのよさも魅力で、エクササイズのひとつとして通う在住日本人も多い。

スクンビット **MAP:P11D1**

図BTSアソーク駅から徒歩5分、またはMRTスクンビット駅から徒歩6分 住Jasmine City Building 2F ☎0-2661-6292 ⏱9～21時 休なし 料RSM Class（初心者コース）B550（所要約1時間30分）

⬇レンタル用グローブ

⬇目の前のリングにテンションもアップ

ムエタイ体験 Q&A

予約方法は？

LINE（URL bit.ly/3a561qo）に登録してスケジュールを確認し、希望の日時を記入してメッセージを送信する。予約番号が送られてくるので、当日受付で予約番号を伝える。

レンタルできるものは？

グローブは無料レンタルが用意されている。グローブの下に巻くバンテージ（ハンドラップ）は有料でB50。タオルはB30で借りられるが、持参するのがおすすめ。

持参したほうがよいものは？

トレーニング用ウエアは持参しよう。トップスはTシャツ、タンクトップ、ボトムスはスウェットやショートパンツ、レギンスなど動きやすい服装で。素足でOKなので靴は不要。

更衣室は？

ジム内の更衣室には、シャワーもあるのでトレーニング後は汗を流してさっぱりできる。ロッカーは鍵付きだが、貴重品の管理はしっかりしよう。

Let's try ムエタイ体験

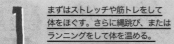

所要約1時間30分の初心者コースの流れを紹介。グローブを付けてのミット打ちは気分爽快！

1 まずはストレッチや筋トレをして体をほぐす。さらに縄跳び、またはランニングをして体を温める。

回りの人の動きに合わせればOK

2 トレーナーにバンテージを巻いてもらい、グローブは付けずにパンチ、キック、肘打ちなどのフォーム指導を受ける。

トレーナーとの会話は簡単な英語でOK

3 ラストはグローブを付けてミット打ち。3ラウンド（1ラウンド3分）を行い体験は終了。水分補給をしながら練習しよう。

+ Plus! **ジム内ショップでウエアをGet!**

受付向かい側の販売スペースにはRSMオリジナルや人気ブランドのトレーニングウエアが揃う。

←↑RSMオリジナルデザインのノースリーブB380。表はシンプルだが、裏の首元にはタイ国旗が！

↓深いサイドスリットで可動域が広いショートパンツB650。レイヤードしやすいサイズ感

↑胸元のロゴがアクセントのブラトップB750

世界がひろがる！
Column

＼旅行者も無料で体験できる タイ式健康法♪／

ワット・ポーで早朝ヨガ

ワット・ポーのマッサージ・スクール前で開催されるタイ式ヨガの「ルーシーダットン」。
涼しい朝に由緒ある寺院の境内で行うヨガは早起きする価値あり！

呼吸が大切!
呼吸は伸ばす時に吸い、ポーズで止めて戻す時にゆっくり吐くのがキホン

ルーシーダットンって？
ルーシー＝仙人、ダッ＝ストレッチ、トン＝自分、という意味。仙人たちが自分の体のゆがみや体調を整えるために作り出したといわれる。もともと127のポーズがあったが現在残るのは24ポーズ。

効果は？
呼吸法とストレッチを組み合わせることで、血行促進、体の歪みの解消、筋力アップなどの効果が期待できる

基本のポーズ
始めは首を回すなど動きの少ないポーズから入り、徐々に全身を使ったポーズを行う。呼吸を意識しながら動いてみよう。

足を後ろでつかみ、体を前傾させて全身を伸ばす。腹痛や整腸に効果あり

足を肩幅に開き、背筋を伸ばしたまま腰を曲げる

片手で足をつかんだまま、ヒザを真っすぐ伸ばす。腰と足の張りに効く

＼参加してみよう！／

①広場に集合

本堂東側のマッサージ・スクール前へ。靴を脱いでスタンバイ。寺院内での開催なので、タンクトップや短パンなど露出の多い服装はNG。

②ルーシーダットン開始

突然始まるが、講師の動きと呼吸を真似すればOK。初心者にも比較的簡単な約10〜15ポーズを中心にゆっくり行ってくれる。

③終了

終わるころにはじんわりと汗が。終了後には冷たいお茶の差し入れがある。

＼ココでできます！／

古式マッサージやヨガを体験

ワット・ポー・トラディショナル・メディカル・スクール

●Wat Po Traditional Medical School

タイ古式マッサージの総本山であるワット・ポーの直営スクール。一般客向けに全身マッサージやフットマッサージなどの施術も行う。

王宮周辺 **MAP：P4B3**

交MRTサナームチャイ駅から徒歩5分
住2 Sanamchai Rd., Pranakhon
☎0-2221-2974 時8時〜17時30分(ヨガは第1・3日曜8時ごろから約30分)休なし(雨天中止)料なし(拝観料B200)英

BANGKOK

おいしいもの

Gourmet

Contents

知っておきたいこと13

#おいしいもの

バンコクにはタイ全土のおいしいものがいっぱい。
食事のマナーなど基礎知識を頭に入れて、バンコクグルメを満喫しよう。

01 耳より

タイ料理は地域色豊か

タイには、その土地ごとの風土や文化から生まれた郷土料理があり、地方色が豊か。地域ごとの特徴と代表的な料理をご紹介。

北部
やや脂が多めでマイルドな味が特徴。国境を接するミャンマーやラオスの影響を受けた料理もある。
【代表料理】ゲーン・ハンレー（ミャンマー風ポークカレー）、サイウア（ハーブソーセージ）

←ゲーン・ハンレー

中部
タイ各地の食文化の影響を受け、比較的マイルドで「辛・酸・甘・塩」のバランスがよいものが多い。ラマ5世時代に発展した宮廷料理も特徴。
【代表料理】トムヤムクン、グリーンカレー

↑トムヤムクン

東北部
イサーン料理とよばれ、辛みと塩味が強い。料理に野菜やハーブの盛合せが付くのが一般的。
【代表料理】ソムタム（青いパパイヤのサラダ）、ラープ（ひき肉サラダ）、ガイヤーン（鶏の炭火焼き）

➡ソムタム

南部
マレー半島の一部にあり、海に面しているので魚介類が豊富。激辛で塩味が濃く、酸味のある料理が中心。
【代表料理】ゲーン・マッサマン（マイルドなイエローカレー）、クアクリン（スパイシーな南部風ドライカレー）、カオヤム（ライスサラダ）

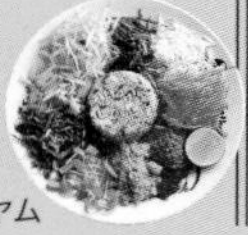
➡カオヤム

02 ⚠

タイのテーブルマナー

基本的にスプーンで食べ、スプーンはナイフの役目も担う。フォークは食べ物をスプーンにのせるなど補助的に使う。食器を手に持って食べる、食器に口をつける、音を立てて麺類を食べるのはNG。取り分けて食べるのが一般的。

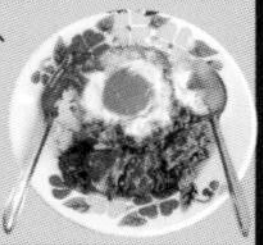

03 ⚠

支払いとチップについて

通常、レストランでの会計は席で行う。テーブルか手の平で指をクルクルと回せば「お勘定」のサイン。会計伝票にサービス料の記載があれば、チップは不要だが、味やサービスに満足したら、感謝の印としてチップを置こう。

04 耳より

テーブルの調味料で好みの味に

食堂や屋台などのテーブルには、たいていナンプラー、唐辛子を漬けた酢、粉唐辛子、砂糖が置かれている。これら4種類の調味料で自分好みの味に調整して味わうのが地元流。そのほかライムやピーナッツなどが用意されることも。

プリック・ポン（粉唐辛子）　ナンプラー（魚醤）

ナムターン（砂糖）　プリック・ナムソム（唐辛子入りの酢）

05 耳より

料理によく使われるタイのハーブ&香味野菜

辛み・酸味・甘み・塩味が融合したタイ料理に香りを添える存在がハーブと香味野菜。味に深みもプラスされる。

●レモングラス（タクライ）
トムヤムクンやカレーペーストに欠かせない。茎から根の白い部分を香りづけに使う。

●ホーリーバジル（バイガパオ）
ギザギザした葉が特徴。肉との相性がよく、炒め物に使われる。ガパオライスに必須のハーブ。

●コブミカンの葉（バイマクルー）
柑橘系の強い香り。香りづけとして使うほか、小さく刻んで炒め物に入れることもある。

●コリアンダー（パクチー）
葉はトッピング、根は香りづけに使う。香りが強く、苦手な人も多い。

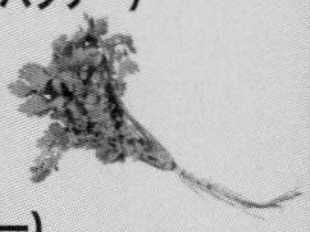

●ナンキョウ（カー）
ショウガの一種で強い香りと辛み、苦みがある。スープによく用いる。

06 耳より
麺の種類とオーダーのしかた

●麺の種類
一般的な麺の種類には小麦麺の「バーミー」と米麺の「クイティオ」がある。クイティオはさらに極細の「センミー」、中細の「センレック」、幅広の「センヤイ」に分かれる。

バーミー

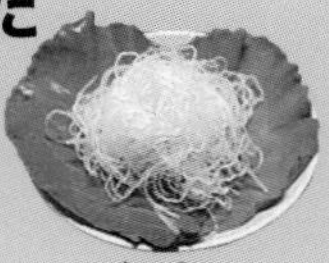
センミー

センレック

センヤイ

●オーダー方法 ※麺、スープ、具の種類は店により異なる。

①麺を選ぶ
バーミー、センミー、センレック、センヤイなどから選ぶ。店によって麺のラインナップはさまざま。

②スープを選ぶ
クリアタイプの「ナーム(サイ)」か、スープなしの「ヘーン」、酸っぱ辛いスープの「トムヤム」などから選択。

③具を選ぶ
おおまかに分けて肉系、魚介系、練り物系があり、お任せが普通だが、ケースに並ぶものを指差しで注文できる。

07 耳より
フードコートの利用法

プリペイドカード

入店時にプリペイドカードまたは記録カードを入手してから注文するスタイルがほとんど。

●プリペイドカードの場合
専用の窓口で金額をチャージしたカードを受け取り、各ブースで注文する際に渡す。料理代を差し引いたカードが返却される。基本的に有効期限を当日なので払い戻しも忘れずに。

●記録カードの場合
入店時にカードを受け取り、各ブースで注文する際に渡して料理代を記録してもらう。食後に出口で使用した分をまとめて支払う。

プリペイドカードの払い戻しは購入時と同じカウンターで

08
高級レストランは予約がベター

有名レストランや高級ホテル内のダイニングなどは、必須ではないが予約をしておくのが安心。店のウェブサイトで予約を受け付けている場合もある。言葉が心配な場合はホテルのスタッフに依頼しよう。その際はチップ(B20～40が目安)を忘れずに。

09
ノンアルコールデーもある！お酒のルール

タイではアルコールの販売に規制がある。スーパーやコンビニなどと同様に飲食店でも提供時間は11～14時、17～24時が基本。選挙前日～当日や王室行事、仏教行事のときは飲酒が禁止される。禁酒日については→P40をチェック。

10
屋台のHow To

●注文と支払い
注文は指差しでOK。料理代は注文前に確認しよう。会計は料理を受け取った時に支払うのが一般的。事前に払うと、トラブルの原因になることもあるので注意しよう。

●注意すべきこと
スプーンやフォークはティッシュペーパーなどで拭いてから使う。魚介類や果物は傷んでいる可能性が高いので、食べるのは避けたほうが無難。しっかりと火が通っている料理を選ぼう。ウェットティッシュをもっていれば手だけでなく、テーブルなども拭けて便利。

11
屋台&食堂では特に水と氷に要注意

屋台やローカルな食堂では水に要注意。出された水や、テーブルに置かれたポットの水などは避け、ペットボトルのミネラルウォーターや缶入りのジュースを注文したほうがよい。ドリンクに入れられる氷も不安なら入れないように伝えよう。

12
唐辛子のあれこれ

タイの唐辛子はサイズや辛さなど種類が豊富。生・乾燥・粉末と用途に応じて使い分けられている。生の赤と青の唐辛子は小ぶりなものは薬味として出されることがあるが、辛いので無理して食べないように。

13
シーフードは時価の場合もある

タイでは、生簀のあるシーフード料理店が地元客に人気。生簀の魚介類は時価で、100gまたは1kgあたりの値段設定。これに調理代が追加される。種類によって高額なものもあるので、必ず値段を確認してから注文しよう。

【編集MEMO】

コレだけはいいたい！

ひとりごはんやサクッと食べたいときはフードコートへ。ビッグCフードパーク(→P107)は席数が多く、確保しやすい。

ハウス・オン・サトーン(→P173)のアフタヌーンティーはレトロな邸宅の中庭で楽しめ、開放的な気分に♪

歩き疲れたら南国フルーツのジュースやシェイクでリフレッシュ。購入はショッピングセンター内などのジューススタンドで。

世界三大スープの奥深い世界へ！

最強トムヤムクンはコレだ！

Read me!

トムヤムクンは、辛くて酸っぱいエビ入りのスープ。濃厚タイプの「ナムコン」、あっさりクリアな「ナムサイ」に大きく分かれるが、店によってその味わいはさまざまだ。

B220
トムヤムクン
Tom Yam Kung
ナンプリックパオという自家製の香味ペーストが奥深い味を演出。海エビを使った濃厚なナムコンタイプ

定

地元客からも愛される王道タイ料理

トンクルアン
●Thonkrueng

定番料理が何でも揃い、どれもおいしいと評判。名物のトムヤムクンのほか、ソフトシェルクラブのカレー粉炒めB440が人気。広い店内にはエアコン席のほかテラス席や個室もある。

トンロー MAP:P13A1

図BTSプロームポン駅から車で5分
住211/3 Sukhumvit Soi 49/13, Sukhumvit Rd. ☎0-2185-3072
時11時～22時30分 休なし 日 英 英

もう1品
魚のすり身の蒸し焼き、ホーモックB210。フワフワ食感がヤミツキに

B200(大)、B150(小)
トムヤムクン
Tom Yam Kung
エビ味噌の旨み、ココナッツミルクのまろやかさ、唐辛子の辛みが融合した絶品の味わい

絶品トムヤムクンをお手軽に

マム・トムヤムクン
●Mam Tom Yum Goong

オススメ！

通り沿いにテーブルが置かれた屋台のような店構え。大きな川エビが入ったトムヤムクンは濃厚な味わいで、隠れた名店としても知られる。シーフードや野菜の炒め物も充実。

カオサン MAP:P4C1

図MRTサムヨート駅から車で10分 住Soi Kraisi
☎089-815-5531 時8～20時 休月曜 英 カード

もう1品
アサリをチリペーストで炒めたものB80

定番

エビの旨みたっぷりの極うまトムヤムクン

バーン・カニタ・サトーン

●Bann Khanita Sathorn

使用する野菜やハーブの多くは、世界遺産・カオヤイ国立公園近くの高原にある自社有機農場のもの。深みのある味わいのトムヤムクンのほか、酸味が爽やかなザボンのサラダ、ヤムソムオーB280などが定番メニュー。

シーロム **MAP:P9F3**

図BTSチョンノンシー駅、MRTルンピニ駅から徒歩13分 住67,69 South Sathorn Rd., Thung Maha Mek, Sathorn ☎0-2675-4200 時11～23時 休なし 英英

B420(1人分)

トムヤムクン
Tom Yam Kung

エビ味噌とだしの利いたスープは、辛みと酸味がほどよく濃厚な味わい。生唐辛子の香りが爽やか

もう1品

ソフトシェルクラブのカレー炒めを溶き卵でとじたプーニムパッポンカリーB590

斬新な最先端のトムヤムクン

オーシャ

●Osha

バンコクで最も注目されているレストランのひとつで、サンフランシスコ発のタイフュージョン料理が味わえる。サイフォンで入れるトムヤムクンなど、その斬新さに驚く。

サイアム **MAP:P10A1**

図BTSプルーンチット駅から徒歩10分 住 99 Witthayu Rd. ☎ 0-2256-6555 時11～22時 休月曜 英英

B1200(1尾)

オーシャ風トムヤム プレミアム
Osha Tom Yum Premium

辛さや酸味を抑えたやさしいスープをサイフォンで。川エビを使う本格派

Plus! タイのおすすめスープ

名物スープはトムヤムクンだけじゃない！ あれこれ試してみよう。

B160

トムカーガイ
Tom Kha Kai

鶏肉とショウガのココナッツミルク入りスープ。マイルドな味わい

B230

トムヤムタレー
Tom Yam Talay

エビ、カニ、イカ、貝類が入る海鮮スープ。クリアなスープに旨みがぎっしり

伝統レシピで作る家庭の味

バーン・クン・メー

●Ban Khun Mae

若者の街、サイアムで伝統的なタイ料理が味わえる人気のレストラン。「お母さんの家」を意味する店名どおり、家庭料理をベースとしたメニューが客のハートをつかんで離さない。

サイアム **MAP:P6C3**

図BTSナショナル・スタジアム駅直結 住MBKセンター(→P137) 2F ☎0-2048-4593 時11～23時 休なし 英英

タイカレー
ご飯もの
麺もの
奮発グルメ
大衆グルメ
南国スイーツ
カフェタイム

Thai Curry

多彩なスパイスの競演！

奥深きタイカレーの世界へ

Read me!

「ゲーン」とよばれるタイのカレーは、メインで使用するスパイスの種類からレッド、イエロー、グリーンに大別される。地方発祥のご当地ゲーンもバラエティ豊かだ。

グリーン
Green

Ⓐ B150

大エビ入りグリーンカレー
Kaeng Kiew Whaan Kun

大きな川エビをまるごと使い、エビ味噌がクリーミー。しっかりとした青唐辛子の辛さもある

イエロー
Yellow

Ⓑ B145

エビ入りイエローカレー
Yellow Curry with Prawns and Young Lotus Roots

強い辛みながらもコクがあり、プリプリの川エビと、シャキシャキのハスの新芽がアクセントに

Ⓑ B140

フィッシュボール入りグリーンカレー
Green Curry with Clown Featherback Fish Balls

辛さのなかにココナッツミルクの甘みが広がる。弾力のある手作りフィッシュボールがたっぷり！

Ⓐ 濃厚グリーンカレーが好評！

トン・カオ

●Ton Kao

定番

約80種のタイ料理が揃い、家庭的な雰囲気の中で楽しめる。各種カレーが人気で、スパイスを利かせた基本の味を忠実に守りながら、旅行者にも食べやすいよう調整してくれる。

シーロム
MAP：P9D2

図BTSチョンノンシー駅から徒歩5分 住167-167/1 Surawong Rd. ☎0-2634-1877 ⏲11～22時 休土・日曜 英英

Ⓑ 手作りカレーペーストが味の決め手

クルア・アプソーン

●Krua Apsorn

オススメ

1996年に5人兄弟で始めた家族経営の人気店で、2018年から5年連続で有名グルメガイドに選出。カレーのほか、カニ肉入りオムレツB120、カニ肉の黄唐辛子炒めB530も評判。

王宮周辺
MAP：P4C2

図MRTサムヨート駅から徒歩15分 住169 Dinso Rd., Wat Bowon Niwet, Phra Nakhon ☎0-2685-4531 ⏲10時30分～19時30分 休なし 英英 カード

C
B250
ゲーン・ペッ(チキン)
Gang Phed (chicken)
ココナックミルクの風味のあとにくる、挽きたてペーストのピリッとした辛さが楽しい。ポーク、ビーフ、ローストダックも選べる

D
B160
ゲーン・ハンレー
Keang Hangle
トロトロに煮込まれた豚肉が入ったタイ北部のカレー。ショウガとニンニクが利いて美味

E
B895
ラム肉のマッサマン・カレー
Massaman Non Khe
マッサマンとは「イスラム風」を意味するタイ南部のカレーで、ピーナッツペーストの甘く深い味わいが特徴。3色ライスB45と一緒に

C
挽きたてのペーストで作るカレー
カオ
●Khao
マンダリン・オリエンタル・バンコク(→P210)で料理長を務めたVichit氏がオープン。タイ各地の厳選食材で作るのは、各種カレーやソムタム、トムヤムクンなど王道のタイ料理。

トンロー
MAP:P13C2

図BTSエカマイ駅から車で5分
住15 Ekkamai 10 Alley ☎098-829-8878
営11時30分～14時、17時30分～22時
休なし 英英

D
タイ北部の絶品カレーを満喫♪
ゲッタワー
●Gedhawa
在住日本人からも支持される、タイ北部の郷土料理が味わえる店。北部の辛いソーセージ、サイウアB130やチェンマイ名物のカレーラーメン、カオソイB120など人気メニューが揃う。

スクンビット
MAP:P11E1

図BTSプロームポン駅から徒歩10分 住Soi 33,Sukhumvit ☎0-2662-0501 営11～14時、17～22時 休日曜 英英

E
洗練された絶品マッサマン
パタラ・ファイン・タイ・キュイジーヌ
●Patara Fine Thai Cuisine
1989年にロンドンで創業し、2008年にバンコクに逆上陸した高級タイ料理店。盛付けは西欧風、料理はスパイスやハーブが主張しすぎないマイルドな味わいで、ワインとの相性もいい。

トンロー
MAP:P13B1

図BTSトンロー駅から車で10分 住375 Soi Thonglo 19, Sukhumvit 55 Rd.
☎0-2185-2960 営11時30分～14時30分、17時30分～22時 休なし 英英予

Khao Man Kai

鶏の旨みを味わい尽くす！

絶品カオマンガイ

Read me!

鶏の旨みを吸ったご飯に、茹・蒸・揚などの鶏肉をのせていただくタイ風チキンライス。チキンスープも付いて、鶏のおいしさをまるごと楽しむことができる。

鶏からとったあっさり味のスープが付く

店の個性が出るタレ。ニンニク醤油とチリソースの2種が定番

茹で鶏、揚げ鶏などがあり、モモ、ムネなどの部位も選べる

B50

カオマンガイトム＆ガイトード
Boiled and Fried Chicken with Rice

茹で鶏と揚げ鶏のミックスで食感や旨みの違いを楽しめる。黒醤油ベースのタレは茹で鶏用、スイートチリソースは揚げ鶏用

鶏の油とだしが香るご飯はそのままでも美味

チキンのタレがベストマッチ！

クアンヘン ●Kuang Heng

定番

1932年創業のカオマンガイ専門店。定番の茹でた鶏肉のスライスをご飯にのせたカオマンガイB50は、モモ肉とムネ肉のミックス。鶏肉の串焼きB80（10本）～もある。

サイアム MAP:P7E3

図BTSチットロム駅から徒歩15分 ⌂936 Petchaburi Rd., Makkasan Rajthanee
☎0-2251-8768 ⏲6～22時 ㉁なし 英英カード

➡イメージカラーから「緑のカオマンガイ」の名で親しまれている

B50

カオマンガイ
Hainanese Chiken Rice

鶏ムネ肉を使い、ジューシーでさっぱり。ショウガやニンニクの利いたタレがよく合う

行列ができる超人気店

コーアン・カオマンガイ・プラトゥーナム

●Go-Ang Kaomunkai Pratunam

定番

タイを代表するカオマンガイの名店で、東京にも支店をもつ。スタッフのユニフォームから「ピンクのカオマンガイ」とよばれている。絶品カオマンガイがB50という安さも魅力。

サイアム MAP:P7E3

図BTSチットロム駅から徒歩15分 ⌂Soi Petchaburi 30, New Petchaburi Rd. ☎0-2252-6325 ⏲6～14時、15時～21時30分 ㉁なし 英英カード

⬆ピンクの垂れ幕と行列が目印。テイクアウトもOK

B240

海南風チキンライス
Chiken Rice Hainanese Style

骨付き鶏モモ肉を使った海南風。トロトロの皮とジューシーな身が美味。３種類のタレ付き

↑ホテル内にあるのでゆっくり食事ができる

ジューシーなチキンが絶品♪

グリーン・ハウス

●The Green House

BTSナーナー駅近くのランドマーク、バンコク・ホテル内にあるカフェ＆レストラン。特に海南式のチキンライス（カオマンガイ）とローストダックのせ麺B240が人気。

スクンビット **MAP:P12A4**

図 BTSナーナー駅から徒歩２分 住 GF The Landmark Bangkok Hotel, 138 Sukhumvit Rd. ☎0-2254-0404
⏲6〜23時 休 なし

B90

特製チキンライス
Steemed Chiken Drumstic with Garlic Rice

濃い味のチキンとガーリックライスの相性がいい。調味料の種類が多く、自分好みの味にも

↑鶏スープで食べるヌードルタイプも隠れた逸品

信頼できる名店の味を堪能

ブーン・トン・キアット

●Boon Tong Kiat

「シンガポール風チキンライス」をうたうカオマンガイの有名店。漢方などを入れたアレンジや、タイ風とは異なるタレの種類が特徴。肉骨茶やアヒル肉のメニューも人気。

トンロー **MAP:P13B1**

図 BTSトンロー駅から車で５分 住 440/5 Soi Thonglor 16, Sukhumvit 55 Rd. ☎0-2390-2508 ⏲9〜21時 休 なし

いろいろ味わえる4種盛りが人気

ジュブ・ジュブ・カオマンガイ

●Jub Jub Khao Man Kai

BTSアーリー駅近くの屋台ストリートにある専門店。日本語が堪能な女性オーナーのジュブさんが切り盛りする。調理法や味付けの異なる４種の鶏肉を好みでチョイス。

バンコク北部 **MAP:P3D2**

図 BTSアーリー駅から徒歩１分
住 BTS "ARI" Exit 3(Piyavan Tower, Phahonyotin Rd.), Samsennai ☎086-608-6302
⏲6〜14時(売り切れ次第閉店)
休 日曜

↑屋台村のような気軽な雰囲気

B100

カオマンガイ4種盛り
Khao Man Kai 4 Kind

モモ肉の茹で鶏と醤油風味、揚げ鶏、スパイシー揚げ鶏の４種類がひと皿に

贅沢カオマンガイが評判

ルアントン

オススメ！

●Ruenton

老舗、モンティエン・ホテルの地階にあるカフェ＆レストラン。ホテルシェフが素材や調理法にこだわって作る豪華版カオマンガイが名物で、一度味わってみる価値ありだ。

↓店内にカオマンガイ専用のカウンターが設けられる

シーロム **MAP:P9E2**

図 BTSサラデーン駅から徒歩8分 住 The Montien Hotel, 54 Surawong Rd.
☎0-2233-7060 ⏲24時間営業（カオマンガイの提供は11〜22時） 休 なし

B340

海南チキンライス
Hainanese Chicken Rice

旨みが凝縮された鶏が絶品。鶏のだしが利いたご飯やスープも上品な味わい。4種のタレ付き

バジルの香りが決め手！

お手軽ガパオライスで満腹♪

Read me!

ガパオ＝ホーリーバジルを利かせた炒め物を、ご飯と一緒に盛り付けたタイ屋台料理の定番。具材はひき肉や魚、エビなど何でもありで、目玉焼きをトッピングするのがオススメ。

Pork

B109(+B20)

豚ひき肉のガパオライス（目玉焼きのせ）
Minced Pork Gapow(Fried Egg)
スパイシーさとコクのあるガパオ炒めはパラパラ系。目玉焼きと一緒に食べると少しマイルドに

辛みと旨みが絶妙にマッチ

ガパオ・ターペ

●Gapow Tapae

5種類の唐辛子やニンニクなどが入ったオリジナルソースで作るガパオライスは、定番の豚ひき肉のほか、鶏モモ肉B99、牛ひき肉B139なども揃う。辛さは3段階から選べる。

スクンビット **MAP:P12B4**

図BTSアソーク駅から徒歩8分 住41/1 Soi Prasanmitr Plaza, Klongton-nua, Wattan ☎065-396-5291 ⏲9時30分～20時 休なし 英 英 カード

←ランチタイムには行列ができる

Beef

B159

牛ひき肉のガパオライス
Beef Gapow
しっかりと炒めたガパオが、濃厚なアヒルの卵の目玉焼きと相性抜群。辛さは5段階から選べる

オススメ！

種類豊富なこだわりガパオ

ペッドマーク

●Phed Mark

フードブロガーのMark Wiens氏がオープン。2種のガパオ（ホーリーバジル）、5種の唐辛子、バイイーラー（タイのハーブ）などが入るガパオライスは、ベジタリアン、イカなど種類豊富。

トンロー **MAP:P13B4**

図BTSエカマイ駅から徒歩2分 住300 Sukhumvit Rd.(Infront of Ekamai Bus Terminal)
☎083-893-8989 ⏲10時～19時15分 休なし 英 英 カード

↑ポップな雰囲気の店内。炎のイラストが目を引く

これぞタイ南部の激辛ガパオ

カオジャオ
●Khaojao

タイ南部の米「カオジャオ」と南部の味にこだわる、若者や女性に人気の店。センスのいいカフェ風の店内で、ガパオをはじめ辛みの利いた南部料理を手頃な価格で味わえる。

トンロー **MAP:P13B1**

図BTSトンロー駅から車で5分
住Soi Thonglor 17, Sukhumvit 55 Rd.
☎0-2712-5665 ⏲10～20時
休第1·3日曜 英 目 英 カード

←ガラス張りの明るい店。店内には古い玩具が飾られている

Pork
B70
目玉焼きのせガパオライス
Stir-Fried Basil and Pork with Rice with Fried Egg
定番の豚ひき肉ガパオライス。バジルの香りと唐辛子の刺激が強烈な激辛の一品

B180
Pork
豚ひき肉のガパオライス ベーコン&玉子焼き添え
Minced Pork Kaprow Rice with Bacon and Skinny Fried Egg
ベーコンも入ってボリューム満点。卵は目玉焼き、ゆで卵も選べる

多彩なトッピングで自分流に♪

プラウ
●Prow

名店揃いのフードコート「タイ・テイスト・ハブ」内の一軒。豚ひき肉のガパオライスB115(S)のほか、豊富な食材やトッピングを組み合わせて好みのひと皿を作ることができる。辛さは8段階。

シーロム **MAP:P9D3**

図BTSチョンノンシー駅直結
住Mahanakhon CUBE 1F, 96 Naradhiwas Rajanagarindra Rd.
☎061-992-2617 ⏲10～20時 休なし 英 英 カード

↑オフィス街にあるため、平日のランチタイムは混雑する

ユニークな土鍋式が人気

リー・カフェ
●Lee Café

バンコクに10店舗を展開するカフェ・チェーン。料理やスイーツのおいしさが評判で、若者から家族連れまで人気がある。土鍋に盛り付けられるガパオライスは店の名物のひとつ。

サイアム **MAP:P7D3**

図BTSチットロム駅から徒歩5分 住セントラル・ワールド(→P136) 6F ☎0-2646-1838 ⏲11時～21時30分 休なし 英 英

Beef
B150
牛肉のガパオライス
Fried Beef with Bacon Chili and Basil Leaves with Rice
牛肉ガパオ丼。辛みが少なくバジルの風味が強い。とろみのある具とご飯が合う

←巨大モール内にあり、快適に食事ができる

トムヤムクン
タイカレー
ご飯もの
麺もの
奮発グルメ
大衆グルメ
南国スイーツ
カフェタイム

Pad Thai

モチモチ食感がヤミツキに

BESTパッタイを探せ!

Read me!

パッタイは、中太の米麺をタマリンドベースの甘酸っぱいソースで炒めたタイ風焼きそば。シャキッとした生モヤシやニラが添えられ、モチモチ麺との相性が抜群だ。

B500

パッタイ・ソンクルアン
Padthai Song-Krueng

エビ油で炒めたパッタイの上に大エビ、カニ肉、イカ、細切り青マンゴーを盛った豪華版

B150

パッタイ・ホーカイ
Pad Thai Hor Kai

麺が透けて見えるほど薄い玉子焼きに包まれたパッタイ。麺のほかに豆腐も入る

タマリンドソースとエビ味噌で味付けした麺は赤くてモチモチ

有名パッタイ専門店

ティップサマイ

●Thipsamai

タイ人で知らない人はいないというパッタイの超有名店。創業から70年以上もパッタイの味を受け継ぎ、世界中のVIPからも愛されている。夕方17時の開店を前に行列も。

王宮周辺 **MAP:P5D2**

図MRTサムヨート駅から徒歩10分 住313-315 Mahachai Rd. ☎0-2226-6666 営9～24時 休なし 英 英 カード

⬆オリジナルのパッタイソースも販売している

変化球!

B165

チキンのせパッタイ
Pad Thai with Fried Chicken

自家製タレに漬け込んで、カリカリに揚げた鶏モモ肉をのせたボリューム満点のオリジナル!

B150

エビのせパッタイ
Pad Thai with Shrimp

タマリンド果汁の酸味が利いたさっぱり味のパッタイ。付合せは定番のピーナッツ、ライム、ネギにバナナのつぼみも

個性派パッタイにトライ!

サンサブ

●San Sab

タイ東北部、イサーン地方の料理を中心に代表的なタイ料理が味わえる。麺を揚げワンタンに変えたパッタイや、フライドチキンをのせたものなどオリジナルのパッタイもぜひ。

サイアム **MAP:P6C3**

図BTSサイアム駅直結
住サイアム・パラゴン(→P134)4F
☎095-365-6951 営10～20時
休なし 英 英

⬆イサーン地方の伝統柄の布をインテリアに使用

進化系パッタイならココで！

バーン・パッタイ

●Ban Phad Thai

フランス人オーナーが始めたパッタイとガイヤーン(タイ風焼き鳥)の専門店。伝統を覆すセンスのいいモダンなメニューが評判をよんでいる。ガイトード(鶏肉の唐揚げ)B220も人気。

サトーン・ピア周辺 **MAP:P8B4**

図BTSサパーンタクシン駅から徒歩5分
住21-23 Soi Charoen Krung 44.North Sathorn
☎0-2060-5553 ⏲11〜22時 休なし 英英

↑古い街並みに青い外観がひときわ映える。オープンエアで開放的

B240

パッタイ・ガイヤーン
Pad Thai Gai Yang

進化系のひとつで、定番のエビではなく、香ばしく焼かれたチキンをトッピング

B190

パッタイ・ファイタル・ムーヤーン
Pad Thai Fai Ta Lu Moo Yang

スモークして炭火焼きした豚首肉がのったもの。下味をつけた豚首肉が美味

B220

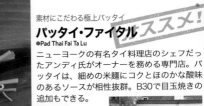

パッタイ・ファイタル・シュリンプ
Pad Thai Fai Ta Lu Shrimp

その日水揚げされた新鮮な海エビはプリプリの食感。モヤシがアクセントに

素材にこだわる極上パッタイ

パッタイ・ファイタル

オススメ！

●Pad Thai Fai Ta Lu

ニューヨークの有名タイ料理店のシェフだったアンディ氏がオーナーを務める専門店。パッタイは、細めの米麺にコクとほのかな酸味のあるソースが相性抜群。B30で目玉焼きの追加もできる。

王宮周辺

MAP:P4C1

図MRTサムヨート駅から車で5分
住115/5 DinsoRd.
☎089-811-1888
⏲10〜22時 休なし
英英

↑1階は調理場で2階が食事スペース。通りを見渡すカウンター席も

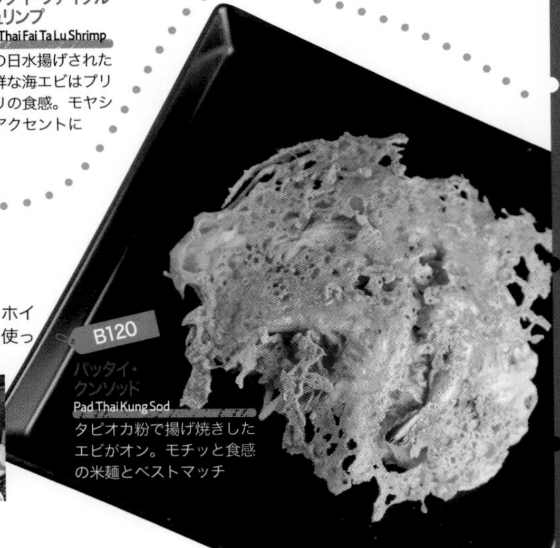

B120

パッタイ・クンソッド
Pad Thai Kung Sod

タピオカ粉で揚げ焼きしたエビがオン。モチッと食感の米麺とベストマッチ

鉄板焼き食堂の海鮮パッタイ

ホイトード・チャウレイ

●Hoi Tod Chawlay

店頭の大きな鉄板で貝類をお好み焼き風に仕上げるホイトードの有名店。定番のムール貝はB90〜、カキを使ったオースワンB130。パッタイもうまいと評判だ。

トンロー **MAP:P13A3**

図BTSトンロー駅から徒歩3分
住25 Sukhumvit Soi 55
☎085-128-3996
⏲8時〜20時30分 休なし
英日英カード

↑店頭の大きな鉄板が目印。テイクアウトもOK

やっぱり大好き♡麺料理

タイヌードルを制覇！

Read me!

日本と同様に麺料理が豊富なタイ。米麺のクイティオ、中華麺のバーミーといった麺を、各種スープ、まぜそば、あんかけなど、さまざまなスタイルで楽しむことができる。

Ⓐ B169
クイティオ・スコータイ
Spicy Sukhothai Tom Yam Noodle
甘酸っぱいトムヤムスープに、ピーナッツや豚ひき肉が入り旨みたっぷり。麺は7種から選べる。写真は中細麺のセンレック

Ⓑ B250
海鮮入りラートナー
Rice Noodles in Thick Gravy with Seafood
ラートナーとは「あんかけ麺」のこと。辛みはなくマイルドで、エビやイカも新鮮。太めのクイティオを使うのが定番だ

Ⓒ B50
イエンタフォー・ヌードル
Yeng Tau Foo Noodles & Soup
酢っぱ辛い独特な風味のトロッとしたスープが特徴。イカやだんご、魚餃子など具だくさん。麺は細い米麺のセンミー

Ⓗ B60
クイチャップ・ユアン
Guaw Jub Youn
タイ東北部のモチモチ麺、クイチャップ・ユアンに豚肉だんご、ソーセージなどをのせたもの。玉子はプラスB10

Ⓖ B80
カノムチーン・ハイラム・ナムヌアー
Noodle Soup Beef
海南風米麺、カノムチーン・ハイラムを使った牛肉スープ麺。卓上調味料のカピ(エビのペースト)を加えるとコクが出る

Ⓐ オススメ！
おしゃれ空間でタイラーメンを
ロスニョム
●Ros'niyom
ポップでカジュアルなインテリアが若い女性に人気のヌードル・カフェ。現在はバンコクに8店舗を展開する。スープにライムやパームシュガーなどを使ったモダンな味が特徴。

シーロム **MAP：P9E2**
図BTSサラデーン駅直結 住シーロム・コンプレックス(→P173)B1F ☎ 0-2231-3133 時 10時30分～22時 休なし 英英

Ⓑ
本場の甘辛カオソイに舌鼓
ファイ・ソー・カム
●Fai Sor Kam
すべてが本場の味という、北部料理にこだわるカジュアル・レストラン。特に名物のカオソイは、カレースープが濃厚でおいしいと評判。川エビ入りパッタイB450も人気。

サイアム **MAP：P6C3**
図BTSサイアム駅直結 住サイアム・パラゴン(→P134)4F Food Passage ☎ 094-982-9464 時 10～22時(21時LO) 休なし 英英

Ⓒ
クセになる独特な風味の赤いスープ
イエンタフォー・ワット・ケーウ
●Yentaafoo Wat Khek
店名にある「イエンタフォー」とは、発酵調味料の赤い腐乳が入ったスープのこと。酸味のある独特の味だが、ヤミツキになるおいしさ。庶民的な雰囲気で地元客からの人気が根強い。

シーロム **MAP：P8C3**
図BTSスラサック駅から徒歩10分 住 8 Pan Rd. ☎ 0-2236-4393 時9～15時 休土・日曜 日英

Ⓓ オススメ！
バンコクで評判の安うまトムヤムクン
ピーオー
●Pe Aar
名物女性オーナーのオーさんが切り盛りするローカル店。大ぶりの川エビが入るトムヤムクンはB60～とリーズナブルで、麺入りが特徴。麺は5種類から選べる。

サイアム **MAP：P6B2**
図BTSラチャテーウィー駅から徒歩7分 住 68/51 Petchburi Soi 5 ☎ 0-2612-9013 時 10～21時 休月曜 英英

A B220
ミー・パッド・カシェード
Mee Pad Kashed

極細のビーフンを甘辛ダレで炒めたひと皿。シャキシャキのウォーターミモザとエビが入る

D B60
クイティオ・トムヤムクン
Kuai-Tiao Tom Yam Kung

トムヤムスープのクイティオに、味噌がたっぷりの川エビをトッピング。スープは酸味が強めでサッパリいただける

B B220
カオソイ
Egg Noodle with Chicken Curry Sauce

チェンマイ名物の濃厚なカレースープ麺。カリッとした揚げ麺と幅広の茹で麺の食感の違いも楽しい

E B70
ワンタンと焼き鴨肉入りヌードル
Egg Noodles + Prawns & Pork in Wonton + Roasted Duck

自慢のローストダックとワンタン入りの汁なしバーミー。特製ダレと和えていただく。別添えでスープが付く

F B77
バーミーナーム・キア・クン・ムー・デーン
Bamee Nam Kiew Koong Moo Daeng

エビワンタンとチャーシューがのるスープ麺。干しシイタケのエキスが染み出たスープが美味

C B40
タイ風ソーメン入りチキンカレー
Rice Noodles in Curry with Chicken

素麺のような細い米麺のカノムチーンに、スパイシーなチキンカレーをオン！

E
自家製麺とローストダックが自慢
バーミー・コン・セーリー
●Bamee Khon Sealee

中華麺、バーミーの製造元で50年以上の歴史をもつ。小麦粉を独自の配合で製麺するバーミーは細くちぢれ、スープ別添えの和え麺がおいしい。タイ風チャーハンB70も絶品。

トンロー MAP：P13B3
交 BTSトンロー駅から徒歩1分 住 Soi 55-57 Sukhumvit Rd. ☎ 0-2381-8180 ⏲ 7～23時 休 不定休 日 英 カード

F
リーズナブルなお手軽バーミー
ミン・ヌードル
●Meng Noodle

タイのおいしい店の目印「緑の丼」マークと「明」の文字が目印。バーミーが有名で、エビワンタンやカニ肉、焼き豚などの具を選び、汁あり(ナーム)か、なし(ヘーン)で味わう。

シーロム MAP：P9E2
交 BTSサラデーン駅から徒歩1分 住 183 Silom Rd. ☎ 0-2632-0320 ⏲ 9～21時 休 なし 英 カード

G
伝統の海南ヌードルが美味
スターティップ
●Sutathip

現オーナーの祖父母が中国海南省から移住して始めた海南料理の店。うどんのような中太麺のカノムチーン・ハイラムは、米を石臼でつぶして粉にした米粉を使用している。

王宮周辺 MAP：P5E2
交 MRTサムヨート駅から車で3分 住 338-342 Damrongrak Rd. ☎ 0-2282-4313 ⏲ 8～15時 休 月・火曜 英 英 カード

H
プルプル食感の麺がヤミツキに
クンデーン・クイチャップユアン
●Kuondang Guaw Jub Youn

タイ東北部の名物麺、クイチャップ・ユアン(ベトナム風米麺)の専門店。米粉にタピオカ粉を加えてモチモチ食感を出した麺が特徴で、あっさりした味わいのスープも美味。

カオサン MAP：P4B1
交 MRTサナームチャイ駅から車で10分 住 68-70 Phra Arthit Rd. ☎ 085-246-0111 ⏲ 10時～22時30分 休 なし 英 英 カード

伝統＆モダンな高級タイ料理で至福のひととき

一度は行きたいハイエンドレストラン

Read me!

タイ料理は「安くてうまい！」が魅力だが、一度はその最高峰を味わってみたい。宮廷料理の流れをくむ老舗から、最新の技を駆使したモダン系まで、いま行きたい名店はコチラ！

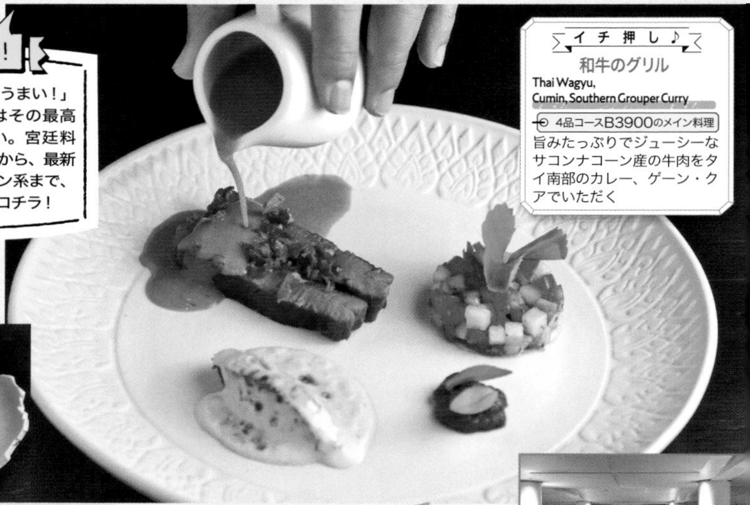

イチ押し♪

和牛のグリル

Thai Wagyu, Cumin, Southern Grouper Curry

4品コースB3900のメイン料理

旨みたっぷりでジューシーなサコンナコーン産の牛肉をタイ南部のカレー、ゲーン・クアでいただく

⬇時間をかけて火を通したサバは、アボカドや焼きトウモロコシで作ったソースで味わう

⬆ポークのロースト。付合せは冬瓜をトッピングした焼きナス

アイデアが光る創作タイ料理

ル・ドゥ

●Le Du

オススメ！

店名はタイ語で「季節」を意味し、その名のとおり料理に旬の食材を贅沢に使用。タイ各地の郷土料理をベースに、シェフのアイデアを取り入れた逸品を堪能できる。メニューは4品と6品のコースのみ。

シーロム MAP：P9D3

図BTSチョンノンシー駅から徒歩5分 住399/3 Silom Soi 7, Bangrak ☎092-919-9969 ⏲18～23時 休日曜 英英予

イチ押し♪

和牛ホホ肉のカレー

Thai Wagyu Beef Cheek

B880

ココナッツミルク、ターメリック、数種のハーブなどを煮込んだカレーは風味豊か。後から辛さを感じる

⬆フォアグラのソテーB780はタマリンドソースやマンゴーの付合せがタイ風

優雅な空間で現代タイ料理を

ブルー・エレファント

●Blue Elephant

定番

パリやロンドンに支店をもつ高級タイ料理レストラン。しゃれた洋館を改装した一軒家で、タイの美術品を飾った内装もエレガント。女性シェフによる繊細な創作タイ料理が味わえる。

シーロム MAP：P8C4

図BTSスラサック駅から徒歩1分 住233 South Sarthorn Rd. ☎0-2673-9353 ⏲11時30分～14時30分、17時30分～22時30分 休なし 英英

←各地の名物料理や食材をアレンジしたひと口サイズの料理を、塩でかたどったタイ全図にのせたアミューズ

↑デザートはマンゴースティッキーライス、ココナッツアイスクリームなど、伝統菓子をアレンジした4種のお菓子

イチ押し♪
トムヤムクン
Tom Yum Gung
コースB5212のメイン料理
サイフォンで入れるスープはレモングラス、パクチーなどハーブの香りが豊かで、エビ味噌の旨みも楽しめる

タイの伝統文化を料理で表現

アーハーン

●R-Haan

盛付けや器などで見た目も楽しませてくれるタイ料理を提供。シェフはBTSプルーンチット駅近くの老舗レストラン「サグアンシー」が実家というチュンポン氏で、伝統を大切にしながら随所にアレンジを効かせた料理が評判だ。メニューは1種類のコースのみ。

トンロー **MAP:P13B2**

図BTSトンロー駅から徒歩13分
住131 Soi Sukhumvit 53(Paidee-Madee), Thonglor Soi 9, Klongtun Nuea
☎095-141-5524 ⏲18〜24時 休なし 英 英 予

世界が認めたタイ料理の極み

ナーム

●Nahm

レモングラスやニンニク、唐辛子など風味豊かなハーブや野菜をたっぷり使いながら仕上げる洗練されたタイ料理が評判。店内はシックなインテリアで統一され、テラス席もある。

シーロム **MAP:P9F3**

図BTSサラデーン駅、MRTシーロム駅から徒歩15分
住コモ・メトロポリタン・バンコク(→P213)GF
☎0-2625-3388 ⏲12〜14時、18〜21時
休月・火曜 英 英 予

イチ押し♪
クリアスープのトムヤムクン
Tom Yum Gung
B450
ココナッツミルクを使わない伝統的な透明スープタイプ。酸味と辛みのバランスが絶妙♪

トムヤムクン
タイカレー
ご飯もの
麺もの
奮発グルメ
大衆グルメ
南国スイーツ
カフェタイム

Historic House Restaurant

美食の館でゆったり
邸宅レストランで至福時間

Read me!

歴史ある邸宅を利用した一軒家レストランは、雰囲気のよさと高級店よりもリーズナブルに食事が楽しめるのが魅力。ほどよく上品なタイ料理をゆったりと味わってみたい。

ステキPoint

オーナーの自宅だった築70年の木造家屋を利用。家庭的な雰囲気でくつろげる

コレをオーダー

B340
チューチークン
Choo Chee Gung
エビのレッドカレー。ココナッツミルクの甘みが強く、辛さは控えめ

B320
ヤム・ソムオー
Yum Som O
爽やかな酸味がクセになるザボンのサラダ。ナッツやエビ、ひき肉入り

B290
ガイヤーン
Gai Yang
特製ダレに漬けた肉を炭火で焼いたタイ風焼き鳥。看板メニューのひとつ

スパイス香るカレーが自慢
タミー・ヤミー
●Tummy Yummy

洋館のようなレトロな邸宅が印象的。13種類のスパイスやハーブをブレンドして作るカレーはグリーン、イエロー、レッド、マッサマンが揃う。パッタイB240など定番料理も充実。

サイアム MAP:P7E4

図BTSチットロム駅から徒歩5分 住42/1 Soi Tonson, Ploenchit Rd. ☎ 0-2254-1061 ⏲11時～14時30分、17時30分～22時 休日曜 英英

↑建物2階や裏手のガーデンにも席が用意されている

新鮮な素材で作る伝統の味

ルアン・マリカ

オススメ!

●Ruen Mallika

ラマ2世の時代に建造されたといわれる伝統的な建物を利用。自社の畑で栽培された野菜や花、フルーツを使った本格的なタイ料理が満喫できる。デザートもおすすめ。

スクンビット MAP:P11D3

図BTSプロームポン駅から車で10分 住189 Sukhumvit 22 Rd. ☎0-2663-3211 ⏲12～23時 休なし 英英予

ステキPoint
チーク材を使用した温かみのある空間が魅力。随所に飾られたセラドン焼の器にも注目を

↑約200年前の建物をアユタヤから移築した

コレをオーダー

B1300(400g)

川エビのグリル
Goong Maenam Phad Prik King
レッドカレーペーストで味付けしたエビはライスにもぴったり

B500

ナンプリック・カイプー
Namprik Kaipoo
カニの塩漬け卵入りディップ。ピリ辛味が新鮮な野菜とマッチ

B300(S)、B500(L)

花の天ぷら
Chuncheu Boodsaba
自家栽培のエディブルフラワー8種類のフライ。スイートチリソースで

ステキPoint
約100年前のラマ5世時代に建てられた邸宅。開放的な中庭が気持ちいい

伝統家屋で至福の美食時間

ルアン・ウライ

●Ruen Urai

木造の高床式住居を利用。カレーやサラダ、スープなど、ハーブとスパイスを贅沢に使った王道のタイ料理が堪能できる。レモングラスなどのハーブのジュースB140～もおすすめ。

シーロム MAP:P9D2

図BTSサラデーン駅から徒歩10分 住118 Soi Na Wat Hualumphong, Surawong Rd. ☎0-2266-8268 ⏲12～22時 休日曜 英英予

B350 コレをオーダー

チキンのマッサマンカレー
Ghaeng Massamun
鶏肉やジャガイモなどが入り、ココナッツミルクの甘さが口の中に広がる

B300

クリスピーカップ入りサラダ
Saengwaah Ghratong Tong
米粉生地の器に盛り付けられた、刻んだエビとハーブのサラダ

B600

川エビのタマリンドソース添え
Ghoong Maenahm
川エビのグリルはプリプリの食感。酸っぱいタマリンドソースとの相性も抜群

ステキPoint
高い天井と大きな窓で開放感たっぷり。オリジナルのアートワークで空間を演出

ヘルシー料理を緑豊かな隠れ家で

ナ・アルン

オススメ!

●Na Aroon Restaurant

現オーナーの祖父母が1942年に私邸として建てたヴィラの1階にあるレストラン。ベジタリアン料理を中心に、魚介類を用いたヘルシーで美しい盛付けの料理が揃う。

スクンビット MAP:P12A3

図BTSナーナー駅から徒歩15分 住65 Sukhumvit Soi 1, Sukhumvit Rd. ☎0-2254-8880-3 ⏲12時～21時30分 休なし 英日英予

コレをオーダー

B425

プーニム・パット・プリックタイダム
Poo Nim Phad Prik Tai Dum
ソフトシェルクラブのフライを黒コショウソースで和えたひと皿

B265

パッタイ
Phad Tai Goong Mae Nam
錦糸玉子のネットに包まれたエビ入り焼きそば

B320

前菜盛合せ
Mixed Entrée
タイ風さつま揚げ、揚げ春巻き、ザボンのサラダの盛合せ

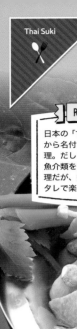

熱帯バンコクでアツアツ鍋
タイスキが食べたい！

Read me!

日本の「すき焼き＝スキヤキ」から名付けられたタイ式鍋料理。だしスープで野菜や肉、魚介類を煮る寄せ鍋に近い料理だが、数種のスパイシーなタレで楽しむのがタイ式。

4人前で約B2500
(具材単品B264～265／シーフードセットB950など)

タイスキ
Thai Suki

2～4人の場合はセットがお得で簡単。MKゴールドだけの特選食材もある。シメには雑炊も

タイスキはタレが味の決め手！

醤油系、チリソース系など数種が用意され、刻みニンニクや唐辛子などを各自加えて好みの味に仕上げる。辛くないタレもある。

迷ったらコレ！ 定番の具材

B260
野菜セット(S)
Mix Vegetable
野菜だけでなく、うどんやワカメなどものる

B175
シャブ・ビーフ(S)
Shabu Beef
日本式にしゃぶしゃぶして食べられる薄切りの牛肉。人気No.1の具材

B650
MKセット MK Suki Set
タイスキで味わいたい具材のオールスター。時期により内容は変化する

B36(S)、B69(M)、B100(L)
翡翠麺 Mee Yok
タイでは定番の具材。鍋で煮ず、つけ麺風にスープにつけて食べる人が多い

名物アラカルトもCheck！

B410(大)
MKローストダック
MK Roast Duck
数あるアラカルトのなかでも一番人気がコレ。甘辛い醤油味のローストダックはやわらかくてジューシー

高級感あふれる空間でタイスキを
MKゴールド
●MK Gold

人気のタイスキチェーン「MK(エム・ケー)」の高級志向店。金と赤を基調とした内装もゴージャスで、陶器のお碗や皿でタイスキが味わえる。具材はセットのほか、単品注文も可能。

↓高級感ある店内で味わうタイスキは格別！

サイアム MAP：P6C3
交BTSサイアム駅直結 住サイアム・パラゴン(→P134)GF ☎0-2610-9337 ⏲10時～21時30分 休なし 英 英

支店info
サラデーン店 シーロム MAP：P9F3
交BTSサラデーン駅から徒歩5分 住118 Saladeang Rd. ☎083-099-6228
エカマイ店 トンロー MAP：P13B3
交BTSエカマイ駅から徒歩3分 住5/3 Soi 63 Sukhumvit Rd. ☎083-099-6022

2種類のスープで厳選食材を堪能

コカ

●Coca Suki Restaurant

モダンなインテリアと上質な食材で、タイスキを豪勢なメニューとしてプロデュースした先駆けの店。仕切り付きの鍋で同時に２つのスープが味わえるスタイルが人気の秘密。

シーロム **MAP:P9D2**

図BTSサラデーン駅から徒歩10分 住8 Soi Anumarnratchathon, Surawong Rd.
☎0-2236-9323 ⏲11～22時 休なし 英英

↑ゆったりとしたスペースのスタイリッシュな店内

鶏をベースとした広東風スープと、唐辛子で赤く染まる四川風の激辛スープがひとつの鍋に

澄んだスープが中華式を物語る。餃子やワンタンなど、ほとんどの具材がB30～50と手頃

伝統の味を今に伝える老舗

テキサス・スキ

オススメ!

●Texas Suki

タイスキ発祥の地、チャイナタウンにある専門店。特徴は中華風スープと、飲茶でも使われる点心食材など。リーズナブルな価格も人気の理由だ。本格的な中華料理も楽しめる。

チャイナタウン **MAP:P5E4**

図MRTワットマンコン駅から徒歩3分
住17 Texes Carpark Padundao Rd.
☎0-2223-9807 ⏲11～23時 休なし 英英

↑店のある通りの通称が「ソイ・テキサス」となったほどの有名店

+Plus! ひとりでもタイスキを楽しみたい!

食べたい具材を好きな量だけ楽しめる、回転カウンター式のタイスキ店が話題を集めている。

気軽さが魅力の回転タイスキ

しゃぶし

●Shabushi

回転寿司スタイルでタイスキと和食が味わえるビュッフェ形式のレストラン。スープを選び、回ってくる具材をとってスープで煮て食べるだけ。制限時間は1時間15分、1人B429～。

サイアム **MAP:P6C3**

図BTSサイアム駅直結
住サイアム・センター(→P171)2F
☎095-207-4678
⏲10～22時 休なし 英英

↑少量ずつ盛られているので、あれこれ楽しめる

↑肉はしゃぶしゃぶのように食べるスタイル

↑約60種類の具材がラインナップ

←寿司コーナーも大人気！

エビもカニも好きなだけ！

名物シーフードに大満足♪

Read me!

海の幸に恵まれたタイでは、新鮮な魚介類を比較的リーズナブルに味わえるのが魅力。グリルやスチームなどシンプルな調理のほか、刺激的なタイスタイルのメニューも多彩。

B995(L)

クン・メナーム・パオ
Koong Menam Pao

味噌がたっぷり詰まった川エビのグリル。酸味の利いた特製ダレでいただく。写真は2尾でB1990

B1445

プー・オプ・ウンセン
Poo Op Woonsen

カニと春雨の蒸し物。醤油ベースのタレとカニのだしを吸った春雨がうまい。カニは肉の多いオスと卵を抱えたメスから選べる

鮮度抜群の魚介類が人気

レム・チャロン・シーフード

●Laem Charoen Seafood

港町ラヨーンで1979年に創業したシーフード店。国内に33店舗を展開し、上質な魚介類をリーズナブルに提供。フエダイのナンプラー風味揚げB595が名物。

オススメ！

サイアム MAP:P7D3

交BTSチットロム駅から徒歩5分 住セントラル・ワールド(→P136) 3F ☎081-234-2084 ⏲11時～21時30分(水～土曜は～22時) 休なし 英 英

安くておいしいと地元客に人気

クアン・シーフード

●Kuang Sea Food

連日地元客で満員のリーズナブルなシーフード専門店。魚介たっぷりのトムヤム・スープB280(S)などが人気。生簀から好きな魚介類を選んで調理してもらうこともできる。

サイアム **MAP:P7E1**

図BTSビクトリーモニュメント駅から徒歩10分 住107/13 Soi Rang Nam, Opposite ESSO Gas Station ☎0-2642-5591 ⏰10時30分～翌0時30分 休なし 英英

B250

オースワン

Oo Suwan

小ぶりのカキとモヤシを炒め、とろとろ卵でとじたお好み焼き風の一品

B640(S)、B1040(M)、B1480(L)

元祖プーパッポンカリー

The Original Fried Curry Crab

辛くなく、子どもにも人気の甘めのカレー。卵が入ったクリーミーなソースは、ご飯との相性もバツグン！

受け継がれる元祖の味を堪能

ソンブーン

●Somboon Seafood

プーパッポンカリー発祥の店として知られるレストラン。約半世紀前、カレーペーストに卵を混ぜてカニと炒めた料理が評判をよび一躍有名に。カニのサイズにより値段が変わる。

サイアム **MAP:P6C3**

図BTSサイアム駅直結 住サイアム・スクエア・ワン(→P171)4F ☎0-2115-1410 ⏰11～22時 休なし 英日英

定番

新鮮なシャコ料理が名物

ガン・バン・ペー

●Kang Ban Phe

港町ラヨーンから直送される新鮮なシャコを贅沢に使った料理で人気のカジュアルレストラン。シャコのほか、エビ、カニ、イカなど海鮮たっぷりの各種麺料理が人気だ。

サイアム **MAP:P7F4**

図BTSプルーンチット駅から徒歩5分
住20-20/1 Soi Ruam Rudi
☎0-2019-0588 ⏰11時30分～17時、18～22時 休なし 英英

B225

海鮮トムヤムスープ麺

Creamy Tom Yam Noodles Soup with Mantis Shrimp Seafood and Crabmeat

魚介の旨みが凝縮されたスープが絶品のトムヤムスープ麺。シャコとカニの肉がたっぷり

トムヤムクン
タイカレー
ご飯もの
麺もの
奮発グルメ
大衆グルメ
南国スイーツ
カフェタイム

Food Court

さくっと食べられるお手軽グルメがいっぱい♪

使い勝手◎! フードコート

Read me!

ショッピングセンター内にあるフードコートは、多彩なローカル料理を涼しく清潔な空間で楽しめる穴場のグルメスポット。街の人気店が一堂に集まり、料理のレベルも高い。

行列店の味を気軽に楽しめる

ピア21フード・ターミナル

●Pier 21 Food Terminal

サンフランシスコの波止場をイメージした広いフロアに、ご飯ものや麺類、スイーツなどタイ料理を中心とした人気店が約30軒揃う。

定番

スクンビット MAP:P11D1
図BTSアソーク駅、MRTスクンビット駅直結
館ターミナル21(→P136)5F
☎0-2108-0888(代)
⏲10〜22時 休なし 英 英

B40
カオ・チェー・ポー
ローストダック、焼き豚、ゆで玉子のせご飯。甘辛ダレで食欲UP！

B30
セン・シム・イー
ハスの実やライチ、豆類など、美容と健康にいい食材たっぷりのかき氷

B60
ホイトード
ムール貝入りのタイ風お好み焼き。スイートチリソースと一緒に

有名店の料理を要チェック！

パラゴン・フードホール

●Paragon Foodhall

円を描くようにブースが並び、定番のタイ料理が豊富に揃う。パッタイの名店「ティップサマイ(→P94)」など、街の行列店の料理が一度に楽しめる。

サイアム MAP:P6C3
図BTSサイアム駅直結
館サイアム・パラゴン(→P134)GF
☎0-2690-1000 ⏲10〜22時
休なし 英

B169
パッタイ
エビ味噌の旨みたっぷりのソースがおいしいタイ風焼きそば。お好みでライムを搾って

B85
クイティオ・ヌア
やわらかく煮込んだ牛肉と牛スープが相性バツグンの麺料理

B50
ブアローイ
白玉だんごやココナッツの実が入った冷たいココナッツミルクのデザート

B95
カオマンガイ&カオマンガイトード
蒸し・揚げの2種の鶏肉が味わえるチキンライス。2種類のタレでいただく

安ウマ店揃いで地元っ子に人気♪

MBKフード・レジェンド

●MBK Food Legends

ローカルに人気のタイ料理店が集まり、外国人向けアレンジのない、本場のままの味を提供。ランチタイムは混雑するが、回転は速い。

サイアム MAP:P6C3

図BTSナショナル・スタジアム駅直結
㊎MBKセンター(→P137)6F
☎0-2084-8888 ⏲10～21時(店舗により異なる) ㊡なし 英英

B70 Must!

カオカームー

ご飯に豚角煮をのせたガッツリ系。トッピングの味付け玉子はプラスB10

B100

クイティオ・ヌア

モチモチ米麺に牛スープのコクのある味わいが◎。肉だんごもたっぷり！

B60

ソムタム・タイ

サッパリとした青パパイヤのサラダ。注文時に辛さの調節が可能

B120

カオニャオ・マムアン

ココナッツ風味の甘いご飯と生マンゴーを合わせた定番スイーツ

料理が充実の巨大フードコート

ビッグC フードパーク

●Big C Food Park

約800人が座れるタイ最大級のフードコート。麺類やご飯もの、デザートなどジャンルごとにブースが分かれている。

サイアム MAP:P7E3

図BTSチットロム駅から徒歩5分 ㊎ビッグCスーパーセンター(→P141)4F
☎0-2250-4888
⏲9～21時 ㊡なし 英

Must!

B60

ゲーンチュー&カイチェアオ

豚ひき肉だんごと玉子豆腐のスープ&タイ風玉子焼きのセット。ライス付き

B65

ラープ・ムー

豚ミンチと炒った米粉のスパイシーなサラダ。生野菜と一緒に

B55

タオトゥン

甘く煮たレンコンや豆をロンガン汁に入れたもの。冷(氷のせ)・温の2タイプあり

タイのご当地グルメを満喫！

イータイ

オススメ！

●Eathai

各地の代表的な郷土料理が楽しめるモダンなフードコート。上質な食品やコスメなどを揃えたスーパーも併設。

サイアム MAP:P7F4

図BTSプルーンチット駅から徒歩1分 ㊎セントラル・エンバシー(→P137)LG
☎0-2160-5995
⏲10～22時(店舗により異なる) ㊡なし
英英

B65

クルアイ・トート

バナナの素揚げ。カリカリに揚げたバナナはほどよい甘さ

B225

パッタイ

薄焼き玉子に包まれたパッタイにエビをトッピング。酸味と甘みのバランスが絶妙

Must!

ローカル気分満点！

屋台街の安うまグルメ

Read me!

市場や公園、繁華街の周辺に屋台街が多く、定番のタイ料理からデザートまで安くておいしいグルメがずらり。地元客と一緒に、ローカル気分を楽しみながら屋台グルメを満喫しよう。

バーミー・ナーム B45
自家製フィッシュボールがのったスープ麺。ナンプラーやお酢などで味を調整して食べる

カオ・カー・ムー B50
ご飯に甘辛く煮込んだ豚角煮をのせたもの。味付け玉子や野菜も3種までトッピングできる

カイダーオ B60
たっぷりの油で揚げ焼きしたタイ風の目玉焼きに豚ひき肉やハムをトッピング

カノムパンピン B20(1枚)
食パンにバターと砂糖をたっぷり塗って炭火で焼いたトースト

カノムクロック B30
ココナッツミルクで味付けした米粉の生地をたこ焼き風に焼いた、屋台の定番スイーツ。外はパリパリ、中はモチモチ

バーミー・ナーム B55
タイ風チャーシューのムーデンなどをのせた中華麺

ガパオライス B45
豚ひき肉のガパオ炒めは唐辛子が利いてスパイシー。目玉焼きをのせてマイルドに

ラートナー・センヤイ B50
タイ風あんかけに幅広の米麺のセンヤイを合わせた定番。揚げた中華麺もおすすめ

プラーニン・パット・キン B40
千切りにしたショウガと鯛に似た淡水魚のティラピアを炒めたもの。さっぱり味

ムーピン(上) B12(1本)
サイウア(下) B20
甘いタレに漬けた豚肉の串焼きのムーピンと、酸味と辛みが融合したソーセージのサイウア。もち米B5と一緒に味わう

朝食屋台ならココで決まり！

ルンピニ公園屋台街

●Lumpini Park Street Food

朝から朝食のための屋台が集まることで知られるルンピニ公園。北西角周辺の広場やラチャダムリ通りとサルシン通り沿いに屋台が集まり、ご飯ものや麺類、スイーツなど、さまざまなジャンルの屋台朝食が体験できる。

シーロム MAP:P9F1
図BTSラチャダムリ駅から徒歩8分
住 Ratchadamri Rd. & Soi Sarasin
☎なし ⏲6時〜9時30分ごろ
休月曜 カード不可

地元客から人気の屋台めしランチを

ルアムサップ市場

●Talad Ruamsub

オススメ!

近隣で働く人たちのランチスポットとして人気。屋根付きで席数も多いので、座ってゆっくり屋台めしを味わえるのが魅力。麺類やご飯ものなど食事系のほか、デザートやドリンクの屋台も充実している。

スクンビット MAP:P12B3
図MRTペッチャブリー駅から徒歩6分
住 Asok Montri Rd., Khlong Toei Nuea ☎なし ⏲7時ごろ〜19時ごろ
休土・日曜 カード不可

チムチュム B199(豚肉+野菜セット)
茶色の小さな土鍋で肉、野菜などを煮て店オリジナルのタレで食べるイサーン式鍋料理。豚肉のほか、牛肉、シーフードもある

プラームックヤーン
B40(1本)～
イカ焼きは好みの部位や種類を選んで焼いてもらい、生の青唐辛子がたっぷり入ったシーフードソースと和えて味わう

エビ餃子
B75(5個)
エビを丸ごと餡で包んだ餃子はジューシー&ボリューム満点

パッタイ
B60
エビがのったタイ風焼きそば。お好みでピーナッツパウダーや唐辛子を追加して

中華風ニラチヂミ B50
たっぷりのニラが入り、モチッとした食感。ひと口サイズなので食べ歩きにぴったり

ホイクレーン
B100
小さな赤い身の二枚貝を軽く茹でたもの。青唐辛子メインのシーフードソースで味わう

タオトゥン
B40
甘く煮たレンコンや豆などをロンガン汁に入れたもの。写真は氷入り

ヤムマーマー
B60
野菜、シーフード、インスタント麺を和えたスパイシーなサラダ

豆花入りショウガスープ
B25
大豆から作ったプリンのような豆花に揚げパンをトッピング

小規模ながら定番の味が楽しめる

バンラック市場

●Bangrak Bazaar

バンコク王朝のころ、チャルンクルン通りの敷設をきっかけに造られたという歴史ある市場。屋外と屋内にそれぞれ店が並んでおり、昼間は屋内が中心で、16時過ぎくらいから屋外の店がオープンし始める。

サトーン・ピア周辺 **MAP:P8B4**

図BTSサパーンタクシン駅から徒歩2分 住1522 Soi Charoen Krung 49 ☎なし 時7～22時(店により異なる) 休なし カード不可

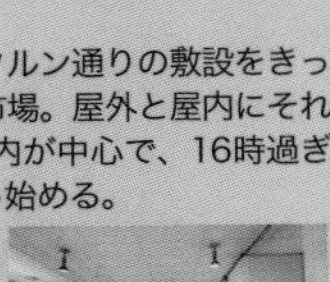

定番

熱気あふれる屋台街で食べ歩き

ヤワラート通り屋台街

●Yawarat Rd. Street Food

チャイナタウンのメインストリート、ヤワラート通りとその周辺は夕方になると屋台が続々と並び、大勢の客で賑わう。シーフードや麺類、デザート、フルーツなど幅広く揃い、食べ歩きが楽しい。

チャイナタウン **MAP:P5E4**

図MRTワットマンコン駅から徒歩2分 住Yawarat Rd. ☎なし 時17時ごろ～24時ごろ 休月曜 カード不可

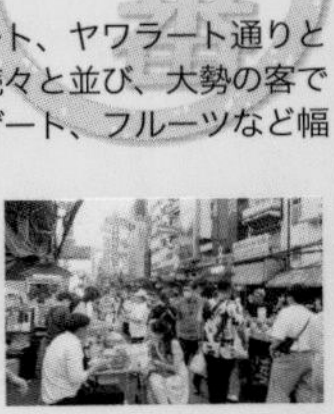

バラエティいろいろ！
タイ地方料理の人気店

B110
カオソイ・ガイ
スパイスにココナッツミルクのまろやかさが利いたカレースープ麺。鶏モモ肉もやわらか♪

Read me!

日本のおよそ1.4倍の国土面積を有するタイは、地方ごとに風土も食文化もさまざま。首都バンコクには各地の郷土料理店が軒を連ね、本場そのままの味を楽しむことができる。

北部

オシャレ食堂でさくっとごはん♪
ホーム・ドゥアン
●Hom Duan

チェンマイ出身のガンヤーラットさんが手掛けるタイ北部の名物料理が味わえる。カオソイなど代表メニューのほか、カウンターに並ぶ総菜から選んでご飯にかけてもらうぶっかけご飯B80～も人気。

トンロー **MAP:P13C3**
図BTSエカマイ駅から徒歩6分
住1/8-9 Sukhumvit 63, Klongton-nua, Wattana
☎085-037-8916 時8～20時
休日曜 英 英 カード

B100
ナンプリック・オン
豚ひき肉、トマト、エビのペーストなどを和えたディップ。野菜や揚げた豚の皮につけて味わう

B90
カノムチーン・ナムギョウ
細麺のカノムチーンにトマト系カレースープをかけたもの。肉だんごや豚の血の塊などが入る

B400(S)
ゲーン・ヌアプー・バイチャプルー・センミー
カニ肉入りのスパイシーなイエローカレー。タイ風のそうめんにかけて食べる

B280
ホーモック・ヌアプー・プー
カニ肉入りのココナッツカレーをバナナの葉に包んで蒸したもの

B350
ムーホン
豚バラ肉をコショウやニンニクなどで煮た、角煮のような南部名物

南部

南部料理を優雅に堪能
プライ・ラヤ
オススメ
●Prai Raya

プーケット出身のシェフによる南部料理が味わえる一軒家レストラン。サトー豆とエビの発酵味噌炒めや、魚が入ったスパイシーなオレンジカレーなど、定番料理が揃う。邸宅のような優雅な雰囲気で居心地も抜群。

スクンビット **MAP:P10C1**
図BTSナーナー駅から徒歩6分
住59 Sukhumvit 8
☎091-878-9959
時11時～22時30分
休なし 英 英

南部

南部の伝統的な家庭の味を

定番

クアクリン・パックソッド

●Khua Kling Pak Sod

オーナーの祖母が生まれ育ったタイ南部、チュンポンの家庭料理を提供。カニ肉が入ったイエローカレーB580やライスサラダのカオヤムB180など、南部料理の定番の味が楽しめる。

トンロー MAP:P13A2

図BTSトンロー駅から徒歩10分
住98/1 Thonglor Soi 5, Sukhumvit 55 Rd.
☎0-2185-3977 ⏰10〜21時
休なし 英 英

B280

サトー・パット・カピ・クン

独特の苦みがあるサトー豆とエビを、エビの発酵味噌で炒めた南部の定番おかず

B180

バイリアン・パット・カイ

南部原産の健康野菜、リアンの葉を卵と一緒に炒めた一品

B220

クアクリン・ムー・サップ

豚ひき肉を数種類のスパイスで炒めた南部名物。ハーブと一緒にレタスで包んで食べる

B320

コームーヤーン

豚のど肉を炭火焼きにしたイサーン料理の定番。つまみにぴったり

B250

マムアン・パラーラ・ホーム

カットしたマンゴーに発酵魚醤をかけたもの。ライムを搾って爽やかに

東北部

イサーン料理の隠れ家店

ザオ・エカマイ

●Zao Ekkamai

イサーンの街、ウボンラチャタニに本店をもつ。魚を発酵させた調味料のプラーラー入りソムタムや、プラーヨーン(発酵させた魚のグリル)など、イサーンから届く食材を使った料理を提供。

トンロー MAP:P3E3

図BTSプラカノン駅から車で8分
住155 Soi Pridi Banomyong 25 Khlong Tan Nuea
☎063-246-9545 ⏰11時30分〜23時 休なし 英 英

B240

ヤム・プラーサリット・トード・クローブ

アジに似たサリットという魚をカリカリに揚げてハーブと和えたサラダ

東部

珍しい東部の郷土料理を堪能

定番

スパニガー・イーティング・ルーム

●Supanniga Eating Room

タイ東部のトラート県の郷土料理を中心に、本場の味はそのままにスタイリッシュに提供。名産のカピやナンプラーもひと味違うと評判で、夜は予約した方が安心。

トンロー MAP:P13B2

図BTSトンロー駅から徒歩10分 住160/11 Sukhumvit 55 Rd. ☎0-2714-7508
⏰11〜22時(21時LO)
休なし 英 英 予

B170

カオ・クルック・カピ

エビペーストを和えたご飯にハーブや生野菜を混ぜていただく

Mango Sweets

フレッシュ＆ジューシーな果実をパクリ♡

マンゴースイーツにロックオン！

Read me!

フレッシュなマンゴーはタイグルメの王道。生マンゴーはもちろん、近年は見栄えにも工夫を凝らしたさまざまなマンゴースイーツが登場している。話題の店で味わってみよう。

B285

マンゴー・ピンスー

ふわふわかき氷はミルク味。フレッシュなマンゴーやアイスなどもたっぷりでインパクト大！

おしゃれカフェで濃厚マンゴーを

メイク・ミー・マンゴー

●Make Me Mango

約40年前の建物を改装した、マンゴーデザート専門カフェ。若い女性オーナーがすべてのメニューを考案している。タイ産ナムドクマイ種の濃厚な味のマンゴーを堪能できる。

王宮周辺 **MAP:P4A3**

交MRTサナームチャイ駅から徒歩8分 住67 Maharat Rd., Phra Borom Maha Ratchawang , Phra Nakhon ☎ 095-124-9469 ⏲10時30分～20時（土・日曜は～20時30分） 休なし 英英カード

定番

B245

メイク・ミー・マンゴー

フレッシュな完熟マンゴー、特製のマンゴープリン＆アイスなどが盛られた贅沢なひと皿

B285
マンゴー・スティッキーライス・かき氷
ココナッツミルク入りクリームがかかったマンゴー果汁のかき氷はフワフワ食感。マンゴーの果肉ともち米入り

どんどん食べ進めると、フレッシュなマンゴーともち米が！

B145
マンゴー・フラッペ
自然な甘さと濃厚なマンゴーのおいしさをストレートに味わえる。シェイクのような口あたり

B145
マンゴー＆パッションフルーツ・フラッペ
パッションフルーツの爽やかな酸味がプラス。つぶつぶの食感も楽しい

オススメ！

変化球マンゴースイーツを堪能

アフター・ユー・デザート・カフェ

●After You Dessert Cafe

斬新なアイデアと素材にこだわったスイーツが人気のカフェ。肉厚で甘みたっぷりのナムドクマイ種のマンゴーを使ったかき氷やドリンクのほか、パンケーキやトーストなどのデザートも充実。

シーロム MAP:P9E2

交BTSサラデーン駅直結 住シーロム・コンプレックス(→P173) 2F ☎0-2318-4488 ⏲10〜22時 休なし 英 英 カード

B115
マンゴー・スイング
新鮮なマンゴー100%の人気シェイク。プチプチのタピオカ入り

B150
マンゴー・ルンバ
自家製マンゴープリンに旬のフルーツやタピオカ、バジル・シードなどが満載

定番

マンゴースイーツの人気店

マンゴー・タンゴ

●Mango Tango

一日中行列が絶えないほど大人気の、マンゴースイーツ専門店。タイ全土から厳選した最高級のマンゴーを使ったスイーツが約30種もスタンバイ。ドリンクも人気。

サイアム MAP:P6C3

交BTSサイアム駅から徒歩3分 住258/11-12 Siam Square Soi 3 ☎064-461-5956 ⏲11時30分〜22時 休なし 英 英 カード

Cold Dessert

暑いバンコクはコレでひと息！

ひんやりデザートでクールダウン

Read me!

熱帯の国・タイでは、火照った体をしっかりクールダウンしてくれるひんやりスイーツが定番。南国フルーツたっぷりのデザートやアイスは、見た目のかわいさも抜群だ。

A B280

プリン・ア・ラ・モード

コニャック入りの自家製プリンに10種類以上のフルーツがどっさり！

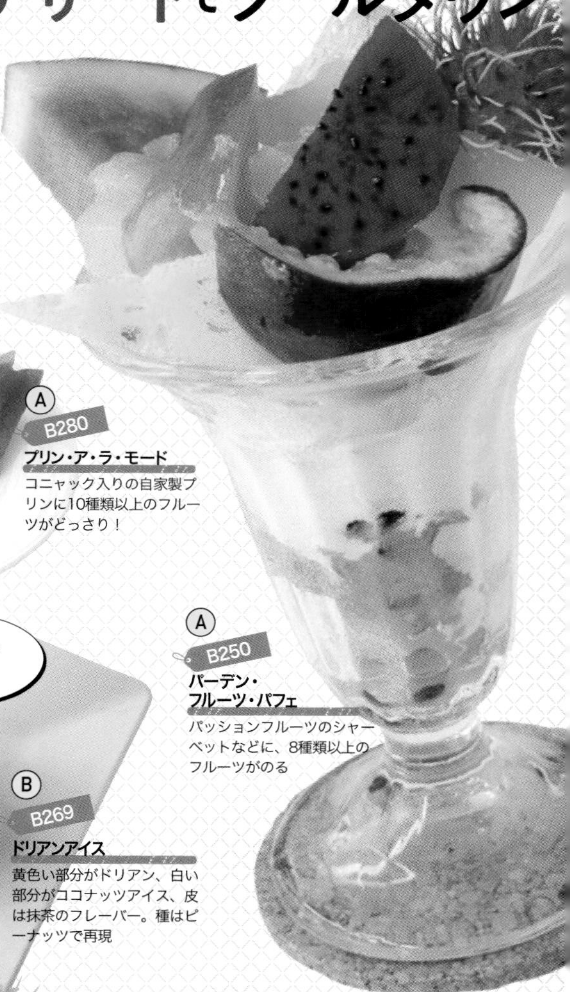

A B250

パーデン・フルーツ・パフェ

パッションフルーツのシャーベットなどに、8種類以上のフルーツがのる

超リアルなフォルム！

B B269

ドリアンアイス

黄色い部分がドリアン、白い部分がココナッツアイス、皮は抹茶のフレーバー。種はピーナッツで再現

D B70

ココナッツ・アイスクリーム

ココナッツの実がたっぷり入ったアイスを、ヤシの実をくり抜いた器で♪

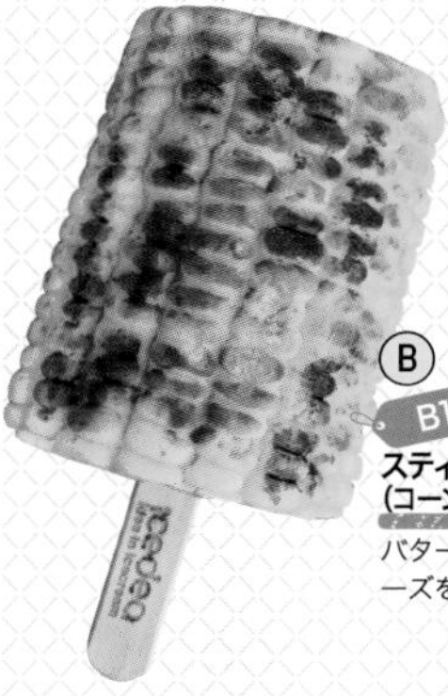

B B129

スティックアイス（コーンチーズ）

バターの風味と香ばしいチーズを詰め込んだアイス

Ⓒ B180
フローズンヨーグルト
フローズンヨーグルトにパイナップル、バナナ、マンゴーをトッピング

Ⓒ B150
フルーティー・グッド
バナナ、ランブータン、パイナップルなどのフルーツに、フローズンヨーグルトをオン！

Ⓓ B50
パッションフルーツアイス
爽やかな酸味が口いっぱいに広がるさっぱり系のアイス

Ⓒ B160
ヨーグルトスムージー
パイナップルとマンゴーをミックスした、甘酸っぱいヨーグルトスムージー

Ⓐ 季節のフルーツがたっぷり♪
パーデン ●Parden

タイ人のご主人と日本人の奥様が営むフルーツパーラー。旬のフルーツを使った各種デザートが人気で、アイスやプリンなども手作り。雑貨コーナーも要チェック。

スクンビット **MAP：P11F1**
図BTSプロームポン駅から徒歩7分 住The Manor 2F, 32/1 Sukhumvit Soi 39 ☎0-2204-2205 ⏰11時～17時45分（土・日曜は12時～）休月・火曜 日英日英

Ⓑ アイデア光るアイスがずらり！
アイスディア ●IceDEA

味も見た目もリアルに再現したアイスが人気。ドリアンやマンゴスチンなどフルーツのほか、コーギーやゴールデンレトリバーなど犬の形をしたスティックアイスもある。

サイアム **MAP：P6C3**
図BTSナショナル・スタジアム駅直結 住バンコク・アート＆カルチャー・センター（→P171）4F ☎089-834-5950 ⏰11～19時 休月曜 英英カード

Ⓒ 爽やか系スイーツならコチラ
ブッディ・ベリー ●Buddhi Belly

なめらかな口あたりで濃厚な味わいのフローズンヨーグルト専門店。トッピングにはタイ産フルーツのほか、ナッツやシリアルなども揃い、食感の違いも楽しい。

サイアム **MAP：P6C3**
図BTSサイアム駅直結 住サイアム・パラゴン（→P134）3F ☎0-2610-9784 ⏰10時～21時20分 休なし 英英カード

Ⓓ ほんのり甘いココナッツアイス
モンティップ・ココナッツ・アイスクリーム
●Molthip Coconut ice Cream

名産地、サムットソンクラーン県のココナッツを使ったアイスやドリンクを提供。小豆やスティッキーライスなど、アイスのトッピングは全9種類で各B5。

王宮周辺 **MAP：P4A3**
図MRTサナームチャイ駅から徒歩7分 住318 Talad Tatien,Maharat Rd. ☎062-854-2999 ⏰10時～18時30分 休なし 英英カード

＋Plus! **ベイクド系スイーツにもトライ！**
タイの昔ながらのスイーツには、焼き・揚げ系も多い。あれこれ試してみよう！

バナナスイーツがずらり！
クルアイ・クルアイ
●Kluay Kluay

バンコクでも珍しいバナナのデザート専門店。タイ中部のペッブリー産など、デザートによってバナナを使い分けている。13種類が揃うバナナ・シェイクB50～もぜひお試しを。

サイアム **MAP：P6C3**
図BTSサイアム駅から徒歩2分 住2F Lido Connect, Siam Sq. Soi 2 ☎0-2658-1934 ⏰10時30分～21時30分 休なし 日日英カード

↑特製の衣をつけて揚げたフライド・バナナB60

➡トロトロのバナナと香ばしい皮がうまい！バナナ春巻きB60

フルーツビュッフェで大満足♪
フルーツ・コート
●Fruits Court

フルーツを使ったスイーツはもちろん、カレーや麺類などユニークなメニューも並ぶフルーツビュッフェ（1人B550）。ドリアンが旬の5月中旬は要予約。

サイアム **MAP：P7D2**
図BTSパヤタイ駅から徒歩15分 住バイヨーク・スカイ（→P214）18F ☎0-2656-3000 ⏰10～19時 休なし 英英

↑米粉にココナッツミルクをたっぷり加え、たこ焼きのように焼いたカノム・クロック

↘ドリアンクリーム入りとハワイアン風のハーフ＆ハーフのピッツァ

憧れのホテルで優雅な午後を♪

ご褒美アフタヌーンティー

Read me!

優雅に午後のひとときを過ごすなら、一流ホテルのアフタヌーンティーがおすすめ。伝統スタイルからモダンなものまで多彩で、日本よりリーズナブルなのもうれしい！

Ⓗザ・ペニンシュラバンコク(→P210)

リバーサイドのティールーム

ザ・ロビー ●The Lobby

全面ガラス張りの明るく開放的な店内から目の前にチャオプラヤー川が見渡せる絶好のロケーション。フランス人シェフが手掛けるケーキやサンドイッチなどどれも繊細な味わい。

トンブリー **MAP:P8A3**

図BTSサパーンタクシン駅前のサトーン船着場から専用ボートで約2分（約10分間隔で運航）
住333 Charoennakorn Rd. ☎0-2020-2888
休なし 英英

B2490(2人)/14〜18時

ペニンシュラ アフタヌーンティー peninsula Afternoon Tea

マカロンやタルトなどデザートが7種、サンドイッチが4種と満足のボリューム。紅茶はマリアージュフレールも。

シャンパン付きのアフタヌーンティーB2988(2人)もぜひ

↑大きな窓から明るい陽光が降り注ぐ

Ⓗシャングリ・ラ バンコク(→ P211)

季節で変わるアフタヌーンティー

ロビー・ラウンジ

●Lobby Lounge

窓からチャオプラヤー川を望む開放的な空間が魅力。季節ごとにテーマが変わるアフタヌーンティーが人気で、エグゼクティブペストリーシェフが手掛ける風味豊かなデザートが楽しめる。

サトーン・ピア周辺 **MAP:P8A3**

図BTSサパーンタクシン駅から徒歩5分
住89 Soi Wat Suan Plu,New Rd.
☎0-2236-7777(代) 休なし 英英

B1999(2人) /14〜18時

アフタヌーンティー・セット
Afternoon Tea Set

ケーキやムースなどのスイーツとスコーンのセット。写真はタイ産イチゴがテーマのアフタヌーンティー。

サンドイッチなどアラカルトメニューもスタンバイ！

↑リバービューが楽しめるシックな空間

B1250(2人)/13～16時

トラディショナル・アフタヌーンティー
Traditional Afternoon Tea

デザートとサンドイッチ＆スコーンなど全12種類。ドリンクを別注文すれば、1人分をシェアしてもOK。

Ⓗバンヤン・ツリー・バンコク（→ P210）

アイデアが詰まったティーセット

ロビー・ラウンジ

●Lobby Lounge

緑豊かな中庭を望む優雅な空間。ペストリーシェフが腕をふるうデザートは、欧風ケーキだけでなく生春巻きなどアジアンテイストのスナックも。

紅茶はTWGの
プレミアム・コレクション
を用意しています

シーロム **MAP：P9F3**

図BTSサラデーン駅、MRTシーロム駅から徒歩15分 住21/100 South Sathon Rd. ☎0-2679-1200 休なし 英英

←落ち着いた雰囲気で、窓の向こうには緑がいっぱい

Ⓗマンダリン・オリエンタル・バンコク（→ P210）

コロニアルな空間で優雅にお茶時間

オーサーズ・ラウンジ

●The Authors Lounge

数々の著名人が足を運んだことで知られる歴史あるラウンジ。3段トレーの伝統的な英国式アフタヌーンティーのほか、タイ式のアフタヌーンティーも楽しめる。

サトーン・ピア周辺 **MAP：P8A3**

図BTSサパーンタクシン駅から車で5分
住48 Oriental Avenue
☎0-2659-9000(代)
休なし 英英

飲み物は
コーヒーか紅茶
を選べます

B1650～(1人)/12～18時

ウエスタン・アフタヌーンティーセット
Western Afternoon Tea Set

ケーキ6種類、サンドイッチ6種類、焼き菓子4種類が3段トレーに。

←白と淡い緑を基調としたコロニアルな雰囲気

B2500(1人)/13～17時

アフタヌーンティー・セット
Afternoontea Set

フルーツたっぷりのスイーツやスナック、自家製スコーンなどが並ぶ。お茶はマリアージュフレール。

Ⓗウォルドーフ・アストリア・バンコク（→ P214）

カラフルなフィンガーフードがずらり

ピーコック・アレー

オススメ！

●Peacock Alley

アールデコ調のブロンズ時計を背景にしたエレガントな空間。トロピカルフルーツを使ったスイーツや、アジアと西洋のテイストを融合したスナックなどが、皿に盛り付けたスタイルで提供される。

サイアム **MAP：P7D4**

図BTSチットロム駅から徒歩5分 住151 Ratchadamri Rd. ☎0-2846-8888 休なし 英英

←窓側の席からは街の景色を一望できる

トムヤムクン
タイカレー
ご飯もの
麺もの
奮発グルメ
大衆グルメ
南国スイーツ
カフェタイム

Nowadays Cafe

花と緑がいっぱいのフォトジェニック空間♡

イマドキカフェでまったり♪

Read me!

ハイセンスなカフェが急増中のバンコクでは、天然素材を用いたナチュラル＆かわいい空間が最近のトレンド。SNS映えを意識したドリンクやスイーツもヘルシーさがウリだ。

PHOTO POINT

古い建物の雰囲気を活かした店内は、どこを撮っても写真映え間違いなし。自然光が横から入る構図を意識して！

スイーツやドリンクも映える！

➡ほどよい酸味が楽しめるレモン・クルド・チーズケーキB180

⬆爽やかな口あたりのグリーンアップル・ミントスムージーB140

⬅こだわりの豆を用いたミルクたっぷりのカフェラテB120

古い鳥かごがオシャレ！

花とアンティークに囲まれてカフェタイム♪

オススメ！

フローラル・カフェ・アット・ナパソーン

●Floral Cafe at Napasorn

花市場の近くにあるフラワーショップの2・3階を改装したカフェ。天井いっぱいのドライフラワーやアンティークがセンスよく飾られた空間でゆったりくつろげる。

王宮周辺 **MAP:P4B4**

図MRTサナームチャイ駅から徒歩5分
住67 Chakpet Rd., Khwaeng Burapapirom, Khet Phra Nakhon ☎0-2222-6895
営9〜19時 休なし 英 英 カード

100年以上前の建物だった面影が残る

レトロ柄の床やアンティーク調のイスなども絵になる!

緑いっぱいの隠れ家カフェ

チャタ・スペシャルティ・コーヒー

●Chata Specialty Coffee

約100年前の建物を改装したブティックホテルに併設。2つのカフェスペースはガラス張りで開放感たっぷり。屋外席もあり、緑を眺めながらこだわりコーヒーとスイーツを楽しめる。

チャイナタウン MAP:P5E4

図MRTワットマンコン駅から徒歩5分
住98 Phat Sai, Samphanthawong
☎084-625-2324 ⏲9〜18時
休月曜 英 英 カード

PHOTO POINT
敷地内は植物でいっぱい! ガラス張りのカフェスペースやテラス席で、緑を入れたステキ♡な写真が撮れる

➡バナナケーキにココナッツミルクのソースをかけたデザートB155

➡エスプレッソ、コーラ、ライムをブレンドしたコラプレッソB150

➡パンダンリーフのシロップを入れたラテ・トーイB140

グラス入りのプリンパフェがかわいい♡

←5種類のソースを選べるパンケーキ5枚セット、リョク・コンボB499

PHOTO POINT
スイーツやドリンクがフォトジェニック。テラス席や窓側の明るい場所に置いて撮ってみよう

緑に包まれた白亜の邸宅カフェ

リョク・カフェ

●Ryoku Café

エムクオーティエ(→P137)の裏手にある、緑に囲まれたカフェ。ふわふわのパンケーキB259〜はベリーやオレンジなど種類豊富。ワイングラスに入ったパフェB189〜はインパクト抜群。

スクンビット MAP:P11F1

図BTSプロームポン駅から徒歩8分
住28 Sukhumvit 35 Alley ☎092-772-6000
⏲8〜20時 休なし 英 英

➡イチゴたっぷりのバタフライ・レディB155

トムヤムクン
タイカレー
ご飯もの
麺もの
奮発グルメ
大衆グルメ
南国スイーツ
カフェタイム

Photogenic Drink

カラフルでかわいい♡

映えドリンクを発見！

Read me!

インスタグラムをはじめとするSNSで話題のカラフルでフォトジェニックなドリンクたち。その斬新なアイデアを探しに、若者に人気の最旬カフェを訪ねてみよう。

シロップを注いでからソーダ水をお好みの量で

各B160

スパークリング・アポセカリー

グラスに入った花やフルーツを閉じ込めた氷に、シロップとソーダ水を自分で注ぐ。左がピーチパイ・ムーンシャイン、右がワイルド・ガーデニア

↑ココナッツの果肉が入った上品な甘さのココナッツクリームパイB160

花やフルーツを閉じ込めたドリンク

フェザーストーン・ビストロ・カフェ＆ライフスタイル

●Featherstone Bistro Cafe & Lifestyle

薬を調合するイメージで作られたというフラワー＆フルーツの炭酸ドリンクが評判。年代物のピアノや蝶の標本などが飾られた店内が印象的だ。ピザやパスタなど食事メニューも充実している。

トンロー MAP:P13C2

図BTSトンロー駅から車で8分 住60 Soi Ekamai 12, Klongton Nua ☎097-058-6846 ⏲10時30分～22時 休なし 英英

↑駅から離れた閑静な通り沿いにある

←店内は3つのスペースに分かれている

B120

ホット・バタフライピー・ラテ

バタフライピーシロップとミルクのホットラテ。丁寧に施されたラテアートにも注目！

←マメ科の植物、バタフライピーのハーブティーを使ったアイス・バタフライピー・ラテB140

ブルーのドリンクが話題

ブルー・ホエール

●Blue Whale

定番

着色料・香料不使用、自然素材100%がコンセプトのカフェ。名物の「青いラテ」がSNSを中心に人気を集めている。店内も青を基調としたおしゃれで落ち着いた空間。

王宮周辺 MAP:P4B4

図MRTサナームチャイ駅から徒歩6分
住392/37 Maharat Rd., Phra Borom Maha Ratchawang, Phra Nakhon
☎096-997-4962、081-926-4146
⏲9～18時
休月曜 英英

↑王宮周辺観光の立ち寄りに便利な立地 ➡青を基調とした店内。クジラのアートを見つけよう

➡ニンジンの風味豊かでふんわりやわらかい仕上がりのキャロットケーキB120。爽やかなチーズムースとの相性もいい

仏塔を望むスタイリッシュカフェ

チェディ・カフェ&バー

オススメ！

●Jedi Café & Bar

水路に面したテラス席から寺院群の仏塔(チェディ)を望むカフェ。オリジナルブレンドのコーヒーとココナッツミルクを合わせたチェディ・ラテなど、ひと工夫加えたドリンクメニューが豊富。

王宮周辺 MAP:P5D2

図MRTサムヨート駅から徒歩15分
住8 Boripat Rd., Banbaat, Khet Pomprab
☎086-644-4264
時9～16時 休なし
英 英 カード

B140
ヌア
パッションフルーツジュースで、グラスのふちにまぶした唐辛子がアクセント

B140
チェディ・ラテ
オリジナルブレンドのコーヒーとココナッツミルクを合わせたラテ

➡テラス席には仏塔のオブジェも

⬅19～24時は同じ建物の3階でバーとして営業している

B145(左)、B135(右)
アイスクリーム・シェイク
ミルク風味たっぷりでほどよい甘さがうれしい。左はホワイトチョコレート味、右はストロベリー味

⬅クッキーの塩味とベリーソースの酸味が利いたニューヨークチーズケーキB129

たっぷりクリームのシェイク

カジャ・バー

●Kazzya Bar

パステル調のピンクとブルーで統一されたファンシーな雰囲気のミルクシェイク専門店。タイ中部のラーチャブリー県産ミルクで作るシェイクはチョコや抹茶など種類豊富。季節限定メニューも要チェック。

サイアム MAP:P6C3

図BTSサイアム駅直結 住サイアム・スクエア・ワン(→P171)4F ☎061-478-8778
時11～21時(金～日曜は～22時) 休なし 英 英

⬅テイクアウトはキャラクターの舌から提供される

夢かわいいドリンク&スイーツ

ユニコーン・カフェ

●Unicorn Cafe

「マイリトルポニー」ファンのオーナーがオープンしたカフェ。店名のとおり店内にはユニコーンの人形が飾られファンタジーな空間。ドリンク&スイーツは独創的でインパクト抜群。

シーロム MAP:P9E3

図BTSチョンノンシー駅から徒歩6分 住44/1 Soi Sathorn 8 Khwaemg Silom ☎086-397-9262
時12～20時 休月曜 英 英 カード

B70
レゲエ・ソーダ(左)
上がパイナップル味、下がストロベリー味のソーダ。シュワッと爽やか

B120
ユニコーン・ミルキー・フラッペ(右)
カラフルなミルクシェイクはトッピングのうずまきマシュマロがキュート

⬆天井に飾られたユニコーンの人形はオーナーのコレクション

⬅ミルクシェイクの上にレインボーケーキ&コットンキャンディがのったユニコーン・パラダイスB400

世界がひろがる!
Column

新鮮で甘くてジューシーな
フルーツパラダイス!

タイのフルーツ

年間を通して温暖なタイは、太陽の恵みをたっぷり受けたフルーツの種類が豊富。
おなじみのものからタイならではのものまで、主なフルーツを旬の時期と合わせてご紹介。

ドリアン(トゥリアン)

果肉はクリームのようにねっとりと甘い。アルコールとは食べ合わせが悪い。強烈な臭いから、ホテルなど公共施設への持込みが禁止されている。

食べごろ 4~6月

マンゴー(マムアン)

繊維質が豊富な果肉はみずみずしく、甘くとろけるような食感。ナムドークマーイ、オクローンなどさまざまな種類がある。

食べごろ 4~6月

ロンガン(ラムヤイ)

薄茶色の皮をむくと中から乳白色の果肉が。ジューシーでプルンとした歯ごたえ。北部の特産。

食べごろ 7~8月

グアバ(ファラン)

白色の実は甘さ控えめでさっぱり味。シャキシャキとした歯ごたえで、塩や砂糖をつけて食べることも。

食べごろ 通年

パパイヤ(マラコー)

さっぱりした甘さで、冷やしてライムを搾って食べると美味。完熟していない青いものはソムタムなど料理に使われる。

食べごろ 通年

ローズアップル(チョンプー)

シャキシャキとした食感。さっぱりした甘みと酸味で口直しにぴったり。赤いものと緑のものがある。

食べごろ 3~5月

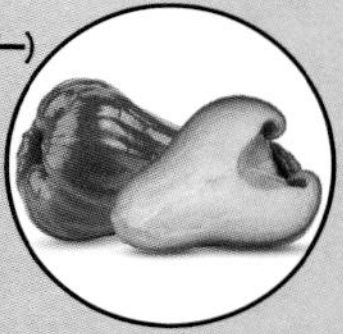

ライチ(リンチー)

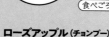

粒が大きく透明度の高い実が特徴。日本では冷凍ものがほとんどで、生の実を食べられるのはタイならでは。

食べごろ 4~6月

ランブータン(ンゴ)

毛が生えた赤い皮が特徴。甘酸っぱい乳白色の果肉は香り豊かで、適度な歯ごたえがある。

食べごろ 5~8月

マンゴスチン(マンクッ)

上品な甘さとほどよい酸味が特徴の“果物の女王”。皮の横に切れ目を入れてねじると簡単に割れ、白い果肉がみかんの房のように並んでいる。

食べごろ 5~8月

ジャックフルーツ(カヌン)

円筒形の果実は両手で抱えるほどの大きさ。黄色い果肉は濃厚な甘さ。

食べごろ 3~5月

BANGKOK

Shopping

おかいもの

Contents

知っておきたいこと13

#おかいもの

バンコクでショッピングを楽しむなら事前のリサーチが大事。
知っておくと役立つ情報をチェック。

01 得

バーゲン期間を押さえよう!

毎年6～8月はタイ全土で開催されるバーゲン期間。ショッピングセンターや免税店などでは10～80%割引になり、有名ブランドのアイテムが割引になることもある。バーゲン商品は返品不可の場合が多いので、しっかり確認してから購入しよう。

02 ⚠

ショッピングセンターはセキュリティチェックあり

ほとんどのショッピングセンターでは、かなりゆるめだが入場時にセキュリティチェックがある。ゲートを通る場合や、X線検査機に荷物を通すなど、店舗によりさまざま。

03 ⚠

おみやげの持ち帰りで注意したいこと

スーパーなどで購入したペースト類は液体とみなされ、手荷物では持ち込めないのでスーツケースに入れよう。化粧品などのコスメ類も同様。パッキングの際は割れたり、漏れたりしないようにしっかり包むこと。

04 ⚠

サイズ表記は日本と違う!

タイで販売されている洋服や靴はアメリカやヨーロッパなどのサイズ表記が混在し、ブランドによってさまざま。フリーサイズの表示も多く、S～XL表示は店によってバラバラなので、購入前に試着するのがおすすめ。

●レディースファッション

洋服	日本	7	9	11	13	15
	米国	4	6	8	10	12
	欧州	36	38	40	42	44
靴	日本	22.5	23	23.5	24	24.5
	米国	5.5	6	6.5	7	7.5
	欧州	36	36	37	37	38

●メンズファッション

洋服	日本	S	M	L	—	—
	米国	34/36	38/40	42/44	—	—
	欧州	44/46	48/50	52/54	—	—
靴	日本	24.5	25	25.5	26	26.5
	米国	6	7	8	9	10
	欧州	39	40	41	42	43

05 耳より

ローカルマーケットで値段交渉にトライ

チャトゥチャック・ウィークエンド・マーケット(→P138)などでは、値引き交渉に応じてくれる店が多く、まとめ買いするとより交渉しやすくなる。値札が付いている店はほとんどが値引き不可。

06 得

免税手続きを忘れずに！

タイの商品には7%のVAT（付加価値税）が含まれているが、タイ人以外の旅行者は同日同一店舗でB2000以上の買物をし、所定の手続きをすると出国時にVATの払い戻しが受けられる。いくつか条件があるので事前に確認しておこう（詳細は→P220）。

08 ！

お酒は販売時間に制限あり

スーパーやコンビニでのアルコール販売時間は、通常11～14時、17～24時。例えば、店で15時にお酒をレジに持っていっても会計してもらえない。販売禁止の時間帯はお酒コーナーにロープを張ったり、鍵をかけたりしている場合も。なお、選挙の前日や当日、王室関連や仏教行事の日はアルコール類の販売禁止。

07 ！

持ち帰りたい！ OTOPのプロダクト

OTOP（One Tambon One Product）とは「一村一品運動」のこと。タイ政府が認定した雑貨や食品など各地の特産品はOTOPマーク付きで販売。ショッピングセンターやスーパーなどさまざまな場所で購入できるので買物時は要チェック。

09 得

プチプラ系タイコスメをチェック！

日本でも注目を集めているプチプラ系のタイコスメ。お手頃価格でありながらハーブやフルーツなど天然由来の植物成分を配合したアイテムが多くクオリティの高さが魅力。「SRICHAND（シーチャン）」「Cathy Doll（キャシードール）」「MISTINE（ミスティーン）」「idolo（イドロ）」などが有名。ドラッグストアのワトソンズやブーツなどで購入できる。

10 耳より

王室プロデュース！ ロイヤルプロジェクト製品

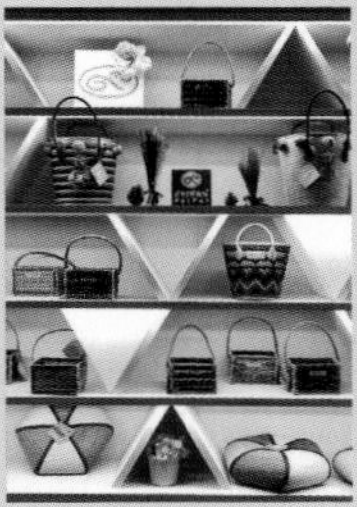

タイ王室が農村部を中心とした人々の生活を豊かにするため、4つのプロジェクトを支援。そこで生まれた製品は100%メイド・イン・タイで、おみやげにおすすめ。有名なブランドはコーヒーの「ドイトゥン」、タイ食材と雑貨の「プーファー」など。アイコンサイアム（→P66）や空港にあるロイヤルプロジェクトのショップで購入できる。

11 ！

レジ袋は有料 買物袋は携帯がキホン

タイのスーパーやコンビニでは、日本と同じようにレジ袋は有料。たくさん買う場合や、何度も買物に行くならエコバッグを持参したほうが経済的。忘れた場合はレジ近くで販売しているレジ袋を購入できる。

12 得

免税店でお得にショッピング

バンコクの免税店といえば「キングパワー」。空港のほか、中心部にも店舗があり、ジュエリーや化粧品、ファッションアイテムなどをお得に買える。空港以外の免税店で購入した場合は、商品によっては空港での受け取りとなる。パスポートとeチケットの控えは携帯を。

●中心部の免税店はココ！

キングパワー・ランナム
●King Power Rangnam
サイアム **MAP：P7D1**
図BTSビクトリーモニュメント駅から徒歩5分 住8 Rang Nam Rd. ☎0-2205-8888 時11～19時 休なし 英

キングパワー・マハナコン
●King Power Mahanakhon
シーロム **MAP：P9D3**
図BTSチョンノンシー駅直結 住マハナコン（→P64）2～4F ☎0-2677-8721 時10～24時 休なし 英

13 得

特典いろいろ！ ツーリストカードを利用しよう

サイアム・パラゴン（→P134）、サイアム・センター（→P171）、サイアム・ディスカバリー（→P137）の店舗やレストランで特典を受けられるツーリストカードを発行。特典内容は5～30%オフの割引や最大6%のVAT還付など。申し込みはサイアム・パラゴンのインフォメーションカウンターか公式サイトで。

【編集MEMO】

コレだけはいいたい！

タイコスメ（→P132）のショップでは、アロマディフューザーなど香りのグッズを要チェック。種類も充実！

スーパーは閉店時間が遅いので、夕食後にみやげ探しをするのがおすすめ。ただし週末の夜はレジが混雑している場合も。

BTSのプリペイドカード「ラビットカード」はコンビニなど提携店での支払いにも使え、ちょっとした買物がスムーズに。

世界的名店でタイシルクを手に入れよう！

ジム・トンプソン本店へ

Read me!

タイを代表する伝統工芸品として人気が高い「タイシルク」。美しい光沢と色柄の生地を用いた種類豊富なシルク製品を、最高級ブランド、ジム・トンプソンで手に入れよう。

充実のラインナップを誇るシルクの館

ジム・トンプソン本店 ●Jim Thompson Surawong Store

1948年、アメリカのジム・トンプソン氏により創業。タイ北部に自社工房をもち、上質な絹糸を丁寧に織り上げたシルクは、色、光沢ともに最上級品といわれている。ポーチやネクタイなどの小物からインテリア用品まで揃い、タイの花や象の柄は特に人気。

シーロム **MAP：P9E2**

図BTSサラデーン駅、MRTシーロム駅から徒歩3分 住9 Surawong Rd.
☎0-2632-8100
時9～20時 休なし 英

↑美しいスカーフは色、柄が豊富に揃う

↑3階のインテリアフロア。ショールームも参考に

ジム・トンプソンってどんな人？

1906年、アメリカ·デラウェア州生まれ。1945年に米兵としてタイ赴任後、タイシルクに魅せられて永住。衰退していたシルク産業の復興と普及に尽力した。1967年にマレーシアで失踪したまま行方不明だが、その功績は今も受け継がれる。

フロアガイド

3F ホーム&リビング
リネン用品やクッションカバーなどが揃い、生地を選んでカーテンのオーダーもできる。さらに上階には家具のショールームも。

2F ファッション
レディス、メンズ、キッズのウエアと、スカーフやバッグなどのファッション小物が揃う。

1F 新作·雑貨·小物
スカーフ、ネクタイ、ポーチ、キーホルダーなど、おみやげにぴったりの商品が並ぶ。

B5900
カプリ・ラージ・ビーチバッグ
マチが広くたっぷり収納できるバッグ。黄色のストライプがビーチで映えそう♪

B1040
トラベルポーチ
表地がシルク100%のポーチは色、柄ともにバリエーション豊か

B5950
シルクツイル・ホーボーバッグ
綾織りのツイル生地のバッグ。トロピカルフラワー柄がファッションのアクセントに

オリジナル・アイテムをGet!

B5900
ショルダーバッグ
ランの花模様が織り込まれたジャガード生地が上品。ショルダーストラップは調節可能

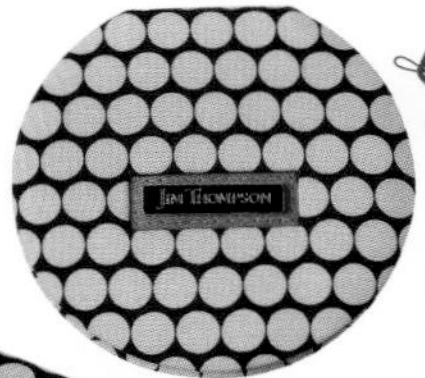

B790
コンパクトミラー
ゴールドのロゴがかわいいコンパクトな折りたたみ手鏡。ケース部分はシルク100%！

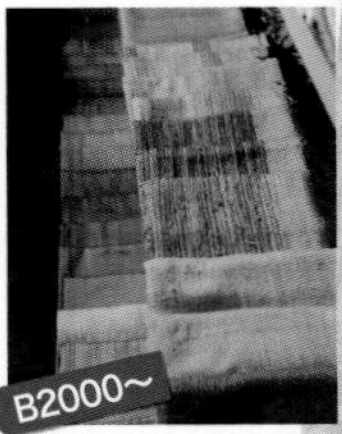

B2000～
スカーフ
色、柄、質感などスカーフは種類豊富。サイズや素材で価格も異なる

B520
リップケース
コンパクトミラーと同じ柄の口紅入れ。サイズ展開が充実した同柄のポーチも人気

落ち着いた雰囲気の店内。定期的に新作が登場する

↑高級感あるシックなディスプレイもステキ♡

B2700～
ネクタイ
ネクタイは色、柄が豊富に揃い迷ってしまうほど。小さな象の柄が人気

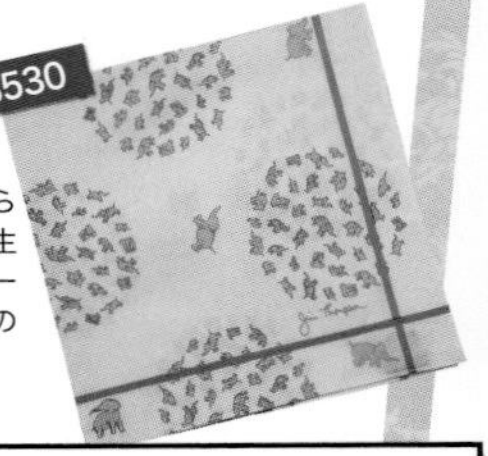

B530
ナフキン
ふわりとやわらかく軽やかな生地。ミニスカーフとして使うのもおすすめ

+Plus! **アウトレット&邸宅もチェック!**
お得なアウトレットや博物館を訪ねて、ジム・トンプソンの世界にどっぷりハマろう。

お得なプライスでゲット♪
ジム・トンプソン・スクンビット93アウトレットストア
●Jim Thompson Sukhumvit 93-Outlet Store

ジム・トンプソンのアウトレット専門店。1～2階に数千種の生地、3～4階にネクタイやポーチ、ウエア、5階にインテリア用品を揃え、約30～50%オフ！

バンコク東部 **MAP：P3F4**

図BTSバンチャーク駅から徒歩5分 住153 Sukhumvit Soi 93. ☎0-2332-6530 ⏲9～18時 休なし 英

シルク王が住んだ優雅な邸宅
ジム・トンプソンの家
●Jim Thompson's House & Museum

ジム・トンプソン氏が住んだ邸宅を一般公開。食堂や寝室には希少なアジア美術品がほぼ当時のまま飾られ、その価値は国宝級といわれるほど。レストランやショップも併設。

サイアム **MAP：P6B3**

図BTSナショナル・スタジアム駅から徒歩5分 住6 Soi Kasemsan 2,Rama I Rd. ☎0-2216-7368 ⏲10～18時 休なし 料B200（22歳未満B100） 日 英

手仕事のぬくもりが伝わる

タイクラフトにひとめぼれ

Read me!

手仕事の伝統がいまに受け継がれるタイ。宮廷で愛用されたきらびやかな焼き物から、素朴な生活用具まで、エキゾチックな魅力を放つタイクラフトを探しに行こう。

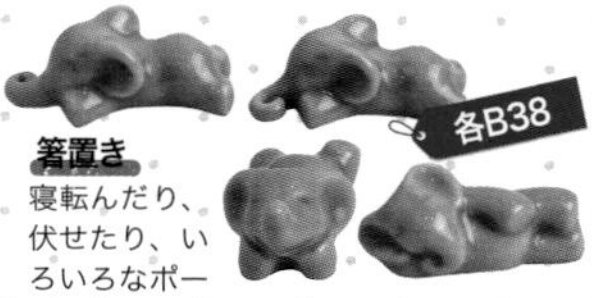

各B38

箸置き
寝転んだり、伏せたり、いろいろなポーズの象がかわいい一品

小鉢
花型の小鉢は副菜やデザートなどを入れるのにぴったりのサイズ

B180

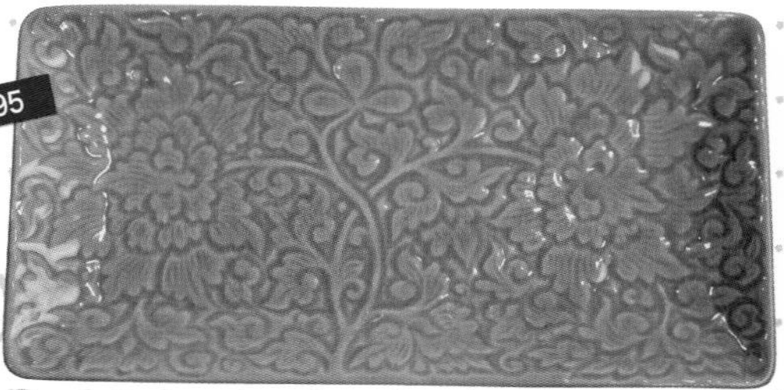

B295

角皿
青みがかったオーシャングリーンがポイント。料理やお菓子、フルーツなどに

B150

湯呑
定番のセラドングリーンのほか、ブルーなど湯呑はデザイン、サイズともに充実

オリジナルのベンジャロン焼

タイ・イセキュウ ●Thai Isekyu

高品質な品揃えで知られるベンジャロン焼の有名店。商品はすべてオリジナルで、カップや皿など多彩な色柄が揃い、ベンジャロン焼の茶道具も。店内では絵付けの様子も見学できる。

スクンビット MAP：P10C1

図BTSアソーク駅、MRTスクンビット駅から徒歩5分 住1/16 Soi 10 Sukhumvit Rd. ☎081-819-7410（日本語対応可）時9～16時 休日曜 日 英

各B1800

ビールグラス
ヒナゲシの花を淡い色で絵付け。色柄のラインナップが充実

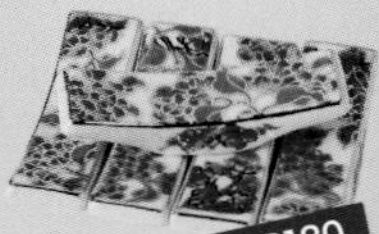

各B180

箸置き
繊細なブーゲンビリア柄がキュート。5個セット売りもあり

B100

マルチスタンド
ラタン（籐）を編み込んだスタンドは文房具やメイクブラシ入れなど用途は多彩

B150

ミニ天秤棒
バンコクで時々見かける行商人が担ぐ天秤棒の超ミニサイズ。お菓子やナッツ類を置ける

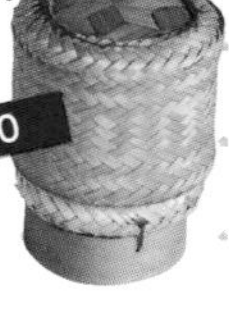

B50

竹カゴ
蒸したもち米を入れるタイではおなじみの容器。カトラリー入れにしてもおしゃれ

B250

カゴバッグ
つぼのようなフォルムがかわいい、水草を格子状に編んだバッグ

B580
エスプレッソカップ&ソーサー
並んで歩く象が目を引く。ちょっと濃いめのグリーンも特徴

マグカップ
淡いセラドングリーンと植物模様がきれい。たっぷりサイズ
B650

B220
調味料入れ
ガク部分は素焼きのマンゴスチン型。スプーンは別売りでB95

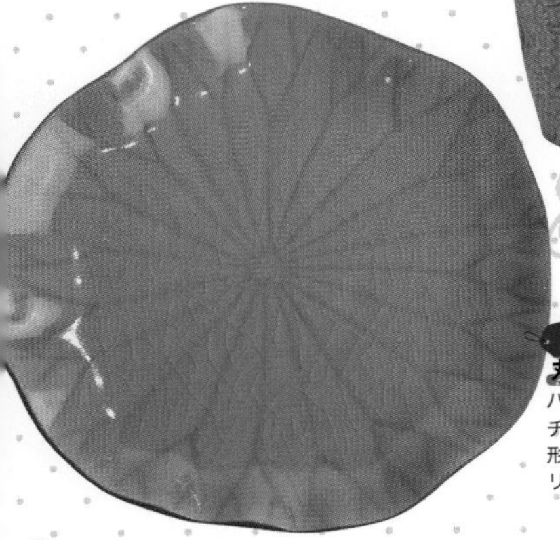

B220
丸平皿
ハスの葉がモチーフ。縁の形や葉脈などリアルに表現

手頃でかわいいセラドン焼
レジェンド ●The Legend
定番

タイ北部で製作されるセラドン焼の専門店。緑と青のカラーを中心に食器やインテリア用品が揃い、象やマンゴスチンをモチーフにしたタイらしい商品が充実している。

サイアム MAP:P6C2

図BTSラチャテーウィー駅から徒歩1分
住486/127 Rajthevi Intersection Rajtevi
☎0-2215-6050
⏲9～18時 休なし
英 カード

B1000
マグカップ
寺院の柱やタイルなどに見られる古典柄がモチーフ

抹茶茶碗
白地を生かしたゴールデンシャワーの絵付けが印象的
B1500

ようじ入れ
ぽってりしたフォルムがポイント。色違いで揃えるとカワイイ
各B250

B1000
フリーカップ
ハスやヒナゲシの花、古典模様など、色柄の種類が豊富

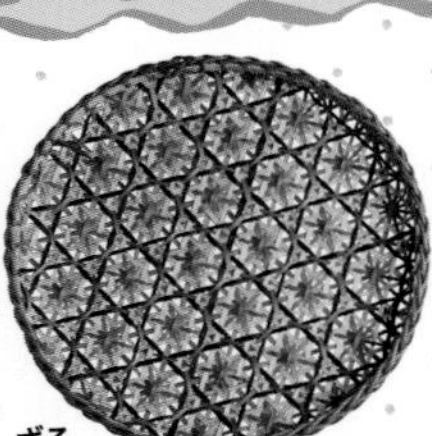

ざる
フラットタイプのざるは料理皿を置いてトレーとして使うのもおすすめ
B150～

B100
ボトルホルダー
ボトルはもちろん、大きめのグラスを入れても◎。緑の模様がアクセント

B150～
食卓カバー
食べ物にかぶせておく竹製のカバーはサイズや柄もいろいろ

バラエティ豊かなカゴ製品が揃う
ユパディー・ワニス
●Yuphadee Wanich

竹や水草など植物で編んだカゴ製品の専門店。バッグや小物入れなどが並び、手頃な価格のものが多いのも魅力。蒸したもち米を入れる竹カゴなどタイらしい商品は要チェック。

王宮周辺 MAP:P5D3

図MRTサムヨート駅から徒歩5分
住388-390 Thanon Maha Chai Samranrat Phra Nakhon
☎0-2224-9340
⏲10～18時
休なし
英 カード

エキゾチック&ナチュラルが素敵♡

タイ雑貨をGet!

Read me!

自然の素材を使ったタイの雑貨は、手仕事の素朴な風合いやモダンにアレンジしたデザインが魅力。リーズナブルなアイテムも多いので、おみやげのまとめ買いにもぴったり。

B140

B620

タイ北部で暮らすモン族の伝統柄のバッグ Ⓑ

B180

タイ伝統のブルー&ホワイト(青白磁器)の皿。Ⓐ

チェンマイで作られたビーズ巾着 Ⓑ

B135(小)、B235(大)

各B150

葉っぱの形をしたセラドン焼の皿 Ⓒ

各B330

モン族の貴重な古布で作った一点物のポーチ Ⓓ

各B90

アガベー(サボテンの一種)の繊維で編んだコースター Ⓔ

B120

タイ北部のサンカローク焼の小皿。素朴な風合いが魅力 Ⓑ

B550

火山灰を混ぜて作ったタイ北部産のカロン焼のカップ&ソーサー Ⓑ

Ⓐ素朴な風合いの雑貨探しに♪

ニア・イコール ●Near Equal

路地の奥にあり、日本人好みの上質な雑貨が充実。チェンマイなどの食器や布小物のほか、陶磁器、ビーズや半貴石を使った手作りアクセサリーも人気だ。

スクンビット **MAP:P13A2**

図BTSプロームポン駅から徒歩10分 住22/2 Soi Sukhumvit 47, Sukhumvit Rd. ☎0-2258-1564 ⏲10〜18時 休なし 日英

Ⓑセンスあふれる雑貨がずらり!

オススメ!

クーン ●Koon

日本人とタイ人のオーナーがタイ各地で厳選した布小物やカゴ製品が揃い、どれもセンス抜群。素朴な色合いのサンカローク焼など、バンコクでも希少なアイテムは必見だ。

スクンビット **MAP:P11F2**

図BTSプロームポン駅から徒歩5分 住2/12 Sukhumvit 41, Soi Pirom Sukhumvit Rd. ☎094-438-3819 ⏲10〜18時 休水曜 日英

Ⓒキュートなアイテムならコチラ

チムリム ●Chimrim

カゴバッグやセラドン焼、布小物やインテリア雑貨などキュートな商品は、すべて日本人オーナーがセレクト。自然素材を使ったソープやスキンケア商品も人気。

スクンビット **MAP:P11F2**

図BTSプロームポン駅から徒歩5分 住3/5 Soi Sukhumvit 43 ☎089-986-1522 ⏲10時〜17時30分 休月曜 日英

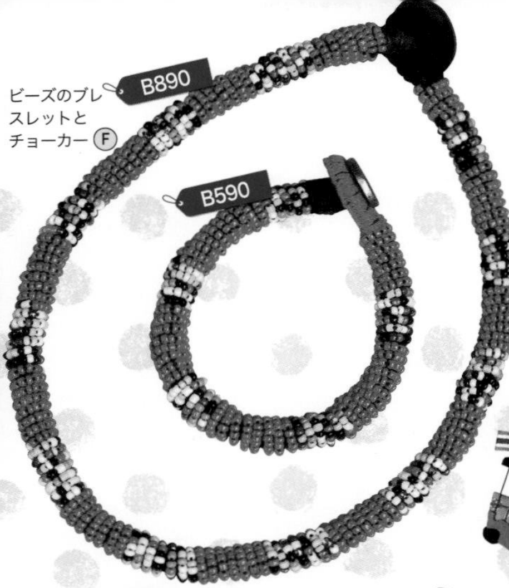

B890

ビーズのブレスレットとチョーカー Ⓕ

B590

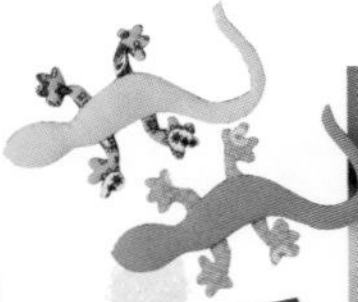

各B95

ヤモリの布製マグネットはユニークみやげにぜひ Ⓓ

B480(小)、B580(大)

チーク材を用いた木彫りのトゥクトゥク Ⓒ

バンコクではおなじみの乗り物、トゥクトゥクの布製マグネット Ⓓ

各B100

B375

チークウッドでできた象のコースター＆スプーンのセット Ⓔ

B2900

タイ北部の伝統布を使ったファスナー付きの長財布 Ⓕ

B450

バティック布を組み合わせたトートバッグ Ⓐ

各B480

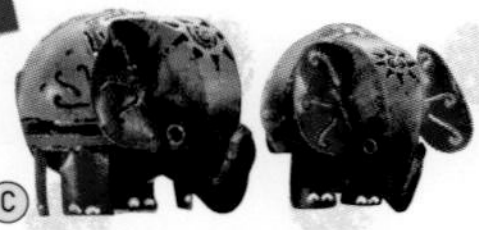

ブリキ製のかわいい象のキャンドルホルダー Ⓒ

各B150

小花を樹脂(レジン)に閉じ込めた、カラフルでかわいい象のレジンキーホルダー Ⓔ

2枚セットB290

藍染めの伝統布で作られた象のコースター Ⓕ

Ⓓオリジナリティあふれる雑貨が充実

ピース・ストア・オリエンタル

●Peace Store Oriental

オーナー夫妻がデザイン＆セレクトした雑貨が好評。伝統技と天然素材を融合したモダンな食器やバッグ、アクセサリーなどが揃う。2階はインテリア用品のフロア。

スクンビット **MAP：P11E1**

図BTSプロームポン駅から徒歩7分 住7/3 Soi 31 Sukhumvit Rd.
☎0-2662-0649
⏲10～17時 休水曜
日 英

Ⓔハイセンス雑貨にひとめぼれ♡

オススメ！

チコ

●Chiko

キッチン用品や食器、インテリア用品などのアイテムは、すべて日本人オーナーのチコさんがデザイン＆セレクト。シャムネコと遊べるスペース(15分1人B20)も話題。

トンロー **MAP：P13C1**

図BTSトンロー駅から車で6分
住321 Soi Ekkamai 19,Sukhumvit 63 Rd.
☎0-2258-6557
⏲10時30分～17時30分 休火曜 日 英

Ⓕタイ北部のアイテムが豊富

アーモン

●Armong

チャトゥチャック・ウィークエンド・マーケット(→P138)の人気店が路面店をオープン。モン族がルーツのオーナーが伝統布などをモダンにアレンジしたアイテムはセンス抜群。

スクンビット **MAP：P11E1**

図BTSプロームポン駅から徒歩6分 住RSU Tower 1F, Sukhumvit Road Soi Sukhumvit 31 ☎083-777-2357
⏲10時30分～19時
休なし 英

天然素材を使った優れモノ！

タイコスメでお肌美人に♪

Read me!

スパ天国のタイでは、南国の花やハーブ、フルーツなどを用いたコスメ製品もハイレベル。天然成分のやさしい使い心地と、比較的手頃な価格で入手できるのが魅力だ。

オススメ！

王室のレシピで作るスキンケア用品

アーブ ●Erb

王室に伝わる伝統的なレシピをもとに、オーガニック素材を使ったプロダクトが揃う。スキンケア用品のほか、ディフューザーやルームスプレーなどホームフレグランス商品も充実。

サイアム MAP：P6C3

図BTSサイアム駅直結
住サイアム・パラゴン（→P134）4F
☎0-2690-1000
営10〜22時 休なし 英

B650

グッドデー・シャンプー
ライムとオリーブを配合したシャンプーは、きめ細かな泡立ちで爽やかな洗い心地

B850

イースタン・トリート・ハンドクリーム
保湿効果のあるライスクリームなどを配合。ジャスミン＆ミントのアロマでリラックスできる

B1450

スパイス＆シャイン・ボディスクラブ
タマリンド、ジンジャー、ウコン入りスクラブは血行促進も。濡れた体に円を描くようにマッサージ

B1390(230ml)

ワイン＆ローズ・ボディオイル
イランイラン、ジャスミン、オリーブオイルを配合した、アンチエイジング効果が期待できるオイル

オススメ！

豊かな香りの個性派コスメ

オリエンタル・プリンセス
●Oriental Princess

東洋の女性に向けたケア用品を提供したいとの思いから1990年に創業。マンゴーやピーチ、バナナなどから抽出した天然エキスを使用する、香り豊かで個性的なアイテムが揃う。

サイアム MAP：P6C3

図BTSナショナル・スタジアム駅直結
住MBKセンター（→P137）2F
☎なし 営10〜21時 休なし 英

B135

ジュース・フルーティー・リップケア
保湿効果がありプルプルの唇に。ザクロ、チェリー、イチゴなど6種類揃い、強めの香り。写真はザクロ

B85

フットケア・クリーム
足全体やかかとのひび割れなど、乾燥した肌に浸透。保湿してやわらかな肌に♪

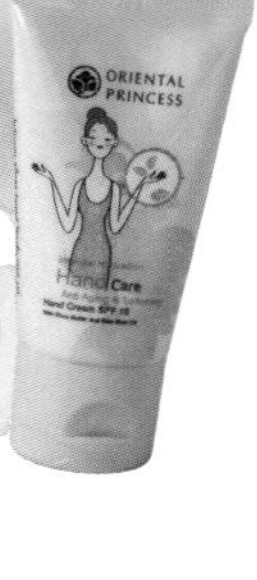

B65

ハンドケア・クリーム
シアバターと米油を配合したハンドクリーム。若々しくなめらかな手に

伝統と最新科学が融合したプロダクト

タン ●Thann

米ヌカ油、シソの葉や種子のエキスを配合したフェイシャル、ボディ、ヘアケアのアイテムが揃う。伝統療法に最新科学とアロマテラピーの技術を融合した商品は6シリーズ。

サイアム MAP:P7D3

図BTSチットロム駅から徒歩5分
住セントラル・ワールド(→P136)2F ☎0-2012-0287
営10〜22時 休なし 英

B990
エデンブリーズバス&マッサージオイル
米ヌカ油とココナッツ油が肌を保護し、入浴後も潤いをキープ。ジャスミン&ローズの香り

B550
オリエンタルエッセンスハンドクリーム
アルガンオイル、シアバター、米ヌカ油、ヤシ油入りでハリのあるなめらかな手肌に

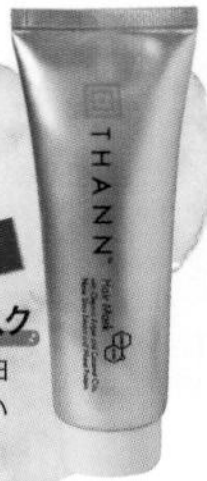

B800
シソコレクションヘアマスク
シソの葉エキスと米ヌカ油でしっとりツヤ髪に。洗い流すタイプ

人気スパの上質ナチュラルコスメ

ハーン・ヘリテージ・スパ・クルンテープ ●Harnn Heritage Spa Krungthep

タイを代表するナチュラルスパブランドのプロダクトを扱う直営店。3種のビタミンを含む希少な米オイルなどを使った石けんなどが有名。伝統モチーフのパッケージもステキ。

サイアム MAP:P7D3

図BTSチットロム駅から徒歩5分
住セントラル・ワールド(→P136)3F アトリウムゾーン
☎092-623-2853
営10〜22時
休なし 英

B790
シンポポゴン・ハンドクリーム
大豆やシアバターなどの成分入り。ラベンダー&レモングラスの香り

各B220
ソープ
米ヌカ油を使い、豊かな泡立ち。マンゴスチンや黒米など約10種類ある

B1950(30ml)
ロータスDFNS フェイス・トリートメント・オイル
保湿効果のあるドライオイル。軽い付け心地で小じわ緩和の効果も

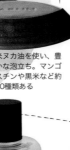

B990
ハンド&ネイル・クリーム
ジャスミンと有機ミントを配合し、米に含まれるビタミンB1が肌に潤いをプラス

B1750
カムクリーンミルクバス&ボディ・マッサージオイル
入浴剤やマッサージオイルとして使える優れもの。べたつき感なく、しっとり肌を長時間キープ

素材にこだわったケア用品が充実

パンピューリ ●Panpuri

契約農場で栽培するハーブや花を使用した、ボディ、ヘア、ハンドなどのケア商品が揃う。専属デザイナーによるシンプルなパッケージも人気で、各国の高級ホテルでも使われている。

サイアム MAP:P7E3

図BTSチットロム駅直結
住ゲイソーン・ヴィレッジ(→P137)2F ☎0-2253-8899
営10〜22時 休なし 英

+Plus! アロマグッズもCheck!

リラックス効果など、メンタルケアに欠かせないアロマグッズの人気ブランドがコチラ!

高級アロマグッズ専門店

カルマカメット ●Karmakamet

素材と製法にこだわったケア用品やアロマグッズが揃う。植物を75〜100回も精製して抽出したエッセンシャルオイルも有名。オリエンタルなパッケージも人気だ。

サイアム MAP:P7D3

図BTSチットロム駅から徒歩5分
住セントラル・ワールド(→P136)L1 Groove Zone ☎0-2613-1397 営10〜22時 休なし 英

→リラックス効果のあるホットバームやディフューザーなど多彩な品揃え

↓軽石に香りを染み込ませたパフュームサシェB390。ジャスミンなど10種類

ジム・トンプソン
クラフト&雑貨
タイコスメ
ショッピングセンター
ウィークエンド・マーケット
スーパーマーケット

グルメもエンタメもおまかせ！

サイアム・パラゴンをチェック

Read me!

約300店舗が集まるサイアム・パラゴンは、国内外の高級ブランドや雑貨などのショップはもちろん、レストランやエンタメ施設も充実。一日たっぷり楽しめる。

エスカレーターホールは吹き抜けで開放感たっぷり

定番

バンコクを代表するショッピングモール

サイアム・パラゴン

●Siam Paragon

国内外の高級ブランド、雑貨、コスメなどのショップと各国料理が楽しめる飲食店が集結。フードコートやスーパーマーケット、水族館もある充実度が魅力で、駅直結とアクセスが便利なのもうれしい。

サイアム **MAP：P6C3**

図BTSサイアム駅直結 住991 Rama I Rd. ☎0-2690-1000(代) ⏰10～22時(飲食店は9時30分～22時30分、店舗により一部異なる) 休なし

フロアガイド

- **5F** 映画館、ボウリング場、ファストフード店など
- **4F** 化粧品、雑貨、レストランなど
- **3F** インテリア用品、キッチン用品、化粧品など
- **2F** スポーツ用品、電化製品など
- **1F** ファッション、ジュエリーなど
- **MF** インターナショナルブランド、ジュエリーなど　BTS直結
- **GF** フードコート、スーパーマーケット、カフェなど
- **BF** 水族館

4F GF ドナ・チャン ●Donna Chang

自然由来の素材を使ったスキンケア用品のほか、ホームフレグランスのアイテムも充実しており、人気の香りはワイルド・ローズ。ブランド名はオーナーの2人の友人の名前を組み合わせてつけられた。

☎なし
⏲10～22時
㊡なし 英

B480
アルガンオイルやバタフライピーなどを配合したヘアミスト

B650
14種の香りから選べる3mlのレフィル付きサシェ

B1750
アロマディフューザー。アーモンドバニラ、ライムオレンジなど14種の香りが揃う

B950
乾燥を抑え、肌を蘇えらせてくれるハンド&ボディ・セラム

ホームスパアイテムをCheck!

各B140
ソープはローズ&ザクロ、マンゴスチンなど6種類が揃う

3F プラナリ ●Pranali

アジアのトップスパとして専門誌「SpaAsia」にも選出。レモングラスやジャスミンなど使用する素材は自然由来のもの。

☎0-2610-9686 ⏲10時30分～19時30分 ㊡なし 英

B600
乾燥が気になる部分の集中保湿ケアにぴったりのボディマッサージオイル

各B770
タイジャスミンの香りが心地よいシャンプー&コンディショナー

B1200
オレンジ果皮などを配合したボディスクラブ

GF バス&ブルーム ●Bath & Bloom

プロからも支持されるタイのスパブランド。シャワージェルやボディスクラブなど、プロダクトはマンゴータンジェリン、バージンココナッツなど4種の香りで展開。

☎0-2894-8860
⏲10～22時 ㊡なし
英

B150
ユーカリとティーツリーの香りが爽やかな手作り石けん

BF シーライフ・バンコク・オーシャン・ワールド
●Sea life Bangkok Ocean World

東南アジア最大級の水族館も!

広さ約1万㎡の館内に400種以上の海洋生物を展示。珍種のサメなどが泳ぐ「シャーク・ウォーク」や、ジェンツー・ペンギンなどは必見。海の生き物とのふれあいコーナーも人気。

☎0-2687-2000 ⏲10～20時（最終入場は～19時）㊡なし ㊊B1390（3～11歳はB1190）

➡海中にいるような気分になれる「オーシャン・トンネル」

グルメスポットもバラエティ豊か!

4F GF etc.

4Fにはテーブルサービスの店が集まるレストランゾーンがあり、GFにはフードコートのほか、カフェやファストフード店などが揃う。買物途中の立ち寄りはもちろん、食事を目的に訪ねても満足できるほどの充実度！

タイスキの有名店「MKゴールド（→P102）」GF

南国スイーツでひと休みも！「ブッディ・ベリー（→P115）」3F

名物料理がいろいろ味わえるフードコート「パラゴン・フードホール（→P106）」GF

まだまだあります、コチラもおすすめ！

ショッピングセンター8選

Read me!

「サイアム・パラゴン(→P134)」をはじめ、バンコクでは大小規模もさまざまなショッピングセンターが続々とオープンしている。どこへ行こうか迷ったらコチラ！ のおすすめをご紹介。

ココの特色

フロアごとに雰囲気が変わる内装が印象的。買物はもちろん、記念撮影も楽しめる。

↑5階のフードコートは「サンフランシスコ」がテーマ

オススメ！

空港をイメージした話題のスポット

ターミナル21

●Terminal 21

10フロアある館内は空港がコンセプト。「パリ」「ロンドン」「東京」 など、各フロアのテーマ都市に合わせた内装がユニーク。若者に人気のカジュアル店が充実している。

スクンビット

MAP：P11D1

図BTSアソーク駅、MRTスクンビット駅直結
住88 Sukhumvit Soi 19, Sukhumvit Rd.
☎0-2108-0888(代)
⏲10〜22時(店舗により一部異なる) 休なし

→↓ファッションはもちろん、アクセサリーショップも揃う

↑駅直結なのでアクセスも便利

↑鳥居やちょうちんなどがディスプレイされた1階の「東京」

定番

超巨大！なショッピングスポット

セントラル・ワールド

●Central World

約500軒のショップと約50軒の飲食店、デパート、ホテルなどを有する巨大な商業施設。ジム・トンプソンやナラヤなど、観光客に人気の地元タイのブランドも充実している。

サイアム **MAP：P7D3**

図BTSチットロム駅から徒歩5分
住4,4/1-4/2,4/4 Rajdamri I Rd
☎0-2640-7000(代)
⏲10〜22時(店舗により一部異なる) 休なし

ココの特色

7階の「セントラル・フードホール」は、タイの食材やホームスパグッズを集めたコーナーが人気。

→ナチュラル素材を使ったタイコスメショップも多彩

↓売り場面積55万㎡はバンコク最大級の規模

↓館内はかなり広いので、お目当ての店があれば事前に場所の確認を

定番

カジュアルな雰囲気が若者に人気♪

MBKセンター

●MBK Center

「マーブンクロン」の名で親しまれている庶民派。店舗がひしめく7階建ての館内は迷うほど。ファッション、コスメ、モバイル雑貨などバラエティに富んだラインナップ。

ココの特色
雑貨からお菓子までプチプラなタイみやげを、クーラーの効いた涼しい屋内でゆっくり探せる。

サイアム
MAP：P6C3
図BTSナショナル・スタジアム駅直結 住444 Phaya Thai Rd. ☎0-2853-9000 ⏲10～22時(店舗により一部異なる) 休なし

↑手頃な価格のTシャツや布小物などもたくさん！

↑2300店舗以上のショップが集まり、ドンドンドンキも併設

↑雑多な雰囲気も魅力のひとつ

オススメ！

買・食・エンタメが勢揃い！

エムクオーティエ

●EmQuartier

ショッピングセンターとレジデンスの複合施設。「HELIX」「GLASS」「WATER FALL」の3つの棟からなり、国内外のブランドショップ、飲食店、映画館などが集まる。

スクンビット
MAP：P11F2
図BTSプロームポン駅直結 住693 Sukhumvit Rd. ☎0-2269-1000(代) ⏲10～22時(店舗により一部異なる) 休なし

ココの特色
カジュアル系ブランドが集まる2階のポップアップスペースはファッション好き必見!

↓25万㎡の敷地に約230店舗が集結

↑「HELIX」棟の6～9階は飲食店エリア

高級店が集まるラグジュアリー空間

セントラル・エンバシー

●Central Embassy

2014年に英国大使館跡にオープン。プラダ、グッチ、エルメス、サンローランなど世界のハイブランドが充実。9フロアある館内の優雅な雰囲気も満喫しよう。

サイアム **MAP：P7F4**
図BTSプルーンチット駅から徒歩1分 住1031 Phloen Chit Rd. ☎0-2119-7777 ⏲10～22時(店舗により一部異なる) 休なし

ココの特色
大型ブックストアを中心に、飲食店やデザインショップを集結させた6階のオープンハウスは要チェック！

→地階にはタイみやげが揃う「タラートイータイ」も

↑上層階には「パーク・ハイアット・バンコク(→P211)」がある

セレブ御用達の優雅な雰囲気

ゲイソーン・ヴィレッジ

●Gaysorn Village

タイのセレブや王族御用達のショッピングセンター。5つのフロアにファッションやアクセサリーの世界的な高級ブランド約100店舗が集まる。

サイアム **MAP：P7E3**
図BTSチットロム駅直結 住999 Phloen Chit Rd. ☎0-2656-1149(代) ⏲10～20時(店舗により一部異なる) 休なし

ココの特色
ワインバー＆セラーやティールームなど、ラグジュアリーなグルメスポットがある。

←5フロアが吹き抜けになった開放感あふれる館内

↓「g」のマークが目印

高級ショッピングセンターの代表格

エンポリウム

●Emporium

8フロアのショッピングセンター棟と7フロアのデパート棟からなり、ブランドからコスメ、家電、書籍まで揃う。タイ雑貨のセレクトショップ「エキゾチック・タイ」も。

スクンビット **MAP：P11E2**
図BTSプロームポン駅直結 住622 Sukhumvit Rd. ☎0-2269-1000(代) ⏲10～22時(店舗により一部異なる) 休なし

ココの特色
4階のフードコート「エンポリアム・フードホール」は、広々スペースで買物あとの食事にぴったり。

↓デパート棟の食品売り場には、お菓子やレトルト食品などおみやげが充実

おみやげにぴったりの雑貨が集結！

サイアム・ディスカバリー

●Siam Discovery

ファッション、雑貨、旅行用品、ナチュラルコスメなど幅広いアイテムが充実。吹き抜けを多用した近未来的な空間も魅力で、タイらしい雑貨も要チェック！

サイアム **MAP：P6C3**
図BTSサイアム駅から徒歩3分 住989 Rama I Rd. ☎0-2658-1000(代) ⏲10～22時 休なし

ココの特色
「アイコン・クラフト」や「ロフト」には、タイみやげになりそうな雑貨が揃う。

↓近未来的な建物がサイアムエリアで目を引く

Weekend Market

とにかく安くて爆買い必至！

ウィークエンド・マーケットでまとめ買い

Read me!

雑貨や衣類、骨董品、飲食店など、多種多様なショップがおよそ8000軒も集まるバンコク最大のマーケット。バラマキみやげやとっておきの掘出し物をゲットしたい！

雑貨からファッションまで勢揃い！

チャトゥチャック・ウィークエンド・マーケット

●Chatuchak Weekend Market

バンコク北部のチャトゥチャック地区で、毎週土・日曜のみ開催される巨大マーケット。伝統的な民芸品やタイ雑貨、新進デザイナーのファッション店など、あらゆるジャンルのショップが迷路のような市場内に軒を連ねる。

バンコク北部 MAP：P3D1

図BTSモーチット駅から徒歩3分、またはMRTカンペンペット駅から徒歩1分 住Phahonyothin Rd.
☎0-2272-4270(総合案内)
営土・日曜の9時ごろ～18時ごろ
休月～金曜 英 カード
※店により異なる

↓毎週末に20～30万人が訪れる人気のマーケット。軽装で訪れよう

攻略ポイント

❶MAPを入手
大まかではあるが、マーケット内は店のジャンルごとに区画が分かれている。インフォメーションで無料の場内マップを入手してから買物を始めよう。

❷暑さ対策
マーケットは屋内外に広がっており、屋外は強い日差し、屋内はムシムシとした熱気でとにかく暑い。基本の暑さ対策や人混み対策、水分補給はしっかりと。

❸スリに要注意！
混雑必至のマーケットでは、スリや置き引き、引ったくりの被害も多い。荷物は最小限にとどめ、貴重品の入ったバッグは体の前に抱えて持つように。

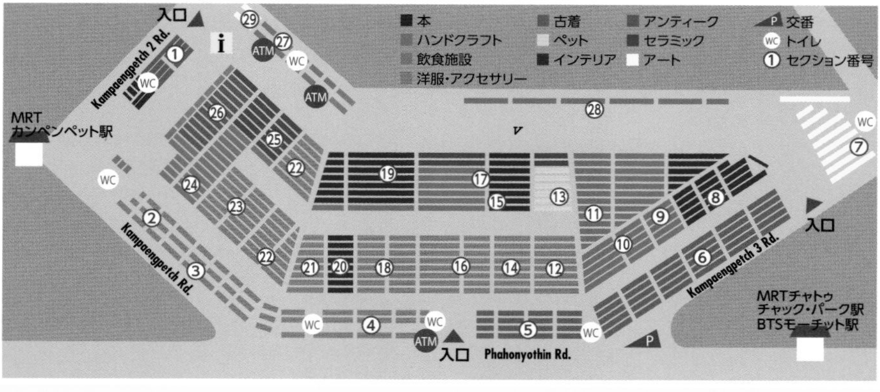

B300以下でコレ買えます！

B300(約1000円)以下で
ゲットした戦利品がコチラ！
※値段は取材時のもの。
店により異なります。

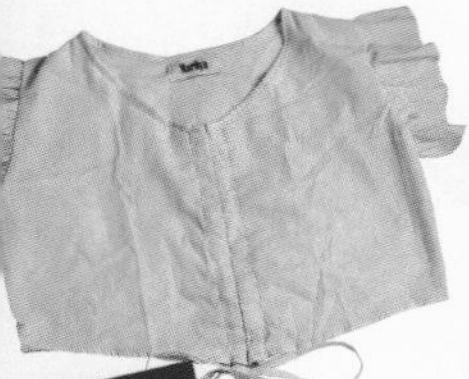

B100〜

ウエスト部分のリボンがアクセントのトップス

B250

フラットサンダル。ベルトに好みの飾りを付けても◎

B160〜

ツバが広めのリゾート風ハット。折りたためるやわらかさ

2個B160

1個B100のアンクレットが2個購入でちょっとお得に♪

B250〜

デニムのショートパンツはサイズやカラーが豊富

B90

オリエンタルな手作りのピアスはデザインもさまざま

B150

南国らしいトロピカルフラワー柄のキャンバスバッグ

B200

ホーロー製のレトロなお弁当箱はインテリアにもおすすめ

B120

タイの伝統柄風の布をあしらったポーチ

B85(4個)

ブルーセラドンの四角い象柄の箸置き

各B135

ワンプレートディッシュにぴったりな直径約20cmのホーロー製プレート

B135〜

セラドン焼の湯のみ。ゾウの模様がカワイイ♡

B130

タイの屋台ではおなじみ♪ ニワトリ柄のホーロー製マグカップ

B100

タイ名物がモチーフのマグネット4個セット

各B25

木製スプーン。ホットドリンクやスープ用に

B級グルメもCheck！

マーケット内にはグルメ屋台も多数出店。定番のタイ料理のほか、話題のスイーツやドリンクも楽しめる。

⬇チェンマイの名物麺料理、カオソイB150

⬆生マンゴーともち米のスイーツ、カオニャオ・マムアンB150〜

洋服はほつれなどを要チェック！

焼き物はまとめ買いがお得♪

敷地中央の時計台を待ち合わせスポットに

入口付近にはトゥクトゥクがいっぱい

おやつもインスタント食品も一気買い！

スーパーでグルメみやげを調達

Read me!

タイのグルメみやげをまとめ買いするなら、リーズナブルなスーパーマーケットがおすすめ。バラマキ用にぴったりなお菓子や調味料、インスタント食品などが目白押し！

調味料＆ソース

B20

トムヤムクンの素
キューブ型のスープストック。エビとハーブを入れて煮れば本場の味わいに Ⓐ

B17～

ナンプラー
タイ料理に欠かせない魚醤。ミニから特大ボトルまでサイズも豊富 Ⓐ

B30

スイートチリソース
甘くて辛い定番ソース。鶏の唐揚げなど揚げ物と好相性 Ⓐ

B47

シーフードソース
焼いたり蒸したりしたシーフード用の付けダレ。青唐辛子やライム入り Ⓐ

B39～

ナンプリック・パオ
炒め物やトムヤムクン、エスニック鍋などに使えるタイ風ペースト Ⓑ

お菓子

B59

海苔スナック
ピーナッツとゴマを海苔でサンドしたスナックは、甘さと塩味がベストマッチ♪ Ⓑ

B75～

ドライマンゴー
半生に干した完熟マンゴーは、やわらかくジューシーなのがウリ！ Ⓑ

B59

ドリアンロールクッキー
ほのかにドリアンの香りを感じるサクサク＆クリーミーなお菓子 Ⓑ

B50

ジャムサンドチップス
ちょっぴり酸っぱいタマリンドのジャムをサンドしたバナナチップス Ⓐ

インスタント食品

B20

トムヤム・ペースト

2人のタイの料理研究家が共同プロデュースした本格ペースト Ⓑ

B20

カレーペースト

ひき肉と一緒に炒めるだけで、南部名物「クアクリン」の完成！Ⓑ

B49(3個)

カップ麺

おなじみの「日清カップヌードル」。タイバージョンは味も本場仕込み Ⓐ

B99

パッタイ・セット

本場のパッタイが再現できる麺と調味料のセット。2人前 Ⓐ

各B95

タイラーメン・セット

あっさりチキンスープ麺やあんかけ麺など種類もいろいろ Ⓐ

各B17

タイカレー・ペースト

肉や野菜と煮込むだけ。ココナッツミルクを入れるとさらに本格的に Ⓐ

B25(5個)

インスタント麺

スープ麺や油そばなど袋麺も種類豊富。少量なのでおやつにぴったり Ⓐ

各B95

レトルトカレー

温めるだけでOKのタイカレー。レッド、グリーンがあるⒶ

ドリンク

B38

タイ・ミルクティーの素

水に溶かす粉末タイプ。タイ独特の濃厚ミルクティーが簡単にできるⒶ

B149

ドリップコーヒー

タイ北部の山岳地帯で栽培されるアラビカ種の豆を使用 Ⓐ

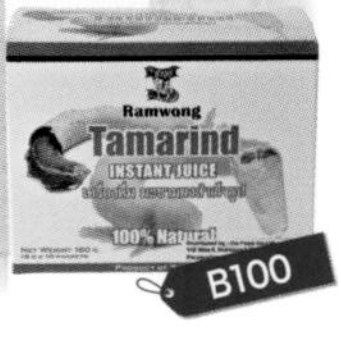

B100

タマリンド・ドリンク

爽やかな酸味が特徴。水で溶かす粉末タイプ10袋入り Ⓑ

全土に展開する大型スーパー

Ⓐ ビッグCスーパーセンター

●Big C Supercenter

充実の品揃えを誇る大規模店。食料品のほか衣料品や生活雑貨なども充実。総菜コーナーやフードコートもあり、グルメスポットとしても利用できる。

サイアム **MAP：P7E3**

図BTSチットロム駅から徒歩5分
住97/11 Rajdamri Rd.
☎0-2250-4888
営9～23時 休なし 英

特選食材を探すならココ！

Ⓑ グルメ・マーケット

●Gourmet Marketr

生鮮食品から日用品まで揃う高級スーパー。タイの上質な食材や菓子類を集めた「グルメ・タイ」コーナーが旅行者に人気だ。テイクアウトできる総菜類も充実。

サイアム **MAP：P6C3**

図BTSサイアム駅直結
住サイアム・パラゴン(→P134)GF
☎0-2690-1000(代)
営10～22時
休なし 英

世界がひろがる！

Column

ちょっと足すだけで
タイ風の味に変身！

タイの調味料

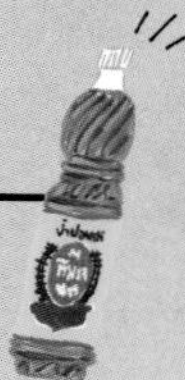

タイ料理でよく使われる調味料をピックアップ。
旅行者でもスーパーで手軽に購入でき、日本で買うよりも断然お得！
種類やサイズも豊富なので、自分好みが見つかるはず。

ナンプラー

小魚を塩漬けし、発酵・熟成させた上澄み液。味付けはもちろんタレとしても使われる。色が薄く透明度が高いものほど高品質。

こんな料理に♪

麺のスープ、炒め物、チャーハン

ナンプリック・パオ

乾燥赤唐辛子、ニンニク、干しエビ、ホムデーンなどを油で炒めたペースト。炒め物やサラダの隠し味にも。

こんな料理に♪

トムヤムクン、プーパッポンカリー

チリソース

赤唐辛子、ニンニク、砂糖、酢などが入ったソース。料理の調味料のほか、揚げ物のタレとして使う。

こんな料理に♪

炒め物、麺料理

シーズニングソース

大豆から作られた調味料でたまり醤油に似ている。少量で料理に旨みが出る。タイではほぼ目玉焼き専用ソース。

こんな料理に♪

チャーハン、炒め物

その他の調味料

シーユー・カオ

大豆から作られたタイの醤油。さらっとしていて日本の醤油に似ている。

こんな料理に♪

スープ、炒め物、煮物

タオチオ

大豆で作るタイ風の豆味噌。日本人にもなじみやすく、濃いめの味で香ばしい。

こんな料理に♪ 空心菜炒め

カピ

エビを塩漬けして発酵させたもので、独特の匂いがする。カレーペーストのコク出しに使用。

こんな料理に♪

カレーペースト、チャーハン

シーユー・ダム

シーユー・カオに糖蜜を加えた甘くて濃厚なとろみのある黒醤油。

こんな料理に♪

煮込み料理

ナムマンホイ

生ガキを塩漬けして発酵させたオイスターソース。隠し味として使うことが多い。

こんな料理に♪

炒め物

タマリンドペースト

マメ科の植物、タマリンドの果肉をペースト状にしたもので、酸味と甘みが特徴。

こんな料理に♪

パッタイ、ソムタム

BANGKOK

夜あそび

Night Out

Contents

知っておきたいこと10

#夜あそび

熱帯気候のバンコクでは涼しくなる夜に行動するのもおすすめ。
夜景やエンタメ、マーケットなど、バンコクの夜を存分に楽しもう。

01 バンコクの夜の治安は？

比較的治安のよいバンコク。サイアムやスクンビットのBTSアソーク駅やプロームポン駅周辺は夜でも賑わっている。人通りが多い場所は安全だが、気を緩めるのはNG。人通りの少ない場所へ行かない、移動はなるべく公共の交通機関を利用する、夜のひとり歩きは避けるなど注意して、ナイトライフを楽しもう。

02 夜の交通手段

BTSとMRTの運行は24時ごろまで。深夜にホテルへ戻る場合はタクシーまたはGrabが交通手段となる。ただし、タクシーは遠回りしたり、メーターを使わなかったりとトラブルに遭遇しやすいので十分注意したい。トゥクトゥクも夜は法外な料金を請求されたり、目的地以外に連れていかれたりする場合があるのでおすすめできない。

⬆流しのタクシーには要注意

03 ルーフトップバーのドレスコードと予約

ほとんどのルーフトップバーでは、少しおしゃれなスマートカジュアルが基本。短パンやダメージジーンズ、ビーチサンダル、汚れがひどい靴など、ラフ過ぎる服装では入れないこともある。レストランは予約が無難だが、バーは予約なしでOK。

⬆チャージはかからない店がほとんど

04 ナイトマーケットへ行くベストな時間は？

屋台が開き始めるのは17時くらいからだが、まだ営業している屋台は少ない。18時を過ぎると屋台はほぼ揃い出すが、人は少なめなので歩きやすい。遅い時間になるほど混雑し、細い路地は人がすれ違うのがやっとなほど。ゆっくり見て回りたいなら18時過ぎくらいに行くのがおすすめ。

⬆混雑する時間帯は特にスリなどに気をつけよう

05 バンコクのおすすめ夜景スポット

ルーフトップバー(→P146)
サイアムやシーロムを中心に、バンコクには絶景を満喫できるルーフトップバーがたくさん。おしゃれをして出かけよう。

ワット・アルン(→P48)
チャオプラヤー川沿いに立つ三大寺院のひとつ。夜は対岸のバーやディナークルーズから眺めるのが人気。

アジアティーク・ザ・リバーフロント(→P54)
川沿いの巨大ナイトマーケット。明かりがともるマーケットを眺めながら散策を。

マハナコン(→P64)
昼間の眺めも絶景だが、見渡す限りキラキラした夜のバンコクの街も最高。バー&レストランと一緒に楽しもう。

06 耳より

夜の人気2大エンタメ

バンコクで人気の夜のエンターテイメントといえば、キャバレーショーとムエタイ。チケットは自分で購入できるが、オプショナルツアーを利用すると手配がスムーズ。

キャバレーショー(→P152)
パフォーマーたちが繰り広げるダンスや歌など圧巻のパフォーマンスと華やかな舞台は感動もの。

ムエタイ(→P154)
世界最強の格闘技といわれるタイの国技。選手同士の真剣勝負はリングサイドから見たい！

07 耳より

クラフトビールのブーム到来！

ここ数年、バンコクではクラフトビールをメインにしたバーが増加中。タイのクラフトビールはもちろん、海外のものも充実している。観光客が立ち寄りやすい駅近の店もあるので、観光や買物の合間のクールダウンに。

08 耳より

ディナークルーズでバンコクの夜を満喫

チャオプラヤー川のディナークルーズで夜景を楽しむのもおすすめ。船上で美しい夜景を眺めながらディナーを楽しむのは特別感が満載。カジュアルなクルーズからホテル直営の高級なものまで、選択肢が豊富なのもうれしい。

⬆写真撮影に夢中になって携帯電話やカメラを川に落とさないように

⬆料理はタイ料理のコースやビュッフェなどクルーズにより異なる

09 耳より

在住外国人が集まる「スクンビット通りソイ11」

深夜まで外国人旅行者や在住者で賑わうスクンビット。特にソイ11（MAP：P12A4）周辺には、ルーフトップバーや隠れ家風のバーやラウンジなど、注目スポットが集まっている。バンコクの夜をおしゃれに楽しみたいならぜひ！

10 ⚠

歓楽街で注意すること

ソイ・カウボーイ(MAP：P11D1)、ナナプラザ(MAP：P12A4)などの歓楽街は、ゴーゴーバーやタイ雑貨を売る屋台、レストランなどが軒を連ね混沌とした雰囲気。ちょっとディープな夜を体験するにはぴったりだが、強引な客引き、スリや置き引きなどトラブルに遭うことも。判断が鈍るほどお酒は飲まない、必要な現金だけ持っていくなど注意しながら楽しもう。

【編集MEMO】

コレだけはいいたい！

マハナコン・スカイバー(→P65)は夕暮れ時に訪れるのもおすすめ。ドリンクのみでの利用もOKなのもうれしい。

トンロー駅近くのオクターブ・ルーフトップ・ラウンジ&バー(→146)は比較的落ち着いてお酒と夜景を楽しめる。

ディナークルーズで食事のクオリティを求めるなら、ホテル催行でコースメニューを提供するクルーズを選ぼう。

編集K

きらめく夜景にうっとり♡

ルーフトップバーで乾杯！

眺めのいい席は早めに予約を

Read me!

ルーフトップバーはバンコク名物のひとつ。都会的な景色を望む高層ビルから、あるいはノスタルジックな川のほとりから夜景を眺め、グラス片手に特別な夜を過ごそう。

←↑ハイレベルな料理を絶景とともに楽しもう

どこまでも広がる夜の大パノラマ

ムーン・バー&ヴァーティゴ

●Moon Bar & Vertigo

ルーフトップバーの先駆けとなった「ムーン・バー」とダイニング「ヴァーティゴ」。360度の夜景を見下ろすテラス席で、モダンヨーロピアンベースの料理をワインとともに楽しもう。

シーロム MAP:P9F3

図BTSサラデーン駅、MRTシーロム駅から徒歩15分
住バンヤン・ツリー・バンコク(→P210)61F
☎0-2679-1200(代) 時17時～翌1時(食事は18時～22時30分、ムーン・バーは17時～) 休なし 英 英 予

→各種カクテルはB390

円形のバーカウンターが素敵♪

オクターヴ・ルーフトップ・ラウンジ&バー

●Octave Rooftop Lounge and Bar

3フロアから夜景を楽しめるラウンジ&バー。最上階の49階はバンコクの景色を360度見渡せる絶好のビュースポット。45階はレストラン、48階ではドリンク&前菜を提供。

トンロー MAP:P13B3

図BTSトンロー駅から徒歩3分
住バンコク・マリオット・ホテル・スクンビット(→P215)45～49F
☎0-2797-0410
時17時～翌2時
休なし 英 英 予

中央に円形のバーカウンターを配した49階

←フランス産オイスターB990はよく冷えたスパークリングワインと一緒に

明かりが灯された王宮(→P44)やワット・ポー(→P46)を望む格別なひととき

⬆ウォッカベースのザ・リバーB330。ドリンクはすべてナッツとピクルス付き

⬆ワット・アルン(→P48)のライトアップは18時30分～

オススメ!

川風を感じながら寺院を見渡す

サラ・ラタナコーシン

●Sala Rattanakosin

客室数全15室のブティックホテルにあるバー。チャオプラヤー川沿いにそびえるワット・アルンはもちろん、反対側にはワット・ポーや王宮も見渡せる。各種カクテルB300～のほか、串焼きやバーガーなどフードメニューも揃う。

王宮周辺 **MAP:P4A3**

図MRTサナームチャイ駅から徒歩7分
住サラ・ラタナコーシン・バンコク(→P215)5F
☎0-2622-1388 ⏲16～22時
休なし 英 英

七色に変わるアーチがポイント

クルー・シャンパンバー・アット・レッド・スカイ

●CRU Champagne Bar at Red Sky

トレードマークの大きなアーチが印象的なホテル「センタラ・グランド」の屋上にあるバー。バンコク最大の繁華街、サイアムの夜景を360度見渡すことができる。21時からはDJによるパフォーマンスも(月曜以外開催)。

サイアム **MAP:P7D3**

図BTSチットロム駅から徒歩5分
住999/99 Rama 1 Rd., Centara Grand
☎0-2100-6255
⏲17時～翌1時 休なし 英 英

➡輝くアーチはバーのシンボルに

⬇開放的な眺めを満喫できる

➡スワローズ・ネストB650

+ Plus! **眺めのいいテラスバーもオススメ♪**

ループトップではないけれど、キラキラ輝く夜景の眺めがバツグンなバーをご紹介!

宙に浮いているような感覚が楽しい

アップ&アボーヴレストラン&バー

●Up & Above Restaurant & Bar

日系ホテルのオールデイダイニング&バー。地上24階のテラス席からは、眼下に広がるバンコク市街を一望できる。タイ料理をはじめ、各国料理やカクテルの種類も豊富。

サイアム **MAP:P7F4**

図BTSプルーンチット駅直結 住オークラ・プレステージ・バンコク(→P211)24F ☎0-2687-9000(代) ⏲7～24時 休なし 英 英

⬅ユニークなデザインのバーテラス

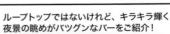

⬅サクラマティーニB450などのカクテルが好評!

いろいろな味を飲み比べ！

クラフトビールでほろ酔い気分

Read me!

ここ数年でクラフトビールを楽しめるビールバーが盛り上がっているバンコク。ローカルの銘柄を中心に、お店のイチ押しクラフトビールをピックアップ！

イチ押しビール
NANA LAGER B300は爽やかな香りのホップを使ったラガースタイル。キレのよい飲み口が特徴

気軽にちょい飲みできる隠れ家バー

ピージュー・バー

●Pijiu Bar

オススメ！

おしゃれなカフェやバーが点在するチャイナタウンのソイ・ナナにあるビールバー。タイ産のクラフトビールを中心に、タップビールが常時5～6種類ほど用意されている。店内ではタイ産IPAの缶ビールも販売。

チャイナタウン **MAP：P5F4**

図MRTフアランポーン駅から徒歩6分
住16 Soi Nana
☎095-660-2636 ⏲18～24時
休月曜 英 英

➡レトロ調のポスターが飾られたオリエンタル風の店内

➡ビールについてくるスナックセット

⬅中国語で「啤酒吧（ビールバー）」と書かれた看板が目印

イチ押しビール
麦の味がしっかり感じられるThe Brewing Project Raven B283（左）、フルーティーでホップの香り豊かなPolder Feel the Sunrise B279（右）

⬅タップビールはなくなり次第入れ替え

⬇タイ産の缶ビールB179～も販売

ビールと好相性のフードも充実

クラフト・ルーム・サトーン

●Craft Room Sathorn

地元客から支持されるビールバー。クラフトビールは常時6タップが揃い、スッキリ系やフルーティーなど多彩。枝豆B100やフレンチフライB100などつまみ系フードもたくさん。17～19時はハッピーアワーで10％オフ。

オススメ！

シーロム **MAP：P9F3**

図MRTルンピニ駅から徒歩8分
住40/1 North Sathorn Rd.
☎082-280-5499
⏲11時～23時30分 休日曜 英 英

⬇パプリカ風味のワッフルカットフライB120

⬇パプリカソーセージB179

サクッと使えるカジュアル感

ヘア・オブ・ザ・ドッグ

●Hair of the Dog

欧米のクラフトビールを中心に13種類のタップビールを楽しめる。ボトルや缶のクラフトビールは100種類以上と豊富な品揃えで、どれにしようか迷うほど。プロームポンにも店舗がある。

サイアム **MAP:P7F4**

図BTSプルーンチット駅から徒歩2分
住Mahatun Plaza, 2nd Floor, 888/26 Ploenchit Rd. ☎0-2650-7589
⏲16時30分～24時 休日曜 英 英

↓フードは隣接する同経営の店舗に注文するシステム

→迷ったらスタッフにおすすめを聞いてみよう

イチ押しビール
ラズベリーのほどよい酸味が効いたSamata Raspberry Cheesecake Sour B340

イチ押しビール
アイルランドの定番ビールギネスGuinness B180(ハーフパイント)はコクがあって濃厚

↓店内は天井が高く開放感たっぷり

↑チェンマイ・ポークソーセージ&カリカリ豚皮B240

食事と一緒にビールを味わう

ビア・リパブリック

●Beer Republic

1920年代のヨーロッパをイメージしたクラシカルな雰囲気の店内で、90種類以上のクラフトビールが味わえる。タイ、ヨーロッパ、スナック系などフードメニューも充実。

サイアム **MAP:P7E3**

図BTSチットロム駅から徒歩1分
住971 Phloen Chit Rd.(ホリデイ・イン・バンコクG階)
☎0-2656-0080 ⏲11時30分～24時 休なし 英 英

タップビールが充実

クラフト

●Craft Sukhumvit 23

在住の日本人や欧米人から支持されるクラフトビールのバー。タップで約40種類、ボトルで約50種類のクラフトビールが揃う。メニューから5種類のビールを選んで飲み比べできるビールフライトも人気。

スクンビット **MAP:P11D1**

図BTSアソーク駅、MRTスクンビット駅から徒歩5分
住6 Soi Sukhumvit 23, Klong Toei Nuea, Watthana
☎0-2258-0541 ⏲15～24時 休なし 英 英

イチ押しビール
ベルギービールLa Chouffe B430はスパイシーな香りとフルーティーな味わい

↓ビールの飲み比べができるビールフライトB500～

↑半屋外の店内は日が暮れると快適

+ Plus! **タイの定番ビール**

コンビニやスーパーでよく見かけるタイメイドの定番ビールを紹介。1缶B40前後で買える。

チャーン
Chang
「ビアチャーン」と呼ばれるラガータイプのビール。深いコクと苦みがあるが、口当たりはマイルド。

シンハー
SINGHA
「ビアシン」と呼ばれ、金色の獅子が描かれたラベルが目印。ホップの苦みと華やかな香りが特徴。

リオ
LEO
「ビアリオ」と呼ばれ、苦みが少なく、さっぱり味。のど越しも爽やかでライトな飲み口。

アーチャー
ARCHA
苦みがなく、やや薄味なので飲みやすい。ゴクゴク飲みたいときにおすすめ。

Dinner Cruise ★

夜のチャオプラヤー川を遊覧

ディナークルーズで非日常体験

Read me!

船上から夕暮れや夜景を眺めながら、極上の料理を楽しめるディナークルーズ。せっかくなら、ホテルが運航するテーブルサービスのクルーズで優雅な時間を！

18時30分から
船上ではウェルカム
ドリンクが

ドレスアップ
して楽しもう♪

もともとは
米運搬船として
活躍していた

極上の眺めとディナーを船上で　マノーラ・クルーズ　●Manohra Cruises

「アナンタラ・リバーサイド・バンコク・リゾート（→P213）」が運航するクルーズ船。美しく復元されたアンティークな木造船に乗って、川沿いの眺めを楽しみながら優雅に過ごせる。船上からはワット・アルン（→P48）やアイコンサイアム（→P66）など、ライトアップされた新旧のみどころを一望。タイの伝統料理をモダンにアレンジしたディナーも絶品だ。

オススメ！

(発着地) **アナンタラ・リバーサイド・バンコク・リゾート桟橋　MAP：P2B4**

図BTSクルントンブリー駅から車で10分 ☎0-2431-9487 ⏲19～21時 ㊡要問合せ
㊊ディナーセットB2900～、プレミアムセットB3900～ ※ドリンクはコースにより一部有料
英 英 予

⬇アミューズの一例、川エビのレモングラスサラダ

⬅スープの一例、エビやイカなどが入ったトムヤムスープ

⬇魚料理のメインの一例

⬇前菜の一例、ザボンサラダとグリルポーク

ディナーセットB2900のメニュー一例

※ソフトドリンクは無料

◆ **アミューズ** ◆
川エビのレモングラスサラダ
（プラークンメナム）

◆ **前菜** ◆
ザボンサラダとグリルポーク
（ヤムソムオー・ムーヤーン）

◆ **スープ** ◆
クリアな海鮮トムヤムスープ
（トムヤムポーテック）

◆ **メイン（魚料理）** ◆
魚のカレーペースト蒸し
（ホーモック）

◆ **メイン（肉料理）** ◆
和牛ほほ肉のカレー
（ゲーンラワンヌア）

◆ **デザート** ◆
マンゴーと甘い蒸しもち米
（マンゴースティッキーライス）

◆ **お菓子** ◆
タイ伝統菓子4種
（アソート・トラディショナル・タイデザート）

ライトアップされたアイコンサイアムも！

円形のバーカウンターもステキ

アジアティークの観覧車も目を引く

美食＆景色でロマンチックに **サフロン・クルーズ** ●Saffron Cruise

「バンヤン・ツリー・バンコク(→P210)」が運航。バンコクの夜景を船上から眺めながら、4品のコースディナーを堪能できる。料理は世界各国の星付きレストランで活躍してきたシェフが担当。タイ伝統の味に現代のエッセンスを加えたもので、見た目も華やかだ。メニューは2カ月ごとに変更。

(発着地) **アイコンサイアム ピア2 MAP:P8A3**
図BTSチャルンナコーン駅から徒歩5分
☎0-2679-1200(代) ⏲19～22時 (休)要問合せ
(料)4コースセットメニューB2850～※ドリンクは有料
英 英 予

4コースセットメニューの一例

※前菜、メイン、デザートは数種から選択

◆ 前菜 ◆
カニ肉のスパイシーサラダ
牛ヒレ肉のグリル スパイシーソース、ほうれん草のソテー添え
パイナップルの鶏ミンチ＆ピーナッツのせ

◆ スープ ◆
ホタテのココナッツミルクスープ

◆ メイン ◆
グリルサーモンのカオソイソース添え
川エビのフライ チリペースト＆カシューナッツソース添え

◆ デザート ◆
ココナッツミルクのスープ
パンダナスゼリーのココナッツアイス添え
ローズアップル

↓パッションフルーツ＆ライムとバタフライピーのシューズB250

↓→エディブルフラワーを使った華やかな演出

→ココナッツミルクから作る甘いスープなどデザートも楽しみ

Plus! ツアー会社のプランを利用しよう!

ツアー会社が催行するディナークルーズプランを利用すれば、言葉が心配でもスムーズに予約ができる。

ホワイトオーキッドディナークルーズ

チャオプラヤー川の美しい景色を楽しむ約2時間のクルーズ。ディナーはタイ料理とインターナショナル料理のビュッフェで、タイ舞踊による歓迎やバンドの生演奏などエンタメ要素も楽しみ。

出航 19時45分発(チェックイン19時～)
所要時間 約2時間
発着地 アジアティーク・ザ・リバーフロント(MAP：P2B4)／アイコンサイアム ピア4(MAP：P8A2)
催行日 毎日 最少催行人数 1名
料金 B1300※ディナー代含む(ドリンク代は別途)
申し込み JTBタイランド→P229

↓船上からの眺めはもちろん、船内のエンターテイメントも楽しもう

↑眺めのよいデッキにもテーブル席が用意されている。日が暮れると川からの風が心地いい

歌あり、ダンスあり、コメディあり！

華麗なキャバレーショーを鑑賞

Read me!

夜のエンターテインメントといえば、見目麗しいパフォーマーたちが舞台を彩るショー。バラエティに富んだ演出と魅惑のパフォーマンスは目が離せない！

キャバレーショーの殿堂

カリプソ・キャバレー ●Calypso Cabaret

パフォーマーたちが次々と登場し、プロの舞台女優顔負けの迫力あるパフォーマンスを繰り広げる。アメリカ、日本、韓国、中国、インドなど各国にちなんだ演出から華やかなフィナーレまで一気に盛り上がる。

バンコク南部 **MAP:P2B4**

交 BTSサパーンタクシン駅前のサトーン船着場から無料シャトルボートで約10分（16時～23時30分まで運航）
住 アジアティーク・ザ・リバーフロント（→P54）内
☎ 0-2688-1415～7
時 19時30分～、21時15分～ 休 なし
料 B1200（ウェブ予約はB900。1ドリンク付き）※前日までに要予約
URL www.calypsocabaret.com/jp

美しさは想像以上で、スタイルもバツグン！

きらびやかな衣装と大がかりな舞台に注目！

コミカルな演出も楽しみ♪

多彩なジャンルの音楽でステージを盛り上げる

1 チケットブースへ

劇場は「アジアティーク・ザ・リバーフロント」のチャルンクルン地区にあり、入口前にチケットブースがある。ウェブで予約している場合もまずはこちらへ。

2 劇場内に入る

艶やかな照明の劇場内へ。ウェイターが席までドリンクの注文(チケットは1ドリンク付き)を聞きに来てくれる。

3 ショーがスタート！

音楽に合わせ、スポットライトを浴びたパフォーマーが次々にステージに登場。その妖艶な美しさに歓声があがる。

4 ステージを満喫♪

きらびやかな衣装で着飾ったパフォーマーが、ダンスや歌などでステージを盛り上げる。客席に降りるなど観客を巻き込んだ演出も。

注目!

5 感動のフィナーレ

約1時間のショーのラストは全員揃ってのラインダンス。ステージの締めくくりにふさわしい華やかな幕切れは感動的。

6 パフォーマーと記念撮影

出口で見送るパフォーマーたちと一緒に記念撮影ができる。美しさにドキドキしながらパシャリ！チップはB40くらい渡すといい。

Plus! ショー鑑賞の前にタイ料理で腹ごしらえ♪

劇場と同じ建物内にあるレストランでは、伝統舞踊を鑑賞しながらタイ料理のディナーセットを楽しめる。キャバレーショーとあわせて予約するのがおすすめだ。

トムヤムクンやグリーンカレーなど定番料理がずらり！

タイの伝統舞踊を間近で鑑賞できる

迫力満点の熱い戦いにくぎづけ

ムエタイ観戦で大興奮！

Read me!

タイの国技、ムエタイは「世界最強の格闘技」といわれ、選手同士の真剣勝負と熱気に包まれた会場の雰囲気が魅力。ムエタイ観戦でエキサイティングな夜を！

試合前のダンス、ワイクルーは見逃せない！

伝統的な楽器を使った音楽が試合を盛り上げる

観戦はココで！

開催 基本的に毎日

ラチャダムヌン・ボクシング・スタジアム

●Ratchadamnoen Boxing Stadium

タイで最も歴史あるムエタイ・スタジアムのひとつ。空調完備で、土曜にビッグイベントが催される。

王宮周辺 **MAP:P2B2**

図BTSラチャテーウィー駅から車で15分
住8 Ratchadamnoen Nok Rd.
☎0-2281-4205
時18～23時
休不定休
料リングサイドB3000、2階席B1500、3階席B1000
英

開催 金・土曜

ルンピニ・ボクシング・スタジアム

●Lumphini Boxing Stadium

ロイヤルタイアーミースポーツセンター内にあり、金曜が最高潮に盛り上がる。ドンムアン空港から近く、バンコク中心部からは少し離れている。

バンコク北部 **MAP:P3D1**

図バンコク中心部から車で45分 住6 Ram in Tra Rd.
☎080-045-9541
時金曜は18～23時、土曜は17～20時
休日～木曜
料B1500～3000（イベントにより変更あり）

ムエタイの基礎知識

会場と試合時間
バンコクではラチャダムヌンとルンピニの2カ所を主会場として、毎日どちらかでプロの試合が行われる。開始は18時ごろからが多く、1日8～10試合が行われ、最終戦は23時前後。

試合形式
試合には3ラウンド制と5ラウンド制があり、前座的な1～3試合目までは3ラウンド制。メジャーな選手の試合はほとんどが5ラウンドで戦われる。1ラウンドは3分、インターバルは1分だ。

勝敗の決め方
試合の勝敗を決めるのは「KO」か「判定」。判定は1ラウンド10点で採点され、有効なパンチやキック、ダウン、ダメージなどを考慮。一般の観客による非合法の賭けが公然と行われているが、旅行者は参加せず遠巻きに眺めよう。

観戦してみよう！

1 チケットを買う
まずはスタジアム窓口へ。席種はリングサイド・2階・3階の3つで、英語でも表記がある。観光客目当てのダフ屋もいるので注意しよう。

2 いざ会場へ！
リングサイドの場合は、基本的にチケットを見せれば係員が席へと案内してくれる。場内の電光掲示板などでその日の対戦表を確認しよう。

選手入場で会場は一気にヒートアップ！

注目！

3 試合前のダンス
試合開始前には、師匠とムエタイの神様に感謝する「ワイクルー」という舞が披露される。頭にかぶるのは魔除けの綱、モンコン。ワイクルーのスタイルは選手ごとに異なる。

4 試合スタート！
タイ語と英語のアナウンスが流れるとゴングが鳴る。最初はお互いに様子見が続くが、次第に激しい打ち合いに！

5 試合終了
レフリーが勝者の手を上げると、選手は一礼してリングを後にする。リングサイドから試合後の選手を追いかければ、記念撮影できることも。

観戦の思い出に…

ムエタイグッズをGet！
スタジアムの入口付近にはムエタイグッズを扱うショップが。ボクサーパンツやグローブなど、個性的なアイテムが揃う。

世界がひろがる！
Column

独特の様式美と
音楽に魅せられる！

タイ舞踊

きらびやかな衣装、独特の音楽、優雅で繊細な動きが印象的なタイ舞踊。
気軽にタイ舞踊にふれるなら、食事をしながら鑑賞できるシアターレストランがおすすめ。

タイ舞踊とは？

伝統的な「古典舞踊」と庶民に身近な「民族舞踊」に大別され、音楽と踊りのみの「舞踊」と、ストーリーに沿って音楽に合わせて踊る「舞踊劇」がある。

●**古典舞踊**…スコータイ王朝やアユタヤ王朝の時代から伝承されてきた宮廷舞踊。特に衣装がきらびやか。
●**民族舞踊**…王宮外で踊られてきた庶民の踊り。

●**仮面舞踊劇（コーン）**…鬼や猿、神々の頭と顔をモチーフにした仮面をかぶり、物語に沿って芝居をしながら音楽に合わせて踊る。
●**新古典劇（ラコーン）**…仮面をつけずにスローテンポで優雅に舞う舞踊。

代表的な演目は？

最もポピュラーな演目は『ラーマキエン』。3世紀ごろに書かれたというインドの叙事詩『ラーマーヤナ』を、アユタヤ王朝時代に王国の歴史と重ね合わせて再編した物語で、宮廷内で演じられていた。

ストーリー

アユタヤ王国のプラ・ラーマ王が、弟と猿将軍ハヌマーンらを伴って、妻のシーダ妃を誘拐したロンカー国王トサカンの率いる夜叉軍団と戦う。ラーマ王はトサカンを倒し、見事シーダ妃を救い出す。

仮面舞踏劇「コーン」は2018年ユネスコ無形文化遺産に登録

どこで鑑賞できる？

国立劇場のほか、食事をしながら鑑賞できるシアターレストランもある。そのほか、寺院や祠で、信者が奉納する伝統舞踊を見かけることも。

タイ舞踊体験はココで！

タイ舞踊の体験&記念撮影

タイ・アート&カルチャーセンター

●Thai Art & Culture Center

タイ文化を体験できる施設。タイ舞踊体験は4コースあり、タイ舞踊の手の形やしぐさのレッスンを受けるコースや、古典舞踊の衣装の着付けと舞台用ヘアメイクで記念撮影できるコースなど。

スクンビット MAP：P11F1

交BTSプロームポン駅から徒歩12分 住36/16 Promsri 1 Sukhumvit Rd. ☎0-2662-4230 ⏲9～17時（土曜は10～16時）休日曜 料タイ舞踊体験B1000（1時間）など 英 予

BANGKOK

スパ・マッサージ

Spa & Massage

Contents

知っておきたいこと13

#スパ #マッサージ

ホテルスパから街スパ、古式マッサージまでバンコクはスパ&マッサージの宝庫。
利用する際の注意点やポイントなどを事前に確認しておこう。

01 耳より

店のバリエーションあれこれ

•ホテルスパ
高級ホテル内にあるスパ。多彩なメニュー、ラグジュアリーな空間、きめ細かなサービスなど、どれをとってもハイレベル。

•一軒家スパ
邸宅をリノベーションしたスパ。中庭があるなど、緑豊かな環境で施術を受けられる。一軒家なので中心部から離れている場合も。

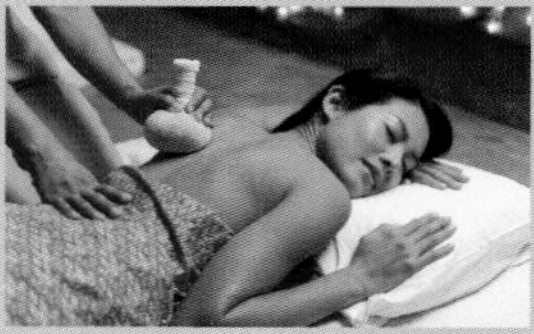

⬆アジア・ハーブ・アソシエイション(→P165)

•カジュアルスパ
豪華さはないが、清潔で居心地のよい雰囲気。タイ古式マッサージやフェイシャルトリートメントなどメニューが充実している。

•マッサージ専門店
タイ古式マッサージと足マッサージを得意としている。予約は不要で男性も気軽に利用できる。

⬆ビー・ブロッサム・マッサージ&スパ(→P166)

02

高級スパは予約が必須

ホテルスパや一軒家スパは当日でもよいので予約をするのが基本。電話やインターネットで予約できるが、言葉に自信がない場合はホテルのコンシェルジュに依頼するのもひとつの方法。女性のみ利用できる店やシャワー設備がない店などがあるので、疑問に思ったことは予約時に必ず確認を。

⬆予約時にはキャンセル料についても確認しよう

03 耳より

定番のトリートメント

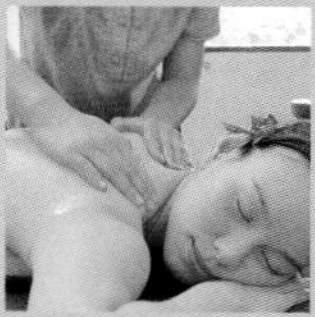

アロマ・マッサージ
天然由来のオイルを使い、マッサージと香りによって心身の疲れを軽減。

ボディ・スクラブ
クリーム状にしたハーブやフルーツなどを全身に塗って、角質を除去する。

ボディ・ラップ
泥や海藻を使った全身パック。ビニールラップとタオルで包み肌に浸透させる。

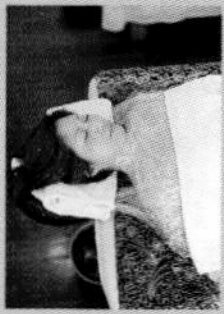

ハーブボール (ハーバルボール)
数種類のハーブを布に包んで蒸し、全身に当てる温熱療法。マッサージと組み合わせる。

フラワーバス
バラやハスの花びらを湯船いっぱいに浮かべたお風呂。贅沢な気分を楽しめる。

04 耳より

よく使われるスクラブの種類

タイ・ハーブ
レモングラスやタマリンドなど数種のハーブをブレンドしたタイの定番スクラブ。

タマリンド
料理にも使われるマメ科の植物。天然のAHA酸を含み、美白ややわらか肌に効果あり。

マンゴスチン
美白効果が期待できる南国フルーツ。肌のくすみが気になる人におすすめ。

ライスブラン
米ぬかのこと。ビタミンEを含み、毛穴の汚れを落とし、やわらかなつやのある肌に。

コーヒー
古い角質や皮脂を落とし、つややかな肌が蘇る。デトックスや美白の効果も期待できる。

黒ゴマ
天然のセサミオイル成分が肌に潤いを与え、しっとり&なめらかな質感に。

05

現地ツアーでの予約が何かと便利

言葉など自分で予約するのが不安なら、現地発着のオプショナルツアーを利用するのもおすすめ。オリジナルの割引や特典などが付いているプランも。予約時間の変更やキャンセルなどの相談もツアー会社を通して日本語でできるので安心。→P229をチェック！

06

チップはどうする？

チップを渡すのが一般的。施術してくれたマッサージ師が見送りのためドアの前に立っているので、その時に渡せばよい。街スパならB100～200程度、高級スパならB200～300くらいが目安。

07

服装と持ち物について

紙ショーツ、ローブ、ズボンなどは貸してもらえるので手ぶらでOK。足マッサージの場合は膝までめくれるようなゆったりしたボトムを履いて行けば着替える必要はない。フェイシャルトリートメントを希望するならメイク道具は忘れずに。

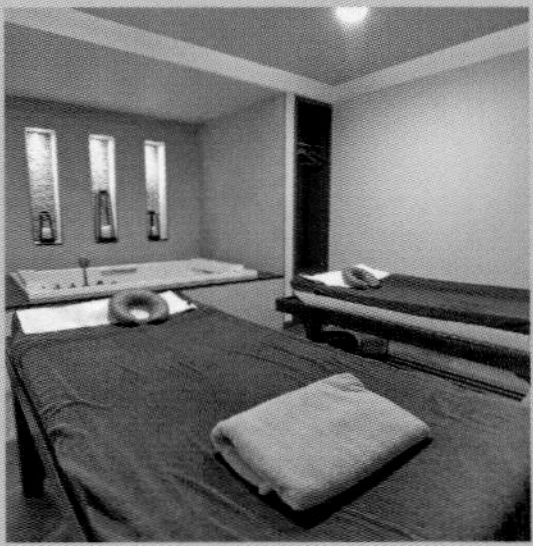

08

施術前後の注意点

- 血行が促進されるので、施術前後の飲酒は避けること。
- 体調が悪い時は施術をやめる。
- 捻挫やケガをしていたら事前に申告し、患部を避けて施術してもらう。
- 胃腸が刺激されることがあるため、施術前の食事は避けて3時間くらいは時間を空けよう。施術後はすぐに食事をしないこと。

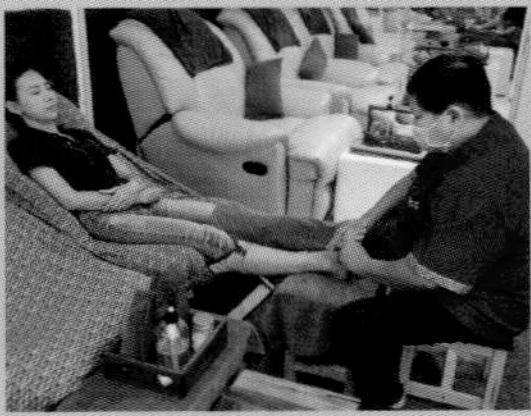

09

貴重品の管理はしっかりと

高級スパには鍵付きのロッカーや貴重品入れがある場合もあるが、用意されていない店がほとんど。トラブルに遭った場合は自己責任なので、多額の現金や貴重品は持っていかないようにしよう。

10 耳より

ワット・ポーで伝統のマッサージ&ヨガ

タイ古式マッサージの総本山として知られるワット・ポー(→P46)。寺院敷地内にマッサージが受けられる店があるほか、ヨガに似たタイ式健康法のルーシーダットン(→P82)も無料で体験できる。

11 耳より

スパブランドの直営店をチェック♪

バンコクにはハーブやフルーツなどを使ったスパ用品専門ブランドが充実。そのなかには自社製品を使ってトリートメントやマッサージをするスパを併設しているブランドもある。おみやげ用にスパグッズを購入するだけではなく、施術も体験してみよう。

●オススメ直営店

タン・サンクチュアリー ●Thann Sanctuary
スクンビット **MAP:P11E2**
図BTSプロームポン駅直結
住エンポリウム(→P137)5F
☎0-2664-9924-5 ⏲10～20時 休なし 英

パンピューリ・ウェルネス
●Panpuri Wellness
DATA→P163

アーブ ●Erb
サイアム **MAP:P7D3**
図BTSチットロム駅から徒歩5分
住セントラル・ワールド(→P136) 1F
☎0-2640-7000 ⏲10～22時 休なし 英

12

時間は余裕をもって

ホテルスパや一軒家スパなどの高級店では、施術前のメニュー選びやカウンセリング、施術後のお茶の時間など、実際の施術以外にかかる時間も考慮しておこう。予約時間ギリギリではなく、余裕をもって店に到着したい。

13

言葉は英語か日本語でOK

英語が通じる店が多く、日本語のメニュー表が用意された店もある。在住日本人が集まるエリアや日本からの旅行者の利用が多い店では、日本語が話せるスタッフが常駐している場合もある。

【編集MEMO】

コレだけはいいたい！

カオサン通り(MAP:P4B1)周辺には格安マッサージ店が集まっている。値段や雰囲気を見比べて、入るお店を選ぼう。

ホテルスパでは併設のプールやジャクジー、サウナなどが施術前後に自由に使えるところが多いので、予約の際に確認を！

スワンナプーム国際空港の出国フロアにはマッサージ店がある。搭乗前にマッサージでリラックスするのもおすすめ。

最高の技とサービスに癒やされる♪

ホテルスパでリラックス体験

Read me!

世界でもトップクラスのレベルを誇るタイのスパ。トリートメント技術はもちろん、サービスや空間も最高級のホテルスパで、"究極の癒やし"を体験してみたい。

おすすめメニュー

アドバンスド・ホリスティック・マッサージ
Advanced Holistic Massage
B3500(60分)／アーユルヴェーダ式のボディートリートメント。リンパ排液マッサージで体液の流れを正常化し、むくみや疲労をとる効果あり

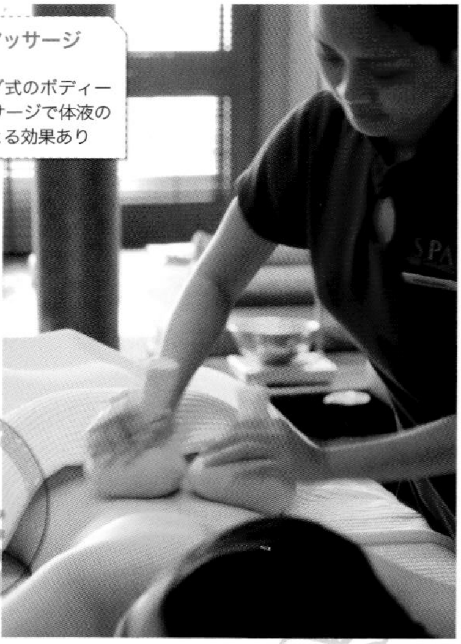

↓タイ・コロニアル様式が優雅なトリートメントルーム(左)ホテルでは無料のヨガクラスなども実施している(右)

↑タイ伝統のハーブボールを取り入れたトリートメントも人気

定番

エレガントな空間でリラックス

ザ・ペニンシュラ スパ ●The Peninsula Spa

コロニアル調の長い廊下、アジアンスタイルで統一された施術室など優雅な雰囲気。アーユルヴェーダとアロマを組み合わせた「サトル エナジーテラピー」など30種類のメニューが揃う。

トンブリー MAP:P8A3
図BTSサパーンタクシン駅前のサトーン船着場から専用ボートで約2分(約10分間隔で運航) 住ザ・ペニンシュラバンコク(→P210)内 ☎0-2020-2888
⏲9～23時(最終受付は20時30分)
休なし 日 英 日 英 予

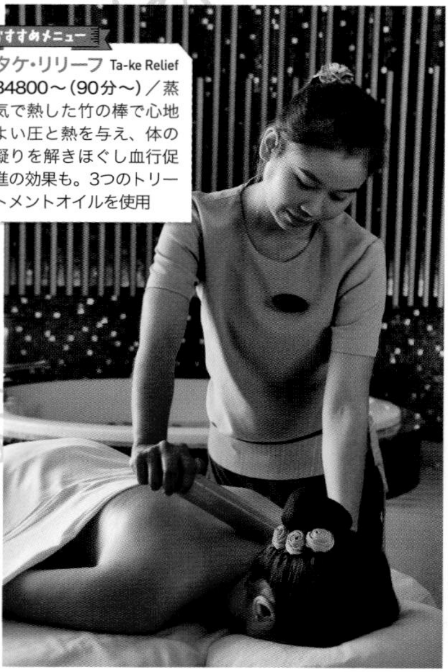

おすすめメニュー

タケ・リリーフ Ta-ke Relief
B4800～(90分～)／蒸気で熱した竹の棒で心地よい圧と熱を与え、体の凝りを解きほぐし血行促進の効果も。3つのトリートメントオイルを使用

↑手でオイルを塗るなどの施術に抵抗があるゲストに好評

竹マッサージで美を磨く

オークラスパ ●The Okura Spa

熟練のセラピストによる特製のオーガニック茶葉やオイル、クリームを用いたトリートメントが評判。竹マッサージやタイ古式マッサージなど多彩なメニューが揃う。

サイアム MAP:P7F4
図BTSプルーンチット駅直結
住オークラ・プレステージ・バンコク(→P211)内
☎0-2687-9000 ⏲10～20時 休なし 日 英 日 英 予

↑シックな雰囲気のレセプションエリア

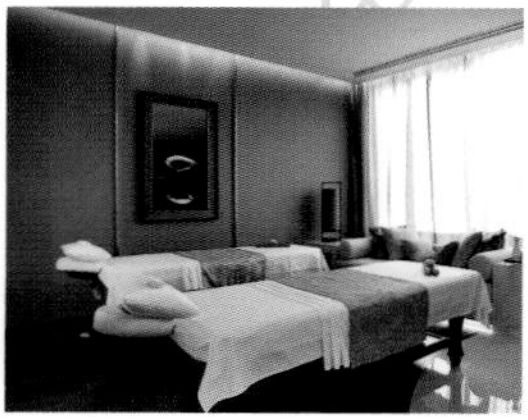

←竹の癒やし効果を取り入れたマッサージが人気↑全5室はゆったりスペース

オススメ!

名門ホテルのスパで癒やし時間

オリエンタル・スパ ●The Oriental Spa

オススメ！

世界的に知られるアジア初の本格スパ。チーク材の家屋を復元したスパ棟へは、ホテルから専用ボートでアクセス。別棟にはインドの薬学や医学を修得した医師も常駐する。

トンブリー MAP：P8A3

図マンダリン・オリエンタル・バンコクから専用ボートで2分
住マンダリン・オリエンタル・バンコク(→P210)別館内
☎0-2659-9000(代) 営10～20時(最終受付は18時) 休なし 英英予

↑インド式の伝統医学、アーユルヴェーダのメニューもある

おすすめメニュー

オリエンタル・シグニチャー・トリートメント
The Oriental Signature
B4800～(90分～)／タイ古式マッサージの伝統とヨーロッパの最新技術を融合させたオリジナルのボディトリートメント

←セラピストはタイ屈指の技術をもち、接客もハイレベル(左)な世界屈指のスパ。オリジナルのケア商品も販売している(右)

↓全16室はいずれもエキゾチックなインテリア

←世界的に有名な「マンダラ・スパ」がプロデュースし、技術に定評あり

エキゾチックな演出がステキ♡

アナンタラ・スパ
●Anantara Spa

ゲストの快適性を追求し、羽毛のベッド、ジム・トンプソンのシルクや竹ファイバー入りのリネンなどを使用。タイ産ハーブや厳選したオイルを使ったトリートメントが好評だ。

おすすめメニュー

アナンタラ・シグネチャー・マッサージ
Anantara Signature Massage
B4500(90分)／東西の癒やしの技法を組み合わせ、独自ブレンドのオイルで行う人気のボディマッサージ

サイアム MAP：P7D4

図BTSラチャダムリ駅から徒歩2分
住155 Ratchadamri Rd., Lumphini (アナンタラ・サイアム・バンコク内)
☎0-2126-8866 営10～22時(最終受付は20時) 休なし 英英予

世界を代表するスパグループ

バンヤン・ツリー・スパ ●Banyan Tree Spa

アジアで展開する高級リゾート＆スパの大御所。スパ専用フロアは静寂に包まれた非日常の空間。熟練セラピストがプロフェッショナルなトリートメントを施してくれる。

シーロム MAP：P9F3

図BTSサラデーン駅、MRTシーロム駅から徒歩15分
住バンヤン・ツリー・バンコク(→P210)内 ☎0-2679-1200
営10～20時(最終受付は18時30分)休なし 英英予

↓バス付きなど全16室➡使用するオイルはオリジナル。香りや効能から好みのものを選べる

おすすめメニュー

ロイヤル・バンヤン
Royal Banyan
B8500～(150分)
タイ王室に伝わる伝統マッサージを応用。ハーブボールも使用する

おすすめメニュー

サイアミーズ・マッサージ
Siamese Massage
B2700(60分)／タイと西洋のオイルマッサージを組み合わせて、体の柔軟性をアップ

↓2人で施術を受けられるカップル・スイートルーム
➡心身ともにリラックスできるメニューが充実

幻想的な空間で深い安らぎを

Chi スパ ●Chi, The Spa

中国医学の思想と哲学がコンセプト。トリートメントでは、心身の健康と活力をつかさどる体内の「氣」を整える。ラグジュアリーでありながらアットホームな雰囲気も魅力。

サトーン・ピア周辺 MAP：P8A4

図BTSサパーンタクシン駅から徒歩2分
住シャングリ・ラ バンコク(→P211)内
☎0-2236-7777(内線6072) 営10～22時(最終受付はコースにより異なる) 休なし 英英予

←館内にはスパ製品を販売するコーナーも併設

優雅な空間もステキ♪

一軒家スパでちょっと贅沢

Read me!

古い邸宅などを利用した一軒家スパは、喧騒から離れた静かな空間でゆったりと施術が受けられるのが魅力。庭園やプールでくつろぎながら、プチ贅沢なひとときを。

⬅中庭の水辺にはパラソルの立つテーブル席が配され、リゾート感たっぷり(左)。静かな路地の奥に立つ、美しい白亜の一軒家(右)

自然に癒やされる都会の隠れ家

オアシス・スパ ●Oasis Spa

チェンマイに本店をもつ有名スパ。緑に囲まれた敷地に白亜の建物が立ち、館内はまるで別世界。新鮮なハーブや果物を多用し、セラピストの技術やサービスも極上の時間を演出する。

スクンビット **MAP:P3E3**

図BTSプロームポン駅から車で5分
住64 Soi Sawasdee, Sukhumvit 31 ☎0-2262-2122
営10～22時(最終受付は18時) 休なし 英日英予

おすすめメニュー

パラダイス・オブ・オアシス
Paradise of Oasis
B4600(240分)/スチーム、スクラブ、オイル・マッサージ、フェイシャルなどの半日コース

➡オレンジやクレイ(泥)などやさしい自然素材を使用(左) 全12室あり、すべてゆったりとしたツインルーム(右)

たっぷりのハーブを使ったバスが人気

シリ・ギリヤ・スパ ●Siri Giriya Spa

築50年の古民家を改装した館内は、自然の風が通り開放的。人気は約30種のハーブをブレンドしたハーバル・バス。新陳代謝を促し、心身の不要なものを排出してくれるのだとか。

バンコク東部 **MAP:P3F4**

図BTSオンヌット駅から徒歩10分
住1954/09 Soi Sukhumvit 60, Sukhumvit Rd. ☎0-2741-5199、日本語予約専用080-778-0050 営10～22時(最終受付は18時30分) 休なし 英日英予

⬇トリートメントルームは全8室ともバス付き

おすすめメニュー

シリ・スリミング・マッサージ
Siri Slimming Massage
B1750(80分)/オリジナルの全身マッサージ。ハーバル・バスB950(25分)の追加でさらに効果あり

オススメ!

➡ショウガやライムなど、ナチュラル素材を使った特製のスクラブ

⬅かつてオーナーの祖父母の家だった建物を利用。中庭もある

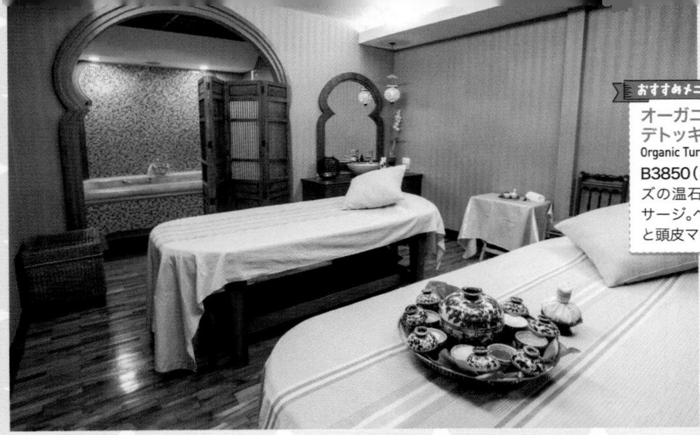

おすすめメニュー

オーガニック・ターコイズ・デトッキファイ
Organic Turquoise Detoxify
B3850(120分)／ターコイズの温石を使った全身マッサージ。ヘアマッド(パック)と頭皮マッサージ付き

←トリートメントルームのデザインは部屋ごとに異なる。写真はイスラム風

↓使用プロダクトはハーブやシルク、ハチミツなど自然素材で作られたオリジナル

緑に囲まれた癒やしの洋館

ディヴァナ・ディヴァイン・スパ

●Divana Divine Spa

一軒家スパの先駆け的存在「ディヴァナ・マッサージ＆スパ」の姉妹店。タイ随一とも評される高い技術や空間、ホスピタリティあふれる接客に癒やされる。オリジナル製品も販売。

トンロー **MAP:P13B1**

図BTSトンロー駅から車で10分 住103 Thonglor 17,Sukhumvit 55 ☎0-2712-8986 ⏲11～23時(土～月曜は10時～。最終受付は21時) 休なし 英英予

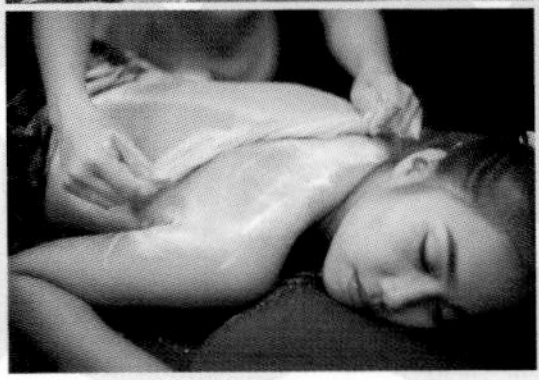

➡静かな住宅街にあるかつての洋館を利用(上)。シルクの生糸を使ったうぶ毛取りなども人気(下)

自然派プロダクトでリラックス♪

トレジャー・スパ・トンロー

●Treasure Spa Thonglor

オリジナルの技術をベースに、タイ伝統のトリートメントやインドのアーユルヴェーダ式の施術を受けられる。ハーブやフルーツを多く取り入れたプロダクトを使用。

トンロー **MAP:P13A1**

図BTSトンロー駅から車で5分(トンロー駅から無料送迎サービスあり) 住33 Thonglor 13 Soi Torsak ☎0-2391-7694 ⏲11～21時(金～月曜は10～22時。最終受付は19時30分) 休なし 英英予

おすすめメニュー

サイアム・パラダイス Siam Paradise
B6350(210分)／足湯、ハーバル、スチーム、スクラブ、マッサージ、塩のトリートメントなどのセット

↓おしゃれな隠れ家スパは緑豊かで閑静な空間

+Plus! ケアブランド直営スパへ!

ナチュラルコスメが充実するタイ。スキンケアブランド直営のスパも要チェック!

↓製品はシンプルなパッケージも人気

↑トリートメントルームはシングルとダブルの全7室➡ショップの隣にスパへの入口がある

自然由来のプロダクトが評判

パンピューリ・ウェルネス

●Panpuri Wellness

タイを代表するホームスパ・ブランド「パンピューリ」直営スパ。トリートメントには、オーガニック素材にこだわった自社プロダクトを使用。

サイアム **MAP:P7E3**

図BTSチットロム駅直結 住ゲイソーン・ヴィレッジ(→P137) 12F ☎0-2253-8899 ⏲10～22時(最終受付は21時30分) 休なし 英英予

立ち寄りに便利でコスパも抜群

街なかスパでリフレッシュ！

Read me!

ホテルや一軒家のスパ以外に、清潔感があって気軽に利用できる駅近のスパが多いのもバンコクの魅力。ウェブ予約でお得に利用できる場合もあるので要チェック。

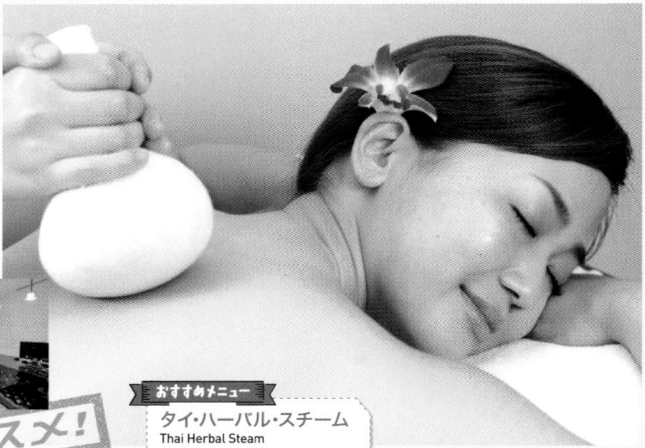

➡タイのハーブが詰まったボールを使った施術も人気

⬇バスタブ付きのツインルーム（左）エントランス。施術後はお茶とクッキーを提供（右）

清潔で丁寧な接客が魅力

マイ・スパ ●My Spa

オススメ！

駅近でありながら、店内はエッセンシャルオイルの香りが漂う癒やし空間。陶器の道具“かっさ”を使ってフェイスラインを整えるかっさフェイシャルB1600（75分）や、人気トリートメントを組み合わせたマイスパ・シグネチャー・パッケージB2900（180分）がおすすめ。

スクンビット MAP：P11D1

図BTSアソーク駅から徒歩1分 住3F Times Square Building, Soi 12-14 Sukhumvit Rd. ☎081-620-8723（日本語対応）／061-415-9722 ⏲9～22時（最終受付はメニューにより異なる）休なし 日英日英

おすすめメニュー

タイ・ハーバル・スチーム
Thai Herbal Steam

B1800（100分）／温めたハーバルボールを押し当てて血行を促し、凝りをほぐした後、タイ式やアロマなど3種のマッサージから選択

⬆フェイシャルトリートメントが充実⬅オリジナル商品のバスソルトB70（1袋50g）、バタフライピーティーB120（1袋35g）、リップバームB120

➡人気のアロマオイルトリートメントで使うオイルは4種類から選べる

オイルマッサージでリラックス

ダーラ・ビューティー&スパ
●Dahra Beauty & Spa

モダンで落ち着いた雰囲気で欧米人の利用も多いスパ。ボディ、フェイシャル、フットのメニューは種類豊富で、ボディスクラブやフェイシャルトリートメントなどを自由に選べるスパトリートメントも人気。

シーロム MAP：P9D3

図BTSチョンノンシー駅から徒歩6分 住Silom 154 / 8-9 Suriyawong ☎0-2235-4811 ⏲10～23時（最終受付はメニューにより異なる）休なし 英英予

おすすめメニュー

アロマテラピー・マッサージ
Aromatherapy Massage

B1400～（60分～）／植物やハーブから抽出したエッセンシャルオイルを使って全身をゆっくりとマッサージ

⬅2階のオイルマッサージの部屋。1階がフットマッサージ、3階がタイマッサージに分かれている⬆広々としたエントランススペース（左）。随所にアジアンテイストなオブジェが飾られている（右）

シングルからトリプルまで、約30室を用意

↓自家製のスクラブは竹炭など約8種

おすすめメニュー

アーバン・タッチ(ウォーム・オイル・マッサージ)
Urban Touch(Warm Oil Massage)

B1200～(60分～)／アジアと西洋の伝統を融合させ、温めたオイルで全身をマッサージする

定番

ボディトリートメントが充実

アーバン・リトリート
●Urban Retreat

一流スパのような高級感ある雰囲気で、各国旅行者も多く訪れる。特にボディのメニューに力を入れており、タイ式などの各種マッサージ、スクラブ、ボディマスクなどが充実。

スクンビット　**MAP：P11D1**

図BTSアソーク駅から徒歩1分 住348/1 Sukhumvit Rd. ☎0-2229-4701 ⏲10～22時(最終受付はメニューにより異なる) 休なし 英 英 予

生ハーバルボールで全身スッキリ

アジア・ハーブ・アソシエイション
●Asia Herb Association

確かな技術に定評がある人気サロン。おすすめはタイの伝統療法として知られる生ハーバルボール。自社のオーガニック農園のハーブで手作りされ、体の毒素排出に効果があるという。

スクンビット　**MAP：P11E3**

図BTSプロームポン駅から徒歩7分 住50/6 Sukhumvit Soi 24 ☎0-2261-7401 ⏲9～24時(最終受付は22時) 休なし 日 英 日 英 予

定番

おすすめメニュー

ピュアオイル・ボディーマッサージ＋生ハーバルボール
Pure Oil Body Massage+Organic Fresh Herbal Ball

B1750～(90分～)／オリジナルブレンドのオイルで全身をケアし、生ハーバルボールを押し当てて代謝をアップさせる

➡定番の古式マッサージB700(60分)～もおすすめ⬆きめ細やかなサービスにも定評あり

➡天井が高く開放的なトリートメントルーム

おすすめメニュー

アロマ・リラクシング・マッサージ
Aroma Relaxing Massage

B1200～(60分～)／天然由来のエッセンシャルオイルを加えたマッサージオイルでやさしく全身をマッサージ

洗練された空間で心身をリセット

プリマ・スパ ●Preme Spa

"健康な体と健康な心の組合せ"をコンセプトにしたスパメニューがラインナップ。アロマオイルを使ったボディマッサージやフットマッサージのほか、フェイシャルケアやボディスクラブなども。

トンロー　**MAP：P13A3**

図BTSトンロー駅から徒歩4分 住1/2 Soi Napha Sap 1, Sukhumvit 36, Klongton, Klongtoey ☎063-905-9928 ⏲10～22時(最終受付はメニューにより異なる) 休なし 英 英 予

⬆白で統一された爽やかなエントランス

＋Plus!　**ネイルケアもCHECK!**

バンコクならネイルサロンも日本よりお手頃。指先美人を目指そう！

高い技術で在住日本人からも支持

テイク・ケア ●Take Care

オーナーは日本人で、きめ細やかなサービスが評判。ベース&トップコートには爪を美しく保つアメリカの「Nail Tek」を使用。マニキュアB600(60分)、ジェル・ポリッシュ(ハンド)B600(90分)など。

スクンビット　**MAP：P11E2**

図BTSプロームポン駅から徒歩1分 住599/6 Sukhumvit 35 ☎0-2258-7544 ⏲9～20時(最終受付は19時) 休なし 日 英 日 英

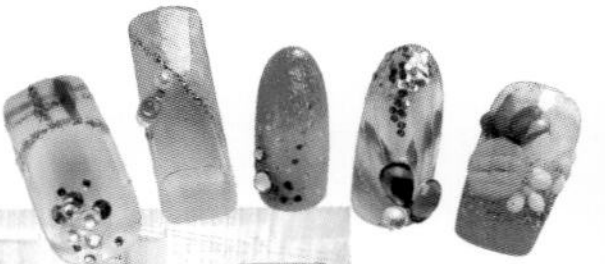

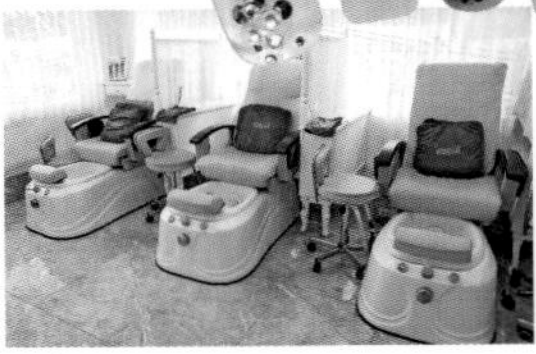
⬆マニキュアB600、ネイルアートB60～(1本)、3DネイルアートB80～(1本)
⬅ゆったりしたソファは12台

イタ気持ちいい～がたまらない

タイ古式マッサージでスッキリ！

Read me!

古くから医療のひとつとして継承されてきたタイ古式マッサージ。その伝統を生かした本場のマッサージ術は、体の不調を改善し、心身ともに元気になれると人気だ。

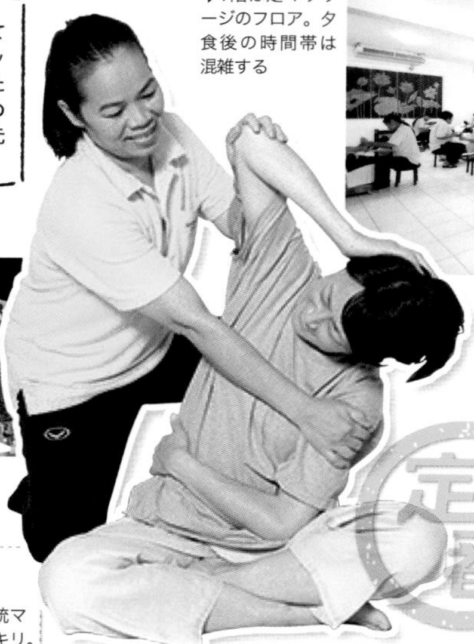

➡1階は足マッサージのフロア。夕食後の時間帯は混雑する

↑全身をゆっくり伸ばしながらほぐしていくのが特徴

↑支店はなくここ一軒。似た店名が多いので注意

おすすめメニュー

タイ古式マッサージ
Thai Traditional Massage

B350～(60分～)／タイの伝統マッサージを堪能して、全身スッキリ。B600(120分)コースもおすすめ

受け継がれた伝統の技を体験

ポータイマッサージ39

●Po Thai Massage 39

定番

タイ古式マッサージの総本山であるワット・ポー(→P46)の直営スクールが経営。伝統の技法を受け継ぐタイ古式マッサージや足マッサージのほか、足裏の角質取りもココの名物。

スクンビット **MAP：P11F2**

図BTSプロームポン駅から徒歩3分
住1/54-55 Soi 39, Sukhumvit Rd.
☎0-2261-0567
時9～21時(最終受付は20時)
休なし 日英日英

↓背中と肩の筋肉をほぐすポーズ。ゆっくりしっかり伸ばしていく

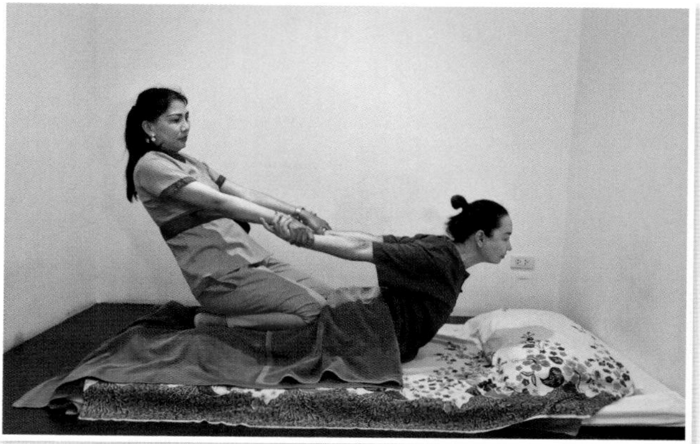

実力派スタッフの施術が評判

ビー・ブロッサム・マッサージ＆スパ

●B'Blossom Massage & Spa

スタッフはタイ古式マッサージ専門の指導を受けたスペシャリスト。アロマテラピー＋バンブーマッサージ＋トークセンB1800(90分)など、セットメニューもおすすめ。

トンロー **MAP：P13A3**

図BTSトンロー駅から徒歩1分
住1001 Khlong Tan
☎063-873-8480
時10～23時 休なし 英日英

オススメ！

おすすめメニュー

タイマッサージ
Thai Massage

B500～(60分～)／全身はもちろん、ほぐしたい部分を伝えて集中ケアも。ハーバルボールとのセットも人気

➡B400～(60分～)のフットマッサージで散策の疲れを癒やすのもおすすめ(左)。アロママッサージなどを行うシャワー付きの部屋もある(右)

おすすめメニュー

タイ古式マッサージ+ヘッドマッサージ
Thai Traditional Massage+Head Massage

B700(90分)／タイ古式マッサージと頭・首・肩をもみほぐすヘッドマッサージのお得なセット

↑タイ古式マッサージの専用ルーム

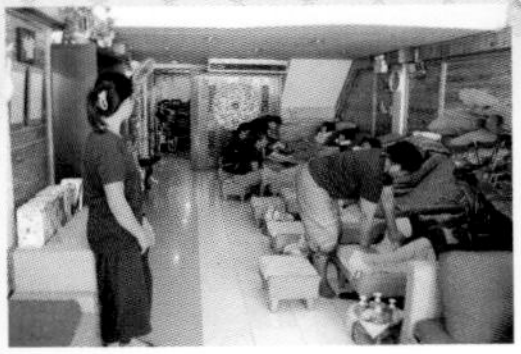

←フットマッサージはオープンスペースで気軽に受けられる

日本仕込みの丁寧なサービス

アット・イーズ ●At Ease

日系ショップが立ち並ぶエリアにあり、細やかな心配りがうれしい一軒。タイ古式マッサージのほか足マッサージや足裏の角質取りもおすすめ。タイのお茶や雑貨の販売コーナーも。

スクンビット **MAP：P11E2**

図BTSプロームポン駅から徒歩2分
住593/16 Soi 33/1, Sukhumvit Rd.
☎061-682-2878
時9～23時(最終受付は22時) 休なし 英日英

多彩なメニューがスタンバイ

スマライ・スパ&マッサージ
●Sumalai Spa & Massage

美容院を営んでいたオーナーが手掛けるサロン。タイ古式マッサージB400～(60分～)のほか、ボディスクラブやフットマッサージなどバラエティに富んだメニューが揃う。

トンロー **MAP：P13B2**

図BTSトンロー駅から徒歩7分
住159/13-14 Soi Thonglo 7-9, Sukhumvit 55 Rd.
☎0-2392-1663 時10～24時(最終受付は23時) 休なし 日英英

↑フレンドリーなスタッフが迎えてくれる

おすすめメニュー

アロマテラピー・ディープ・ティシュー・マッサージ
Aromatherapy Deep Tissue Massage

B800～(60分～)／タイ古式マッサージとラインローリングを組み合わせ、筋肉の深部までほぐしていく

←落ち着いた雰囲気のトリートメントルーム

←2人用のマッサージルーム

おすすめメニュー

タイ古式マッサージ
Thai Traditional Massage

B650(120分)／効果的にツボを刺激して血行を促し、筋肉をほぐしていく

オリエンタルな雰囲気でマッサージ

ヘルス・ランド ●Health Land

リーズナブルな価格設定ながら、タイらしいインテリアで揃えられた内装は高級感と清潔感にあふれている。おすすめはアロマテラピー・ボディ・マッサージB1100(90分)など。

スクンビット **MAP：P12B4**

図BTSアソーク駅から徒歩10分
住55/5 Sukhumvit 21 Rd.
☎0-2261-1110 時9～24時(最終受付は21時30分)
休なし 英英

←広々としたウェイティングルーム

+Plus! タイ古式マッサージを学ぼう

バンコクには本格的にタイ古式マッサージの技術を学べるスクールがある。

外国人に人気のスクール

ワット・ポー・タイ・トラディショナル・メディカル&マッサージ・スクール
●Watpo Thai Traditional Medical and Massage School

旅行者でもタイ古式マッサージを学べる。タイ古式マッサージコース(5日間B1万3500)、フットマッサージコース(5日間B1万4000)など、多彩なコースが用意されている。

王宮周辺 **MAP：P4B3**

図MRTサナームチャイ駅から徒歩6分 住392/25-28 Soi Pen Phat 1, Maharaj Rd.
☎0-2622-3533／0-2622-3551
時受付8～17時 休なし 英英

※スクールの申し込みは直接事務所へ。パスポートと顔写真3枚が必要

↓2人1組になり、マッサージをしながら学んでいく

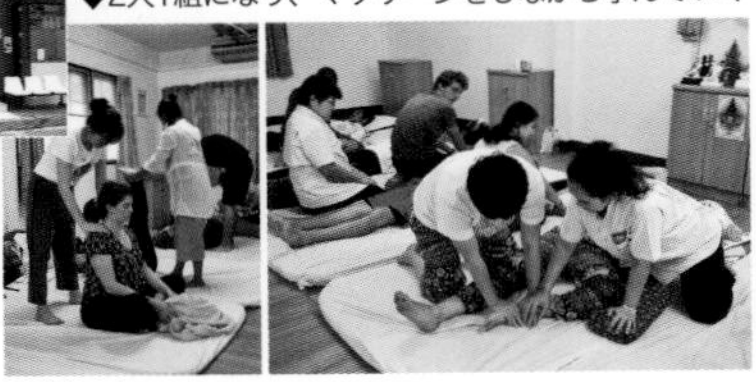

世界がひろがる!
Column

伝統の技で
全身スッキリ!

タイ古式マッサージ

寺院を中心に広まったタイ伝統のマッサージ。
センとよばれるエネルギーラインの刺激とストレッチを組み合わせた施術は痛いけど気持ちいい。

首の付け根から肩の外側のツボや筋肉を、ゆっくり刺激し伸ばしていく。

定番のエビ反り。痛そうに見えるがやさしく引っ張ってくれるので大丈夫。背中や腕が伸びて気持ちいい。

足首からお尻までをゆっくりストレッチ。下半身のむくみ解消に効果あり。

上半身のひねり技。頭の後ろで組んだ両腕を持ち、ゆっくり左右にひねる。腰から背中の疲れに効果的。

足の裏と太ももの裏を同時にほぐす。マッサージの最初の技。

足をひねって手のひらやひじでツボを刺激し、凝ったお尻をほぐしていく。

基礎知識

歴史

インドのアーユルヴェーダに由来し、約2500年前、仏教の伝来とともにタイに伝わったといわれる。その後、学校や病院の役割をもっていた寺院を中心に発展。

テクニック

最大の特徴はオイルを使わず、全身を流れる10本のエネルギーのライン「セン」に沿って施術すること。中国の指圧に似たツボ刺激、インドのヨガに見られるストレッチなども融合したタイ独特の技法だ。

効果

ストレッチやツボ刺激でコリを解消し、脳のリラックス効果も。10本のセンのうち、6本が下半身に集まるため、足マッサージが効果的。

タイ古式マッサージの総本山

ココで体験

ワット・ポー・トラディショナル・メディカルスクール
●Wat Po Traditional Medical School

DATA→P82

BANGKOK

おさんぽ

Town Walk

Contents

TOWN WALK

Siam

サイアム

バンコク屈指の繁華街で買物時間

ショッピングセンターが立ち並び、最新ショップはもちろん
グルメスポットも充実しているタイの流行発信地。
上手に休憩をとりながら街歩きしよう。

パワースポット、エラワンの祠(→P78)にも立ち寄りたい

遊歩道が多く、大きな交差点の移動もラクラク♪

ショッピングセンターは、暑い日中の休憩にもうってつけ

このエリアでしたいコト

1 ショッピングセンターめぐり

エリア内には大小のショッピングセンターが点在。冷房が効いた快適な館内で、最新ショップやグルメスポットを一気にチェック！

2 人気のタイコスメ探し

ショッピングセンター内にはタイコスメの人気ブランド店が充実。プチプラ系から高級品まで揃うので、好みで選ぼう。→P132

行き方

最寄り駅はBTSのサイアム駅とチットロム駅。サイアム駅には2路線が通り、シーロム、スクンビット、トンロー方面からのアクセスが便利。朝夕は渋滞するのでタクシー利用は避けたい。

館内は広いので、行きたい店は案内図で確認を

1 定番から最旬までまとめてチェック！
セントラル・ワールド ●Central World

タイブランドから海外の有名ブランドまで約500軒のショップが揃う。ファッションアイテムやコスメを一度にチェックできて便利。

サイアム MAP:P7D3 DATA→P136

塩漬け玉子をトッピングしたソムタム・カイケムB95

2 タイの定番サラダ「ソムタム」でランチ♪
ソムタム・ヌア ●Som Tam Nua

イサーン料理の有名店。種類豊富なソムタムが評判で、細切りの青パパイヤはしっとりとやわらかく、酸味と辛みのバランスも絶妙。

サイアム MAP:P6C4

交BTSサイアム駅から徒歩2分
住Siam Square Soi 5
☎02-251-4880
◷11～22時 休なし 英 英

昼時は行列ができるので時間に余裕をもって行こう

おさんぽコース
所要約7時間

Start BTSチットロム駅
↓歩いて5分
①セントラル・ワールド
↓歩いて7分
②ソムタム・ヌア
↓歩いて1分
③サイアム・スクエア・ワン
↓歩いて10分
④バンコク・アート＆カルチャー・センター
↓歩いて5分
⑤サイアム・センター
↓館内を移動
⑥イエンリー・ユアーズ
↓歩いて2分
⑦グルメ・マーケット
↓歩いてすぐ
Goal BTSサイアム駅

時間がなくてもココだけはMust Go！
4時間コース

買物メインなら①セントラル・ワールド、③サイアム・スクエア・ワン、⑤サイアム・センターに追加して、サイアム・パラゴン(→P134)、MBKセンター(→P137)も要チェック。

若者のトレンド発信地として知られる

5 最新のタイ発ブランドはココで！
サイアム・センター ●Siam Center

ファッション系のショップが中心で、タイ発のデザイナーズブランドやセレクトショップなど、独自のラインナップが魅力。

サイアム MAP:P6C3

交BTSサイアム駅直結
住979 Rama I Rd.
☎0-2610-8139
◷10～22時(店舗により一部異なる) 休なし

バラエティに富んだラインナップが魅力

サイアム・スクエアの中心にある

3 最新ファッションアイテムならおまかせ
サイアム・スクエア・ワン ●Siam Square One

若者向けファッションブランドやコスメ店が中心。4～5階の飲食店フロアにはタイ料理をはじめ、カフェや各国料理店が揃う。

サイアム MAP:P6C3

交BTSサイアム駅直結 住2 Rama I Rd. Pathumwan, 991
☎0-2255-999(代)
◷10～22時(店舗により一部異なる) 休なし

若者向けのファッションアイテムがたくさん！

6 マンゴースムージーでひと休み
イエンリー・ユアーズ ●Yenly Yours

タイ産マンゴーを使ったスイーツとドリンクが楽しめるデザート・スタンド。スムージーやプリンなどでマンゴーを堪能しよう。

サイアム MAP:P6C3

底にマンゴーゼリーが入ったマンゴースムージーB119～

交BTSサイアム駅直結 住サイアム・センター 2F ☎090-279-3398 ◷10時～20時30分(土・日曜は～20時) 休なし 英 英

ココナッツやイチゴのドリンクも揃う

4 タイの現代アートにふれよう
バンコク・アート＆カルチャー・センター ●Bangkok Art & Culture Centre

美術館をメインにアート系のショップやカフェが集まる複合スポット。美術館では2カ月ほどのサイクルで斬新な企画展を開催。

サイアム MAP:P6C3

交BTSナショナル・スタジアム駅直結
住939 Rama I Rd.
☎ 0-2214-6630
◷10～20時 休月曜 料無料(特別展は有料の場合あり。展示により異なるので要確認) 英

新旧のタイのアートを鑑賞できる貴重な美術館

写真展などが開催されることも

7 ちょっとリッチなバラマキみやげを調達
グルメ・マーケット ●Gourmet Market

サイアム・パラゴン(→P134)の地下1階にある高級スーパー。「グルメ・タイ」コーナーはタイの食材や菓子類の宝庫。

サイアム MAP:P6C3
DATA→P141

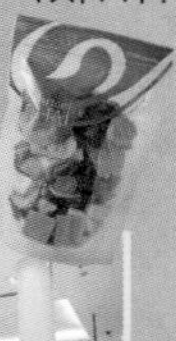

お手頃なドライフルーツはマストバイ！

サラダ＆総菜の量り売りコーナーもある

TOWN WALK

Silom

シーロム

高層ビルエリアを散策

一流ホテルが集まるエリアで、昼間は活気のあるビジネス街、夜はネオンきらめく歓楽街へと変貌。高級店も多いが、地元客に愛される実力店もたくさん。

このエリアでしたいコト

1 高級ホテルでアフタヌーンティー

エリア内に点在するホテルでアフタヌーンティーを楽しもう。伝統スタイルからモダン系まで多彩で、リーズナブルな価格もうれしい。

→P116

2 高層ビルから街を一望

展望スポットとして人気のマハナコンや、高層ビルのルーフトップバー(→P146)から昼と夜の街を見渡そう。

行き方

最寄り駅はBTSサラデーン駅、MRTシーロム駅の2つで、どのエリアからもアクセスしやすい。朝夕は渋滞が激しいので、エリア内の移動はBTSか徒歩がおすすめ。

緑いっぱいですがすがしい空気

市民の憩いの場で朝さんぽ♪

1 ルンピニ公園 Lumphini Park

バンコク最大の緑地公園。1920年代のラーマ6世の時代に建設され、園内には人工池なども。朝食屋台(→P108)が有名。

シーロム MAP:P9F1～2

図BTSサラデーン駅から徒歩5分、MRTシーロム駅から徒歩2分 住Rama V Rd. ☎なし ⏲4時30分～21時 休なし 料なし

入口ではオリジナルグッズの販売も

ふわふわかき氷でひと休み

2 アフター・ユー・デザート・カフェ After You Dessert Cafe

シーロム・コンプレックスの2階にあるカフェ。日本好きのオーナーのアイデアが光るスイーツやドリンクが充実。

シーロム MAP:P9E2

DATA→P113

マンゴー・スティッキーライス・かき氷B285

おさんぽコース 所要6時間

Start MRTシーロム駅
↓歩いて2分
①ルンピニ公園
↓歩いて6分
②アフター・ユー・デザート・カフェ
↓館内移動
③シーロム・コンプレックス
↓歩いて15分
④トン・カオ
↓歩いて8分
⑤マハナコン
↓歩いて6分
⑥ハウス・オン・サトーン
↓歩いて6分
Goal BTSチョンノンシー駅

時間がなくてもココだけはMust Go! 3時間コース

④トン・カオでランチ後、⑤マハナコンの展望台から眺望を楽しみ、⑥ハウス・オン・サトーンのアフタヌーンティーで優雅に締めくくろう。

78階の屋外展望台からの眺めはサイコー

ピクセルをイメージしたデザインが印象的

バンコクの大パノラマに感激！

5 マハナコン Mahanakhon

地上314mを誇るシーロムのランドマーク。屋内・屋外の展望台からバンコク市街を一望できる。

シーロム MAP:P9D3

DATA→P64

カジュアルな店が多く、地元っ子に人気

地元っ子御用達モールでお買物

3 シーロム・コンプレックス Silom Complex

6フロアにデパート「セントラル」、スーパー、ドラッグストア、レストランなどがあり、旅行者に便利。

シーロム MAP:P9E2

図BTSサラデーン駅直結 住191 Silom Rd. ☎0-2632-1199 ⏲10～22時 休なし

青唐辛子の辛さが刺激的な大エビ入りグリーンカレーB150

濃厚グリーンカレーでランチ

4 トン・カオ Ton Kao

約80種のタイ料理が揃い、アットホームな雰囲気が魅力。ハーブやスパイスを利かせた各種カレーが美味。

シーロム MAP:P9D2

DATA→P88

気軽に入れるカフェのような店構え

ヘリテージ・アフタヌーンティーB1699。TWGの紅茶のほか、4種のコーヒーが選べる

邸宅の中庭でアフタヌーンティー

6 ハウス・オン・サトーン The House on Sathorn

タイ国家遺産に認定されている邸宅でティータイムを満喫。ケーキ類はどれも大きめで全11種類。

シーロム MAP:P9D3

図BTSチョンノンシー駅から徒歩3分 住106 North Sathorn Rd. ☎0-2344-4025 ⏲アフタヌーンティーは14時30分～16時30分 休なし 英英

1889年に建造されたコロニアル様式の邸宅

TOWN WALK

Around Sathorn Pier

サトーン・ピア周辺

リバーサイドでバンコクの新旧探し

チャオプラヤー川西岸への水上アクセスの起点となる、
サトーン船着場があるのがこのエリア。
昔ながらの雰囲気と元倉庫をリノベした新スポットが混在している。

バーン・ソムタムでは
ソムタム作りを目の前
で見られる

賑やかなチャルンクル
ン通りを中心に散策し
よう

タイランド・クリエイティブ・デザイン・センター(上)/チャオプラヤー川沿いの船着場(下)

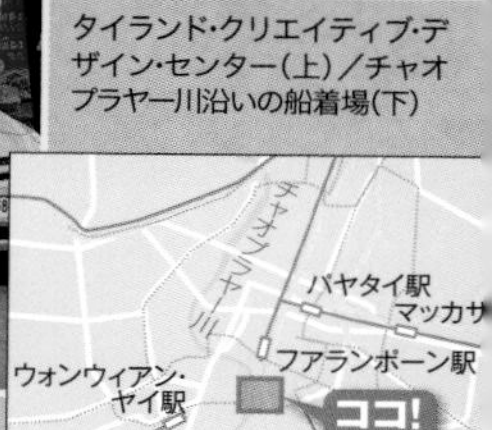

このエリアでしたいコト

1 リノベスポットをチェック!

チャオプラヤー川に近いエリアには、元倉庫や歴史ある建物をリノベーションした複合施設やアートスポットが増加中。スタイリッシュなバンコクにふれてみよう。

2 ルーフトップバーで絶景体験

バンコクのルーフトップバーブームの火付け役といわれる「スカイバー」は必訪。地上247mの高さからの眺めは感動モノ。

行き方

最寄りはBTSサパーンタクシン駅。シーロム中心部からはシーロム線でアクセスできる。時間に余裕があれば、王宮方面からチャオプラヤー・エクスプレス・ボート(→P228)を利用してサトーン船着場で降りる方法もある。

ボリューム満点の料理は味も評判！

タイ料理の定番、ザボンのサラダ(上)／隠れ家のような趣(下)

1 レトロな雰囲気漂う不思議空間
ハーモニック ●Harmonique

かつて華僑が暮らしていたという古い中国風の一軒家をリノベーションしたタイ料理レストラン。プーパッポンカリーやパッタイなど定番からアレンジ料理まで充実。

サトーン・ピア周辺 **MAP：P8B3**

交BTSサパーンタクシン駅から徒歩12分
住22 Charoenkrung 34 Wat Muang Kae
☎0-2237-8175 ⏱10～20時 休なし 英 英

2 デザイン&アートの複合施設
タイランド・クリエイティブ・デザイン・センター
●Thailand Creative Design Center

タイ政府が国内のデザイン産業活性化を支援する目的でオープン。5階建てで、1階のギャラリーとショップ、5階の屋上スペースとカフェは一般客の利用が可能。

サトーン・ピア周辺 **MAP：P8B2**

交BTSサパーンタクシン駅から徒歩13分
住The Grand Postal Building 1160 Charoenkrung Rd.
☎0-2105-7400
⏱10時30分～19時
休月曜 英

屋上スペースからは繁華街を一望できる

おさんぽコース
所要約6時間

Start　**BTSサパーンタクシン駅**
↓歩いて12分
①ハーモニック
↓歩いて1分
②タイランド・クリエイティブ・デザイン・センター
↓歩いて5分
③ウェアハウス30
↓歩いて7分
④バーン・ソムタム
↓歩いて5分
⑤スカイバー
↓歩いて7分
Goal　**BTSサパーンタクシン駅**

旧バンコク中央郵便局のビルを利用

辛さ控えめで食べやすい、フルーツ入りソムタムB95

酸味のある豚肉のソーセージB125

屋内席のほか中庭の席もある

時間がなくてもココだけはMust Go!
2.5時間コース

16時過ぎぐらいから③**ウェアハウス30**をひとめぐりし、オープン時間に合わせて⑤**スカイバー**へ。グラス片手に、ルーフトップから美しい夕暮れ時の景色を楽しもう。

3 若者が集まるカルチャー発信地
ウェアハウス30 ●Warehouse30

1922年ごろから使われていた古い倉庫をリノベーション。ショップ、カフェ、レストラン、ギャラリーが集まり、レトロな雰囲気を残しつつおしゃれな空間になっている。

サトーン・ピア周辺 **MAP：P8B2**

交BTSサパーンタクシン駅から車で6分
住52-60 Charoen Krung Rd, Khwaeng Bang Rak ☎0-2237-5087
⏱7時～翌1時(店舗により異なる)
休なし 英

4 約30種のソムタムからお好みを♪
バーン・ソムタム ●Baan Somtum

タイの定番サラダ、ソムタムを中心とした王道のタイ料理が味わえる。約30種類のソムタムはシーフードや肉、麺入りなど多彩な味が揃う。もち米B25～と一緒に。

サトーン・ピア周辺 **MAP：P8B3**

交BTSサパーンタクシン駅から徒歩10分
住O.P Garden 4, 6 Soi Charoen Krung 36
☎0-2235-2238 ⏱11～22時 休月曜 英 英

ファッション系や雑貨など多彩な店舗が揃う

先端が少し飛び出した形になっている「スカイバー」(上)／ドームエリアとテラスカウンターに分かれている(右)

5 名門バーで大パノラマを満喫！
スカイバー
●The Dome at Lubua Sky Bar & Sirocco

七色にライトアップされる円形のバーカウンターが印象的なスタンディングバー。手前のダイニング「シロッコ」では地中海料理を楽しめる。ラフすぎる服装はNGなので注意を。

サトーン・ピア周辺 **MAP：P8B3**

交BTSサパーンタクシン駅から徒歩7分
住63～65F The State Tower, 1055 Silom Rd. ☎0- 2624-9555
⏱18～24時 休なし 英 英

Chinatown

チャイナタウン

活気に満ちたパワフルエリアを街歩き♪

古くから華僑の人たちが多く暮らすエリア。
色鮮やかな漢字看板が埋め尽くす通りを散策しながら、
食べ歩きやおみやげ探しを楽しもう。

フルーツの屋台が多く、散策途中の水分補給にも◎

夕方以降は通り沿いに屋台が出て、食べ歩きが楽しい♪

大勢の人でいつもお祭りのように賑やかなヤワラート通り

テイクアウト用の点心がずらり！

このエリアでしたいコト

1 安うまグルメを食べ歩き

中国料理はもちろん、シーフード専門店やスイーツ店など、多彩なグルメスポットが集結。夕方を過ぎると屋台も登場し、食べ歩きが楽しめる。

2 掘り出しモノの雑貨探し

ヤワラート通り周辺やサンペン市場には、値段も手頃な雑貨がいっぱい！ 中国テイストの小物はもちろん、ホーローやプラスチック製のレトロな食器なども見つかる。

行き方

最寄り駅はMRTワットマンコン駅。1番出口から歩いて2〜3分で中心部のヤワラート通りに着く。目的地によってはMRTフアランポーン駅の方が近いことも。

1

こちらの寺院の黄金仏は必見!

ワット・トライミット
●Wat Traimitt

総重量5.5tの金で鋳造された座像は、約700年前に造られたといわれている。現在もまばゆい輝きを放ち、その姿は圧巻だ。

チャイナタウン MAP：P8A1

交MRTフアランポーン駅から徒歩5分 住Thanon Mittaphap Thai-China ⏲9～17時 休なし 料B40

マナーを守って参拝を

店内はレトロなムード満点!

2

常連に愛されるトーストで朝ごはん

益生老店
●Eiah Sae Cafe

1927年創業の老舗カフェ。焙煎したコーヒー豆を屋台で売り始めたのがきっかけで店をオープン。タイ南部産の豆で淹れたコーヒーが自慢。

トーストB40(2枚)。トッピングはカヤジャム、ミルクなどを選べる(左)。甘いミルク入りアイスコーヒーB40(右)

チャイナタウン MAP：P5E4

交MRTワットマンコン駅から徒歩6分 住103-105 Phat Sai ☎0-2221-0549 ⏲5～18時 休なし 英 カード

通り沿いには客待ちするトゥクトゥクがずらり!

3

いつも賑やかなメインストリート

ヤワラート通り
●Yaowarat Rd.

漢字看板を掲げたレストランやショップが軒を連ね、とにかく一日中賑やか。月曜以外の夜はB級グルメが楽しめる屋台街となる。

チャイナタウン MAP：P5D～E4

交MRTワットマンコン駅から徒歩3分

布製品やアクセサリーなどプチプラ雑貨がいっぱい!

プラスチックの小皿は12枚でB60程度

おさんぽコース
所要約5時間

Start MRTフアランポーン駅
↓歩いて5分
①ワット・トライミット
↓歩いて5分
②益生老店
↓歩いて2分
③ヤワラート通り
↓歩いて3分
④陳點心
↓歩いて3分
⑤真真アイスクリーム
↓歩いて7分
⑥サンペン市場
↓歩いて11分
⑦T&Kシーフード
↓歩いて5分
Goal MRTワットマンコン駅

4

秘伝のレシピで作る点心でランチ

陳點心
●Chen Dim Sum

約80年前に中国から移住したという、ショー・キムさんの家に伝わるレシピで作る餃子や焼売が味わえる。フカヒレのスープB300もおすすめ。

チャイナタウン MAP：P5E4

交MRTワットマンコン駅から徒歩1分 住 119 Issranupap Lane, Charoenkrung Rd. 16(Yaowarat 6) ☎0-2222-6477 ⏲9～17時 休なし 英 カード

店頭ではテイクアウト用の点心も販売

6

宝探し気分でレトロ雑貨をゲット!

サンペン市場
●Sampheng Market

小さな卸売店が密集する市場。おしゃれなレストランやカフェで見かけるホーローやプラスチックの食器が格安で手に入る。最低でも半ダース売りなので、友達と上手にシェアを。

チャイナタウン MAP：P5D4

交MRTワットマンコン駅から徒歩10分 住Samphan Thawong Bangkok ☎店により異なる ⏲8～17時ごろ 休なし カード

時間がなくてもココだけはMust Go!
2時間コース

17時を過ぎたころに**③ヤワラート通り**に到着。人と車でごった返す賑やかな通りを記念写真に収めたら、**⑦T&Kシーフード**で夜ごはんを楽しもう♪

エビ餃子B40(2個)と豚ひき肉の焼売B40(3個)

ホイワーンという貝の網焼きB200(S)、B400(L)。お好みでソースをつけて

7

新鮮なシーフードを豪快にいただく

T&Kシーフード
●T&K Seafood

エビ、カニ、貝類や白身魚など、近海でとれた魚介類を多彩な調理法で味わえる専門店。炭火で焼いたエビB200(4尾)や、卵入りのカニのグリルB400(S)などが人気。

チャイナタウン MAP：P5E4

交MRTワットマンコン駅から徒歩5分 住49-51 Soi Phadungdao, Yaowarat Rd. ☎0-2223-4519 ⏲16～24時 休なし 英 英 カード

店頭では炭火でエビやカニなどを調理

5

食後のデザートは手作りアイスで決まり♪

真真アイスクリーム
●Jing Jing Ice-cream Bar and Cafe

洋裁店だった小さな店を改装したアイスクリーム店。常時約20種のフレーバーが揃い、チョコなど定番のほか、アルコール入りのアイスも。

チャイナタウン MAP：P5E4

交MRTワットマンコン駅から徒歩3分 住154 Soi Charoenkrung 14, Charoenkrung Rd. ☎196-642-6241 ⏲9時30分～17時30分 休火曜 英 英 カード

ココナッツアイスのアフォガートB130(左)とチーズパイ味のアイスB90

2階にはゆっくりできるテーブル席がある

Around Royal Palace
王宮周辺

歴史あるエリアで王都の面影をたどる

多くの仏教寺院が点在する王宮周辺は、古い街並みが残り、王都の文化が香るエリア。3大寺院を観光した後は、旧市街を訪ねてノスタルジックな雰囲気に浸ろう。

さんぽ途中のビタミンチャージにはジュースの露店もおすすめ!

昔懐かしい風情が残るプレーン・プートン通り

王宮周辺からカオサン(→P180)への移動はトゥクトゥクが便利

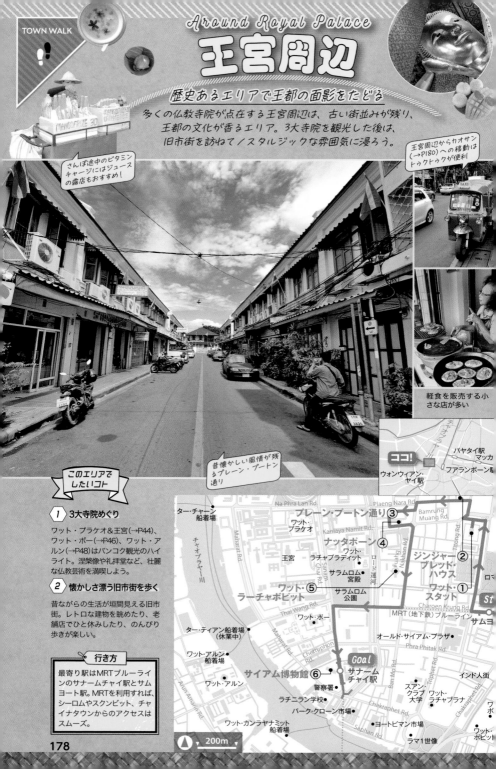

軽食を販売する小さな店が多い

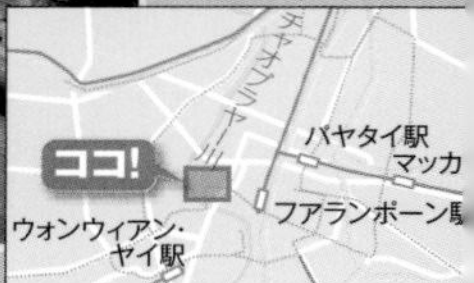

このエリアでしたいコト

1 3大寺院めぐり

ワット・プラケオ&王宮(→P44)、ワット・ポー(→P46)、ワット・アルン(→P48)はバンコク観光のハイライト。涅槃像や礼拝堂など、壮麗な仏教芸術を満喫しよう。

2 懐かしさ漂う旧市街を歩く

昔ながらの生活が垣間見える旧市街。レトロな建物を眺めたり、老舗店でひと休みしたり、のんびり歩きが楽しい。

行き方

最寄り駅はMRTブルーラインのサナームチャイ駅とサムヨート駅。MRTを利用すれば、シーロムやスクンビット、チャイナタウンからのアクセスはスムーズ。

面長の顔と切れ長の目が美しいサカヤムニー仏

1 美しい仏像とご対面
ワット・スタット
Wat Suthat

ラマ1世の時代に建立されたという王宮寺院。礼拝堂に安置された「サカヤムニー仏」は、すらりとした体と流れるような曲線が特徴で、バンコクで最も美しいといわれる。

王宮周辺 **MAP：P4C2**

図MRTサムヨート駅から徒歩6分
住146 Bamrung Mueang Rd,
☎0-2622-2819
時8時30分～20時 休なし 料B100

2 伝統スイーツセットでカフェタイム
ジンジャーブレッド・ハウス
Gingerbread House

1913年に建てられたタイ様式の木造家屋をリノベーションしたカフェ。伝統衣装のレンタル1時間B199～もあり、記念撮影にもおすすめ。

王宮周辺 **MAP：P4C2**

図MRTサムヨート駅から徒歩10分
住 47 Dinso Rd., Sao Chingcha, Phra Nakhon ☎097-229-7021
時11～20時(土・日曜は9時～)
休なし 英 英

随所に施された透かし彫りの装飾が美しい

もち米とマンゴーを使ったタイ定番のカオニャオ・マムアンと伝統スイーツ7種、ハイビスカスティーのセットB599

おさんぽコース
所要約6時間

Start　MRTサムヨート駅
↓歩いて6分
①ワット・スタット
↓歩いて3分
②ジンジャーブレッド・ハウス
↓歩いて4分
③プレーン・プートン通り
↓歩いてすぐ
④ナッタポーン
↓歩いて5分
⑤ワット・ラーチャボピット
↓歩いて10分
⑥サイアム博物館
↓歩いて1分
Goal　MRTサナームチャイ駅

時間がなくてもココだけはMust Go!
3時間コース

①**ワット・スタット**見学後、②**ジンジャーブレッド・ハウス**で伝統スイーツのアフタヌーンティーを満喫。③**プレーン・プートン通り**を散策してノスタルジックなムードに浸ろう。

象嵌細工で覆われた仏塔が目を引く

5 色鮮やかで精緻な装飾に注目！
ワット・ラーチャボピット
Wat Ratchabophit

ラマ5世によって1869年に建立されたという寺院。タイでは珍しい円形の回廊や、中国陶器の破片を用いた象嵌(ぞうがん)細工の外壁などがみどころ。

王宮周辺 **MAP：P4C3**

交MRTサナームチャイ駅から徒歩10分
住2 Fueang Nakhon Rd. 時7～18時 休なし 料無料

3 150年前の街並みが残る通りを散策
プレーン・プートン通り
Phraeng Phuthon Rd.

ラマ5世の時代に整備された商業地区。中国と西洋の建築様式を融合した家並みが残り、老舗の飲食店も多い。北側の「プレーン・ナラ通り」も同様の雰囲気だ。

王宮周辺 **MAP：P4C2**

交MRTサムヨート駅から徒歩15分

通りの両側には風情ある建物が並ぶ

ニアル調の3階建ての建物

代表的なタイ料理をサンプル付きで展示

6 ユニークな展示でタイを学ぶ
サイアム博物館
Museum Siam

歴史、信仰、文化、風習などテーマ別の展示室では、映像や写真、模型などを使ってタイを紹介。タイの成り立ちから現在までを知ることができる。日本語の無料オーディオガイドあり。

王宮周辺 **MAP：P4B4**

交MRTサナームチャイ駅から徒歩1分
住4 Sanam Chai Rd. ☎0-2225-2777
時10～18時 休月曜 料B100

プレーン・プートン通りにある庶民的な店

ココナッツアイスは豆やナッツなどのトッピングもOK

4 散策途中のおやつタイムに
ナッタポーン
Nattaporn

70年以上の歴史を誇るアイスクリーム店。生のココナッツを使った手作りアイスB35やマンゴーアイスB45はどこか懐かしい味わい。

王宮周辺 **MAP：P4C2**

交MRTサムヨート駅から徒歩15分 住94 Phraeng Phuthon Rd. ☎ 089-826-5752 時9～17時 休日曜
英 カード

TOWN WALK

Khaosan

カオサン

国際色豊かなエリアで夜あそび

バックパッカーの拠点として知られる「カオサン通り」を中心に、バーやクラブ、レストラン、マッサージ店などが集結。混沌とした雰囲気が魅力で、夜からが楽しい。

カオサンのアイコン的存在、ドナルドと記念撮影を♪

バーでカクテルを飲みながら街の雰囲気を楽しもう

メインのカオサン通り。夜は通りのバーが開店し賑やかに

虫などの串焼き屋台は、写真を撮るとお金を請求されるので要注意！

このエリアでしたいコト

1 バー&クラブで夜を満喫！

「カオサン通り」と「ランブトリ通り」には、おしゃれなバー&クラブが点在。カオサンらしさを体験するならコチラへ。

2 お値打ちマッサージ店でリラックス

30分B150程度でフットマッサージが受けられる激安店が多く、試しに体験してみたいという人におすすめ。飲酒後のマッサージは控えること。

行き方

MRTのサムヨート駅またはサナームチャイ駅からタクシーかトゥクトゥクを利用するのが一般的で、所要10〜15分で到着。チャオプラヤー・エクスプレス・ボート(→P228)を利用して、プラ・アーティット船着場からアクセスする方法もある。

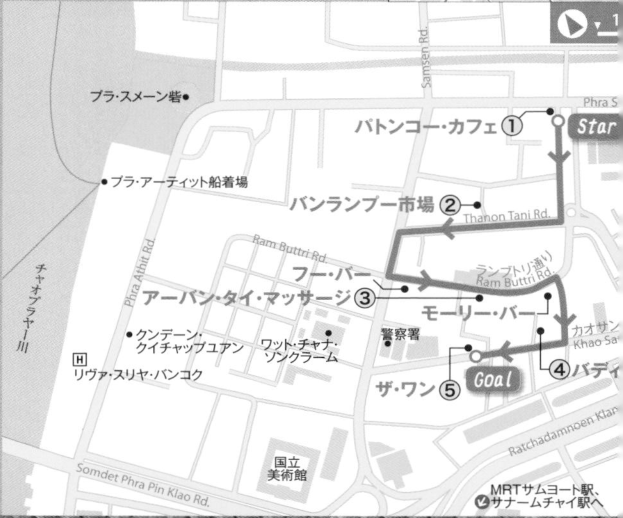

テイクアウトもできる

パトンコーB60。緑のココナッツ&パンダンリーフのソースが定番

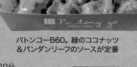

1 名物の揚げパンで小腹を満たす
パトンコー・カフェ
Patonggo cafe

朝食でおなじみの揚げパン、パトンコーの有名店。朝は豆乳B30と一緒に食べるのが定番だが、アイスやチョコレートと合わせたおやつ系も多彩。

カオサン MAP：P4C1

交MRTサムヨート駅から車で10分
住246 Sibsamhang Rd. ☎0-2281-9754
⏲8〜18時 休第4火曜 英 英

2 お手頃ファッションがずらり！
バンランプー市場
Banglamphu Market

衣料品を扱う小さな店が集まる巨大マーケット。暑いバンコクで着るのに重宝しそうなワンピースやゆったりパンツなどが、卸値に近い安さで手に入る。

カオサン MAP：P4C1

交MRTサムヨート駅から車で10分
住39 Tani, Khwaeng Talat Yot, Khet Phra Nakhon
☎店舗により異なる
⏲8時30分〜17時ごろ（店舗により異なる）
休なし

タイの伝統柄風のスカートはB200ほど

TシャツはB99くらいが目安

おさんぽコース
所要約5時間

Start MRTサムヨート駅
↓車で10分
①パトンコー・カフェ
↓歩いて5分
②バンランプー市場
↓歩いて3分
③アーバン・タイ・マッサージ
↓歩いて3分
④バディ・ビア
↓歩いて1分
⑤ザ・ワン
↓車で10分
Goal MRTサムヨート駅

時間がなくてもココだけはMust Go!
2時間コース

盛り上がり始める夕方ごろに行き、④バディ・ビアで夜ごはんの後、⑤ザ・ワンへ。カクテルやビールなど好みのお酒を飲みながら、賑やかなカオサン通りの夜の風景を眺めよう。

昼間は比較的席は空いているが、夜は旅行者で混雑する

5 カオサン通りを眺めながら乾杯♪
ザ・ワン
The One

カオサン通りの夜の雰囲気を見渡せる階段席が人気のバー。ビールB150〜、カクテルB240〜で、サラダや揚げ物などフードも充実。

カオサン MAP：P4B1

交MRTサムヨート駅から車で10分
住131 Khaosan Rd.
☎061-415-8990
⏲15時〜翌3時
休なし 英 英

パッションフルーツのモヒート(左)とジンベースのカクテル「Pink Lady」各B240

3 足マッサージでリフレッシュ
アーバン・タイ・マッサージ
Urban Thai Massage

屋外席でのフットマッサージ30分B150のほか、店内では伝統的なタイマッサージ60分B260など本格スパメニューも充実。

カオサン MAP：P4C1

交MRTサムヨート駅から車で10分
住96 Soi Rambutri, Chakrapong Rd.
☎096-228-8979 ⏲10時〜翌2時 休なし 英

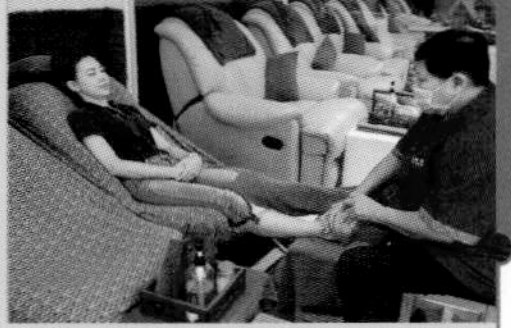

フットマッサージで街歩きの疲れを癒やそう

まだある！おすすめバー Check!

オールドチャイナ風がステキ♡
フー・バー
Fu Bar

中国風の古い木造の建物が印象的。カクテルはB245〜で、毎晩20時30分からはライブ演奏も行われる。

カオサン MAP：P4B1

交MRTサムヨート駅から車で10分 住98 Chakrapong Rd.
☎061-645-5465 ⏲17時〜翌2時 休なし 英 英

気分に合わせて場所をチョイス！
モーリー・バー
Molly Bar

木の下でくつろげるテラス、ライブ音楽で盛り上がる1階など、飲む場所を好みで選べる。定番のモヒートはB200。

カオサン MAP：P4C1

交MRTサムヨート駅から車で10分
住108 Rambutri Rd. ☎0-2629-4074
⏲16時〜翌2時(店内席は19時〜) 休なし 英 英

少し奥まった場所にテラス席があるのでのんびりできる

4 リゾート風テラスでアジアごはん
バディ・ビア
Buddy Beer

定番のタイ料理からイタリアンまでメニューは多彩。グリルか炒めるかを選べるシーフードメニューのほか、薪釜で焼いたピザも人気。

カオサン MAP：P4C1

交MRTサムヨート駅から車で10分
住108 Khaosan Rd.
☎065-506-5929
⏲11時〜翌1時 休なし 英 英

パイナップルの器に盛られたエビチャーハンB220

北部名物のソーセージB160はつまみにぴったり！

Sukhumvit

スクンビット

エキゾチックな気分で買物＆グルメ三昧

スクンビット通りを中心に多くの外国人が暮らし、
インターナショナルな雰囲気が漂うエリア。
タイ雑貨店やカフェなど、おしゃれスポットをめぐろう。

布小物や陶器など、お気に入りのタイ雑貨探しも楽しみ♪

BTSとMRTが乗り入れるアソークにあるターミナル21（→P136）

店内のディスプレイも見逃せない（上）／象のオブジェを店先などでよく見かける（下）

このエリアでしたいコト

1 タイ雑貨ハンティング

BTSプロームポン駅から徒歩10分圏内に、おしゃれなタイ雑貨のショップが点在。布小物や陶器などバラエティ豊かな品揃えで、お気に入り探しが楽しい。→P130

2 邸宅レストランでランチorディナー

王族や資産家が暮らした邸宅をリノベーションしたレストランが多い。ノスタルジックなムード漂う空間でタイ料理を堪能しよう。→P100

行き方

最寄り駅はBTSのプロームポン駅とアソーク駅、MRTのスクンビット駅。BTSアソーク駅とMRTスクンビット駅は乗り換えが可能。BTSとMRTの駅があるので、サイアムや王宮周辺など各方面からのアクセスはスムーズ。

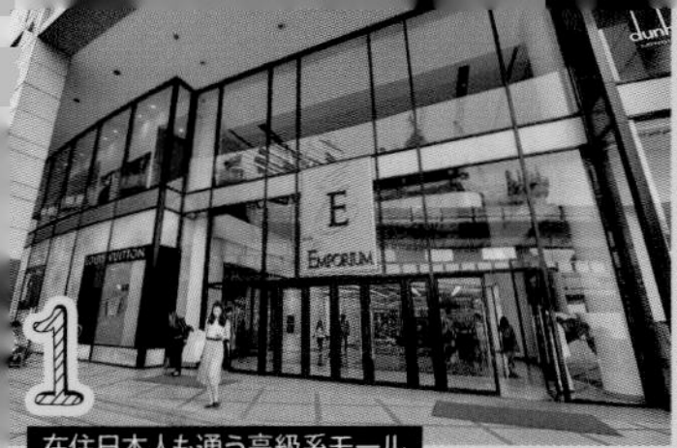

1

在住日本人も通う高級系モール

エンポリウム ●Emporium

4階のフードコートもおすすめ

BTSプロームポン駅直結。高級ブランドやコスメのショップはもちろん、カフェやレストランなどグルメスポットも充実。

スクンビット MAP：P11E2 DATA →P137

2

定番のリボンバッグをゲット！

ナラヤ ●Naraya

ラトゥーラス夫妻が1989年にバンコクで創業。コットン、デニム、サテンなどさまざまな布で作るバッグや小物は、デザインもサイズもバラエティ豊か。

スクンビット MAP：P11F2

交BTSプロームポン駅からすぐ
住654-8 Corner of Skhumvit 24
☎0-2204-1147 ⏰9時30分～22時30分
休なし 英

3カ月～半年で新デザインが登場する

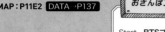

ナラヤ定番のバケツ型リボンバッグB160

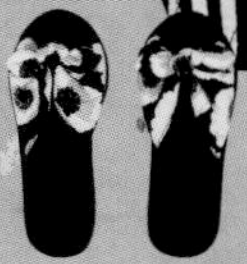

室内用布製リボンスリッパB195

折りたたみ式のショッピングバッグB250

おさんぽコース 所要約6時間

Start　BTSプロームポン駅
↓歩いてすぐ
①エンポリウム
↓歩いて1分
②ナラヤ
↓歩いて3分
③オードリー・カフェ
↓館内を移動
④エムクオーティエ
↓プロームポン駅からBTSで2分、アソーク駅下車、歩いて10分
⑤ザ・ローカル
↓歩いて5～10分
Goal　BTSアソーク駅またはMRTスクンビット駅

時間がなくてもココだけはMust Go! 3時間コース

バンコク発のバッグブランド、②ナラヤでの買物はマスト。①エンポリウム、④エムクオーティエどちらかのショッピングセンターを訪れ、ディナーは邸宅レストランの⑤ザ・ローカルで。

4

カジュアル系ファッションをチェック！

エムクオーティエ ●EmQuartier

カジュアル系ブランドが集まる2階のポップアップスペースは、タイの人気ファッションをチェックするのに最適。G階のスーパーではバラマキみやげ探しも。

スクンビット MAP：P11F2
DATA →P137

3階には「紀伊國屋書店」がある

3

花に囲まれておやつタイム♪

オードリー・カフェ ●Audrey Café

花で満たされた店内が魅力的。ボーダー模様のドリンク、ケリー・イン・ラブB120など個性的なメニューが揃う。

スクンビット MAP：P11F2

交BTSプロームポン駅から徒歩1分
住The Helix Quartier 8F(エムクオーティエ内)
☎0-2003-6244 ⏰11～21時(金～日曜は～22時) 休なし 英英

店を彩るフラワーアレンジがステキ♡

フラワーポット型カップケーキ1個B125

プーパッポンカリーB1250。ソフトシェルクラブB580、カニ肉のみB850もスタンバイ

ソムタムと豚のど肉のグリルB350

5

伝統家屋でタイ料理ディナー

ザ・ローカル ●The Local

伝統のレシピに基づいて作られるタイ料理を提供し、前菜盛合せB290や世界一に選ばれたマッサマンカレーB350～などが人気。心地よい風が通り抜けるテラス席もおすすめ。

築75年ほどの高床の伝統家屋を改装して利用

スクンビット MAP：P12C4

交BTSアソーク駅から徒歩10分、MRTスクンビット駅から徒歩5分
住32 Sukhumvit Soi 23
☎0-2664-0664 ⏰11時30分～22時
休なし 英英予

バラマキフードみやげならスーパーマーケットへ！ \Check!/

日本人街にある日系スーパー

フジ・スーパー(1号店) ●Fuji Super(Branch 1)

タイの食材や調味料、お菓子、日本の食材まで幅広い品揃え。カレーペーストなどとにかく食材みやげが多彩。

スクンビット MAP：P11E1

交BTSプロームポン駅から徒歩3分
住Sukhumvit Soi 33/1
☎0-2258-0697 ⏰8～22時 休なし 日英

グルメみやげ探しに大活躍！

グルメ・マーケット ●Gourmet Market

インスタント麺やレトルト食品、お菓子や調味料など、タイのフードみやげが充実。総菜コーナーも要チェック！

スクンビット MAP：P11D1

交BTSアソーク駅、MRTスクンビット駅直結 住ターミナル21(→P136)LG階
☎0-2254-0148 ⏰10～22時 休なし 英

Thong Lo
トンロー

トレンディな大人エリアでグルメ&ショップめぐり

繁華街から少し離れた、在住日本人も多く暮らす上品なエリア。おしゃれなレストランやカフェ、個性派ショップなどが点在し、ハイクオリティなグルメやショッピングが楽しめる。

大通りから入った路地に、インテリアや雑貨のショップが

メイン通りにはショッピングセンターが点在している

Soi 55(トンロー通り)を往復する赤いミニバスは1回B8(上)/人気のクアクリン・パックソッド(→P111)(下)

このエリアでしたいコト

1 グルメ通が通う タイ料理レストランへ

地元タイ人や在住外国人から支持されるタイ料理レストランが多い。味のクオリティも高く、洗練された空間も魅力だ。

2 個性派ショップでお買物

ショップのオリジナリティが際立つ専門店が点在。インテリア小物やオーガニック製品など、ちょっとリッチなアイテムが見つかる。

行き方

最寄り駅はBTSトンロー駅。駅から離れた小路(Soi)の奥まった場所へは、タクシーやトゥクトゥクで直接アクセスしたほうがスムーズ。

スープ麺のクイティオ・ナーム(右)。汁なし麺のクイティオ・ヘーン(左)。レギュラーサイズB50、大盛りはB60

麺は6種類から選べる。朝食や昼食の時間は地元客で大賑わい

1 名物のクイティオでさくっとごはん
セーウ ●Saew 49 Noodles

クイティオ(米麺)と豚骨でとったクリアなスープが相性抜群。トッピングのフィッシュボールや豚ひき肉などもスープで茹でているので味が染み込んでいる。

トンロー MAP：P13A2

交BTSトンロー駅から徒歩6分
住1/5 Sukhumvit Soi 49 ☎0-2258-7960
⏰8時30分～15時30分 休なし カード

おさんぽコース 所要約4時間

Start　BTSトンロー駅
↓歩いて6分
①セーウ
↓車で7分
②パヤ
↓歩いて10分
③バーン・アイス
↓歩いて5分
④レモン・ファーム
↓歩いて5分
⑤グロウ・コーヒー
↓歩いて2分
Goal　BTSトンロー駅

時間がなくてもココだけはMust Go! 2時間コース

③バーン・アイスで食事の後、④レモン・ファームでオーガニック食材やコスメをチェック。駅近の⑤グロウ・コーヒーでひと休みして次の目的地へ。

2 お気に入りのインテリア雑貨を発見！
パヤ ●Paya

陶器と布製品が中心で、在住外国人の常連も多い。山岳民族の伝統柄や手織布をあしらったクッションカバーや小物などはおみやげにおすすめ。 トンロー MAP：P13C2

交BTSトンロー駅から徒歩15分
住203 Soi Thong Lo 10, Sukhumvit Soi 55
☎0-2711-4457 ⏰9～18時 休日曜 英

竹にリパオ(ツル性の植物を編んだタイの伝統工芸)を巻いて形成したボックスB1650

タイ北部の布などを使ったバッグもある

商品がセンスよくディスプレイされた店内

バタフライピーエキス配合のシャンプー&コンディショナー各B120

アンチエイジング効果が期待できるマンゴスチン・ピール・ソープB30

3 サラダ風ごはんにトライ！
バーン・アイス ●Baan Ice

ハーブをたっぷり使った辛さも味も本格的なタイ南部の名物料理が味わえる。美しい食器や盛付けにも注目！

トンロー MAP：P13B2

交BTSトンロー駅から徒歩7分
住115 Sukhumvit 55 Rd.
☎0-2381-6441 ⏰11～22時
休なし 英 英

入口は吹き抜けで明るい雰囲気

ご飯と10種類以上の具材を混ぜて食べるカオヤムB180

お菓子やタイ料理の総菜なども販売

4 オーガニック専門店で自然派コスメを
レモン・ファーム ●Lemon Farm

セレブ御用達のオーガニック専門スーパー。タイ製の自然派コスメが充実しているほか、厳選した調味料やジャム、お茶、お菓子なども。

トンロー MAP：P13B3

交BTSトンロー駅から徒歩5分
住55 Thonglor Soi 2 ☎0-2381-0195
⏰9～21時 休なし 英

5 厳選豆のコーヒーと自家製スイーツ
グロウ・コーヒー ●Glow Coffee

チェンマイなどタイ国内のほか、ミャンマー、エチオピアなどからコーヒー豆を仕入れ、自家焙煎してコーヒーを提供。3～4種揃う自家製スイーツもぜひ。

トンロー MAP：P13B3

交BTSトンロー駅から徒歩2分
住1097,1099 Sukhumvit Rd.(between Soi 55 & 57) ☎087-095-3639
⏰8～16時(土・日曜は9時～) 休なし 英 英

ドリップコーヒーB110、スコーンはジャム付きでB50

こだわりコーヒーでひと休みしよう

世界がひろがる!
Column

見るだけも楽しい
気になるモノがいっぱい!

週末はファーマーズマーケット

ショッピングセンター「ゲートウェイ・エカマイ」では週末にバンコク・ファーマーズマーケットを開催。あらゆる商品が並び、見ているだけも楽しい。

「ゲートウェイ・エカマイ」のM階入口前に露店が並ぶ。月2回、金〜日曜の11〜19時に開催

バンコク・ファーマーズマーケットは「ゲートウェイ・エカマイ」のほか、中心部から離れたバンコク東部にある「サマコーン・プレイス・ラムカムヘン」などでも開催される。旅行者にとって最もアクセスしやすいのがBTSエカマイ駅直結の「ゲートウェイ・エカマイ」。規模は小さめだが、オーガニック野菜、手作りのパンやジャム、アクセサリーや木工品など、バラエティ豊かな品揃え。基本的に月2回だが、出かける前に確認を。

バンコク・ファーマーズマーケット（ゲートウェイ・エカマイ）

●Bangkok Farmers' Market(Gateway Ekamai)

トンロー MAP：P13C4

交BTSエカマイ駅直結
住982/22 Sukhumvit Rd.
☎092-257-1106 ※開催日時は URL www.facebook.com/bkkfmで確認を

オーガニックの野菜や果物がずらり！日本では見かけないものもあり、見ていて楽しい

アクセサリーやナチュラルコスメ、木製カトラリーなども揃う

人気ベーカリーのパンはハード系が充実

オーガニックの野菜や果物で作ったジュースも

BANGKOK

ひと足のばして

Beyond Bangkok

Contents

ひと足のばして

バンコクから 日帰りできる街はココ！

バンコクからひと足のばして日帰り観光が楽しめる街へ。
世界遺産の街やビーチリゾートなど、
バンコクとは違った雰囲気が楽しめる。

ノンカイ Nong Khai
ウタラディット Uttaradit
ウドーン・ターニー Udon Tha
シー・サッチャナライ遺跡公園 Si Satchanalai
ターク Tak
スコータイ Sukhothai
ピサヌローク Phitsanulok
ドンパヤーイェン山脈 Dong Phaya yen
タトン Thaton
モールメイン Moulmein
メーソット Mae Sot
カンペーンペッ Kamphaeng Phet
コーンケー Khon Ka
ミャンマー MYANMAR
タイ THAILAND
ナコン・サワン Nakhon Sawan
チャオプラヤー川 Choo Phraya Riv.
ピマ Phir
コラート Khorat
ロッブリー Lopburi
電車で約2時間40分
アユタヤ Ayutthaya →P190
スパンブリ Suphan Buri
ナムトック Nam Tok
ダウェー Dawe
車で約1時間30分
ワット・サマーン・ラッタナーラーム Wat Saman Rattanaram P52
カンチャナブリ Kanchanaburi →P204
ドンムアン国際空港
ポイペト Poipet
ナコーンパトム Nakhon Pathom
スワンナプーム国際空港
ダムヌアン・サドゥアック水上マーケット Damnoen Saduak Floating Market P61
バンコク Bangkok
アランヤ・プラテート Aranya Prathet
サムット・ソンクラーム Samut Songkhrram
チョンブリ Chon Buri
メークロン市場 Maeklong Railway Market P60
ペチャブリ Phetcaburi
ラン島 Koh Lan
車で約3時間
バーン・ラムン Bang Lamung
バン・ペー Bang Phe
チャアム Cha-am
ラヨーン Rayong
チャンタブ Chanthabu
メルギー Mergui
サメット島 Koh Samet
ホアヒン Hua Hin →P206
パタヤ Pattaya →P198
トラート Trat
チャーン島 Koh Chang
車で約2時間30分
プラチュアプ・キリカン Prachuap Khirikhan
アンダマン海 Andaman Sea
クット島 Koh Kut
ボクピン Bokpyin
バン・サパン・ヤイ Barg Saphan Yai
タイ湾 Gulf of Thailand
N
100km

アユタヤ
Ayutthaya

王朝の面影が残る世界遺産の街

バンコクの北約70kmに位置する日帰り可能な人気観光地。チャオプラヤー川の豊かな水利に恵まれ、かつてはアユタヤ王朝の都が置かれていた。遺跡は現在、ユネスコの世界遺産に登録されている。

→P190

パタヤ
Pattaya

気軽に行けるビーチリゾート

海沿いにショップやレストラン、カフェ、ホテルが数多く立ち並ぶ、アジアを代表する賑やかなシティ派ビーチリゾート。一年中マリンスポーツを楽しめるほか、バーやエンタメなどナイトライフも充実。

→P198

カンチャナブリ
Kanchanaburi

名画の舞台になった緑豊かな地

第二次世界大戦時代を描いた映画『戦場にかける橋』の舞台。クウェー川鉄橋や泰緬鉄道、連合軍戦没者共同墓地のほか、国立公園などもあり自然が豊か。バンコクから観光列車で行く旅(→P208)もおすすめ。

→P204

ホアヒン
Hua Hin

のどかな雰囲気漂う王室のリゾート

タイ湾をはさんでパタヤの向かいに位置する王室御用達のリゾート地。約5kmにわたって続く白砂のビーチをはじめ、赤色とクリーム色が目を引くホアヒン駅や、ショッピングスポットなど楽しみがいっぱい！

→P206

写真提供：タイ国政府観光庁

郊外観光のポイント

現地ツアーを利用

バンコクからの移動手段を考えたり、手配したりと自力で行くのは何かと面倒なことも多いので、バンコク発着のツアー参加がおすすめ。限られた滞在日数で効率よく観光できる。
ツアー予約はJTBタイランド(→P229)へ。

野良犬にご用心！

アユタヤの遺跡には野良犬が多い。かまれたり、引っかかれたりすると狂犬病になる可能性が高いので、絶対に近づかないこと。犬以外にも猫やサル、コウモリなどにも要注意。

バンコクから約1時間30分

Ayutthaya

アユタヤ

王朝の栄華を偲ぶ世界遺産の街

1351年にウートン王がこの地に王朝を築き、
417年にわたって栄えた古都アユタヤ。
四方を川で囲まれた街には、
遺跡へと姿を変えた
壮麗な寺院や仏像が残り、
訪れた人々を魅了している。

MAP：P188

↑ワット・プラ・マハタート（→P193）の菩提樹に覆われた仏頭

日帰りツアーを利用しよう！

アユタヤ観光（午前・午後）

ワット・プラ・シー・サンペット（→P192）など世界遺産アユタヤの寺院をめぐり、人気の象乗りにもチャレンジ。
※ツアー予約はJTBタイランド（→P229）へ

行き方

ミニバス

バンコクの北バスターミナル（モーチット・マイ／MAP：P3D1）から6〜20時の間に30分間隔で運行。きっぷ売り場で行き先を告げ、きっぷを購入する。所要約90分、料金B130〜。

電車

バンコクの国鉄ファランポーン駅（MAP：P5F4）とクルンテープ・アピワット中央駅（MAP：P2C1）からアユタヤ駅まで一日27便が運行。料金は普通列車3等B15〜、特急2等車B165〜など。所要時間は列車によって90〜120分ほど。

現地交通

トゥクトゥク

主な遺跡の周囲や鉄道駅、バスターミナルなどに待機している。料金は乗車する前に運転手と交渉すること。1回B80〜が相場。チャーターする場合はB200〜300（1時間あたり）を目安に交渉しよう。

レンタサイクル

アユタヤ駅前すぐの「ノン・ナイン・サービス（MAP：P191）」でレンタルでき、料金は1日B50。貸出し時にパスポートの提示が必要。レンタルバイクは18時までB200。

⬆アユタヤ観光の人気アクティビティ、エレファントライド（→P72）

⬆歴代の王たちの夏の別邸、バンパイン宮殿（→P196）

歩き方のヒント

主な名所は、チャオプラヤー川とその支流であるパサック川、ロッブリー川に囲まれた中洲に集中。一見コンパクトに見えるが、すべて徒歩で回るのは難しいので、離れた場所へはトゥクトゥクを利用しよう。

Ayutthaya

アユタヤ

ライトアップにも注目！

見逃せない中洲の遺跡群

アユタヤのみどころが集まる中洲には、絶対に見ておきたい遺跡が点在。時間が合えば、幻想的な遺跡のライトアップも楽しもう。

それぞれの仏塔にラーマティボディ2世、その父・兄の遺骨が納められている

↖ハスの花のような彫刻がわずかに確認できる柱も
↗敷地内には破壊された腕や頭のない仏像があちこちに

鑑賞ポイント

王が眠る 3 基の仏塔は高さ約 40 mで、漆喰で造られたスリランカ様式。天に向かってのびる尖塔が美しい。

↓3基の仏塔のライトアップも人気

3人の王が眠る仏塔が印象的

ワット・プラ・シー・サンペット

●Wat Phra Si Samphet ★★★

アユタヤ王朝の初代ウートン王が、最初の王宮を建設した場所。1426年に王宮が火災で焼失・移転したことにより、1491年に王室の守護寺院を建立。増築が繰り返され、最盛期には大小合わせて34もの仏塔が並んでいたという。1767年のビルマ軍の侵攻で崩壊し、現在の仏塔や柱の遺構だけが残る。

アユタヤ **MAP：P191**

図観光案内所から徒歩10分
住Amphur Muang
時8～18時 休なし 料B50

ライトアップ
19時30分～21時

巨大涅槃仏に圧倒される

ワット・ロカヤ・スター

●Wat Lokkaya Sutha ★★★

広大な草原に横たわる巨大な涅槃仏が有名。1956年に復元されたもので、その姿は入滅した際の仏陀を模しているという。涅槃仏の背後には、かつて存在していた寺院が遺跡となって残っている。

アユタヤ **MAP：P191**

図観光案内所から徒歩15分
住Pratuchai Phra Nakhon Si Ayutthaya
時8時～16時30分 休なし
料寄付(心付け程度)

↓仏像の髪の部分はハスの花になっている

鑑賞ポイント

高さ 5 m、長さ 28 mの大きさは、前に立ってみるとそのスケールを実感できる。離れて拝もう。

鑑賞ポイント
記念撮影の際は、自分の頭が仏像の頭より高い位置にならないよう注意を。神聖な信仰の場でもあるため、マナー違反に気をつけよう。

↑ビルマ軍侵攻の際に切り落とされた仏像の頭が、自然に木に覆われて現在のような姿に

菩提樹に覆われた仏頭は必見

ワット・プラ・マハタート

●Wat Phra Mahathat ★★★

14世紀を代表する仏教寺院の遺跡。建設当時は高さ44mの黄金の仏塔がそびえていたが、ビルマ軍の侵攻によって破壊され、今では壊された仏塔や壁が残されるのみ。一番のみどころは、菩提樹に覆われ神秘的な姿を見せる仏頭だ。

アユタヤ **MAP:P191**
図観光案内所から徒歩15分
住Wat Mahathat, Naresuan Rd, Tha Wasukri
時8～18時 休なし 料B50
ライトアップ 19～21時

↑広い敷地内には仏像や壁の跡が。侵攻当時の生々しい状況が色濃く残る

↓クメール様式の仏塔。規模が大きく見ごたえのある遺跡だ

鑑賞ポイント
1958年には貴重な出土品が発掘され、チャオ・サン・プラヤ国立博物館（→P196）に展示されている。

タイ最古といわれる壁画が残る

ワット・ラチャブラナ

●Wat Rathchaburana ★★★

8代目の王が、王位継承争いで命を落とした2人の兄のために1424年に建立した寺院。多くはビルマ軍によって破壊されているが、礼拝堂やタイ最古といわれる壁画などが見られる。

アユタヤ **MAP:P191**
図観光案内所から徒歩15分
住Chikun Alley, Tambon Tha Wa Su Kri, Phra Nakhon Si Ayutthaya District
時8時～16時30分 休なし 料B50
ライトアップ 19～21時

Ayutthaya

アユタヤ

水辺の風景も楽しもう

まだまだある中洲周辺の遺跡

中洲の周辺にも足を運んでみたい遺跡がある。
比較的のんびりとした雰囲気のなか、
遺跡見学ができるのもうれしい。

鑑賞ポイント

大仏塔は高さ 72 mで、アユタヤで 2 番目に高い仏塔。礼拝堂までの階段は急なので歩きやすい靴で。

↑大仏塔からの眺めも楽しもう。本尊にあたる黄金の釈迦仏も必見だ

↑大仏塔の左右には2体の巨大な仏像が鎮座する

アユタヤを象徴する仏教寺院遺跡

ワット・ヤイ・チャイ・モンコン

●Wat Yai Chai Mongkon ★★★

アユタヤ王朝の初代ウートン王が1357年に建立。留学から帰ってきた僧侶の瞑想の場として建てられたという。高くそびえるスリランカ様式の大仏塔は、19代ナレスワン王がビルマ軍との闘いに勝利した記念に建てたもの。

アユタヤ **MAP:P191**

図観光案内所から車で10分
住40 Khlong Suan Phlu, Phra Nakhon Si Ayutthaya District
時8〜17時 休なし 料B20

➡かつては金箔が貼られていたという巨大な涅槃仏

↓仏像の頭の部分など、見事に復元されたものも多い

鑑賞ポイント

カンボジアのアンコール・ワットと建築様式が似ており、主塔の四方には 4 基の塔堂が配され、それらを囲むように回廊がある。

最も華麗といわれた建築美

ワット・チャイ・ワッタナーラーム

●Wat Chai Watthanaram ★★★

1630年にプラサート・トン王が亡くなった母を偲び、20年もの歳月を費やして建立した寺院。ビルマ軍の侵攻で破壊されたが、1987年から修復作業が進められ、当時に近い姿を目にすることができる。

アユタヤ **MAP:P191**

図観光案内所から車で15分
住Tambon Baanpom,Amphur Pra Nakorn Sri Ayutthaya
時8時〜16時30分 休なし 料B50

ライトアップ
19〜21時

↑アユタヤ遺跡群のなかでも最も美しいと評判のライトアップ

➡境内の中央にそびえるのが高さ35mの主塔

↑入口のヴィシュヌ神のレリーフは創建当時のまま残る

©Tourism Authority of Thailand

珍しい2体の仏像は見逃せない

ワット・ナー・プラ・メン

●Wat Na Phra Men ★★★

13世紀に創建され、15世紀にラマ4世により再建された寺院。本堂の巨大な仏像は高さ5mを誇り、王の正装をまとった姿で安置されている。礼拝堂に安置された緑色のドヴァラヴァティ様式の仏像もぜひ見ておきたい。

↑本堂右手にある礼拝堂の仏像

©Tourism Authority of Thailand

アユタヤ **MAP：P191**

MAP：P191

図観光案内所から車で6分
住76 Phra Nakhon Si Ayutthaya District
時8～17時 休なし 料B20

鑑賞ポイント

本堂の黄金の仏像と、礼拝堂の深い緑色の仏像。対照的な２つの仏像を見比べてみよう。

↑アユタヤ最大規模を誇る本堂の仏像

©Tourism Authority of Thailand

アユタヤ History

水運により繁栄した国際都市

1351年にウートン王によってアユタヤ王朝が建国。チャオプラヤー川とその支流に囲まれ、恵まれた立地条件を背景に水上貿易の要衝として発展する。16世紀ごろにはヨーロッパや東アジアから商人が訪れ、東南アジア最大の貿易地として隆盛を極めた。

日本人街と山田長政

17世紀には日本の商人も多く訪れ、最盛期には2000人以上が日本人街に暮らしていたという。日本人の多くは傭兵としてビルマ軍との戦いに参戦。日本人街の頭領だった山田長政は、国王から官位を与えられるほど活躍した。

ビルマ軍の侵攻から滅亡へ

末期は内乱が続き、1767年にビルマ軍の侵攻で417年続いた王朝は滅亡する。王朝時代の寺院や仏像の跡は「古都アユタヤ」として1991年に世界文化遺産に登録された。

+Plus! 多様な仏塔様式に注目!

仏塔（チェディ）とは、仏陀の遺骨を納めた大きな塔や、仏教信仰のために建てられた塔のこと。
アユタヤにもさまざまな様式のものが残されている。

スリランカ様式

仏塔の先端が鋭く尖っていて、釣鐘のような形が特徴。代表的なのは、ワット・プラ・シー・サンペット（→P192）の3基の仏塔など。天に向かってすっと立つ姿が美しい。

クメール様式

仏塔の先端が丸みを帯びた、トウモロコシのような形がユニーク。「カンボジア様式」、「プラーン」ともよばれ、側面に仏像がはめ込まれているデザインも。

スコータイ様式

クメール様式の流れを汲んで進化したといわれる。仏塔の頂上に、ハスのつぼみ型の飾りなどが付いているのが特徴。アユタヤではほとんど見られない。

アユタヤ

遺跡とあわせてめぐりたい！

王都の面影薫る古都を散策

遺跡のほか、アユタヤの歴史を物語るみどころも！
ご当地グルメを楽しみながら、古都散策を満喫しよう。

ラマ4世が再建した、
池に浮かぶ黄金の離宮

歴代王たちの夏の離宮

バンパイン宮殿

●Bang Pa-In Palace ★★

アユタヤ王朝24代プラサート・トン王によって1637年に建てられ、夏を過ごす離宮として使用された。現在は王族の別荘、迎賓館となっており、天文台と中国建築の明天殿などが公開されている。

アユタヤ **MAP:P191**
図観光案内所から車で30分
住Ban Len, Bang Pa-in, Phra Nakhon Si Ayutthaya
☎035-261-548
時8〜16時
休なし 料B100

↑宮殿南側の対岸にある仏教寺院、ワット・ニウェト・タン・プラワット

↑天体観測のために建てられた塔は上ることができ、敷地内を一望できる

↓1号館と2号館がある

仏教美術の収蔵品に注目！

チャオ・サン・プラヤ国立博物館

●Chao Sam Phraya National Museum ★★

政府による発掘調査で遺跡群から出土した貴重な遺物を展示。アユタヤ様式の仏像や石のレリーフなど、仏教美術のコレクションは必見だ。ワット・ラチャブラナ（→P193）に眠っていた黄金の仏像もここで見られる。

アユタヤ **MAP:P191**
図観光案内所から徒歩5分
住Rotchana Rd. & Samphet Rd.
☎035-241-587 時9〜16時 休なし 料B150

日タイ友好の歴史を知る

日本人町跡

●Japanese Village ★

日本人が居住した町の跡地。日本人町歴史研究センターや日本式庭園のほか、アユタヤ王朝で貴族階級までのぼり詰めた山田長政の像も鎮座する。

↑敷地内には石碑や記念館も設立されている

アユタヤ **MAP:P191**
図観光案内所から車で5分 住Kamang, Phra Nakhon Si Ayutthaya
☎035-224-340 時9時30分〜18時（土・日曜は8時30分〜） 休なし
料B50

グルメ

名物の川エビをグリルで堪能
バーン・マイ・リム・ナム
●Baan Mai Rim Naam

豊富な水資源に恵まれたアユタヤが誇る名産品が川エビ。ふんわりとした身とともに、ミソも上品で繊細な味わい。ボリュームがあるのでシェアして食べるのがおすすめ。

アユタヤ MAP:P191
図観光案内所から車で5分
住43/1 Uuthong Pratoochai, Ayutthaya
☎084-329-3333
⏲10時30分～22時
休なし 英

↑川エビのグリル1匹B500～

→川沿いにある人気のレストラン

←ワンプレートで提供される気軽なメニューが多い

グルメ

遺跡が見えるテラス席が人気♪
マラコー・キッチン&カフェ
●Malakor Kitchen and cafe

アユタヤ風高床式の建物で、夜景を眺めながら食事ができる。グリーンカレーのチャーハンなど定番のタイ料理のほか、タイ風に味付けしたパスタなどもある。

アユタヤ MAP:P191
図観光案内所から車で10分
住9-36 Shi Kun Rd. ☎091-779-6475
⏲8～22時(月曜は～18時) 休なし 英

↑風が通り心地よい空間

←ローティ・サイマイは1kgB100

スイーツ

アユタヤ生まれのスイーツにトライ!
ラーン・アビディーン
●Lan Avidin

アユタヤが発祥とされるスイーツ「ローティ・サイマイ」を販売。パンダンの粉などを薄くのばして焼いた皮で、糸状の砂糖菓子を包んで食べる。皮と中身がセットで売られており、自分で包むスタイル。

↓地元客からも人気を集めている

アユタヤ MAP:P191
図観光案内所から徒歩10分
住Pratu Chai Sub-district
☎089-005-9948
⏲6時～なくなり次第終了
休なし

+ Plus! ひと足のばしてテーマパークへ

タイの古い街並みを再現したテーマパークで、遊び&グルメをまとめて楽しもう。

水上遊覧や屋台グルメを満喫!
アヨタヤ 水上マーケット
●Ayotthaya Floating Market

昔のタイの風景が細部まで再現され、伝統芸能のショーやボートでの運河めぐりも楽しめる。みやげ店や食品店が約300軒並ぶほか、船の上でもB級グルメを販売している。

↑清潔で安心できる雰囲気も旅行者にはうれしい

アユタヤ MAP:P191
図観光案内所から車で20分
住65/19-7 Phailing Rd. Pranakhonsri
☎035-881-733 ⏲10～18時 休なし 料入場B200

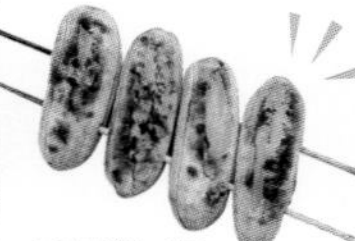

屋台グルメに挑戦してみよう

Pattaya

バンコクから約2時間30分

パタヤ
Pattaya

南国リゾートでのんびりバカンス♪

バンコクから日帰りできるビーチリゾート、パタヤ。
パタヤ・ビーチを中心に、アクティビティや
グルメ、ショーなど楽しみが尽きない。
沖合に浮かぶ「ラン島」へ出かけるのもおすすめ。

MAP：P188

パタヤ・ビーチ ●Pattaya Beach ★★★

大きな弧を描き約4kmにわたって続くパタヤを代表するビーチ。チェアの利用はB50～。マリンアクティビティができるほか、ビーチ沿いにはレストランやショップが並ぶ。

パタヤ MAP：P198

図パタヤ・バスターミナルから車で10分
住Pattaya Beach Rd.

行き方

バス バンコクのBTSエカマイ駅近くにある東バスターミナル（MAP：P13B4）などから20～30分ごとに運行（4時30分～23時）。所要約2時間30分、料金B163。ビーチからやや離れたパタヤ・バスターミナル（MAP：P198）に到着する。中心部へはソンテウやタクシーなどを利用しよう。また、乗合いでバンタイプのロットゥーも随時運行。所要約2時間45分、料金B210。

現地交通

ソンテウ トラックの荷台を座席に改造した紺色の乗り物。乗車時は手を挙げ、降車時はブザーを押して知らせる。ビーチロードとセカンドロードを巡回するソンテウは定額料金B10。乗合タクシー的利用は交渉制で、近場ならB50～100。

タクシー 黄色と青のツートンカラーが目印。流しのタクシーは少ないので、ホテルや有名ショッピングセンター前のタクシースタンドから乗車する。料金は交渉制で近場でもB100～。

モーターサイ バイクタクシーのことで、バイクの後部座席に座り、ヘルメットを着用して利用する。料金は交渉制で、市内ならB40～80。スピードが速く初心者向けではない。

歩き方のヒント

街の中心部はセントラル・フェスティバル（→P199）周辺。みどころや店は広範囲に点在しているので、移動にはソンテウやタクシーを利用するのが一般的。

ビーチ遊びと一緒にコチラも♪

ビーチタウンのみどころNAVI

有名な寺院や見晴らし抜群の公園、テーマパークなど、パタヤのみどころは多彩。ビーチ遊びと合わせて訪れてみよう。

←柔和な笑みを浮かべる黄金の大仏は高さ約20m

黄金の大仏がシンボル

ワット・プラ・ヤイ

●Wat Phra Yai ★★

「ビッグブッダ」の愛称で親しまれている寺院。丘の上のテラスに黄金の大仏が鎮座し、涅槃仏や立像、修行僧の像も並ぶ。テラスからはパタヤの眺望が広がる。

↑テラスには立像や涅槃仏なども

パタヤ MAP：P198

図セントラル・フェスティバルから車で10分 住384 Regent Soi 2
時休料見学自由

スリル満点のアトラクションに挑戦！

パタヤ・パーク・タワー

●Pattaya Park Tower ★★

地上175m、55階の展望デッキからパタヤを一望できる眺望スポット。屋外に張られたワイヤーを伝ってタワーを降りるアトラクション、「タワージャンプ」が人気。

パタヤ MAP：P198

図セントラル・フェスティバルから車で15分 住345 Jomitien Beach
☎038-251-201 時9時～17時30分（レストランは16時30分～22時）
休なし 料B500（入場・タワージャンプなどの料金込み）

↑展望台にはビュッフェスタイルの回転レストランやショップもある

←チョムティエン・ビーチも一望できる

南の海に暮らす生き物を観察

アンダーウォーター・ワールド

●Underwater World Pattaya ★★

↓水槽トンネルから巨大なサメやエイたちが泳ぐ姿を見学

パタヤ近海に棲む約200種、4500匹以上の魚を飼育・展示する水族館。長さ105mの水槽トンネルは人気のスポットで、巨大なサメやエイへのエサやりなども迫力がある。

パタヤ MAP：P198

図セントラル・フェスティバルから車で20分
住22/22 Moo 11, Sukhumvit Rd. ☎038-756-878 時9～18時
休なし 料B500（身長90～130㎝の子どもはB300））

+Plus! **ビーチ近くのショッピングスポット**

買物に便利なビーチ界隈のショッピングセンターをピックアップ！

世界旅行気分でお買物♪

ターミナル21 パタヤ

●Terminal 21 Pattaya

パリ、ロンドン、東京などフロアごとに都市をイメージした内装が楽しい。ファッション、コスメ、雑貨などのほか、スーパーも。3階にはフードコートがある。

パタヤ MAP：P198

図セントラル・フェスティバルから車で8分 住456, 777, 777/1 Moo 6 Na Kluea,Bang La Mung ☎033-079-777
時11～22時 休なし 英

ビーチ沿いのランドマーク

セントラル・フェスティバル

●Central Festival

約300店ものショップが集まる巨大ショッピングセンター。地下にはフードコートがあるほか、ソンテウの停留所やタクシースタンドなども。

パタヤ MAP：P198

図パタヤ・バスターミナルから車で10分
住333/102 Pattaya Beach
☎033-003-999（代）
時11～23時 休なし 英

バツグンの立地が魅力！

マイク・ショッピング・モール

●Mike Shopping Mall

ビーチロードの中心にある、立地が便利な老舗のショッピングセンター。上階にはビーチを一望できるプール付きのホテルもある。

パタヤ MAP：P198

図セントラル・フェスティバルから徒歩5分
住262 Moo.10 Pattaya 2nd Rd.
☎038-412-000-9
時11～23時 休なし 英

Pattaya

パタヤ

緻密な彫刻群がスゴイ！

イチ押し！フォトジェニックスポット

青い海と空を背景にそびえ立つ「サンクチュアリー・オブ・トゥルース」は、
建物全体を覆い尽くす無数の彫刻が美しく、迫力満点！
フォトジェニックな写真を求めて出かけよう。

青い海に映える壮麗な木造建築物

サンクチュアリー・オブ・トゥルース

●The Sanctuary of Truth ★★★

1981年の着工から40年近くたった現在も建設中の巨大な木造建築物。古典芸術、彫刻、技術の保護を目的に建設が進められている。チーク材やハード材などを使用した建物は、高さ・幅ともに約100m。木材の接合には、釘を一切使用しない伝統的な技術を用いている。

パタヤ **MAP：P198**

MAP：P198

図セントラル・フェスティバルから車で25分
住206/2 Moo.5, Soi Naklua 12, Naklua,Banglamuang Pattaya
☎038-110-653 時8～18時 休なし 料B500

みどころチェック！

建物全体に施された彫刻がハイライト。
内部からのシービューも満喫しよう！

見学のポイント

工事中の建物なので、見学時にはヘルメット着用がマスト。入口から建物に向かう途中で渡される。短パンやミニスカートなど露出の高い服装では入場できない。

職人たちの作業
風景を見学でる
チャンスも♪

彫刻

壁面や柱、屋根などに施された精緻な彫刻は、タイだけではなく、ヒンドゥーや仏教、クメールの技術や思想を取り入れた独自の表現になっている。

内部

中央のアトリウムを中心に4つのホールがあり、それぞれ「生命の起源と宇宙」「太陽と月」「親の愛」「謙虚、犠牲、良心」を表現している。

建物の裏には
超巨大な仏頭の
彫刻が！

敷地内アクティビティ

建物の周りを一周できるエレファントライドや、伝統舞踊やムエタイのショー、入口からの馬車での送迎など、アクティビティも用意。

Pattaya

パタヤ 夜の街をぶらり歩き

グルメ＆ショーに大満足♪

パタヤ名物のキャバレーショーや
新鮮なシーフードが味わえるレストランなど、
夜の街には楽しみがいっぱい。ナイトライフを満喫しよう！

←ひとり歩きは要注意！

夜が楽しい名物ストリート

ウォーキング・ストリート

●Walking Street ★★

ビーチロード南端からバリハイ桟橋方面へ約500m続く、バーやレストランが立ち並ぶ歓楽街。毎晩19時から翌朝4時まで歩行者天国となり、夜がふけるにつれて賑やかになる。

パタヤ MAP：P198
図セントラル・フェスティバルから徒歩12分
住Pattaya Beach Rd. South

とれたてシーフードをテラス席で

キング・シーフード

●King Sea-food Restaurant

↑エビ入りレッドカレーB250（下）

↑ウォーキング・ストリートの人気店

ウォーキング・ストリートにあるシーフード料理専門店。パタヤ周辺でとれた新鮮な魚介類を注文に応じて調理してくれる。魚のフライB400〜（写真上）など。

パタヤ MAP：P198
図セントラル・フェスティバルから徒歩15分
住94 Moo 10,Beach Rd. ☎038-429-459 ⏲12時〜翌1時 休なし 英英

↑緑あふれるテラス席がオススメ

↑定番のタイ料理が揃う

伝統舞踊の鑑賞も楽しみ♪

ルアン・タイ

●Ruen Thai

屋内やオープンテラスの席から優雅なタイ舞踊を鑑賞できるシアター・レストラン。伝統的なタイ料理が中心だが、辛さは控えめ。ショーは毎晩19〜21時に行われる。

パタヤ MAP：P198
図セントラル・フェスティバルから徒歩8分 住485/3 Pattaya 2nd Rd. .
☎093-928-9162 ⏲11〜21時 休なし 英英

↓クオリティの高いショーは感動的！

老舗キャバレーで華麗なショーを満喫

ティファニーズ・ショー

●Tiffany's Show Pattaya ★★★

世界一美しいトランスジェンダーを決めるコンテストが行われるキャバレーとしても有名。毎晩開催されるショーの豪華さも世界一といわれ、美女たちの華麗な舞台が観客を魅了する。

パタヤ MAP：P198
図セントラル・フェスティバルから車で8分
住464 Moo 9 Pattaya 2nd Rd. ☎038-421-700
⏲18時、19時30分、21時（所要約1時間） 休なし
料一般席B1000、VIP席B1600、VIP Gold席B2000 英予

→ドームが目印の建物で、最大800名を収容できる

↔豪華な衣装やドラマチックな演出にも注目！

見事なショーにテンションアップ！

アルカザール

●Alcazar ★★★

ダンサーの美しさやショーの構成、見事な舞台美術、衣装など、タイ各地にあるキャバレーショーの手本とされている劇場。人気があるためショーの予約は早めに。

パタヤ MAP：P198
図セントラル・フェスティバルから徒歩15分 住78/14 Moo 9, Pattaya 2nd Rd.
☎038-410-224-7 ⏲17時、18時30分、20時、21時30分（所要約1時間）
休なし 料一般席B800、B1000、VIP席B1200 英予

パタヤからさらにひと足のばして

ラン島でマリンアクティビティ

真っ白な砂浜と透き通った青い海…。
パタヤよりもさらに美しい海で、
マリンアクティビティを楽しもう。

パタヤビーチの沖合約8kmに浮かぶ1周10kmほどのリゾートアイランド

行き方

バリハイ桟橋（MAP：P198）から、ラン島のターウェーン・ビーチ行き定期観光船で約45分。行きは7時～18時30分の7便、帰りは6時30分～18時の8便。料金は往復B60。乗合いのスピードボートもあり、こちらは満員になり次第出発。料金は片道1人B300～、所要約15～20分。

日帰りツアーを利用しよう！

パタヤ・ラン島で遊ぼう

バンコク発着の日帰りツアー。パタヤ到着後、専用のスピードボートでラン島へ渡り、マリンアクティビティとタイ料理のランチを楽しむ。

※ツアー予約はJTBタイランド（→P229）へ

出発 7時発
所要時間 約11時間
催行日 水曜を除く毎日
最少催行人数 2名（定員6名）
料金 B3800～（車、スピードボート、ドライバー、日本語ガイド、昼食代含む）

マリンアクティビティ 人気Best3

↑海上に設置された浮島が着地ポイント

人気No.1 パラセーリング

スピードボートに引っ張られたパラシュートに乗って空中遊覧。ビーチから小型船で海上基地に移動し、ハーネスを装着して大空へ。上空から眼下に広がる海や島の絶景が楽しめる。

所要 約30分(空中遊覧は15分程度) 料金 B800

↓海上の専用施設まではボートで移動

↑ヘルメット内には常に空気が送られ、自然に呼吸ができる

人気No.2 シーウォーカー

海上の施設で耐圧ガラス製のヘルメットをかぶり、透明度の高い海中を散策。スタッフの誘導で魚にエサを与えたり、ナマコにふれたりと楽しい体験がいっぱい。

所要 約30分
料金 B1400

↓初心者はスタッフが運転するジェットボートに体験乗車

人気No.3 ジェットボート

海のモータースポーツの定番。運転には免許が必要なため、操縦はスタッフに任せて2人乗りを楽しもう。予想以上にスピードが出るため、ドライバーにしっかりつかまって。

所要 約30分
料金 B1200

←乗車前にはライフジャケットを着用

※各種マリンアクティビティの料金は目安。個人で申し込む場合は客引きのビーチボーイを仲介して英語で交渉となる。ツアー参加者は同行のスタッフに相談を。

バンコクから約2時間40分

Kanchanaburi

カンチャナブリ

歴史と自然にふれる鉄道の旅

映画『戦場に架ける橋』の舞台となったミャンマー国境近くの街、カンチャナブリ。のんびりとした鉄道の旅を楽しみながら、豊かな自然や街の歴史にふれてみたい。MAP：P188

歩き方のヒント

カンチャナブリ駅と観光案内所(TAT)が街の中心。線路に沿ってメインストリートが延び、ホテルやレストランが並ぶ。街の西部を流れるクウェー・ヤイ川沿いに観光ポイントが点在。

行き方

電車 バンコクのトンブリー駅(MAP：P2A2)から1日2往復運行(7時50分発、13時55分発)。所要片道約2時間40分、料金片道1等B120(エアコン付きB240)。カンチャナブリ発最終は14時44分。土・日曜、祝日のみバンコク市内のフアランポーン駅(MAP：P2C3)から観光列車が1日1便運行(6時30分発)。所要片道約3時間、料金往復 B120～。

バス バンコクの南バスターミナル(MAP：P2A2)からエアコンバスが5～22時の間、約30分間隔で運行。所要約2～4時間、料金B100～。

現地交通

トゥクトゥク、モーターサイ、ソンテウなどが街の交通手段で、駅やバスターミナルの前で待機している。周辺の移動ならモーターサイが便利だ。料金の相場はB30～50。

日帰りツアーを利用しよう！

カンチャナブリ観光

ミャンマー国境に近い山間の街、カンチャナブリで第二次世界大戦時の歴史を学び、映画の舞台となったクウェー川鉄橋を訪れる。ハイライトは泰緬鉄道乗車。

※ツアー予約はJTBタイランド(→P229)へ

出発	7時発
所要時間	約10時間30分
催行日	毎日
最少催行人数	2名
料金	B3600～(車、ドライバー、日本語ガイド、入場料、列車代、昼食代含む)

check! 名画『戦場にかける橋』

第二次世界大戦中、タイとビルマの国境付近にあった捕虜収容所が舞台の戦争映画。捕虜となったイギリス軍兵士と、彼らを強制的に鉄道建設に動員する日本人大佐との対立・交流を通じ、極限状態の人間の尊厳と名誉、戦争の悲惨さを描く。

■製作年：1957年　■監督：デビッド・リーン
■製作国：イギリス、アメリカ　■原作・脚本：ピエール・ブール学びの旅へ出かけよう！

歴史スポットを散策

街には第二次世界大戦の悲惨さを現在に伝えるみどころが点在。知っておきたい過去が学べるスポットを訪ねよう。

←鉄橋を走るディーゼル列車

映画『戦場にかける橋』の舞台

クウェー川鉄橋

●River Kwae Bridge ★★★

第二次世界大戦後も修復を繰り返しながら現存する鉄橋。全長は約300mで、今も1日6～8本の列車が通る。映画では木造の橋として登場するが、実際はコンクリートで支えられた頑丈な鉄橋だ。

カンチャナブリ

MAP：P204

図カンチャナブリ駅から車で5分

住Ban Tai Kanchanaburi

営見学自由

↓鉄橋の上を歩くことができる。足元には注意しよう

整然と並ぶ墓碑の数の多さに驚く

連合軍戦没者共同墓地

●Kanchanaburi War Allied Cemetery

★★

第二次世界大戦中にこの地で亡くなった多くの連合軍兵士のうち6982名の墓碑が並ぶ。墓地の正面にある陸上競技場は、かつて鉄道建設隊本部が置かれていた場所だという。

カンチャナブリ **MAP：P204**

図カンチャナブリ駅から徒歩5分

住Saeng Chuto Rd. ☎034-511-500

営8～17時 休なし 料なし

↑共同墓地を紹介するプレートには、悲惨な歴史が記されている

捕虜収容所の様子を再現

JEATH戦争博物館

●JEATH War Museum ★★

第二次世界大戦中に実際に使われていた捕虜収容所の小屋を再現。泰緬鉄道建設に関する資料や連合軍兵士の遺品、捕虜たちが隠れて描いたスケッチなどを展示している。

カンチャナブリ **MAP：P204**

図カンチャナブリ駅から車で10分

住Park Praek Rd.

☎034-512-596 営8時30分～16時30分 休なし 料B50

←展示品の紹介パネル。館内は撮影禁止

→座席は板張りで、レトロな雰囲気が再現されている

鉄橋を走り渓谷の桟道橋を行く

泰緬鉄道(たいめんてつどう)

●Thai Burma Railway (Death Railway)

★★★

第二次世界大戦中にタイとビルマ(現ミャンマー)を結んでいた鉄道。日本軍が連合軍の捕虜などを使って敷設した。タイや英語圏では「死の鉄道(Death Railway)」の名で知られる。現在は、バンコクからカンチャナブリを通り、ナムトク駅まで列車が走る。

カンチャナブリ **MAP：P204**

図トンブリー駅～ナムトク駅まで運行

→列車は畑や森の中を進んでいく

バンコクから約3時間

Hua Hin

ホアヒン

気品漂うリゾートで穏やかな時間

写真提供：
タイ国政府観光庁

**タイ湾を挟んでパタヤの対岸に位置するホアヒンは
王室の保養地として古くから栄えたリゾート地。
バンコクの喧騒を忘れ、白砂のビーチや
王室ゆかりの建造物などを訪ねてゆったり過ごしたい。**

MAP：P188

行き方

電車 バンコクの国鉄クルンテープ・アピワット中央駅（MAP：P2C1）から1日約9本運行。特急（エアコン付き）で所要約4時間、B410。

バス バンコク南バスターミナル（MAP：P2A2）からエアコンバスが約45分間隔で運行している。所要約2時間30分～3時間、B294～。

現地交通

ソンテウ、タクシー、Grabなどが主な交通手段。ソンテウは決められたルートを巡回するタイプなら運賃B 10～、チャーターできるタイプは1時間B200～300が目安。タクシーは交渉制で高額なので、Grabの利用が便利。

歩き方のヒント

ホアヒン駅とホアヒンビーチの周辺が街の中心で、レストランやマーケットなどが集まり、中心部だけなら徒歩で回れる。郊外のみどころに行く場合はソンテウなどを利用しよう。

のんびり見て回ろう

王室御用達リゾートでおさんぽ

王室ゆかりのスポットはもちろん、海沿いの街の開放感を楽しみにビーチや海を望むレストランへも足を運ぼう。

←乗馬体験で少し高い目線からビーチや海を眺めてみよう

馬に乗ってビーチをおさんぽ
ホアヒンビーチ
●Hua Hin Beach ★★

約5kmの砂浜が続く、ホアヒンのメインビーチ。エンジン音のするマリンスポーツが禁止されているため、静かにのんびりと過ごせる。名物のビーチ乗馬体験もおすすめ(15分B200、30分B300)。

ホアヒン
MAP:P206
図ホアヒン駅から徒歩11分
住Nong Kae

↑砂浜をのんびり散策するのもいい

↓赤とクリーム色が印象的な王室専用の待合室。見学は外観のみ

レトロな雰囲気の駅舎が素敵
ホアヒン駅
●Hua Hin Railway Station ★★★

ラマ6世の時代に建造されたタイ国鉄の駅。鮮やかな色合いの駅舎は撮影スポットとして人気を集めている。ホームに立つタイの伝統的な建築様式で造られた王室専用の待合室も必見。

ホアヒン MAP:P206
図ホアヒンビーチから徒歩11分
住Prapokklao Rd.
☎032-511-073
営見学自由

↑もとは自警団やボーイスカウトの演習を視察するラマ6世のために造られたという

僧侶の巨大像が迎えてくれる
ワット・フアイモンコン
●Wat Huay Mongkol ★★

タイで敬愛されている高僧ルアン・プー・トゥアットの巨大像が目を引く寺院。パワースポットとしても知られており、3つの頭をもつエラワン象の像の下をくぐると願いが叶うといわれる。

←巨大像は高さ約19m、座幅約15mという圧倒的スケール

ホアヒン MAP:P206
図ホアヒン駅から車で25分
住3219 Thap Tai
☎032-576-187
営5～20時 休なし 料無料

←願いを込めてエラワン象の下をくぐろう

おすすめ グルメSPOT

シービューと
タイ料理でリラックス

プラサ
●Praca

目の前に広がるタイ湾の眺めを楽しみながらタイ料理が味わえるレストラン。煎った米入り豚ひき肉スパイシーサラダのラーブB220や、数種のハーブを葉でくるんだミヤンカムB160など、つまみ系から麺類やご飯ものまで揃う。

ホアヒン MAP:P206
図ホアヒン駅から徒歩13分
住スタンダード・ホアヒン(→P216)1F
☎032-535-999(代)
営15～24時(22時30分LO)
休なし 英 英

↑マグロのスパイシーサラダB220は黒米のクラッカー付き ←豚肉の串焼きB250は特製チリソースでいただく

+ Plus! ナイトマーケットもCHECK!

ホアヒンで開催されるマーケットのなかで、おしゃれな雰囲気が味わえ、散策するだけでも楽しいナイトマーケットを紹介。

アートな雰囲気の週末限定マーケット
シカダ・マーケット
●Cicada Market

アーティストやデザイナーが手掛けたアート作品やハンドメイド雑貨、洋服などが並ぶナイトマーケット。飲食も充実しており、タイ料理から多国籍料理まで幅広いラインナップ。

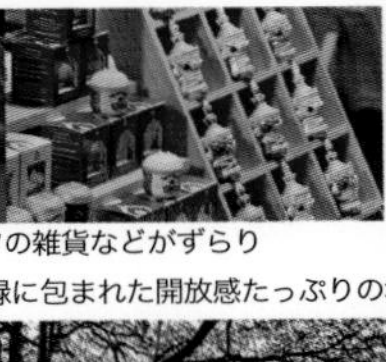

↑アート作品やタイモチーフの雑貨などがずらり

↑イカやエビなど新鮮なシーフードは必食

ホアヒン MAP:P206
図ホアヒン駅から車で8分
住83/159 Soi Hua Tanon 21
☎099-669-7161
営16～23時 休月～木曜

↓緑に包まれた開放感たっぷりの場所にある

世界がひろがる！
Column

バンコクから行く
小さな旅♪

観光列車で日帰り旅行

土・日曜のみ運行のナコーンパトム～カンチャナブリのみどころで停車する観光列車で、のんびりと列車旅を満喫。川沿いの眺めや田園風景など車窓に広がる景色も見逃せない。

スリル満点！

クウェー・ノイ川に沿って断崖に造られた全長約300mの木造橋、タムクラセー桟道橋Tham Krasae Bridgeは列車旅のハイライト。橋を渡ったらタムクラセー駅で下車し、仏像が安置されたクラセー洞窟Krasae Caveを参拝する。

垂直の岸壁の間をすり抜ける、チョンカイの切通しも車窓からチェックしよう！

アーチ部分はオリジナル

クウェー川鉄橋駅
River Kwae Bridge

クウェー川鉄橋(→P205)では橋の上を歩くことができる。写真を撮ったり、眼下に広がる川を眺めたりして楽しもう。

高さ約120.45mの釣鐘状の仏塔、プラ・パトム・チェディPhra Pathom Chediを見学。3世紀ごろ、インドのアショカ王がインドシナ半島で最初に建てた仏塔といわれる。

黄金に輝く仏塔が美しい

ナコーンパトム駅
Nakhon Pathom

タムクラセー駅
Tham Krasae

ファランポーン駅
Hua Lamphong

水しぶきが気持ちいい～

カンチャナブリ駅
Kanchanaburi

ナムトック駅 Nam Tok

サイヨーク・ノイ滝Sai Yok Noi Waterfallで約3時間の自由時間。川と滝が見えるレストランでランチを楽しんだら、滝で水遊びをしたり、滝のそばでゆっくりしたりして過ごそう。滝のベストシーズンは水量が豊富な7～9月ごろ。

カンチャナブリ駅から歩いて5分の連合軍戦没者共同墓地(→P205)を訪問。緑の芝生には泰緬鉄道建設で亡くなった連合軍兵士の墓石が整然と並んでいる。

スケジュール

6:30	ファランポーン駅出発
7:40	ナコーンパトム駅着
8:20	ナコーンパトム駅発
9:35	クウェー川鉄橋駅
11:00	タムクラセー駅
11:30	ナムトック駅着
14:25	ナムトック駅発
15:53	カンチャナブリ駅着
16:53	カンチャナブリ駅発
19:25	ファランポーン駅到着

㊕3等B120、エアコン付き2等B240
タイ国鉄 URL www.railway.co.th/Home/index

写真提供：タイ国政府観光庁

BANGKOK

ホテル
Hotel

Contents

Luxury Hotel

一度は泊まってみたい！

憧れ♡のラグジュアリーホテル

Read me!

優雅な空間や上質なサービスに加え、リバービューやシティビューなど眺めのよさもバンコクのラグジュアリーホテルの魅力。贅沢ステイでステキな思い出を！

ココがポイント
天井が高く、全面ガラス張りのロビーは明るく開放感たっぷり。デコレーションは季節ごとに変わる

1876年創業の歴史あるホテル

マンダリン・オリエンタル・バンコク

●Mandarin Oriental Bangkok

館内は開業時の面影を残すコロニアル調で、客室には伝統的なチーク材やタイシルクを使用。スイートルームにはかつて滞在した著名人の名が冠されている。レストラン、スパ、プールなど館内施設も充実。

サトーン・ピア周辺 **MAP：P8A3**

図BTSサパーンタクシン駅から車で5分
住48 Oriental Avenue ☎0-2659-9000
料B1万4000～ 客室数331室
URL www.mandarinoriental.co.jp/bangkok

1.座ってくつろげるバルコニー付きのデラックスバルコニールーム **2.**緑に包まれたプールでリラックス♪ **3.**川沿いのレストラン「リバーサイドテラス」

ココがポイント
各フロアの客室は10室のスイートのみに限定されているので、ゆったりとくつろげる

全室スイート仕様で至福の休日

バンヤン・ツリー・バンコク

●Banyan Tree Bangkok

ビジネス街に立つ60階建ての超高層ホテル。全客室がリビングと寝室が独立したスイート仕様になっており、シックな雰囲気が漂う。絶景の「ムーン・バー＆ヴァーティゴ」など個性的な飲食店も魅力。

シーロム **MAP：P9F3**

図BTSサラデーン駅、MRTシーロム駅から徒歩15分 住21/100 South Sathon Rd. ☎0-2679-1200
料B5120～ 客室数327室
URL www.banyantree.com/thailand/bangkok

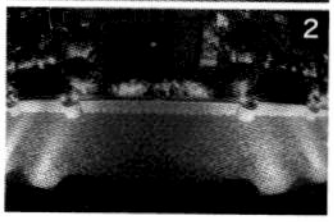

1.館内はスタイリッシュなタイ・デザイン **2.**熱帯植物が生い茂るプールでリゾート気分を満喫♪

ココがポイント
全室からチャオプラヤー川とその向こうに広がる街を一望できる。チーク材やタイシルクの調度品がアクセントに

香港の伝統を受け継ぐ名門

ザ・ペニンシュラバンコク

●The Peninsula Bangkok

チャオプラヤー川に面して立つ37階建ての高層ホテル。香港に旗艦ホテルをもち、吹き抜けのロビーには名門ならではの風格が漂う。客室はスタンダードでも約46㎡あり、ゆったりと過ごせる。

トンブリー **MAP：P8A3**

図BTSサパーンタクシン駅前のサトーン船着場から専用ボートで約2分（約10分間隔で運航）
住333 Charoennakorn Rd.
☎0-2020-2888 料B1万9000～
客室数370室 URL www.peninsula.com/ja/bangkok

1.川の眺めがいい「リバーカフェ＆テラス」 **2.**市街を望む絶好のロケーション

ココがポイント
40mある海水プールのうち、25mはインフィニティ・エッジ・プールになっている。プールから見渡す街の眺めは最高！

街を見渡す都会のオアシス
パーク ハイアット バンコク
●Park Hyatt Bangkok

客室のデザインは"居心地のよいラグジュアリー"がコンセプト。バスルームには独立した深めのバスタブとレインシャワーが完備され、ニューヨークのブランド「ルラボ」特製のバスアメニティもスタンバイ。

サイアム **MAP:P7F4**
図BTSプルーンチット駅から徒歩1分
住Central Embassy, 88 Wireless Rd.
☎0-2012-1234 料HPを参照 客室数222室
URL parkhyattbangkok.com

1.落ち着いた色調で統一された客室はタイ風の装飾がアクセント♪ **2.**午後はアフタヌーンティーを提供する「リビングルーム」 **3.**心身ともにリラックスできるスパルーム

ココがポイント
25階にあるインフィニティプールは、まるでバンコクの街に浮かんでいるかのよう

日系ホテルならではの安心サービス
オークラ・プレステージ・バンコク
●The Okura Prestige Bangkok

日本のホテルオークラが、インターナショナルに展開するラグジュアリーホテル。館内はシックなインテリアを基調としており、日本語スタッフ、和朝食など、日本人にはうれしいサービスが充実。

サイアム **MAP:P7F4**
図BTSプルーンチット駅直結
住Park Ventures, 57 Wireless Rd.
☎0-2687-9000
料B7900～ 客室数240室
URL www.okurabangkok.com

1.全客室のエアコンやテレビなどはコントロールパネルで管理 **2.**ガラス張りのロビーからもバンコク市街を見渡せる

ココがポイント
モダンなスタイルの空間に、タイらしい調度品やファブリックをアクセントとして使用

エレガントなリバーサイドホテル
シャングリ・ラ バンコク
●Shangri-La Hotel, Bangkok

チャオプラヤー川に面して立ち、シャングリ・ラ ウイングとクルンテープ ウイングの2棟からなる。サービスや館内施設もレベルが高く、バンコク屈指の「Chi スパ(→P161)」は特に注目。

サトーン・ピア周辺 **MAP:P8A3**
図BTSサパーンタクシン駅から徒歩5分 住89 Soi Wat Suan Plu, New Rd. ☎0-2236-7777
料B6500～ 客室数802室
URL www.shangri-la.com/jp/bangkok/shangrila

1.リバービューの客室からはチャオプラヤー川を見渡せる **2.**2棟の間にあるプール

居心地のいいデザイン空間でまったり♪

個性派ホテルにステイ！

Read me!

西洋スタイルにタイの要素を取り入れたり、タイの歴史をモチーフにしたり…。デザインにこだわりながらもくつろげる、居心地抜群のホテルをピックアップ！

遊び心あふれるオシャレ空間

Wバンコク

●W Bangkok

アジアンシックでスタイリッシュな雰囲気のなか、非日常を体感できる。モダンなインテリアで統一された客室は機能的で、広々としたバスルームが魅力。施設充実のスパや、コスパに優れたダイニングなども滞在中に訪れたい。

シーロム MAP：P9D3

交BTSチョンノンシー駅から徒歩3分
住106 North Sathorn Rd.
☎0-2344-4000 料B6250～
客室数403室 URL www.whotelbangkok.com

ココがポイント

すっきりとしていながら大胆な色使いが印象的な客室。リネンやインテリアのアクセントにタイの国技、ムエタイ柄を取り入れるなど遊び心がいっぱい！

←ロビー横にあるラウンジバーの「ウーバー」➡Wのロゴが目を引く外観

←緑豊かなガーデンは2万4000㎡もの広さ

スコータイ王朝を思わせる館内

スコータイ・バンコク

●The Sukhothai Bangkok

スコータイ王朝を彷彿とさせる様式美や調度品を施した館内はまるで美術館のよう。敷地内には2つの庭園があり、喧噪を忘れさせてくれる。夜はライトアップされ幻想的な雰囲気に。

シーロム MAP：P9F3

交BTSサラデーン駅、MRTシーロム駅から徒歩15分
住13/3 South Sathorn Rd.
☎0-2344-8888（代）
料B7000～ 客室数233室
URL www.sukhothai.com

ココがポイント

客室には美しいチーク材やタイシルクでまとめられた上質な家具が配され、タイらしさを満喫できる

⬆デッキを設けた広々としたプール

ココがポイント
温かみのあるアースカラーをベースにレトロな質感が心地よく、コンパクトで使いやすい

➡オールデイダイニングの「ディー・ライト」

⬆ロビーはカジュアルな雰囲気

レトロでホーミーなインテリアが魅力

ダブル・ツリー・バイ・ヒルトン・スクンビット・バンコク

●Double Tree by Hilton Sukhumvit Bangkok

70年代のアメリカをイメージした空間は、快適な居心地のよさを実現。客室はシンプルかつ機能的で、カジュアルな雰囲気と手頃なサイズ感が気軽なバンコク滞在にぴったり。

スクンビット **MAP：P11F2**

交BTSプロームポン駅から徒歩3分
住18/1 Sukhumvit Soi 26 Klongtoey Khlong Ton ☎0-2649-6666 料HPを参照
客室数177室 URL doubletree.hiltonhotels.jp/city/bangkok-hotels

東西を融合したデザインが斬新！

コモ・メトロポリタン・バンコク

●Como Metropolitan Bangkok

都会的なスタイルとアジアの美学が融合したデザインホテル。客室は東西の個性をミックスしたインテリアで統一され、DVD&CDプレイヤー、アルマーニのバスローブなどが備えられている。

シーロム **MAP：P9F3**

交BTSサラデーン駅、MRTシーロム駅から徒歩15分
住27 South Sathon Rd.
☎0-2625-3333(代)
料B5670～ 客室数171室
URL www.comohotels.com/metropolitanbangkok

⬅プールやスパなど施設も充実している

➡タイ産の木材を使った客室

ココがポイント
シンガポールのインテリアデザイナー、キャサリン・クンがデザインを担当。家具やファブリックなどに注目してみよう

⬅シャワーブースはベンチ付き

ココがポイント
客室はタイらしさを意識した配色で、タイの民族楽器などがアクセントに

繁華街に出現したハイエンド空間

ルネッサンス・バンコク・ラッチャプラソーン

●Renaissance Bangkok Ratchaprasong Hotel

「タイ・コンテンポラリー」をコンセプトに、館内はスタイリッシュ&ゴージャスな内装で統一。客室は全11タイプあり、ガラス張りのバスルームがユニークだ。6つある飲食店も評判。

サイアム **MAP：P7E4**

交BTSチットロム駅から徒歩3分
住518/8 Ploen Chit Rd.
☎0-2125-5000(代) 料B4800～
客室数327室 URL renaissancebangkok.com

⬆赤とゴールドを配したロビー。夜はいっそうきらびやかに

緑に包まれた南国リゾート

アナンタラ・リバーサイド・バンコク・リゾート

●Anantra Riverside Bangkok Resort

チャオプラヤー川西岸に位置するリゾート。客室はプライベートバルコニー付きで、無垢のマカ材を使ったフローリング、伝統の技法を生かした調度品などタイらしさが散りばめられている。

トンブリー **MAP：P2B4**

交BTSクルントンブリー駅から車で10分
住257/1-3 Charoennakorm Rd.
☎0-2476-0022 料B3240～ 客室数281室
URL www.anantara.com/ja/riverside-bangkok

⬅庭園でヨガやピラティスを体験できる

ココがポイント
約4万4000㎡の緑豊かなトロピカルガーデンにあるプールはリゾート気分満点！

⬇デラックスリバーフロントルームではバルコニーからの眺めも楽しみ♪

Hotel

旅の拠点にオススメ！

バンコクのホテルを検索！

ラグジュアリーなシティリゾートからビジネスユーザーにも人気のホテルまで多彩。旅の目的や予算に合わせてホテル選びをしよう。

★★★★★=ラグジュアリー　★★★★=デラックス

○=あり　×=なし

エリア	ホテル名	MAP	DATA	冷蔵庫	ドライヤー	セーフティーボックス	日本語スタッフ	Wi-Fi
サイアム	セントレジス・バンコク ★★★★★ ●St. Regis Bangkok	P7D4 	タイ風&モダンが調和した客室。24時間バトラーサービス利用可能。住159 Rajadamri Rd. ☎0-2207-7777 料B1万2000～ 客室数222室 URL www.marriott.com/ja/hotels/bkkxr-the-st-regis-bangkok/overview/	○	○	○	×	○
サイアム	ウォルドーフ・アストリア・バンコク ★★★★★ ●Waldorf Astoria Bangkok	P7D4 	水上カバナ付き屋外プールやスパなど施設が充実。住151 Ratchadamri Rd. ☎0-2846-8888 料B1万4000～ 客室数171室 URL www.hilton.com/en/hotels/bkkwawa-waldorf-astoria-bangkok/	○	○	○	×	○
サイアム	ノボテル・バンコク・オン・サイアム・スクエア ★★★★ ●Novotel Bangkok on Siam Square	P6C3 	サイアム・スクエアに立ち、買物にも食事にも便利なロケーション。客室はシンプルで機能的。住392/44 Siam Square Soi 6, Rama I Rd. ☎0-2209-8888 料B5000～ 客室数425室 URL www.novotelbkk.com/	○	○	○	×	○
サイアム	コンラッド・バンコク ★★★★★ ●Conrad Bangkok Hotel	P7F4 	シルクと天然木を用いたタイ風の客室。窓からのシティビューも素敵。住87 Wireless Rd., Phatumwan ☎0-2690-9999 料B5500～ 客室数391室 URL conrad.hiltonhotels.jp/hotel/bangkok/conrad-bangkok	○	○	○	○	○
サイアム	サイアム・ケンピンスキー・ホテル・バンコク ★★★★★ ●Siam Kempinski Hotel Bangkok	P7D3 	ガーデンとロイヤルの2棟があり、サイアム・パラゴン(→P134)と屋根付きの歩道で結ばれている。住991/9 Rama 1 Rd.,Pathumwan ☎0-2162-9000 料サイトを参照 客室数397室 URL www.kempinski.com/en/siam-hotel	○	○	○	×	○
サイアム	インターコンチネンタル・バンコク ★★★★★ ●Intercontinental Bangkok	P7E3 	一般的なデラックスルームでも45㎡とゆったりスペース。屋上にはプールバーがある。住973 Phloen Chit Rd. ☎0-2656-0444 料B1万～ 客室数381室 URL bangkok.intercontinental.com	○	○	○	×	○
サイアム	バイヨーク・スカイ ★★★★ ●Baiyoke Sky Hotel	P7D2 	88階建ての高層ホテル。上階には8つのレストラン&カフェがあり、ビュッフェも人気。住222 Ratchaprarop Rd., Ratchathewi ☎0-2656-3000 料B3000～ 客室数658室 URL baiyokesky.baiyokehotel.com/	○	○	○	×	○
シーロム	プルマン・バンコク・ホテルG ★★★★★ ●Pullman Bangkok Hotel G	P9D3 	38階建ての高層ホテル。館内はモダンなヨーロピアン調のデザインで統一されている。住188 Silom Rd. ☎0-2352-4000 料B2660～ 客室数469室 URL www.pullmanbangkokhotelg.com/	○	○	○	×	○
シーロム	アマラ・バンコク ★★★★ ●Amara Bangkok	P9D2 	白を基調とした客室からはビジネス街を望む。プールのあるルーフトップバーも人気。住180/1 Surawong Rd.,Sipraya ☎0-2021-8888 料サイトを参照 客室数250室 URL bangkok.amarahotels.com/	○	○	○	×	○
シーロム	ル・メリディアン・バンコク ★★★★★ ●Le Meridien Bangkok	P9D2 	最新設備を整えた客室は深めのバスタブ付き。住40/5 Surawong Rd., Bangrak ☎0-2232-8888 料B6000～ 客室数282室 URL www.marriott.com/ja/hotels/bkkdm-le-meridien-bangkok/overview/	○	○	○	○	○
シーロム	クラウン・プラザ・バンコク・ルンピニ・パーク ★★★★★ ●Crowne Plaza Bangkok Lumpini Park	P9E2 	客室にはワークスペースが備わり、ビジネス利用にも快適。ルンピニ公園(→P173)に近く散歩におすすめ。住952 Rama IV Rd. ☎0-2632-9000 料サイトを参照 客室数243室 URL bangkoklumpinipark.crowneplaza.com/	○	○	○	○	○
シーロム	スタンダード・バンコク・マハナコン ★★★★★ ●The Standard, Bangkok Mahanakhon	P9D3 	館内すべてがスタイリッシュ。床から天井まで全面ガラス張りの客室はポップな色調。住114 Narathiwas Rd., Silom ☎0-2085-8888 料B7415～ 客室数155室 URL www.standardhotels.com/bangkok/properties/bangkok	○	○	○	×	○
サトーン・ピア周辺	ロイヤル・オーキッド・シェラトン・ホテル&タワーズ ★★★★★ ●Royal Orchid Sheraton Hotel & Towers	P8A2 	チャオプラヤー川沿いにあり、2つのプールやデイスパなどが整う。住2 Charoen Krung Rd. Soi 30 (Captain Bush Lane) ☎0-2266-0123 料B5050～ 客室数726室 URL www.marriott.co.jp/hotels/travel/bkksi-royal-orchid-sheraton-hotel-and-towers/	○	○	○	×	○

ホテル選びのヒント

❶エリアで探す
BTSとMRTの路線が充実しているので、駅から徒歩圏内なら不便に感じることはないが、便利なのはサイアム、スクンビットエリア。

❷割高なエリアはココ！
サイアム、スクンビットエリアのBTSアソーク駅〜ナーナー駅、リバーサイドは料金が高め。観光に不向きな雨季は安くなることも。

❸アパートメントが狙い目
長期出張向けのサービスアパートメントには、旅行者が宿泊可能なところも。駅から離れている場合もあるので予約時は場所の確認を。

エリア	ホテル名	MAP	DATA	冷蔵庫	ドライヤー	セーフティーボックス	日本語スタッフ	Wi-Fi
王宮周辺	**リヴァ・アルン・バンコク** ★★★★ ●Riva Arun Bangkok	P4B4 	チャオプラヤー川沿いのブティックホテル。一部の客室からワット・アルン(→P48)を望む。住392/25-28 Maharaj Rd., Phraborom Maharajawang ☎0-2221-1188 料B4500〜 客室数25室 URL www.rivaarunbangkok.com/en/	○	○	○	×	○
王宮周辺	**サラ・ラタナコーシン・バンコク** ★★★★ ●Sala Rattanakosin Bangkok	P4A3 	リバーサイドのホテルは3〜4階が客室で、ワット・アルンやワット・ポー(→P46)のビューを選べる。住39 Maharat Rd., Rattanakosin Island ☎0-2622-1388 料サイトを参照 客室数25室 URL www.salahospitality.com/rattanakosin/	○	○	○	×	○
カオサン	**リヴァ・スルヤ・バンコク** ★★★★ ●Riva Surya Bangkok	P4B1 	客室からはチャオプラヤー川や旧市街を望む。夕日が美しいリバーサイドバーもおすすめ。住23 Phra Athit Rd., Chana Songkhram, Phra Nakhon ☎0-2633-5000 料B4000〜 客室数68室 URL www.rivasuryabangkok.com/en/	○	○	○	×	○
スクンビット	**シェラトン・グランデ・スクンビット・バンコク** ★★★★ ●Sheraton Grande Sukhumvit Bangkok	P11D1 	BTSアソーク駅に直結し、観光やショッピングに便利なロケーション。住250 Sukhumvit Rd. ☎0-2649-8888 料B6600〜 客室数420室 URL www.sheratongrandesukhumvit.com	○	○	○	×	○
スクンビット	**ソフィテル・バンコク・スクンビット** ★★★★★ ●Sofitel Bangkok Sukhumvit	P12B4 	32階建てのアールデコ調のホテル。シックなデザインの客室には機能的な設備が揃う。住189 Sukhumvit Rd. Soi 13-15 ☎0-2126-9999 料B5750〜 客室数345室 URL www.sofitel-bangkok-sukhumvit.com/	○	○	○	×	○
スクンビット	**JWマリオット・ホテル・バンコク** ★★★★★ ●JW Marriott Hotel Bangkok	P12A4 	タイ文化漂うエレガントな館内。客室もタイらしさ満載。住4 Sukhumvit Rd.,Soi 2 ☎0-2656-7700 料B6400〜 客室数441室 URL www.marriott.com/en-us/hotels/bkkdt-jw-marriott-hotel-bangkok/	○	○	○	×	○
スクンビット	**ウェスティン・グランデ・スクンビット** ★★★★★ ●The Westin Grande Sukhumvit	P11D1 	全室にウェスティンのオリジナルベッド「ヘヴンリーベッド」を備え、寝心地抜群。住259 Sukhumvit Rd. ☎0-2207-8000 料B6500〜 客室数362室 URL www.westingrandesukhumvit.com/jp	○	○	○	×	○
スクンビット	**グランデ・センター・ポイント・ターミナル21・バンコク** ★★★★★ ●Grande Centre Point Terminal 21 Bangkok	P11D1 	ターミナル21(→P136)の上層階に位置。32〜70㎡と客室の広さはいろいろ。住2 Sukhumvit Soi 19 (Wattana), Sukhumvit Rd. ☎0-2056-9000 料B6300〜 客室数498室 URL grandecentrepointterminal21.com/	○	○	○	○	○
スクンビット	**ハイアット・リージェンシー・バンコク・スクンビット** ★★★★★ ●Hyatt Regency Bangkok Sukhumvit	P12A4 	31階建てで客室はモダン&クラシカル。ルーフトップバーがある。住1 Sukhumvit Soi 13 ☎0-2098-1234 料B7000〜 客室数273室 URL www.hyatt.com/ja-JP/hotel/thailand/hyatt-regency-bangkok-sukhumvit/bkkhr	○	○	○	×	○
トンロー	**バンコク・マリオット・ホテル・スクンビット** ★★★★★ ●Bangkok Marriott Hotel Sukhumvit	P13B3 	客室はシンプルで使い勝手◎。シティビューのインフィニティプールあり。住2 Sukhumvit Soi 57, Klongtan Nua ☎0-2797-0000 料B5500〜 客室数295室 URL www.marriott.com/ja/hotels/bkkms-bangkok-marriott-hotel-sukhumvit/	○	○	○	○	○
トンブリー	**ミレニアム・ヒルトン・バンコク** ★★★★★ ●Millemium Hilton Bangkok	P8A2 	全室リバービュー。アイコンサイアム(→P66)も徒歩圏内。住123 Charoen Nakhon Rd. ☎0-2442-2000 料B5330〜 客室数533室 URL hiltonhotels.jp/hotel/bangkok/millennium-hilton-bangkok	○	○	○	×	○
バンコク南部	**カペラ・バンコク** ★★★★★ ●Capella Bangkok	P2B4 	61㎡以上のルームタイプと、スイート、ヴィラの3種類。優雅な滞在が満喫できる。住300/2 Charoen Krung Rd., Yannawa, Sathorn ☎0-2098-3888 料B2万2500〜 客室数101室 URL capellahotels.com/jp/capella-bangkok	○	○	○	○	○
バンコク南部	**フォーシーズンズ・ホテル・バンコク** ★★★★★ ●Four Seasons Hotel Bangkok	P2B4 	客室はパーム・コートヤードとカスケーディングの2ゾーン。チャオプラヤー川を望むインフィニティプールも。住300/1 Charoen Krung Rd., Sathorn ☎0-2032-0888 料B1万5500〜 客室数299室 URL www.fourseasons.com/bangkok/	○	○	○	×	○

バンコクからひと足のばして

郊外のホテルを検索！

アユタヤやパタヤなど、郊外の街をのんびり観光するなら滞在がおすすめ。
それぞれの街の自然や文化を体感できるホテルを選ぼう。

エリア	ホテル名	MAP	DATA	冷蔵庫	ドライヤー	セーフティーボックス	日本語スタッフ	Wi-Fi
アユタヤ	**サラ・アユタヤ** ★★★★★ ●Sala Ayutthaya URL www.salahospitality.com/ayutthaya/	P191 	遺跡をイメージしたデザインが印象的。オールデイダイニング「イータリー＆バー」から川の向こうに広がる遺跡が眺められる。 住 9/2 Moo 4, U-Thong Rd., Pratu Chai Phra Nakhon ☎035-242-588 料 サイトを参照 客室数 27室	○	○	○	×	○
アユタヤ	**クルンシー・リバー** ★★★★ ●Krungsri River Hotel URL www.krungsririver.com/	P191 	アユタヤ駅から車で5分という便利な立地ながら、良心的な価格が魅力。ライトアップした遺跡をめぐるホテル発着のディナークルーズも催行。 住 27/2 Moo 11 Rojchana Rd., Kamang, Phra Nakhon ☎035-244-333 料 B1800～ 客室数 202室	○	○	○	×	○
アユタヤ	**バーン・ポムペット** ★★★★ ●Baan Pomphet URL baanpomphet.com ©Baan Pomphet	P191 	アユタヤにあるポムペット要塞をイメージし、レンガを使った建物や階段などがフォトジェニック。レストランも評判。 住 13/5 U Thong Rd., Horrattavhai District ☎035-242-242 料 B4300～ 客室数 8室	○	○	○	×	○
パタヤ	**ヒルトン・パタヤ** ★★★★ ●Hilton Pattaya URL www.hilton.com/en/hotels/bkkhphi-hilton-pattaya/	P198 	ショッピングセンターセントラル・フェスティバル(→P199)にあり、19～34階に位置する全客室がバルコニー付きでオーシャンビューを満喫できる。 住 333 101 Moo 9, Nong Prue, Banglamung ☎038-253-000 料 サイトを参照 客室数 304室	○	○	○	×	○
パタヤ	**アヴァニ・パタヤ・リゾート＆スパ** ★★★★ ●Avani Pattaya Resort & Spa URL www.avanihotels.com/ja/pattaya	P198 	ビーチまで200mという絶好のロケーション。客室の専用バルコニーからの眺めは抜群で、オーシャンビューかガーデンビューかを選べる。 住 218/2-4 Moo 10, Beach Rd. ☎038-412-120 料 サイトを参照 客室数 300室	○	○	○	×	○
カンチャナブリ	**フェリックス・リバー・クワイ・リゾート** ★★★★★ ●Felix River Kwai Resort URL www.felixriverkwai.com/	P204 	緑豊かな庭園に18棟の3階建てパビリオンが点在。リバービューの客室からは、クウェー・ヤイ川に沈む夕日の眺めが楽しめる。 住 9/1 Moo 3 Thamakham Muang ☎034-551-000 料 B2000～ 客室数 255室	○	○	○	×	○
ホアヒン	**スタンダード・ホアヒン** ★★★★★ ●The Standard, Hua Hin URL www.standardhotels.com/hua-hin/properties/hua-hin	P206 	スタイリッシュな雰囲気が魅力。客室は6階建ての建物ゾーンとヴィラゾーンに分かれている。タイ料理やイタリアンなどレストラン＆カフェが充実。 住 59 Naresdamri Rd. ☎032-535-999 料 B4589～ 客室数 199室	○	○	○	×	○

旅のきほん

Travel Information

Contents

直行便で約7時間(東京から)の空の旅
日本からタイへ

バンコク旅行のプランニングは、まず確認しておくべき項目のチェックから。
事前に把握しておけば、余裕をもって旅がスタートできる。

タイへの入国条件

観光目的であれば、基本的にはビザなしで入国できる。

パスポートの残存有効期間

タイ入国時に6カ月以上必要

ビザ(査証)

30日以内の観光目的の滞在ならビザは不要。なお、日本国籍であることがわかる左記パスポートおよびタイ出国用航空券、滞在期間中の充分な資金(1人B1万相当額以上)の所持が条件となる。

重要
出発前に事前にチェック

機内持ち込みと預け入れ荷物

利用する航空会社によって規定が異なるので事前にチェックしておこう。

航空会社で違いあり

機内持ち込み荷物のサイズと重量制限

機内に持ち込めるのは、スーツケースなどの手荷物1個とハンドバッグなどの身の回り品1個が一般的。サイズや重量は航空会社によって違うので、事前に確認しよう。

LCCは基本的に有料

預け入れ荷物

フルサービスキャリアでも、無料で預け入れ可能な手荷物の重量は会社ごとに異なる。重さだけではなく三辺の和や一辺の長さにも制限があったりする。LCCでは預け入れ荷物は、基本的に有料。チケット予約時と空港チェックイン時でも預け入れ荷物のオプション料金は大きく異なる。

主な航空会社のサイズ・重量は一覧を見てね

機内持ち込みNG

- **日用品のスプレー缶製品**
- **ハサミ、ナイフ、カッターなどの刃物**
- **100㎖以上の液体物**

液体物は、100㎖以下の個々の容器に入れ、1ℓ以下のジッパー付きの透明なプラスチック製の袋に入れれば、持ち込みOK。詳細は国土交通省のウェブサイトをチェック。
URL www.mlit.go.jp/koku/03_information/

袋は1ℓ以下　**一人一袋のみ**
容器は100mℓ以下

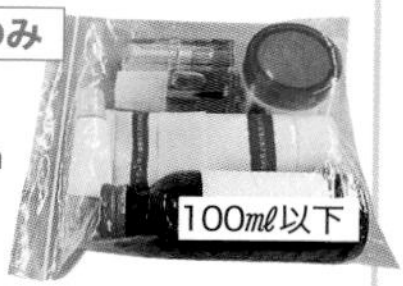

・ビニール袋は縦横合計40cm以内が目安。
・液体物は100㎖以下の個々の容器に入っていること。
・一人一袋のみ→手荷物検査の際に検査員に提示する。

手荷物制限一覧(直行便のある主な航空会社)

航空会社	略号	機内持ち込み手荷物 サイズ	個数	重量	機内預け入れ手荷物(エコノミーの標準クラス) サイズ	個数	重量
日本航空	JL	3辺の和が115cm以内 W55cm×H40cm×D25cm以内	1個まで	10kgまで	3辺の和が203cm以内	2個まで	各23kgまで
全日本空輸	NH	3辺の和が115cm以内 W55cm×H40cm×D25cm以内	1個まで	10kgまで	3辺の和が158cm以内	2個まで	各23kgまで
タイ国際航空	TG	3辺の和が115cm以内 W45cm×H56cm×D25cm	1個まで	7kgまで			20kgまで
LCC ※預け入れ荷物は基本的に有料。各社ホームページで確認を。							
ジップエア	ZG	1個目W40cm×H55cm×D25cm以内 2個目W45cm×H35cm×D25cm以内	2個まで	7kgまで	有料 URL www.zipair.net/ja		
タイ・エアアジアX	XJ	1個目W36cm×H56cm×D23cm以内 2個目W40cm×H30cm×D10cm以内	2個まで	7kgまで	有料 URL airasia.com/ja/jp		

タイ入国の流れ

1 タイ到着 ARRIVAL
飛行機から降りたら、案内板に従って「Immigration（入国審査）」へ。外国人専用の「Foreign Passport」に並び、入国審査を待つ。

↓

2 入国審査 IMMIGRATION
パスポートを審査官に提出する。まれに帰りの航空券やeチケットの提示を求められる場合もあるので用意しておくと安心。指紋のスキャンと顔写真撮影の後、パスポートに入国スタンプが押され返却される。

↓

3 荷物受取 BAGGAGE CLAIM
自分の乗ってきた飛行機の便名が表示されたターンテーブルで、機内に預けた荷物をピックアップする。荷物が出てこなかったりした場合は、荷物を預けたときに渡された手荷物引換証(Claim Tag)を係員に見せて、その旨を伝える。

↓

4 税関 CUSTOMS DECLARATION
免税範囲内で申告するものがない人は「NOTHING TO DECLARE」と書かれた緑色の看板へ進む。免税範囲を超える場合は「GOODS TO DECLARE」と書かれた赤色の看板のカウンターで、指示に従い、所定の関税を納める。

↓

5 到着ロビー ARRIVAL LOBBY
税関審査が終わると到着ロビー。両替所や観光案内所がある。

↓

6 両替 FOREIGN EXCHANGE
両替所で日本円をバーツに替えられる。レートは街なかの両替所とあまり変わらない。24時間営業なので深夜や早朝の便は便利。

市内への交通は
P222を参照

タイ入国時の免税範囲

主なものは下記(成人1人あたり)。免税範囲を超える時は申告をしよう。

品名	数量または価格
酒類	合計1ℓまで。それ以上は原則没収および罰金
タバコ	紙巻きタバコ200本、または葉巻など250g
通貨	US＄1万5000相当以上は要申告 現地通貨の持ち込みはB45万まで
その他	カメラ・ビデオカメラ各1台。フィルム5本、ビデオテープなど3本

主な持ち込み禁止品

□電子タバコ、加熱式タバコ、水タバコ(禁止)
□知的財産侵害物(禁止)
□麻薬(禁止)
□わいせつ物(禁止)
□一部の果物、野菜、植物、保護野生動物および関連製品(禁止)
□火器、弾薬、爆発物(許可が必要)
□骨董品および美術品(許可が必要)

CHECK オンラインチェックインで時間短縮

各航空会社では、公式サイトから事前にチェックイン手続きができる。搭乗開始の24時間前から60分前まで利用可能で(日本航空の場合、)この時、座席指定もできる。空港ではチェックインカウンターではなく、オンラインチェックイン完了のカウンターに並ぶので、待ち時間が短くてかなり便利。
※チェックイン開始時間など航空会社によって異なる。

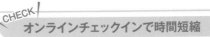

免税手続きも忘れずに！
タイから日本へ

空港には出発時刻の2～3時間前までに到着するようにしたい。
免税手続きや出国審査に時間がかかるので、余裕をもって行動しよう。

タイ出国

1 免税手続き TAX REFUND

付加価値税の払い戻しを行う場合は、チェックインする前に税関で手続きをする（右記）。出発便が集中する時間帯は混み合う場合があるので余裕をもって空港へ行こう。

↓

2 チェックイン CHECK IN

出発ロビーで利用する航空会社のカウンターで、パスポートと航空券（eチケットの控え）を提示。スーツケースなどの荷物を預け、手荷物引換証（Claim Tag）と搭乗券を受け取る。

↓

3 手荷物検査 SECURITY CHECK

「Passport Control」へ進み、係員にパスポートと搭乗券を提示し、機内に持ち込む手荷物をX線検査に通す。液体物の持込みには制限がある。

↓

4 出国審査 IMMIGRATION

パスポートと搭乗券を審査官に提出する。指紋スキャンと顔写真の撮影後、出国スタンプを押してもらい、パスポートと搭乗券を受け取る。

↓

5 搭乗 BOARDING

出発フロアは広いので、余裕をもってゲートに向かおう。バンコク市内の免税店で購入した場合は、商品を出発フロアで受け取るのを忘れずに。

日本入国

1 入国審査 IMMIGRATION

入国審査ブースでパスポートを提示。または顔認証ゲートおよび自動化ゲートを利用。

↓

2 荷物受取 BAGGAGE CLAIM

フライト便名が表示されているターンテーブルの前で荷物を待つ。預ける荷物が出てこない、破損している場合は税関を通る前に航空会社職員に申し出る。

↓

3 税関申告 CUSTOM

動植物やその加工品を持ち帰った人は税関検査の前に検疫カウンターで検査を受ける。それ以外の人は税関審査へ。「携帯品・別送品申告書」の提示または「Visit Japan Web」を利用した電子申請が必要。

免税手続きについて

外国人旅行者が「VAT REFUND FOR TOURISTS」の表示のある店で、1日1店舗につきB2000以上の買物をしたとき、条件を満たして、所定の手続きをすれば付加価値税（VAT）7%分が戻ってくる。

払い戻し請求の条件

①タイ人以外、航空会社の乗務員以外の外国人旅行者
②タイ滞在が年間180日未満
③バンコク、プーケット、チェンマイなどの国際空港から空路でタイを出国する
④購入してから60日以内に本人が払い戻しの申請をする
⑤購入品は未開封、未使用の状態であること

手続きの手順

①お店で

買物をした店で購入日にパスポートを提示して「VAT払い戻し申請書（P.P.10）」をもらい、必要事項を記入。その「VAT払い戻し申請書」と「税金請求書（TAX Invoice）」を受け取る。

②空港で（チェックイン前）

チェックイン前に税関カウンターに行き、お店で受け取った2種類の書類、パスポート、申請する購入品を提示。税関職員に認証のスタンプを押してもらう。
※買物の総額がB5000未満の場合は税関カウンターでのスタンプ押印は不要。

③チェックイン後

VAT払い戻しカウンターで、再度お店で受け取った2種類の書類とパスポートを提示。B1万以上の購入品の場合はもう一度購入品の提示を求められる場合もある。確認後、同じカウンターで払い戻しを受ける。なお払い戻しには手数料がかかる。

払い戻しの受け取り方法

●B3万を超えない場合

タイバーツの現金、銀行小切手、クレジットカード口座への振り込みの3つの方法がある。

●B3万を超える場合

銀行小切手、クレジットカード口座への振り込みの2つの方法がある。

※払い戻しにかかる手数料は受け取り方法によって異なる。

携帯品・別送品申告書の書き方

日本帰国時の機内で配布されるので到着前に記入しておこう。電子申請もできる(下記)

A面

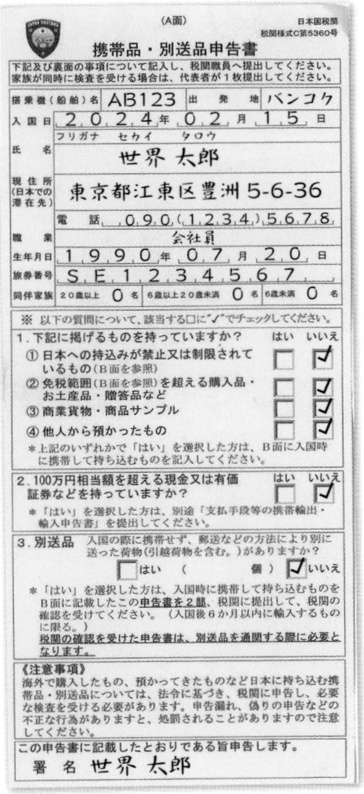

(A面)

日本国税関 税関様式C第5360号

携帯品・別送品申告書

下記及び裏面の事項について記入し、税関職員へ提出してください。家族が同時に検査を受ける場合は、代表者が1枚提出してください。

搭乗機(船舶)名	AB123 出発地 バンコク
入国日	2024年02月15日
氏名	フリガナ セカイ タロウ 世界 太郎
現住所(日本での滞在先)	東京都江東区豊洲5-6-36 電話 090(1234)5678
職業	会社員
生年月日	1990年07月20日
旅券番号	SE1234567
同伴家族	20歳以上 0名 6歳以上20歳未満 0名 6歳未満 0名

※ 以下の質問について、該当する□に"✓"でチェックしてください。

1. 下記に掲げるものを持っていますか? はい いいえ
① 日本への持込みが禁止又は制限されているもの(B面を参照) ☐ ☑
② 免税範囲(B面を参照)を超える購入品・お土産品・贈答品など ☐ ☑
③ 商業貨物・商品サンプル ☐ ☑
④ 他人から預かったもの ☐ ☑
*上記のいずれかで「はい」を選択した方は、B面に入国時に携帯して持ち込むものを記入してください。

2. 100万円相当額を超える現金又は有価証券などを持っていますか? はい ☐ いいえ ☑
*「はい」を選択した方は、別途「支払手段等の携帯輸出・輸入申告書」を提出してください。

3. 別送品 入国の際に携帯せず、郵送などの方法により別に送った荷物(引越荷物を含む。)がありますか?
☐はい (個) ☑いいえ
*「はい」を選択した方は、入国時に携帯して持ち込むものをB面に記載したこの申告書を2部、税関に提出して、税関の確認を受けてください。(入国後6か月以内に輸入するものに限る。)
税関の確認を受けた申告書は、別送品を通関する際に必要となります。

《注意事項》
海外で購入したもの、預かってきたものなど日本に持ち込む携帯品・別送品については、法令に基づき、税関に申告し、必要な検査を受ける必要があります。申告漏れ、偽りの申告などの不正な行為がありますと、処罰されることがありますので注意してください。

この申告書に記載したとおりである旨申告します。
署名 世界 太郎

B面

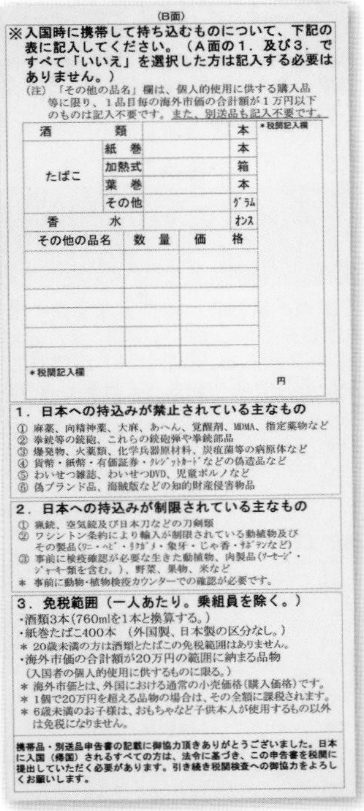

(B面)

※入国時に携帯して持ち込むものについて、下記の表に記入してください。(A面の1. 及び3. ですべて「いいえ」を選択した方は記入する必要はありません。)
(注)「その他の品名」欄は、個人的使用に供する購入品等に限り、1品目毎の海外市価の合計額が1万円以下のものは記入不要です。また、別送品も記入不要です。

酒類			本	*税関記入欄
たばこ	紙巻		本	
	加熱式		箱	
	葉巻		本	
	その他		グラム	
香水			オンス	

その他の品名	数量	価格

*税関記入欄 円

1. 日本への持込みが禁止されている主なもの
① 麻薬、向精神薬、大麻、あへん、覚醒剤、MDMA、指定薬物など
② 拳銃等の銃砲、これらの銃砲弾や拳銃部品
③ 爆発物、火薬類、化学兵器原材料、炭疽菌等の病原体など
④ 貨幣・紙幣・有価証券・クレジットカードなどの偽造品など
⑤ わいせつ雑誌、わいせつDVD、児童ポルノなど
⑥ 偽ブランド品、海賊版などの知的財産侵害物品

2. 日本への持込みが制限されている主なもの
① 猟銃、空気銃及び日本刀などの刀剣類
② ワシントン条約により輸入が制限されている動植物及びその製品(ワニ・ヘビ・リクガメ・象牙・じゃ香・サボテンなど)
③ 事前に検疫確認が必要な生きた動植物、肉製品(ソーセージ・ジャーキー類を含む。)、野菜、果物、米など
* 事前に動物・植物検疫カウンターでの確認が必要です。

3. 免税範囲(一人あたり。乗組員を除く。)
・酒類3本(760mlを1本と換算する。)
・紙巻たばこ400本 (外国製、日本製の区分なし。)
* 20歳未満の方は酒類とたばこの免税範囲はありません。
・海外市価の合計額が20万円の範囲に納まる品物(入国者の個人的使用に供するものに限る。)
* 海外市価とは、外国における通常の小売価格(購入価格)です。
* 1個で20万円を超える品物の場合は、その全額に課税されます。
* 6歳未満のお子様は、おもちゃなど子供本人が使用するもの以外は免税になりません。

携帯品・別送品申告書の記載に御協力頂きありがとうございました。日本に入国(帰国)されるすべての方は、法令に基づき、この申告書を税関に提出していただく必要があります。引き続き税関検査への御協力をよろしくお願いします。

日本帰国時の免税範囲(成人1人当たり)

品名	数量など
酒類	3本(1本760㎖のもの)。20歳未満の免税なし
タバコ	紙巻たばこ200本、または葉巻たばこ50本。加熱式たばこのみの場合、個装等10個(「アイコス」のみ、または「グロー」のみの場合は200本、「プルームテック」は50個まで)。その他の場合は総量が250gを超えないこと。20歳未満の免税なし。
香水	2オンス(1オンスは約28㎖)。オーデコロン、オードトワレは含まない。
その他	1品目ごとの海外市価の合計額が1万円以下のもの全量。海外市価の合計額20万円までが免税。

オンラインサービス Visit Japan Web

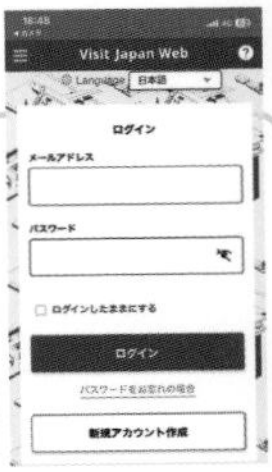

税関申告は「Visit Japan Web」を利用した電子申請でも行える。アカウント作成・ログイン後、パスポートなど利用者情報や入国・帰国予定、携帯品・別送品申告書に必要な情報を登録すると、二次元コードが作成される。この二次元コードを税関検査場にある電子申告端末で読み取りを行う。スムーズに手続きを行えるが、これを利用しない場合は紙の申告書を提出する。

日本への持ち込み禁止と規制品

規制品には身近な肉類や植物も含まれるので事前に把握しておこう。

機内持ち込みNG
・ドリアン
・ナンプラー
※航空会社による

禁止品
麻薬、大麻、覚醒剤、鉄砲類、爆発物や火薬、
通貨または証券の偽造・変造・模造品、わいせつ物、偽ブランド品など。

規制品
ワシントン条約に該当する物品。対象物を原料とした漢方薬、毛皮・敷物などの加工品も同様。ワニ、ヘビなどの革製品、象牙、はく製、ラン、サボテンなどは特に注意。土付きの植物、果実、切花、野菜、ハム・ソーセージといった肉類などはほとんどの場合、持ち込めない。乳製品も検疫対象。
医薬品及び医薬部外品は個人が使用するものでも数量制限があり、外用剤、毒薬、劇薬および処方せん薬以外の医薬品は2カ月分以内(外用薬は1品目24個以内)。化粧品は1品目24個以内。
※詳細は税関の公式サイト URL www.customs.go.jp/ を参照

バンコクの玄関口を徹底解剖!
バンコクの空港は2つあります

バンコクの玄関口となるのは、スワンナプーム国際空港とドンムアン国際空港の2カ所。成田、羽田、関西、中部、福岡の合計5つの空港から直行便が運航している。

多くの日本便が発着!

スワンナプーム国際空港
Suvarnabhumi International Airport (BKK)

バンコク中心部から東南へ約25kmに位置するタイ最大の国際空港で、日本からタイへの主な玄関口。ターミナルは1つで、7つのコンコースがある。搭乗ゲートが離れていると移動に時間がかかるので余裕をもって行動しよう。

MAP:P3F1　☎0-2132-1888
URL suvarnabhumi.airportthai.co.th

スワンナプーム国際空港空港に発着する航空会社

日本航空、全日本空輸、タイ国際航空、ジップエア、タイ・エアアジアX、ピーチ、タイベトジェットエア

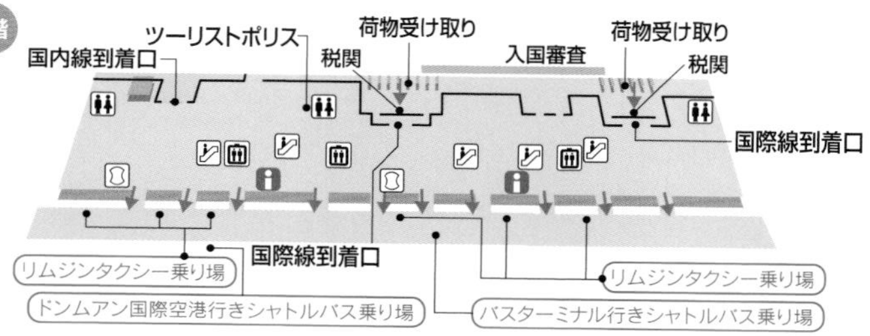

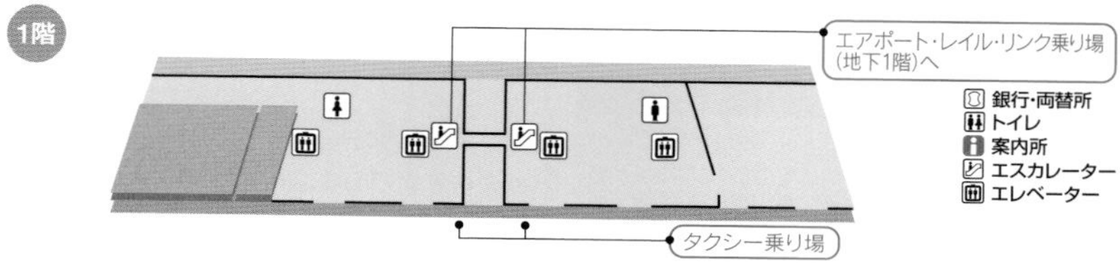

タクシーの乗り方

下記で紹介するタクシーと、リムジンタクシーがある。違いについては右上を参照しよう。

① レーンを選ぶ
「LARGE TAXI」「REGULAR TAXI」「SHORT DISTANCE」の3つから選んで並ぶ。

② 配車票を発券
自動券売機の「Get Ticket」をタップして、配車票を受け取る。

③ レーンに行く
配車票に記載されたレーン番号に行く。配車票にはナンバープレートが記載されているので、間違いないか確認しよう。

④ 乗車する
荷物を積んだら行先を告げて乗車する。

帰国の時は

出発ロビーは4階。3階にはレストラン街があり、タイ料理、中国料理などのほか、カフェやファストフード店も揃ってひと息つける。

空港(BKK)からバンコク市内へ

交通機関		特徴	料金(片道)	運行時間	所要時間
タクシー		初乗りB35のメータータクシー。自動券売機で配車票を発券し、配車票に記載されたレーン番号のタクシーに乗り込む。	メーター料金+B50(空港利用料)+高速代B25〜中心部へはB400〜500程度	24時間	30〜60分(渋滞時は1時間以上)
リムジンタクシー		定額で前払い制なので、初心者でも安心。2階到着階にあるチケット売場で、行先と車種を告げて申し込めばOK。	B850〜(高速代込み。車種と距離により異なる)シーロムまでB1400〜	24時間	30〜60分(渋滞時は1時間以上)
エアポート・レイル・リンク		空港とBTSパヤタイ駅(MAP:P6C1)を結ぶ各駅停車の鉄道。渋滞の心配がなく、スムーズに安く市内に行ける。	B15〜45	6時〜23時40分(10〜15分間隔)	パヤタイ駅まで約26分

SRTダークレッドライン開通でアクセス便利に!

ドンムアン国際空港
Don Mueang International Airport (DMK)

バンコク中心部から北へ約20kmに位置し、主にLCCの便が発着している。ターミナル1(T1)は国際線専用、ターミナル2(T2)が国内線専用となっている。福岡国際空港からLCCが就航。

MAP:P3F1　☎0-2535-1192
URL donmueang.airportthai.co.th

ドンムアン国際空港に発着する航空会社

タイ・エアアジア(福岡国際空港発着のみ)

空港(DMK)からバンコク市内へ

交通機関		特徴	料金(片道)	運行時間	所要時間
タクシー		初乗りB35のメータータクシー。料金トラブルを避けるため、配車カウンターを利用しよう。	メーター料金+B50(空港利用料)+高速代B25〜中心部へはB300程度	24時間	30〜60分(渋滞時は1時間以上)
SRT ダークレッドライン		タイ国鉄が運営する都市鉄道で空港とクルンテープ・アピワット中央駅を結ぶ。クルンテープ・アピワット中央駅でMRTバンスー駅に乗り換えると中心部まで行ける。	B33(クルンテープ・アピワット中央駅まで)	5時30分〜24時	40分
エアポートバス(BMTA BUS)		空港と市内を結ぶ冷房付きバス。A1(モーチットバスターミナル行き)、A2(ビクトリーモニュメント行き)、A3(ルンピニ公園行き)、A4(王宮前広場行き)の4路線が運行。乗り場は第1ターミナル3階。	B30・50	4時30分〜24時(路線により異なる)	40〜60分(渋滞時は1時間以上)
エアポートバス(Limo Bus)		全席指定で、予約が必要。カオサン通り〜BTSパヤタイ駅行きとMRTシーロム〜BTSラチャダムリ行きの2ルートがある。乗り場は第1ターミナル1階7番出口。	B150	9〜24時(20〜30分間隔)	40〜60分(渋滞時は1時間以上)

BTSとMRTが主要エリアを網羅
バンコク市内交通

主な交通手段は6つ。旅行者が利用しやすいのはBTSとMRTで、交通渋滞を気にすることなく移動できる。チャオプラヤー川沿いの観光ならボート利用もおすすめだ。

BTS

バンコクの中心部を走る高架鉄道システムのことで、通称スカイトレインとよばれている。サイアム駅を中心にして、シーロム線とスクンビット線の2路線と、クルントンブリー駅からゴールドラインが運行。シーロム、スクンビット、トンローなど主要エリアをカバーし、旅行者に利用しやすい。

1回券の買い方

駅に設置されている自動券売機で購入。硬貨しか使えないボタン式がほとんどだが、一部の駅には紙幣が使えるタッチパネル式もある。

❶ 路線図を確認

券売機に設置された路線図で目的の駅と料金を確認する。

❷ 券売機に料金を投入

料金ボタンを押し、指定された金額分の硬貨(紙幣)を投入する。

❸ 切符を取る

取出口から磁気カード式の切符が出てくるので受け取る。

便利な交通カード

BTSを何度も利用する場合によりスムーズに使えるカード。駅の窓口で購入できる。

ラビットカード Rabbit Card

タッチ式のチャージ可能なプリペイドカード(IC 型乗車券)。初期購入金額はB200(発行手数料B100、チャージB100を含む)で、有人窓口で購入できる。チャージ(B100〜4000)やカードの返却も有人窓口で行う。

ワンデイパス One Day Pass

1日乗り放題になるツーリスト向けの専用パス。料金はB150。毎回、長蛇の列に並んで切符を買う手間が省ける。

料金 初乗りはB16。数駅ごとにB3〜7で上がっていき、最高はB62。

運行時間 5時15分頃〜24時頃。平日の朝夕のラッシュ時は約3分間隔、それ以外は約5〜8分間隔で運行。

注意&ポイント
- ●1回券は改札を通ってから出るまでの制限時間が120分。それを超えると公表運賃の最大値(2023年現在、B62)を支払う。
- ●ほとんどの自動券売機で利用できるのはB1・2・5・10硬貨のみ。小銭がなければ券売機へ行く前に改札そばの有人窓口で両替を。

BTSの乗り方

❶ 駅を探す

駅の入口は赤と青の2本の線路が交差するマークの看板が目印。

❷ 切符を買う

1回券は改札口近くの自動券売機で購入する。交通カードの購入は窓口へ。

❸ 改札を通る

1回券とワンデイパスは自動改札機に挿入して抜きとる。ラビットカードは読み取り部分にタッチ。ゲートはすぐに閉じてしまうので素早く通ろう。

❹ ホームに出る

BTSの行き先はその路線の終着駅で示されているので、自分の行き先のホームへ。

❺ 乗車する

ホームの乗車位置で電車の到着を待つ。ドアは自動開閉で、降りる乗客が優先。

❻ 下車する

車内のモニターやアナウンスで停車駅を確認し、目的地で降りる。表示とアナウンスはタイ語と英語。

❼ 改札を出る

下車後、Exit(出口)の表示に従い改札フロアへ。改札前の案内図で出口を確認してから乗車時と同様に、自動改札機を通過しよう。1回券は回収される。

乗換え

2路線が交わるのはサイアム駅とクルントンブリー駅。BTSの乗換えは駅構内の表示に従って進めばよい。MRTへの乗換えは改札外。

MRT

タイ唯一の地下鉄。ブルーラインの延伸により王宮方面やチャイナタウン、チャオプラヤー川西岸へのアクセスが便利になった。北部郊外まで延びるパープルラインもある。

料金 初乗りはB17。ひと駅ごとにB2～3ずつ上がり、最高はB72。(ブルーライン)

運行時間 6時頃～24時頃。平日の朝夕のラッシュ時は約5分間隔、それ以外は約10分間隔で運行。

注意&ポイント
- 朝夕のラッシュ時はかなり混雑するので、可能であれば時間をずらして利用しよう。
- 自動券売機で利用できるのはB1・2・5・10硬貨とB20・50・100の紙幣のみ(機種によってB500・1000も使用可)。高額紙幣しか手元にない場合は有人窓口で両替を。

1回券(トークン)の買い方

駅に設置されている自動券売機で購入でき、硬貨と紙幣が使えるタッチパネル式。高額紙幣しかない場合は有人窓口で購入しよう。

❶ 言語を選ぶ
自動券売機はタッチパネル式。右上の「English」にタッチして英語表示にする。

↓

❷ 目的駅を選び料金を投入

行き先の駅名の「M」にタッチすると料金が表示されるので、指定された金額を投入する。

↓

❸ トークンを取る

取出口からICチップ内蔵のトークンが出てくるので受け取る。

便利な交通カード

MRTを何度も利用する場合によりスムーズに使えるカード。駅の窓口で購入できる。

ストアード・バリュー・カード Stored Value Card

チャージ式のICカード。初期購入金額はB180(発行手数料B30、チャージB100、デポジットB50を含む)で、有人窓口で購入できる。チャージやカードの返却も有人窓口で行う。

MRTの乗り方

❶ 駅を探す

銀色の建物に青色または紫色の看板が目印。看板には駅名(タイ語・ローマ字併記)と出口番号が記載されている。

↓

❷ 切符を買う

トークン(切符)は自動券売機か窓口で購入する。プリペイドカードの購入は窓口へ行こう。

↓

❸ 改札を通る

自動改札機の読み取り部分にトークンまたはプリペイドカードをタッチしてゲートを通る。

↓

❹ ホームに出る

行き先はその路線の終着駅で表示されている。構内に掲示された路線図と行先表示を確認してホームへ。

↓

❺ 乗車する

ホームと線路の間にはホームドアが完備されている。MRTが到着すると自動で開くので乗車しよう。

↓

❻ 下車する

車内では次の停車駅がタイ語と英語でアナウンスされる。降りるときはホームに表示された駅名を確認しよう。

↓

❼ 改札を出る
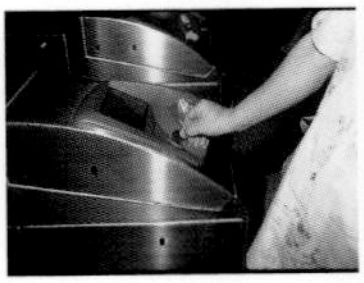

下車したら目的地に近い出口番号を確認し改札へ。改札機手前の投入口にトークンを入れるとゲートが開く。プリペイドカードは読み取り部分にタッチする。

BTS&MRTで気をつけたいこと

BTSとMRTのどちらにも共通している気を付けるべきポイントをピックアップ。

トイレ、ゴミ箱がない!
BTS、MRTともに駅構内にトイレはないので、駅に向かう前に済ませておくと安心。ゴミ箱も設置されていない。

手荷物検査がある
MRTはチケットを買う前に金属探知ゲートおよび係員による手荷物検査が実施されている。BTSは改札通過後に係員の手荷物検査があるので、指示に従いバッグの中を見せよう。

飲食はNG
駅構内と車内での飲食は禁止。改札周辺には飲み物が販売されているが、これらを飲もうとすると係員に注意される。喫煙も禁止

マナー
タイでは僧侶に女性がふれることはマナー違反とされている。車内で僧侶と一緒になったときは、隣に座らないように注意しよう。

バンコク市内交通

タクシー Taxi

荷物が多いときや深夜・早朝の移動に便利。基本的にメーター制で、冷房が完備されており、日本よりも安いので気軽に利用できる。

タクシーの乗り方

❶ タクシーを探す

フロントガラスに赤い文字の点灯が空車のサイン。手は日本のように上ではなく、斜め下45度くらいの角度に出して上下に振るのが一般的。

❷ 乗車する

タクシーが止まったら乗り込まずに、自分でドアを開けて行き先を告げて乗れるか確認。メーターを使うかも必ず確認してから乗車する。車が走り出したら、きちんとメーターが動いているか確認しよう。

料金 初乗り(1kmまで)B35。以降、10kmまでは360mごとにB2加算。渋滞や信号待ちなど、時速6km以下では1分につきB2が加算される。また高速道路を利用した場合は高速代が別途かかる。早朝・深夜料金はない。

運行時間 24時間

注意&ポイント

- 朝夕のラッシュ時は渋滞する。
- たいてい英語が通じる。有名なホテルやスポット以外は知らない場合が多いので、「通り名+ソイ(路地)番号」で伝えよう。
- 客待ちのタクシーはほとんどが観光客狙い。メーターを使用しない、遠回りをするなど嫌な思いをすることも多いので、流しのタクシーを使うのがベター。
- 行先によっては乗車拒否されることもある。特に雨の日や渋滞時はつかまりにくい。
- 不安な運転手の場合は、ドア横の車体番号を運転手にわかるようにメモすること。何かあった際の通報や、車内に忘れ物をしたときの問合せに役立つ。

❸ 料金を支払う

メーターに表示されている金額を支払えばよいが、端数をB5単位で繰り上げて計算する運転手も多い。例えばメーターがB43の場合、B50札を渡すとお釣りはB5しか戻ってこない。お釣りを持っていないことも多いため、小額紙幣や硬貨を多めに用意しておこう。

トゥクトゥク Tuk Tuk

バンコク名物の三輪自動車タクシー。街なかを走っているので、タクシーと同じように止めて交渉する。相場はタクシーよりかなり高いが、観光気分で移動できるのが楽しい。

料金 交渉制。料金の目安はカオサン→王宮B60〜100、サイアム→王宮B150〜200など。

運行時間 24時間

注意&ポイント

- 客待ちしているトゥクトゥクは観光客目当てで、高額な料金をふっかけてくることが多いので、流しをつかまえよう。
- お釣りがない場合も多いため、B100以下の小額紙幣を多めに用意しておこう。
- 窓とドアがついていない。荷物が落ちないように足の間に固定するなどしてしっかり管理を。帽子などは飛ばされないように。

トゥクトゥクの乗り方

❶ トゥクトゥクをつかまえる

タクシーと同じように、斜め下45度くらいの角度に出して上下に振る。

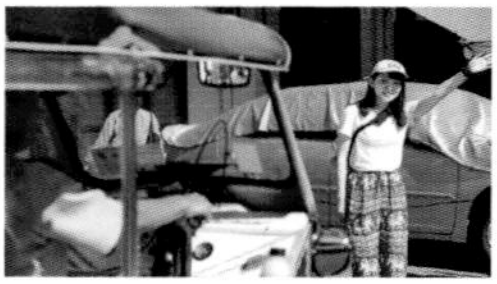

❷ 料金を交渉する

目的地を伝え、必ず乗る前に料金交渉し、はっきりと確定させる。たいてい高めの値段を提示されるので、半額以下から交渉してみよう。

❸ 乗車する

料金交渉がまとまったら乗車する。渋滞していないときは想像以上にスピードを出すので、手すりにつかまり振り落とされないように。

❹ 料金を支払う

目的地に到着したらトゥクトゥクから降りて、乗車前に交渉した料金を支払う。チップは基本必要ない。

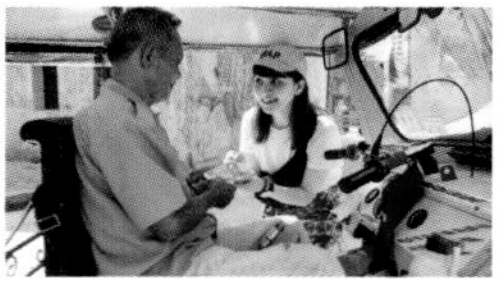

グラブ Grab

スマートフォンで簡単にタクシーを呼べる配車アプリ。乗車前に料金や目的地が決められるので料金トラブルがなく、運転手と目的地を共有することで、会話が最小限で済む。タクシーがつかまらない場所にも迎えにきてくれるのもメリット。

料金 基本料金は乗車距離と時間で決まる
運行時間 24時間

注意&ポイント
- ●事前にスマホにアプリのインストールと初期設定が必要。
- ●Wi-Fi環境がないと利用できない。
- ●アプリ内から行き先指定をするのが簡単。
- ●タクシーよりは高めだが、3～4人で乗車するとお得な場合もある。

まずは登録

Grabのアプリをスマホにインストールする
↓
アプリを開き、SMSが受信できる電話番号(日本の番号なら、＋81に続けて最初の0はとる)を登録
↓
GrabからSMSに届いた承認コードを入力→名前、電話番号、メールアドレスを入力
↓
プライバシーポリシーと利用規約の同意にチェックを入れ「Continue」を押せば完了

※登録完了時点では支払いは現金のみとなる。キャッシュレス希望の場合は、グラブを手配する画面で「Cash」→「Payment Methods」という支払い方法変更画面でクレジットカードの登録(現地でのみ可能)をしよう。

利用のしかた

❶ サービスを選択

アプリを開くとホーム画面が表示される。Grabはさまざまなサービスがあるので「Transport」を選択する。

→ ❷行き先を設定する

現在地が表示されるので正しいか確認し、ずれていたら指で調整して目的地を入力する。

→ ❸ 車種を選択

「JustGrab」「Grab Car」など選択可能な車種と料金、待ち時間が表示される。料金や到着までの時間などに納得したら「Book」をタップ。

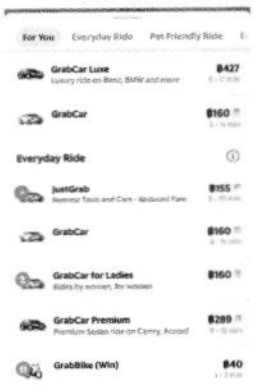

主なGrabの車種

JustGrab	グラブカーかグラブタクシーのどちらか近いほうが呼ばれる。料金は一律
GrabCar	Grabのドライバーとして一般の人が登録している乗用車。料金は一律
GrabTaxi	Grabに登録している普通のタクシー。料金はタクシーのメーター制を採用。予約手数料B25が別途かかる

❹ 支払い方法を選択

現金またはGrabPayを選べる。GrabPayは事前にクレジットカードの登録が必要(日本では登録できない)。支払い方法を選ぶと配車される車を探し始める。

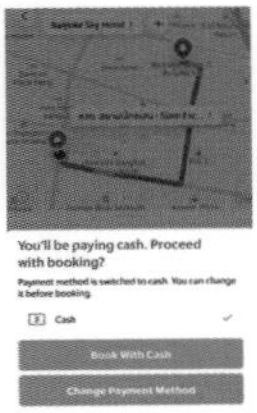

→ ❺ ドライバーが決定

車が見つかると、ドライバーの顔写真や名前、車種、ナンバー、5つ星満点のドライバー評価が表示される。

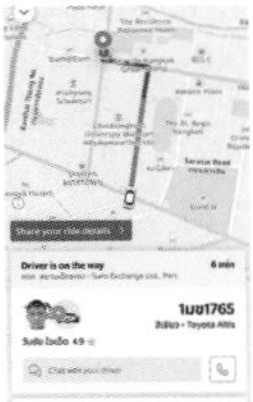

❻ 到着を待つ

地図上にドライバーの現在地と待ち時間がリアルタイムで表示される。

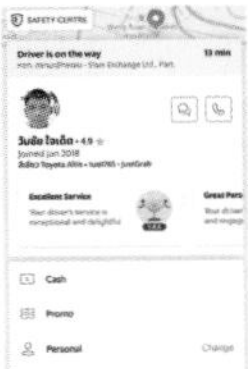

→ ❼ 乗車する

トラブルを避けるために、ナンバーや車種を照合してから到着した車に乗ろう。目的地が登録済みなので、行き先を告げずに済むことが多い。

→ ❽ 目的地に着いたら降車

現金支払いを選択した場合は予約時に表示された金額を支払い降車する。クレジットカードの場合は挨拶をして降りるだけでOK。

その他の交通手段

路線バス

バンコク市内を走る近距離バス。エアコンの有無で料金が異なり、B8～25くらい。運賃は乗車して車掌に直接支払う。タイ語表示のみで、路線が複雑なので旅行者向きではない。

シーロー

軽トラックを改造したタクシーでソイ(路地)を専門に走る。プロームポン～エカマイ間を走行しており、小さなソイを移動するのに便利。手を上げて呼び止め、行き先を告げる。料金は交渉制で、ワンブロックB30～40が目安。

バイクタクシー

車の間をすり抜けて走るので、渋滞時でもスムーズ。運転手はオレンジ色のベストを着ていて、BTS駅やソイ(路地)の入口などに乗り場がある。バイクの2人乗りは危険なので、利用はおすすめしない。

バンコクでの交通

チャオプラヤー・エクスプレス・ボート Chao Phraya Express Boat

バンコクを南北に流れるチャオプラヤー川を運行する定期船。各駅停車から特急まで路線は4つで、旗の色で見分けられる。ボートによって船着場が異なるので、乗船する際にはボートの旗の色と行き先を必ず確認しよう。

各路線の運航時間と料金

路線	運航時間・間隔	料金
オレンジ・ライン	6時～18時10分（土曜・祝日7時30分～17時、日曜は9～17時） 15～30分間隔	一律B16
イエロー・ライン	月～金曜6時～8時10分（北→南のみ）、17時10分～19時5分（南→北のみ） 15～20分間隔	一律B21
グリーン・ライン	月～金曜6時～7時50分（北→南のみ）、16時5分～17時45分（南→北のみ） 20～25分間隔	B14・21・33 （距離で異なる）
レッド・ライン	月～金曜6時50分～7時40分（北→南のみ）、16時25分～17時30分（南→北のみ） 10～30分間隔	一律B30

注意&ポイント

- ●窓際の席に座った場合は、対向船とすれ違うときに水しぶきを浴びることもあるので注意を。
- ●女性は僧侶にふれてはいけないので同じ船になった場合は配慮しよう。
- ●停泊する船着場が変更になることもあるので、乗船前に係員に必ず確認すること。

ボートの乗り方

❶ 乗船する

目的の船着場に停まるボートかどうかを係員に確認してから乗船。旗の色でも確認できる。

↓

❷ 切符を買う

乗船後、船内で係員に行き先を告げて購入する。切符は小さな紙きれなので無くさないように気をつけよう。

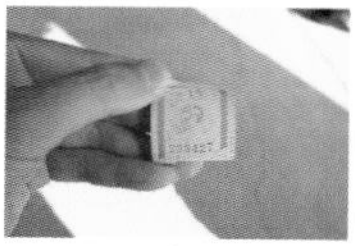

↓

❸ 下船する

船着場が近づくと船内アナウンスがある。タイ語のみなので、船着場に近づいてきたら番号と船着場名を確認してから下船を。船着場に停船している時間は短いので、素早く、そして慎重に降りよう。

チャオプラヤー・ツーリスト・ボート Chao Phraya Tourist Boat

サトーンとプラ・アーティット間の9カ所（一部はアジアティークまで10カ所）に停まる、外国人観光客向けのボート。移動中に川沿いの景色を楽しみながら、アイコンサイアムや3大寺院など、人気スポットを回れる。乗り降り自由の1日乗り放題チケットの利用がおすすめ。

料金 1日乗り放題チケットB150、1回券B30。

運行時間 毎日8時30分～19時15分で、30分間隔で運航。

注意&ポイント

- ●1日乗り放題チケットは乗船する際に必要なので無くさないように。
- ●船着場によってチャオプラヤー・エクスプレス・ボートと同じ乗り場のこともあるので注意。

ボートの乗り方

❶ チケットを購入

ツーリスト・ボートが発着する船着場にある専用の売り場でチケットを購入する。

↓

❷ 乗船する

係員にチケットを提示してから乗船する。屋根がないオープンデッキになった2階席で、川沿いの眺めを楽しむのもおすすめ。

↓

❸ 下船する

船着場が近くなると英語のアナウンスがあるので、船着場名を確認してから下船しよう。

その他の水上交通

クロスリバー・ボート（渡し船）

対岸に渡るためのボートで、いわゆる渡し船。エクスプレス・ボートの主な船着場周辺に発着所がある。随時の運航で片道料金B4～5。ホテルが運航している宿泊者専用のボートもある。

センセープ運河・エクスプレス・ボート

バンコクを東西に流れるセンセープ運河を運航するボート。プラトゥーナムを起点に、西は王宮方面、東はバンカピまで行ける。運航は5時30分～20時ごろまで、料金はB12～22。

バンコク発着！オプショナルツアー

限られた滞在期間で効率よく観光するなら現地発着のオプショナルツアーがおすすめ。日本語ガイド付きなので安心。

申し込み JTBタイランド
☎0-2230-0490 ⏲9～18時 ㊡土・日曜、祝日
URL mybus-ap.com/country/thailand（日本語可・オンライン予約可） **MAP：P9F3**

バンコク市内観光(午前・午後)

3大寺院のワット・アルン、ワット・ポー、ワット・プラケオ＆王宮を訪れる。日本語ガイドの案内を聞きながらたっぷり見学。

出発・帰着時間 6時30分～12時、12～17時
所要時間 約5時間～5時間30分
催行日 毎日 料金 B2400～

世界遺産アユタヤ観光＆象乗り体験(午前・午後)

アユタヤ王朝の都として栄えた古都・アユタヤ。ワット・マハタートなどの寺院巡り、約10分の象乗りを体験する。

出発・帰着時間 7～14時、12～17時
所要時間 約5～6時間
催行日 毎日 料金 B2300～

水上マーケットと線路市場観光

ダムヌンサドゥアック水上マーケットで昔ながらの雰囲気を楽しんだ後、線路ぎりぎりを電車が通過するメークローン駅の市場を見学。

出発・帰着時間 6時30分～16時30分
所要時間 約10時間
催行日 毎日
料金 B2900（昼食付き）

ナコンパトムで蓮の池観光

バンコク近郊のナコンパトムで小舟に乗って蓮の池を遊覧。世界一高い仏塔があるプラ・パトム・チェディの見学や名物のエビ料理を堪能。

出発・帰着時間 7時～14時30分
所要時間 約7時間30分
催行日 金・土・日曜
料金 B3400（昼食付き）

ピンクガネーシャのチャチュンサオで祈願めぐり

ステンレス製本堂のワット・ファスアン、ピンク色のガネーシャが迎えるワット・サマーン・ラッタナーラームなど、有名な寺院を巡る。

出発・帰着時間 11時～16時30分
所要時間 約5時間30分
催行日 毎日 料金 B2500～

ロングテールボートで巡るバンコクの運河ツアー

ロングテールボートでチャオプラヤー川や狭い水路を遊覧。ボート上からワット・パクナムの大仏を見学し、ワット・アルンに立ち寄る。

出発 7～13時
所要時間 約6時間
催行日 毎日 料金 B2200

※上記に記載のツアー情報は2023年7月現在のものです。ツアーの内容は交通状況、天候、祝祭日などの理由で催行されない場合があります。また、日時や料金、所要時間などについては申込み時に必ず確認をお願いします。

両替はどこで？物価は安いの？
お金のこと

どこで両替するのがお得なのか、食事や買物の物価など、
現地のお金にまつわる情報をしっかり頭に入れて、旅の予算を考えよう。

タイの通貨とレート

通貨はタイバーツ

通貨単位はタイバーツで表記はB。補助単位はサタンで表記はS。B1＝S100。

B1 ＝約４円

（2023年7月3日現在）

紙幣はB20、B50、B100、B500、B1000の5種類。硬貨はS25、S50、B1、B2、B5、B10の6種類。紙幣はすべて大きさが異なり、さらに色分けされている。大きな買物などをする以外に利用頻度が高いのはB100以下の紙幣とB10硬貨。店によっては、お釣りがない場合もあるので、これらの比較的小額の紙幣や硬貨を持っていると便利。

紙幣

B20

B50

B100

B500

B1000

硬貨

S50

B1

B2

B5

B10

両替はどうする？

日本国内で事前に準備するよりも、タイで両替するほうがレートがいい。

空港	銀行	ホテル	街なかの両替所	ATM
便利＆安心	レートがいい	24時間両替OK	営業所が多い	見つけやすい
1階以上の各階に両替所がある。レートは街なかとほとんど変わらない。24時間営業なので便利。	安心して両替をしたい人におすすめ。閉店時間が15ごろと早く、土・日曜、祝日は休みなので注意しよう。	レートはよくないが、フロントで24時間両替ができるので安全かつ便利。宿泊客のみ対応の場合が多い。	銀行が出している両替所が多く、レートや手数料もほぼ一緒。スーパーリッチなどお得な両替所もある。	24時間利用でき、提携カードがあれば日本の口座から引き出せる。手数料が毎回かかり、レートがよくない。

両替のオキテ

基本的に両替には手数料がかかるので、なるべくまとめて両替しよう。レシートは必ず受け取るように。

レートがよいのは、街なかの両替所→銀行→空港の銀行→ホテル→日本での両替。

両替するときには、外国人旅行者はパスポートの提示が求められるので、必ず携帯しておこう。

チップやタクシーなど小額紙幣が必要になることも。両替の際はB100以下の紙幣を多くしてもらおう。

ATMでお金をおろす

銀行のほか、コンビニやショッピングセンターにもATMが設置されている。CirrusやPLUSのマークが付いた国際キャッシュカードなら日本の自分の口座からタイバーツが引き出せる。Visaやマスターカードなどクレジットカードのキャッシングも可能。ATMによって手順は異なる場合がある。

1 カードを挿入
読み取るとすぐにカードが出てくる機種もあるので注意。

2 暗証番号を入力
暗証番号「PIN」を入力し、「ENTER」を押す。

3 表示言語と取引の選択
タイ語、英語のほか、日本語が選択できるATMも多い。

4 取引方法を選択
お金を引き出す場合は「引き出し(WITHDRAWAL)」を選ぶ。

5 金額を入力
「ENTER」を押す。手数料の確認画面が出るので問題なければ「確認(CONFIRM)」を押す。

6 レシート・現金・カードを受け取る
入力した額の現金とレシートを受け取る。最後にカードが返却されるので、忘れずに抜き取る。

●ATM お役立ち英単語

日本語	英語
暗証番号	PIN／ID CODE／SECRET CODE／PERSONAL NUMBER
確認	ENTER／OK／YES／CORRECT／CONFIRM
取消	CANCEL
取引	TRANSACTION
現金引出	WITHDRAWAL／GET CASH
キャッシング	CASH ADVANCE／CREDIT
金額	AMOUNT

知っておくべきタイのお金事情

- ●クレジットカードは中級以上のホテルやレストラン、ショッピングセンターなどで使用できる。
- ●屋台や食堂、マーケット、タクシー、バスの支払いは現金が基本。
- ●BTSのチケットは駅によって紙幣が使える券売機があるが、ほとんどはコインで購入する。紙幣しか持っていない場合は窓口でコインに替えてもらおう。
- ●民間両替所の「SuperRich」はサイアムやスクンビットといった旅行者がよく利用するBTSの駅構内やショッピングセンター内にあり便利で、レートもよい。

旅の予算

日本と比べて全体的に物価は安め。高級レストランやルーフトップバー、伝統工芸品などは、日本とそれほど変わらない店も。食事や買物、観光など、どこに予算をかけるか考えてプランニングをしよう。

食事代の目安

カジュアルな食堂、カオマンガイや麺料理などの専門店は比較的安め。おしゃれなカフェや高級レストラン、ルーフトップバーは高め。

朝ごはん	朝食屋台でお粥・麺なら฿45～
昼ごはん	タイカレー฿150～、カオマンガイ฿50～、ガパオライス฿65～
おやつ	マンゴースイーツ฿200～
お茶	アフタヌーンティー฿1000～、カフェならコーヒーとケーキで฿300～
夜ごはん	高級店฿2000～、フードコート฿250～

交通費の目安

BTSとMRTは初乗り฿16で距離により異なる。近場は徒歩で回り、駅から離れている場合はタクシー、トゥクトゥクを利用。

BTS/MRT	各฿16～
タクシー	初乗り฿35

観光費の目安

一部の寺院と博物館などは入場料が必要となる。฿200くらいや฿1000近くなど施設によりさまざま。

ワット・ポー	฿200
マハナコン(展望台)	฿880
エレファントライド	฿400～

■ ＋ ■ ＋ ■ ＝1日あたり約9000円

物価の目安

食品は品目によって異なるが日本の物価より安いものもあれば、ほぼ変わらないものもある。交通費は日本より安い。

ミネラルウォーター(500ml)
฿9～

スターバックスコーヒー
฿125～
(コーヒー)

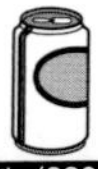
ビール(330ml缶)
฿39～

タクシー初乗り
฿35～

出発前にも、現地でも 知っておきたい旅のあれこれ

トイレ事情や飲酒・喫煙マナーなど、気になるタイのローカルルール。
基本的な情報に加えて、トラブル時の対処方法についても確認しておうこう。

基本のローカルルール

しっかりチェックしておきたいのは喫煙・飲酒・交通など法律に関するルール。日本と異なる場合もある。

電圧・電源

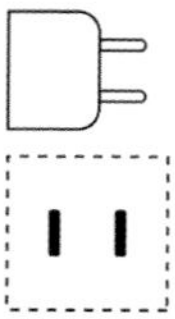

Aタイプ

タイ全土共通で220V、50Hz。日本の電化製品は本体の電圧許容範囲を確認し、使用不可の場合は電圧器を持参。プラグの形はA、BF、Cの3種類がある。

喫煙

ホテルや飲食店、デパートなどの屋内、BTSやMRT、空港など公共交通機関での喫煙は禁止されている。違反した場合は最高B5000の罰金が科せられるので注意。指定された喫煙所を利用しよう。

交通マナー

BTSとMRTの駅構内と車内は飲食禁止。ゴミ箱やトイレも設置されていない。僧侶には一番端の席を譲るのが一般的。女性が僧侶にふれることはタブーなので、女性は僧侶の隣に座らないように配慮を。

飲酒

通常11～14時、17～24時までの販売で、飲食店でも同様。年に数日ある仏教行事はアルコール類の販売が法律で禁止されており、店での購入、飲食店での飲酒はできない。選挙前日や選挙当日も同じ。

暦

基本的に西暦だが、官公庁や王室関連の書類などには釈迦が入滅した年を紀元とする仏暦が使われている。西暦に「543」を足すと仏暦になる。例えば2023年は仏暦2566年となる。

営業時間

政府機関は通常月～金曜の8～16時で、土・日曜、祝祭日は休み。12～13時は昼休みで業務は受け付けない。一般的にショップは11～21時ごろ、飲食店は11～23時くらいで、通し営業の店も多いが高級店は15～17時は休むところも。ソンクラーン（タイ旧正月）前後は休みになる店が多い。

トイレ

水洗でトイレットペーパーが完備された洋式トイレがあるのはホテル、ショッピングセンター、レストランくらい。ファストフード店や食堂はトイレがない場合も多い。公衆トイレは有料がほとんどで、1回B2～10。使用済みの紙は流さず、脇のごみ箱に捨てる。

飲料水

生水はもちろん、水道水も飲まない方がよい。コンビニやスーパーなどでミネラルウォーターを購入しよう。飲食店でもミネラルウォーターの注文が無難。

治安

夜間の一人歩きは避け、日中でも人通りのない路地裏には入り込まない、見知らぬ人を安易に信用しないなど、常識的な行動を心がけていれば問題ない。観光地やショッピングセンター、空港など、旅行客が多く集まるところでは、スリや置引きにも十分注意したい。

インターネット接続

ホテルは無料Wi-Fiが利用できるところがほとんど。ショッピングセンターやレストラン、カフェも無料Wi-Fiを利用できる場合が多い。携帯Wi-Fiルーターを日本からレンタルしていけば、登録したり、利用のたびにパスワードを入力したりする手間が省け、必要なときにスムーズにネット接続ができる。

Free Public WiFi

タイ政府が運営する公共の無料Wi-Fiサービス。バンコクはもちろん、タイ各地の駅やバスターミナル、主要観光地などで利用できる。利用の際は登録が必要で、1回の接続で利用できるのは2時間。通信速度はあまり早くない。

スマホで登録する方法

❶アクセスポイント名「ICT_FREE_WIFI」に接続する

❷登録画面に必要事項（氏名、パスポート番号、住所、電話番号、メールアドレス）を入力する（英語）

❸登録完了後、ユーザーIDとパスワードが発行される

❹ログインして接続する

お役立ちアプリ

Google 翻訳
タイ語のメニューの写真を翻訳できる

Google マップ
目的地やルートの検索に便利

Grab
目的地指定や支払いが簡単な配車アプリ

Currency
すばやく通貨の換算をしてくれる

乗換路線図
バンコクはもちろんタイ国内の路線図を網羅

郵便・宅配便の出し方

日本へのエアメールはハガキがB35、封書は20gまでB34、以降10gごとにB5が加算され最大2kgまで。通常7～10日で届く。赤字で「JAPAN」「AIR MAIL」と書いておけば、宛名は日本語でOK。街なかにポストはないので、郵便局に持ち込むかホテルのフロントに依頼する。国際EMSは1kgまでB1210(商品)、以降1kgごとにB220追加。郵便局で送る場合はパスポートの提示が必要。

主な航空便を扱っている会社

・ヤマト運輸 ……☎0-2026-6828
・DHL ……………☎0-2345-5848

けが・病気

ツアー参加者はすぐに添乗員に連絡を。個人旅行者は海外旅行保険に入っていれば緊急時の問合先に連絡しよう。帰国後、保険会社に医療費を請求する際に必要になるので、診断書・領収書は必ずもらっておこう。

海外旅行保険は必須

万が一のケガや病気に備えて、海外旅行保険には入っておきたい。多数の保険会社がインターネットで受付を行っている。また、空港のカウンターや自動販売機でも加入は可能。

・ジェイアイ傷害火災保険 …… tabiho.jp
・東京海上日動 … www.tabikore.jp
・三井住友海上 … www.ms-travel-ins.com
・AIG損保 ……… travel.aig.co.jp

電話のかけ方

タイでは市内通話も市外通話もすべて「0」から始まる番号から押す。ホテルの客室からかける場合は外線用の番号を押してから相手の電話番号を押す。

タイから日本への国際電話

直通ダイヤルの場合

001（国際電話識別番号） ▶ 81（日本の国番号） ▶ 市外局番（最初の0はとる） ▶ 相手の電話番号

東京03-1234-5678にかける場合001-81-3-1234-5678となる

日本からタイへの国際電話

010（国際電話識別番号） ▶ 66（タイの地域番号） ▶ 相手の電話番号（最初の0はとる（一部例外あり））

※固定電話でマイライン(2024年1月終了予定)に登録していない場合は、電話会社の識別番号(NTTコミュニケーションズ…0033、ソフトバンク…0061など)を最初につける。電話会社の識別番号は2024年2月以降は不要。携帯電話の場合は「010」または「+」のあとに「66」、相手の電話番号をダイヤルして発信。

バンコク0-2123-4567にかけるとしたら010-66-2-1234-5678となる

アプリを利用して無料電話!

LINE：自分と相手がどちらもインストールしてあれば、国内同様無料通話が可能。日本にいるときと変わらないトークや写真のやり取りもできる。

Messenger：お互いにインストールしてあれば利用可能。メッセージはもちろん、通話も無料。さらにテレビ電話もでき、会話が楽しめる。

盗難・紛失

多額の現金や貴重品は持ち歩かず、セーフティボックスなどを活用したい。万が一盗難や紛失にあった場合でも、落ち着いて下記の手続きを。

クレジットカード

すぐに現地または日本にあるカード会社のサービスデスクに連絡し、カードの無効手続きを行う。その際にカード番号や有効期限を確認されるので、事前にメモしておくとよい。カード会社によっては、現地での再発行が受けられる。

問合先

・JCBプラザ ラウンジ・バンコク ☎02-652-0341
・JCB紛失盗難受付デスク ☎001-800-81-10036
・Visaグローバル・カスタマー・アシスタンス・サービス ☎001-800-441-1255
・マスターカード グローバル・サービス ☎001-800-11-887-0663
・アメリカン・エキスプレス グローバル・ホットライン ☎65-6535-2209

パスポート

警察署へ行き、紛失・盗難証明書を発行してもらい、日本大使館・総領事館で「帰国のための渡航書」の発給を申請。必要なものは大使館窓口にある紛失一般旅券等届出書1部と渡航書発給申請書1部、写真2枚(縦4.5cm×横3.5cm)、警察発行の紛失・盗難証明書1部、日本国籍を立証する公文書(戸籍謄(抄)本など)、帰りの航空券(eチケットの控え)、手数料(タイバーツで現金のみ)。発給には3時間程度かかる。旅券の新規発給は4日間かかる。

現金・貴重品

警察に届け、盗難・紛失証明書を発行してもらう。ホテル内で盗難にあった場合は、フロントを通じて警察に連絡する。貴重品については、帰国後に保険会社に連絡し保険金の請求を行う。現金は基本的に保険対象外。

緊急時には!

緊急時・現地情報

在タイ日本国大使館
MAP:P10A2
177 Witthayu Road, Lumphini, Pathum Wan
☎02-207-8500(代表)
☎02-207-8501(旅券証明班)

警察 ☎191

消防 ☎199

ツーリストポリス
☎1155(英語可)

日本語が通じる病院

バンコク病院
Bangkok Hospital
MAP:P3E3
☎02-310-3257(日本語)

バムルンラード・インターナショナル病院
Bumrungrad International Hospital
MAP:P12A3
☎02-011-3388(日本語)

見たい、食べたい、行きたい場所がすぐわかる♪

せかたび的 バンコク まとめ。

「せかたびバンコク」に掲載の物件を
ジャンルごとに一覧できる
便利なインデックス。
レストランにショップ、観光スポットまで
行きたいところをチェック！

- サイアム……エリア名
- ミュージアム……ジャンル名
- MAP P00A0……MAP掲載ページ
- P000……本誌掲載ページ
- ★★★……バンコクの魅力あふれる、絶対に行きたい場所
- ★★……滞在中、時間に余裕があれば行ってみたい場所
- ★……「知りたい」「やってみたい」と興味があれば楽しめる場所
- 定番！……バンコクを代表する超有名店。一度は足を運んでみよう
- オススメ！……編集部のオススメ店。ぜひチェックしてみて

ぜったい観たい！

無料ボートを利用してクルーズ気分でアクセス

高さ29mのエラワン象の像は迫力満点！

	エリア名 / 店・スポット名	星評価	ジャンル名	ひと言コメント		MAP掲載ページ	
あ	トンブリー アイコニック・マルチメディア・ウォーター・フューチャーショー		噴水ショー	アイコンサイアムの川沿いの広場で毎晩開催される噴水と音楽と光のショー。 🕑19時～(金～日曜は18時30分～、20時～) ㊡なし		MAP P8A2～3	P67
	トンブリー アイコン・クラフト		セレクトショップ	タイで活躍するデザイナーの雑貨やインテリア、食材などが並ぶ。おみやげ探しにぴったり 🕑10～22時 ㊡なし		MAP P8A2～3	P67
	トンブリー アイコンサイアム	★★★	複合施設	全11フロアの館内に500以上のショップ、100以上の飲食店、美術館などが集まる。 🕑店舗により異なる ㊡店舗により異なる		MAP P8A2～3	P66
	バンコク南部 アジアティーク・ザ・リバーフロント	★★★	複合施設	倉庫として使用していた場所にショップやレストラン、劇場などが集まる。 🕑16～24時ごろ(店舗により一部異なる) ㊡なし		MAP P2B4	P54
	スクンビット アラブ人街	★	エリア	古くからアラブ人を多く暮らすエリアで、メインストリートは通称「ソイ・アラブ」と呼ばれるソイ3/1。180mほどの狭い通りにアラブ系の店がずらりと並ぶ。		MAP P12A4	—
	バンコク東部 エラワン・ミュージアム	★★	博物館	創始者であるレック・ウィリヤパン氏の収蔵品を展示する博物館。館内のステンドグラスが美しい。 🕑9～18時(チケットの販売は17時まで) ㊡なし		MAP P3F4	P62
	王宮周辺 ワット・プラケオ&王宮	★★★	名所	広さ21万8000㎡を誇り、王室専用寺院のワット・プラケオや宮殿、博物館などが点在。 🕑8時30分～15時30分 ㊡なし		MAP P4B2～3	P44
か	カオサン カオサン通り	★★	通り	英語の看板が通りにあふれる歓楽街。夜はネオンと人、屋台であふれ、毎日がお祭りのような賑わいを見せる。		MAP P4B～C1	P180
	王宮周辺 国立博物館	★★	博物館	スコータイ王朝からチャクリー王朝までの資料のほか、美術品や考古学資料も充実。 🕑9～16時 ㊡月・火曜		MAP P4A1	P63
さ	王宮周辺 サーン・ラック・ムアン	★	名所	バンコク遷都の際、街の起点になる場所としてラマ1世が1782年に建立された市の柱。 🕑6時30分～18時 ㊡なし		MAP P4B2	—

い館内で屋
グルメの食べ
き体験を楽し
う

イ出身の
ーティスト、
ックス・
ェイス氏
アートも

TSチョンノン
ー駅に直結。
未来的な外観
目印

エリア名 店・スポット名	星評価	ジャンル名	ひと言コメント		MAP 掲載ページ
王宮周辺 サオ・チン・チャー	★	名所	ワット・スタット(→P179)の前に立つ、かつて儀式に使われていた大ブランコの支柱。		MAP P4C2 —
バンコク北部 ザ・ワン・ラチャダー	★	ナイトマーケット	鉄道市場の跡地にオープン。飲食・買物エリアのほかに、店舗を構えるバーエリアもある。 ⏲17〜24時 ㊡なし		MAP P3E2 P59
バンコク北部 ジョッド・フェアーズ	★★	ナイトマーケット	ずらりと並ぶ真っ白なテントとヤシの木が印象的。ローカルグルメやファッション＆雑貨が地元価格で楽しめる。⏲16〜24時 ㊡なし		MAP P12C1 P58
トンブリー スーク・サイアム		屋内マーケット	タイの各地域のローカルフードを食べ歩きしたり、手工芸品を買ったりできる。 ⏲10〜22時 ㊡なし		MAP P8A2〜3 P67
た バンコク郊外 ダムヌアン・サドゥアック水上マーケット	★★★	ローカルマーケット	約150年の歴史をもつ水上マーケット。小舟に乗って遊覧しながらマーケットの雰囲気を楽しもう。 ⏲8〜15時ごろ ㊡なし		MAP P188 P61
サトーン・ピア周辺 チャルンクルン・ソイ32	★	アートスポット	タイランド・クリエイティブ・デザイン・センター(→P175)とウェアハウス30(→P175)の間の路地、ソイ32はウォールアートが集まるスポット。		MAP P8B2 —
は 王宮周辺 パーク・クローン市場	★	市場	色とりどりでさまざまな種類の花が並ぶバンコク最大の花市場。 ⏲24時間(店により異なる) ㊡なし(店により異なる)		MAP P4B4 —
チャイナタウン フアランポーン駅	★	駅舎	1916年に完成したバンコク最古のターミナル駅。ドイツのフランクフルト駅をモデルにしたというドーム型の美しい駅舎は撮影スポットとしても人気。		MAP P8B1 —
カオサン プラ・アーティット通り	★	通り	チャオプラヤー川のプラ・アーティット船着場のある大通り。おしゃれなバーやホテルなどがオープンし、注目を集めている。		MAP P4B1 —
カオサン プラ・スメーン砦	★	通り	18世紀後半にラマ1世が防衛拠点として築いた白亜の砦。この砦があるバンランプー地区はバンコク発祥の地。見学自由。		MAP P2B2 —
ま シーロム マハナコン	★★★	展望台	74階の屋内展望台と78階の屋外展望台からバンコクの大パノラマを満喫。 ⏲10〜24時(最終入場は23時) ㊡なし		MAP P9D3 P64・173
シーロム マハナコン・スカイバー		ルーフトップバー	76・77階の2フロアを使った天空のレストラン&バー。西洋とタイを融合させた料理が味わえる。 ⏲10〜15時、17時〜翌1時 ㊡なし		MAP P9D3 P65
バンコク郊外 メークロン市場	★★★	ローカルマーケット	100年ほど前から続く線路の両脇に露店が連なる市場。市場ギリギリを列車が駆け抜ける様子はスリル満点。⏲6時ごろ〜18時ごろ ㊡なし		MAP P188 P60
ら カオサン ランブトリ通り	★	通り	カオサン通りの一本北側にある通り。レストランやカフェなど広いテラスをもつ店が多く、ゆったりとくつろげる。		MAP P4B1 —
わ 王宮周辺 ワット・アルン	★★★	寺院	チャオプラヤー川沿いに佇むタークシン王ゆかりの寺院。対岸のバーからライトアップされた寺院を眺められる。⏲8〜18時 ㊡なし		MAP P4A4 P48
王宮周辺 ワット・サケート	★	寺院	5年もの歳月をかけて完成。大仏塔へは344段の階段で上ることができ、途中には煩悩を払う鐘などもある。⏲7時30分〜19時 ㊡なし		MAP P5E2 —
バンコク郊外 ワット・サマーン・ラッタナーラーム	★★★	寺院	ピンクガネーシャとして知られる寺院。ネズミの像の耳に願い事をささやくと願いが叶うといわれる。⏲6〜18時 ㊡なし		MAP P188 P52

索引	エリア名	店・スポット名	星評価	ジャンル名	ひと言コメント	写真	MAP	掲載ページ

ぜったい観たい!

索引	エリア名	店・スポット名	星評価	ジャンル名	ひと言コメント	写真	MAP	掲載ページ
	カオサン	ワット・チャナ・ソンクラーム	★	寺院	ラマ1世がビルマ軍を撃退した弟ソムテッドの功績を称えて改修。チャナ・ソンクラームは「戦に勝つ」を意味し、勝利祈願に多くの人が訪れる。🕒6〜17時 ㉁なし		MAP P4B1	—
	バンコク南部	ワット・パクナム	★★★	寺院	アユタヤ時代に創設された歴史ある寺院。仏塔5階と巨大な仏像が写真スポットとして人気、🕒8〜18時 ㉁なし		MAP P2A4	P50
	王宮周辺	ワット・プラケオ	★★★	寺院	本堂に翡翠で造られたエメラルド仏を祭ることから別名「エメラルド寺院」とよばれる。🕒8時30分〜15時30分 ㉁なし		MAP P4B2〜3	P44
	王宮周辺	ワット・ベンチャマボピット	★	寺院	ラマ5世が創建した寺院。「大理石寺院」の愛称通り、屋根以外はすべて大理石でできている。🕒6時30分〜17時 ㉁なし		MAP P2B2	—
	王宮周辺	ワット・ポー	★★★	寺院	全長約46m、高さ約15mの寝釈迦仏は必見。本堂の壁画や仏塔なども見逃せない。🕒8〜17時 ㉁なし		MAP P4B3	P46
	王宮周辺	ワット・マハタート	★	寺院	かつて宗教と行政の中心だった場所に1783年に建立。本堂にはバンコク最大級といわれる巨大な仏像が安置されている。🕒7時30分〜18時 ㉁なし		MAP P4A2	—
	王宮周辺	ワット・ラーチャナダーラーム	★	寺院	1846年にラマ3世によって建立された7階建ての王室ゆかりの寺院。ひとつの建物に37本の仏塔が集まる珍し建築。🕒9〜20時 ㉁なし		MAP P5D2	—

色鮮やかな陶器片で彩られた仏塔にも注目

やりたいこと

索引	エリア名	店・スポット名	星評価	ジャンル名	ひと言コメント	写真	MAP	掲載ページ
あ	スクンビット	RSMムエタイ・アカデミー		ムエタイジム	旅行者でも気軽にムエタイ体験できるジム。元プロ選手やプロ選手の元トレーナーのレッスンを受けられる。🕒9〜21時 ㉁なし		MAP P11D1	P80
	アユタヤ	アユタヤ・エレファント・パレス&ロイヤル・クラール		象乗り	世界遺産の遺跡を眺めながら象乗りできるコースもある。🕒9〜17時 ㉁なし※悪天候時は中止		MAP P191	P72
	サイアム	エラワンの祠		名所	四面体のブラフマー神が祭られた祠。仕事運、金運などさまざまな願いを叶えるというパワースポット。🕒6〜19時 ㉁なし		MAP P7D4	P78
	王宮周辺	オンアーン運河ウォーキングストリート		通り	オンアーン運河の両脇に整備された遊歩道。ローカルフードや雑貨店が並ぶ。🕒16〜22時 ㉁月〜木曜		MAP P5D4	P70
さ	王宮周辺	シックス		カフェ	民家だった建物をリノベーションしたカフェ。タイ料理のメニューも充実している。🕒10時30分〜16時45分 ㉁金曜		MAP P4A3	P77
た	王宮周辺	ター・マハラート		商業施設	古い船着場を改装したショッピングモールのような空間。ショップやレストランが集まる。🕒10〜21時(店舗により異なる) ㉁店舗により異なる		MAP P4A2	P77
	サトーン・ピア周辺ほか	チャオプラヤー・エクスプレス・ボート		リバーボート	チャオプラヤー川を運航する定期船。サトーン船着場を起点に王宮方面へクルーズ気分で移動するのもおすすめ。🕒6時ごろ〜19時ごろ ㉁なし		MAP P8A4ほか	P76・228
	王宮周辺	チャオプラヤー・スカイパーク		展望台	プラ・ポックラオ橋の中央部に造られた橋上の庭園。チャオプラヤー川の眺めが抜群。🕒5〜20時 ㉁なし		MAP P4C4	P71
は	王宮周辺	ビュー・アルン		ルーフトップバー	チャオプラヤー川を一望できるバー&レストラン。ワット・アルンが目の前に！🕒12〜21時 ㉁なし		MAP P4A3	P77
	サイアム	プラ・ガネーシャ		名所	象の頭をもつヒンドゥーの神様、ガネーシャを祭る。商売、学問、芸術の神として信仰されている。🕒24時間 ㉁なし		MAP P7D3	P79

運河が多いバンコクでは水辺の散策も楽しみたい

ワット・アルンがよく見える席を確保するなら早めにお出かけを

エリア名 店・スポット名 / 星評価 / ジャンル名 / ひと言コメント / MAP 掲載ページ

索引	エリア名	店・スポット名	星評価	ジャンル名	ひと言コメント	写真	MAP	掲載ページ
	サイアム	プラ・トリムルティ		名所	恋愛成就の神とされるトリムルティ神を祭る。神様が降臨するとされる毎週火・木曜の21時30分は大混雑。㊋24時間 ㊡なし		MAP P7D3	P79
	サイアム	ベンチャキティ森林公園		公園	広大な公園の一部に3.7kmのスカイウォークがあり、緑やビル群を眺めながら散策が楽しめる。㊋5～21時 ㊡なし		MAP P11D2	P71
ら	トンブリー	ロン1919		商業施設	商船用の船着場をリノベーションした施設。ウォールアートがたくさんあり、写真スポットに。㊋8～18時 ㊡なし		MAP P8A1	P76
わ	王宮周辺	ワット・ポー・トラディショナル メディカル・スクール		早朝ヨガ	ワット・ポー直営のスクール前で開催される、タイ式ヨガを体験。㊋8時～17時30分(ヨガは第1・3日曜の8時ごろから約30分) ㊡なし※雨天中止		MAP P4B3	P82・168
あ	トンロー	アーハーン		ハイエンドレストラン	盛付や器などで見た目も楽しませてくれるタイ料理を提供。メニューはコースのみ。㊋18～24時 ㊡なし		MAP P13B2	P99
	サイアム	アイスディア		南国スイーツ	果物や野菜をリアルに再現したアイスクリームが話題。犬や猫の形をしたスティックアイスも。㊋11～19時 ㊡月曜		MAP P6C3	P115
	シーロム	アフター・ユー・デザート・カフェ	オススメ!	南国スイーツ	ナムドクマイ種のマンゴーを使ったかき氷やドリンクのほか、トーストやパンケーキなども。㊋10～22時 ㊡なし		MAP P9E2	P113・173
	サイアム	イータイ	オススメ!	フードコート	高級SC内にあるモダンなフードコート。タイ各地の郷土料理を揃え、本場の味を気軽に楽しめる。㊋10～22時(店舗により異なる) ㊡なし		MAP P7F4	P107
	シーロム	イエンタフォー・ワット・ケーウ		タイヌードル	紅腐乳を用いたピンクのスープが特徴の麺料理、イエンタフォーの店。独特の風味がクセになる。㊋9～15時 ㊡土・日曜		MAP P8C3	P96
	サイアム	MKゴールド	定番	タイスキ	国内外に支店があるタイスキの有名店「MK」の高級ライン。厳選された具材と豪華な空間が特徴。㊋10時～21時30分 ㊡なし		MAP P6C3	P102
	サイアム	MBKフード・レジェンド		フードコート	庶民派のタイ料理店が集まり、アレンジのない本場の味をリーズナブルに楽しめる。MBKセンター内。㊋10～21時(店舗により異なる) ㊡なし		MAP P6C3	P107
	シーロム	オーサーズ・ラウンジ		アフタヌーンティー	マンダリン オリエンタル バンコク(→P210)。3段トレーの伝統的な英国式アフタヌーンティーのほか、タイ式も用意。㊡なし		MAP P8A3	P117
	サイアム	オーシャ		トムヤムクン	サンフランシスコ発の高級店。斬新なタイフュージョン料理が楽しめる。㊋11～22時 ㊡月曜	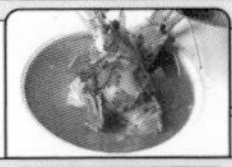	MAP P10A1	P87
か	トンロー	カオ		タイカレー	名門ホテルの料理長を務めたシェフがオープン。厳選食材で作る王道タイ料理が評判。㊋11時30分～14時、17時30分～22時 ㊡なし		MAP P13C2	P89
	トンロー	カオジャオ		ガパオライス	辛みを利かせたタイ南部料理が味わえるカフェレストラン。ガパオライスは本場の味。㊋10～20時 ㊡第1・3日曜		MAP P13B1	P93
	サイアム	カジャ・バー		カフェ	ミルクシェイク専門店。タイ中部のラーチャブリー県産ミルクで作るシェイクは季節限定メニューも含め種類豊富。㊋11～21時(金～日曜は～22時) ㊡なし		MAP P6C3	P121
	スクンビット	ガパオ・ターペ	定番	ガパオライス	辛みと旨みが絶妙にマッチしたガパオライスが好評。定番の豚ひき肉がオススメ。㊋9時30分～20時 ㊡なし		MAP P12B4	P92

おいしいもの

内にはトゥクゥクが！乗車し記念撮影もく

イ式のアフターンティーもしてみたい

げた半熟卵にマリンドソースかけた、カイークイB220

エリア名 店・スポット名 | 星評価 | ジャンル名 | ひと言コメント | MAP 掲載ページ

バナナシェイクB50～。13種類がラインナップ

北部名物、カレー麺のカオソイB120も試してみよう

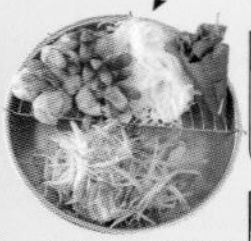

イサーン料理の定番、ソムタムのアレンジメニューも楽しめる

サイアム
ガン・バン・ペー
シーフード 港から直送される新鮮なシャコを用いた料理が自慢。海鮮たっぷりのパッタイやクイティオが人気。⏲11時30分～17時、18～22時 ㊡なし

MAP P7F4 P105

トンロー 定番
クアクリン・パックソッド
タイ南部料理 タイ南部、チュンポンの家庭料理を提供。カニ肉のイエローカレーなど、本場の味が楽しめる。⏲10～21時 ㊡なし

MAP P13A2 P111

サイアム
クアン・シーフード
シーフード リーズナブルな価格で地元客に愛されるシーフード専門店。魚介たっぷりのトムヤムスープなど。⏲10時30分～翌0時30分 ㊡なし

MAP P7E1 P105

サイアム 定番
クアンヘン
カオマンガイ 1932年創業のカオマンガイ専門店。定番のカオマンガイはモモ肉とムネ肉のミックス。⏲6～22時 ㊡なし

MAP P7E3 P90

スクンビット
グリーン・ハウス
カオマンガイ 骨付きの鶏モモ肉を使った海南鶏飯で知られる、バンコク・ホテル内のレストラン。⏲6～23時 ㊡なし

MAP P12A4 P91

王宮周辺 オススメ!
クルア・アプソーン
タイカレー 有名グルメガイドでも紹介される人気店。手作りペーストの各種カレーが美味。⏲10時30分～19時30分 ㊡なし

MAP P4C2 P88

サイアム
クルアイ・クルアイ
南国スイーツ バナナデザート専門店。フライド・バナナB60やバナナ春巻きB60など、デザートによってバナナの種類は変えている。⏲10時30分～21時30分 ㊡なし

MAP P6C3 P115

カオサン
クンデーン・クイチャップユアン
タイヌードル タイ東北部の名物麺、クイチャップ・ユアンの専門店。モチモチの麺とあっさりスープが美味。⏲10時～22時30分 ㊡なし

MAP P4B1 P97

スクンビット
ゲッタワー
タイカレー タイ北部の郷土料理が味わえる店。カレーラーメンや北部の辛いソーセージが人気。⏲11～14時、17～22時 ㊡日曜

MAP P11E1 P89

サイアム 定番
コーアン・カオマンガイ・プラトゥーナム
カオマンガイ 味の良さで知られるカオマンガイの超有名店。一皿B50という昔ながらの価格も魅力。⏲6～14時、15時～21時30分 ㊡なし

MAP P7E3 P90

シーロム
コカ
タイスキ 豪華な食材を揃え、タイスキを高級料理に仕立てた先駆的な店。2種類のスープで楽しめる。⏲11～22時 ㊡なし

MAP P9D2 P103

(さ)

トンロー
ザオ・エカマイ
イサーン料理 東北部ウボンラチャタニに本店をもつイサーン料理店。プラーラー入りソムタムなど本場の味を提供。⏲11時30分～23時 ㊡なし

MAP P3E3 P111

トンブリー 定番
ザ・ロビー
アフタヌーンティー ザ・ペニンシュラバンコク(→P210)にあるリバーサイドのティールーム。スイーツと一緒にチャオプラヤー川の眺めも楽しもう。㊡なし

MAP P8A3 P116

サイアム オススメ!
サンサブ
パッタイ イサーン料理が楽しめる店。フライドチキンのせなどオリジナルのパッタイメニューが揃う。⏲10～20時 ㊡なし

MAP P6C3 P94

サイアム
しゃぶし
タイスキ 回転寿司スタイルで好きな具材を選べるビュッフェ形式のタイスキ店。一人鍋にも最適。⏲10～22時 ㊡なし

MAP P6C3 P103

バンコク北部
ジュブ・ジュブ・カオマンガイ
カオマンガイ 女主人ジュブさんが作るカオマンガイの専門店。異なる味が楽しめる4種盛りが人気。⏲6～14時(売り切れ次第閉店) ㊡日曜

MAP P3D2 P91

王宮周辺
スターティップ
タイヌードル 中国海南島出身の一族が経営する店。うどんに似た太麺のカノムチーン・ハイラムが名物。⏲8～15時 ㊡月・火曜

MAP P5E2 P97

イ風焼き鳥の
イヤーンB
0。外は香ば
く中はジュー
ー

ざわりコーヒ
ヒー緒に味わ
たいスイーツ
充実

理は特注のセ
ドン焼に盛付
て提供される

エリア名	星評価	店・スポット名	ジャンル名	ひと言コメント	写真	MAP	掲載ページ
トンロー	定番	スパニガー・イーティング・ルーム	タイ東部料理	タイ東部の海に面したトラート県の郷土料理が味わえる。名産のエビペーストを用いた料理が美味。⏲11～22時(21時LO) ㊡なし		MAP P13B2	P111
サイアム	定番	ソンブーン	シーフード	プーパッポンカリー発祥の有名店。ご飯が進む甘めのカレーソースと、旨みが詰まったカニ肉が絶品。⏲11～22時 ㊡なし		MAP P6C3	P105
(た) サイアム	定番	タミー・ヤミー	邸宅レストラン	築70年の木造家屋を利用したレストラン。各種カレーや特製ダレに漬けて焼いたガイヤーンが名物。⏲11時～14時30分、17時30分～22時 ㊡日曜		MAP P7E4	P100
王宮周辺	オススメ!	チェディ・カフェ&バー	カフェ	仏塔(チェディ)を望む水路に面したカフェ。オリジナルブレンドのコーヒーで作るチェディ・ラテB140など。⏲9～16時 ㊡なし		MAP P5D2	P121
チャイナタウン		チャタ・スペシャルティ・コーヒー	カフェ	カフェスペースは2つあり、緑を眺めながら自慢のコーヒーとスイーツを楽しめる。⏲9～18時 ㊡月曜		MAP P5E4	P119
王宮周辺	定番	ティップサマイ	パッタイ	タイで最も有名なパッタイの名店。エビの旨みが利いた甘いソースとモチモチの麺がマッチ。⏲9～24時 ㊡なし		MAP P5D2	P94
チャイナタウン	オススメ!	テキサス・スキ	タイスキ	タイスキ発祥の地、チャイナタウンにある専門店。リーズナブルな価格で地元客にも人気が高い。⏲11～23時 ㊡なし	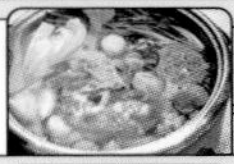	MAP P5E4	P103
シーロム	定番	トン・カオ	タイカレー	家庭的な雰囲気の中で本場のタイ料理が楽しめる。各種カレーは辛さの調整もOK。⏲11～22時 ㊡土・日曜		MAP P9D2	P88・173
トンロー	定番	トンクルアン	トムヤムクン	トムヤムクンなどの定番メニューが何でもおいしい、地元客に人気のカジュアル店。⏲11時～22時30分 ㊡なし		MAP P13A1	P86
(な) シーロム		ナーム	ハイエンドレストラン	コモ・メトロポリタン・バンコク(→P213)内にあり、エレガントな雰囲気のなかで洗練されたタイ料理を味わえる。⏲12～14時、18～21時 ㊡月・火曜		MAP P9F3	P99
スクンビット	オススメ!	ナ・アルン	邸宅レストラン	高い天井と大きな窓が気持ちいい隠れ家レストラン。野菜を中心とした料理は盛付も美しい。⏲12時～21時30分 ㊡なし		MAP P12A3	P101
(は) スクンビット		パーデン	南国スイーツ	旬のフルーツを使ったデザートが人気のフルーツパーラー。手作りのアイスクリームやプリンもおいしい。⏲11時～17時45分(土・日曜は12時～) ㊡月・火曜		MAP P11F1	P115
トンロー	定番	バーミー・コン・セーリー	タイヌードル	中華麺の老舗メーカーが運営するラーメン店。クリアなスープと多彩なトッピングが好評。⏲7～23時 ㊡不定休		MAP P13B3	P97
シーロム	定番	バーン・カニタ・サトーン	トムヤムクン	自社農園で栽培するオーガニック野菜を用いた、上品なタイ料理が味わえる。⏲11～23時 ㊡なし		MAP P9F3	P87
サイアム		バーン・クン・メー	タイ料理	地元客で賑わうMBKセンター(→P137)内の一軒。伝統的なタイの家庭料理が人気。⏲11～23時 ㊡なし		MAP P6B3	P87
サトーン・ピア周辺		バーン・パッタイ	パッタイ	フランス人が経営するパッタイとガイヤーンの店。洗練されたオリジナルメニューが評判。⏲11～22時 ㊡なし	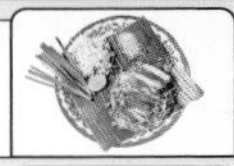	MAP P8B4	P95
トンロー		パタラ・ファイン・タイ・キュイジーヌ	タイカレー	ロンドン発の高級タイ料理店。マイルドな味わいでワインとの相性もいい。⏲11時30分～14時30分、17時30分～22時 ㊡なし		MAP P13B1	P89

おいしいもの

エリア名 店・スポット名 / 星評価 / ジャンル名 / ひと言コメント / MAP 掲載ページ

エリア名	星評価	店・スポット名	ジャンル名	ひと言コメント	写真	MAP	掲載ページ
王宮周辺	オススメ!	パッタイ・ファイタル	パッタイ	NYの有名タイ料理店出身のシェフが腕を振るうパッタイ専門店。素材を生かした上品な味。⏲10～22時 ㊡なし		MAP P4C1	P95
サイアム		パラゴン・フードホール	フードコート	サイアム・パラゴン内のフードコート。各種タイ料理の人気店が勢揃いし、名店の味を一度に楽しめる。⏲10～22時 ㊡なし		MAP P6C3	P106
サトーン・ピア周辺		バンラック市場	屋台グルメ	長い歴史をもつ市場で、ローカルフードの屋台が並ぶ。夜はビールとつまみを楽しむ人で賑わう。⏲7～22時(店により異なる) ㊡なし		MAP P8B4	P109
スクンビット	定番	ピア21フード・ターミナル	フードコート	ターミナル21内のフードコート。広いフロアにご飯ものや麺料理、スイーツなどの専門店が約30軒。⏲10～22時 ㊡なし		MAP P11D1	P106
サイアム	オススメ!	ピーオー	タイヌードル	リーズナブルなローカル店。大きな川エビが入ったトムヤムスープのクイティオが名物。⏲10～21時 ㊡月曜		MAP P6B2	P96
サイアム	オススメ!	ピーコック・アレー	アフタヌーンティー	ウォルドーフ・アストリア・バンコク(→P214)のアフタヌーンティーは色とりどりのフィンガーフードがかわいい。㊡なし		MAP P7D4	P117
サイアム		ビッグCフードパーク	フードコート	約800席ある国内最大級のフードコート。料理のジャンルごとにブースが分かれていて選びやすい。⏲9～21時 ㊡なし		MAP P7E3	P107
サイアム		ファイ・ソー・カム	タイヌードル	本場の北部料理が味わえるカジュアル店。チェンマイの名物カレー麺、カオソイは必食。⏲10～22時(21時LO) ㊡なし		MAP P6C3	P96
トンロー		ブーン・トン・キアット	カオマンガイ	シンガポール風の海南鶏飯を提供。バクテーやアヒル肉を使ったメニューも揃う。⏲9～21時 ㊡なし		MAP P13B1	P91
トンロー		フェザーストーン・ビストロ・カフェ&ライフスタイル	カフェ	カラフルで見た目がかわいいフラワー&フルーツの炭酸ドリンクが評判。⏲10時30分～22時 ㊡なし		MAP P13C2	P120
サイアム		ブッディ・ベリー	南国スイーツ	フローズンヨーグルト専門店。タイ産フルーツやナッツ類、シリアルなどをトッピングできる。⏲10時～21時20分 ㊡なし		MAP P6C3	P115
スクンビット	オススメ!	プライ・ラヤ	タイ南部料理	プーケット出身のシェフが作る南部料理の店。スパイシーな魚のオレンジカレーなど。⏲11時～22時30分 ㊡なし		MAP P101C1	P110
シーロム		プラウ	ガパオライス	名店が揃う高級フードコート内の店。具材や辛さを自分で選べるガパオライスが好評。⏲10～20時 ㊡なし		MAP P9D3	P93
シーロム	定番	ブルー・エレファント	ハイエンドレストラン	パリやロンドンに支店をもつ高級店。繊細な創作タイ料理が味わえる。⏲11時30分～14時30分、17時30分～22時30分 ㊡なし		MAP P8C4	P98
サイアム		フルーツ・コート	南国スイーツ	フルーツビュッフェ。フルーツを使ったスイーツや、フルーツ入りのカレーや麺料理などが楽しめる。⏲10～19時 ㊡なし		MAP P7D2	P115
王宮周辺	定番	ブルー・ホエール	カフェ	バタフライピーを使った「青いラテ」が名物。店内も青を基調としたおしゃれな空間。⏲9～18時 ㊡月曜		MAP P4B4	P120
王宮周辺	オススメ!	フローラル・カフェ・アット・ナパソーン	カフェ	花市場近くのフラワーショップの2・3階がカフェに。ドライフラワーが天井いっぱいに飾られている。⏲9～19時 ㊡なし		MAP P4B4	P118

目の前で作っている様子が見られるのも楽しい

タイ南部の郷土料理のひとつ、サトー豆とエビの発酵ミソ炒め B280

散策途中ののどを潤してくれる爽やか系ドリンクも多彩

エリア名 店・スポット名 / 星評価 / ジャンル名 / ひと言コメント / MAP掲載ページ

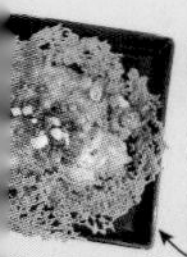
飯メニューの
焼きB110～
パリパリ感が
ッド!

国麺のバーミ
は汁あり、汁
のお好みで
う

トロベリー・
ーズ B155。
S映えするド
ンクが揃う

社の畑で収穫
れた野菜やフ
ーツがたっぷ

索引	エリア名	店・スポット名	星評価	ジャンル名	ひと言コメント	写真	MAP	掲載ページ
	トンロー	ペッドマーク	オススメ!	ガパオライス	2種類のバジルを用いた香り豊かなガパオライスは、肉のほかに魚介や野菜なども揃う。 ⏲10時～19時15分 ㊡なし		MAP P13B4	P92
	トンロー	ホイトード・チャウレイ		パッタイ	店頭の大きな鉄板で調理する貝焼きが有名。お好み焼き風に仕上げたパッタイも美味。 ⏲8時～20時30分 ㊡なし		MAP P13A3	P95
	トンロー	ホーム・ドゥアン		タイ北部料理	チェンマイ出身のシェフが手がける北部料理の店。カオソイやナンプリック・オンが名物。 ⏲8～20時 ㊡日曜		MAP P13C3	P110
ま	カオサン	マム・トムヤムクン	オススメ!	トムヤムクン	通りにテーブルが並ぶローカルな雰囲気。川エビを使ったトムヤムクンが名物。 ⏲8～20時 ㊡月曜		MAP P4C1	P86
	サイアム	マンゴー・タンゴ	定番	南国スイーツ	行列ができるマンゴースイーツの専門店。厳選した最高級マンゴーを使ったスイーツは約30種。 ⏲11時30分～22時 ㊡なし		MAP P6C3	P113
	シーロム	ミン・ヌードル		タイヌードル	中国系の麺料理が美味しい老舗。エビワンタンと焼き豚をのせたバーミーが定番メニュー。 ⏲9～21時 ㊡なし		MAP P9E2	P97
	王宮周辺	メイク・ミー・マンゴー	定番	南国スイーツ	ナムドクマイ種の濃厚な味のマンゴーが味わえるマンゴーデザート専門カフェ。 ⏲10時30分～20時(土・日曜は～20時30分) ㊡なし		MAP P4A3	P112
	王宮周辺	モンティップ・ココナッツ・アイスクリーム		南国スイーツ	バンコクの南西にあるサムットソンクラーム県で栽培されたココナッツで作るアイスクリームやドリンク。 ⏲10時～18時30分 ㊡なし		MAP P4A3	P115
や	チャイナタウン	ヤワラート通り屋台街	定番	屋台グルメ	チャイナタウンのメインストリートに夕方から登場する屋台街。食べ歩きが楽しめる。 ⏲17時ごろ～24時ごろ ㊡月曜		MAP P5E4	P109
	シーロム	ユニコーン・カフェ		カフェ	店名のとおり、店内にはユニコーンの人形が天井一面に。ドリンク&スイーツも独創的。 ⏲12～20時 ㊡月曜		MAP P9E3	P121
ら	サイアム	リー・カフェ		ガパオライス	バンコクに10店舗を展開する人気カフェ・チェーン。土鍋に盛り付けるガパオライスはボリューム満点。 ⏲11時～21時30分 ㊡なし		MAP P7D3	P93
	スクンビット	リョク・カフェ		カフェ	緑に囲まれたカフェ。ふわふわのパンケーキB259～はベリーやオレンジなど種類豊富。 ⏲8～20時 ㊡なし		MAP P11F1	P119
	スクンビット	ルアムサップ市場	オススメ!	屋台グルメ	ランチタイムに賑わう屋根付きの屋台街。麺料理やガパオライスなどのローカル飯が勢揃い。 ⏲7時ごろ～19時ごろ ㊡土・日曜		MAP P12B3	P108
	シーロム	ルアン・ウライ		邸宅レストラン	約100年前の高床式住宅を利用した雰囲気のいいレストラン。スパイスが利いた王道のタイ料理が揃う。 ⏲12～22時 ㊡日曜		MAP P9D2	P101
	スクンビット	ルアン・マリカ	オススメ!	邸宅レストラン	伝統的なタイの古民家で自家栽培の野菜や花、フルーツを用いたヘルシーなタイ料理が味わえる。 ⏲12～23時 ㊡なし		MAP P11D3	P101
	シーロム	ルアントン	オススメ!	カオマンガイ	老舗ホテルのカフェ&レストラン。シェフが作る上品で贅沢なカオマンガイが大人気。 ⏲24時間営業(カオマンガイの提供は11～22時) ㊡なし		MAP P9E2	P91
	シーロム	ル・ドゥ	オススメ!	ハイエンドレストラン	旬の食材をぜいたくに使用した新感覚のタイ料理が楽しめる。メニューはコースのみ。 ⏲18～23時 ㊡日曜		MAP P9D3	P98

エリア名 店・スポット名 ／ 星評価 ／ ジャンル名 ／ ひと言コメント ／ MAP 掲載ページ

おいしいもの

エリア名	星評価	店・スポット名	ジャンル名	ひと言コメント	写真	MAP	掲載ページ
シーロム	定番	ルンピニ公園屋台街	屋台グルメ	都会のオアシスとして親しまれるルンピニ公園で早朝から営業する屋台街。朝食メニューが揃う。 ⏲6時～9時30分ごろ ㊡月曜		MAP P9F1	P108
サイアム	オススメ!	レム・チャロン・シーフード	シーフード	港町ラヨーンに本店があるシーフード店。エビのグリルやフエダイのナンプラー風味揚げが名物。 ⏲11時～21時30分(水～土曜は～22時) ㊡なし		MAP P7D3	P104
シーロム	オススメ!	ロスニョム	タイヌードル	おしゃれな空間で麺料理が楽しめるチェーン店。コクがあるスコータイ風クイティオが名物。 ⏲10時30分～22時 ㊡なし		MAP P9E2	P96
シーロム	定番	ロビー・ラウンジ	アフタヌーンティー	シャングリ・ラ バンコク(→P211)。鳥かごスタイルのアフタヌーンティーが人気。 ㊡なし		MAP P8A3	P116
シーロム		ロビー・ラウンジ	アフタヌーンティー	バンヤン・ツリー・バンコク(→P210)。アフタヌーンティーではTWGのプレミアム・コレクションを味わえる。 ㊡なし		MAP P9F3	P117

おかいもの

エリア名	星評価	店・スポット名	ジャンル名	ひと言コメント	写真	MAP	掲載ページ
あ サイアム	定番	MBKセンター	ショッピングセンター	地元客の利用が多く、ファッション、コスメ、モバイル雑貨など多彩な品揃え。 ⏲10～22時(店舗により一部異なる) ㊡なし		MAP P6C3	P137
サイアム	オススメ!	アーブ	タイコスメ	王室の伝統レシピをもとに、オーガニック素材を使ったナチュラルコスメ。フレグランス商品も多数。 ⏲10～22時 ㊡なし		MAP P6C3	P132
スクンビット		アーモン	タイ雑貨	モン族がルーツのオーナーが伝統布をモダンにアレンジしたアイテムが狙い目。 ⏲10時30分～19時 ㊡なし		MAP P11E1	P131
スクンビット	オススメ!	エムクオーティエ	ショッピングセンター	「HELIX」「GLASS」「WATERFALL」の3つの棟で構成される。 ⏲10～22時(店舗により一部異なる) ㊡なし		MAP P11F2	P137・183
スクンビット		エンポリウム	ショッピングセンター	ショッピングセンター棟とデパート棟からなる。高級ブランドやコスメから家電、書籍など。 ⏲10～22時(店舗により一部異なる) ㊡なし		MAP P11E2	P137・183
サイアム	オススメ!	オリエンタル・プリンセス	タイコスメ	マンゴーやピーチ、バナナなどから抽出した天然エキスを使用。香り豊かなアイテムが多い。 ⏲10～21時 ㊡なし		MAP P6C3	P132
か サイアム		カルマカメット	アロマグッズ	植物から精製して抽出したエッセンシャルオイルが人気。香りの種類や関連グッズも豊富。 ⏲10～22時 ㊡なし		MAP P7D3	P133
スクンビット	オススメ!	クーン	タイ雑貨	タイ各地でセレクトした布小物やカゴ製品、陶磁器などはセンスのよいものばかり。 ⏲10～18時 ㊡水曜		MAP P11F2	P130
サイアム		グルメ・マーケット	スーパーマーケット	タイの上質な食材や菓子類を集めた「グルメ・タイ」コーナーはおみやげ探しに便利。 ⏲10～22時 ㊡なし		MAP P6C3	P141
サイアム		ゲイソーン・ヴィレッジ	ショッピングセンター	タイのセレブや王族の御用達。規模は小さめで、世界的な高級ブランドがラインナップ。 ⏲10～20時(店舗により一部異なる) ㊡なし		MAP P7E3	P137
さ サイアム		サイアム・ディスカバリー	ショッピングセンター	吹き抜けの近未来的な建物のデザインも魅力。「アイコン・クラフト」や「ロフト」も入る。 ⏲10～22時 ㊡なし		MAP P6C3	P137
サイアム	定番	サイアム・パラゴン	ショッピングセンター	高級ブランド、雑貨、コスメなどのショップと飲食店が集まる。⏲10～22時(飲食店は9時30分～22時30分、店舗により一部異なる) ㊡なし		MAP P6C3	P134

パッケージもかわいいフルーツエキス配合のリップケア

タイ料理のペーストやドライフルーツはおみやげの定番

エリア名 / 店・スポット名	星評価	ジャンル名	ひと言コメント	写真	MAP	掲載ページ
サイアム / シーライフ・バンコク・オーシャン・ワールド		水族館	400種以上の海洋生物と出合える水族館。オーシャン・トンネルやシャーク・ウォークなどがみどころ。⏲10〜20時(最終入場は〜19時) ㊡なし		MAP P6C3	P135
バンコク東部 / ジム・トンプソン・スクンビット93 アウトレットストア		アウトレット	ジム・トンプソンのアウトレット専門店。ファッション小物や布などが約30〜50%オフ。⏲9〜18時 ㊡なし		MAP P3F4	P127
サイアム / ジム・トンプソンの家		名所	シルク王のジム・トンプソン氏が暮らした邸宅の一部を公開。貴重な美術品を鑑賞できる。⏲10〜18時 ㊡なし		MAP P6B3	P127
シーロム / ジム・トンプソン本店		タイシルク	タイシルクの高級ブランド。スカーフやバッグ、ネクタイなど多彩な品揃え。⏲9〜20時 ㊡なし		MAP P9E2	P126
サイアム / セントラル・エンバシー		ショッピングセンター	世界のハイブランドが充実。ラグジュアリーな雰囲気で買物が楽しめる。⏲10〜22時(店舗により一部異なる) ㊡なし		MAP P7F4	P137
サイアム / セントラル・ワールド	定番	ショッピングセンター	約500軒のショップと約50軒の飲食店、デパートなどが入る。行きたい店の場所を確認してから回ろう。⏲10〜22時(店舗により一部異なる) ㊡なし		MAP P7D3	P136・171
た スクンビット / ターミナル21	オススメ!	ショッピングセンター	空港がコンセプト。「パリ」「東京」など各フロアのテーマ都市に合わせた内装に注目。⏲10〜22時(店舗により一部異なる) ㊡なし		MAP P11D1	P136
スクンビット / タイ・イセキュウ	定番	タイクラフト	オリジナルデザインのベンジャロン焼を扱う。カップや皿など多彩な色柄。⏲9〜16時 ㊡日曜		MAP P10C1	P128
サイアム / タン		タイコスメ	天然由来のエキスを配合したスキンケアコスメ。米ヌカ油やシソの葉や種子など6シリーズある。⏲10〜22時 ㊡なし		MAP P7D3	P133
トンロー / チコ	オススメ!	タイ雑貨	日本人オーナーのチコさんがデザイン&セレクトしたハイセンスなアイテムはおみやげにぴったり。⏲10時30分〜17時30分 ㊡火曜		MAP P13C1	P131
スクンビット / チムリム		タイ雑貨	カラフル&キュートな雑貨はカゴバッグやセラドン焼、布小物やインテリア用品など。⏲10時〜17時30分 ㊡月曜		MAP P11F2	P130
バンコク北部 / チャトゥチャック・ウィークエンド・マーケット		マーケット	毎週土・日曜のみ開催される巨大マーケット。タイ雑貨やプチプラファッションなどあらゆる商品が集結。⏲土・日曜の9時ごろ〜18時ごろ ㊡月〜金曜		MAP P3D1	P138
サイアム / ドナ・チャン		スパアイテム	スキンケア用品のほか、ホームフレグランスのアイテムが充実。ワイルド・ローズなど香りは14種類揃う。⏲10〜22時 ㊡なし		MAP P6C3	P135
な スクンビット / ニア・イコール	定番	タイ雑貨	路地裏にある一軒家を改装した雑貨ショップ。陶器や手作りアクセサリーなど。⏲10〜18時 ㊡なし		MAP P13A2	P130
は サイアム / ハーン・ヘリテージ・スパ・クルンテープ	定番	タイコスメ	ナチュラルスパブランドのプロダクトを扱う直営店。伝統モチーフのパッケージはおみやげに重宝しそう。⏲10〜22時 ㊡なし		MAP P7D3	P133
サイアム / バス&ブルーム		スパアイテム	プロからも支持が厚く、ボディや髪の毛のケア用品がバラエティ豊かに揃う。⏲10〜22時 ㊡なし		MAP P6C3	P135
サイアム / パンピューリ		タイコスメ	契約農場で栽培されたハーブや花を使用したスキン&ヘアケア用品が揃う。⏲10〜22時 ㊡なし		MAP P7E3	P133

ーチの色やデ
イン、サイズ
どは本店なら
まの品揃え

イの道路標識
モチーフのマ
ネット各150

ンゴータンジ
リンの香りが
るボディスク
ブ

エリア名 店・スポット名 ／ 星評価 ／ ジャンル名 ／ ひと言コメント ／ MAP 掲載ページ

おかいもの

エリア名	店・スポット名	星評価	ジャンル名	ひと言コメント	写真	MAP	掲載ページ
スクンビット	ピース・ストア・オリエンタル	定番	タイ雑貨	オリジナルデザインとタイ各地から仕入れた雑貨を扱う。アロマグッズも充実している。 ⏲10〜17時 ㊡水曜		MAP P11E1	P131
サイアム	ビッグCスーパーセンター		スーパーマーケット	調味料やインスタント食品、お菓子から生活雑貨まで品揃え充実の大型店。 ⏲9〜23時 ㊡なし		MAP P7E3	P141
サイアム	プラナリ		スパアイテム	レモングラスやジャスミンなど、天然由来の素材を使ったスキンケア用品。 ⏲10時30分〜19時30分 ㊡なし	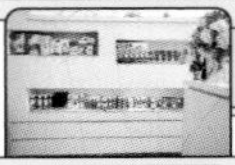	MAP P6C3	P135
王宮周辺	(や) ユパディー・ワニス		タイクラフト	竹や水草など植物で編んだバッグや小物入れなどが手頃な価格で手に入る。 ⏲10〜18時 ㊡なし		MAP P5D3	P129
サイアム	(ら) レジェンド	定番	タイクラフト	セラドン焼の専門店。緑と青のカラーを中心に食器やインテリア用品が揃う。 ⏲9〜18時 ㊡なし		MAP P6C2	P129

かわいいカゴ製バッグをお手頃価格にゲット!

☆夜あそび

エリア名	店・スポット名	星評価	ジャンル名	ひと言コメント	写真	MAP	掲載ページ
サイアム	(あ) アップ&アボーヴレストラン&バー		バー	オークラ・プレステージ・バンコク(→P211)の24階。宙に浮いているようなテラス席からの眺めは抜群。 ⏲7〜24時 ㊡なし		MAP P7F4	P147
トンロー	オクターヴ・ルーフトップ・ラウンジ&バー		ルーフトップバー	中央に円形のバーカウンターを配し、最上階の49階からバンコクの景色を一望できる。 ⏲17時〜翌2時 ㊡なし		MAP P13B3	P146
バンコク南部	(か) カリプソ・キャバレー		キャバレーショー	パフォーマーたちがダンスや歌など華麗で迫力のあるショーを披露。 ⏲19時30分〜、21時15分〜 ㊡なし	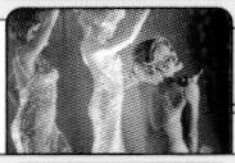	MAP P2B4	P152
スクンビット	クラフト		クラフトビール	タップで約40種類、ボトルで約50種類のクラフトビールが揃う。半屋外で開放感あり。 ⏲15〜24時 ㊡なし		MAP P11D1	P149
シーロム	クラフト・ルーム・サトーン	オススメ!	クラフトビール	クラフトビールは常時6タップ。フレンチフライやソーセージなどつまみ系フードも充実。 ⏲11時〜23時30分 ㊡日曜		MAP P9F3	P148
サイアム	クルー・シャンパンバー・アット・レッド・スカイ		ルーフトップバー	赤色、黄色、緑色などに変わるアーチがトレードマーク。眼下にはサイアムの夜景が広がる。 ⏲17時〜翌1時 ㊡なし		MAP P7D3	P147
トンブリー	(さ) サフロン・クルーズ		ディナークルーズ	バンヤン・ツリー・バンコク(→P210)が運営。ディナーは4品のコース。 ⏲19〜22時 ㊡要問合せ		MAP P8A3	P151
王宮周辺	サラ・ラタナコーシン	オススメ!	ルーフトップバー	チャオプラヤー川沿いのワット・アルンをはじめ、反対側のワット・ポーや王宮も見渡せる。 ⏲16〜22時 ㊡なし		MAP P4A3	P147
スクンビット	(た) タイ・アート&カルチャーセンター		体験施設	タイ舞踊の体験とのほか、古典舞踊の衣装を着用して記念撮影もできる。⏲9〜17時(土曜は10〜16時) ㊡日曜(体験は要問合せ)		MAP P11F1	P156
サイアム	(は) ビア・リパブリック		クラフトビール	90種類以上のクラフトビールが味わえる。BTSチットロム駅から徒歩1分というロケーションも魅力。 ⏲11時30分〜24時 ㊡なし		MAP P7E3	P149
チャイナタウン	ピージュー・バー	オススメ!	クラフトビール	タイ産のクラフトビールを中心に、タップビールは常時5〜6種類がスタンバイ。 ⏲18〜24時 ㊡月曜		MAP P5F4	P148
サイアム	ヘア・オブ・ザ・ドッグ		クラフトビール	クラフトビールはボトルと缶を合わせると100種類以上。タップビールは13種類。 ⏲16時30分〜24時 ㊡日曜		MAP P7F4	P149

種類豊富なタイ産クラフトビールで乾杯♪

タイ舞踊の衣装&ヘアメイクなど4コース揃う

エリア名 店・スポット名 / 星評価 / ジャンル名 / ひと言コメント / MAP 掲載ページ

ま

トンブリー オススメ!
マノーラ・クルーズ
ディナークルーズ アナンタラ・リバーサイド・バンコクリゾート(→P213)が運営。船内ではタイ料理のコースを提供。⏲19〜21時 ㊡要問合せ

MAP P2B4 / P150

シーロム 定番
ムーン・バー&ヴァーティゴ
ルーフトップバー 天空バーの先駆けとなった「ムーン・バー」とダイニングの「ヴァーティゴ」にわかれている。⏲17時〜翌1時(食事は18時〜22時30分、ムーン・バーは17時〜) ㊡なし

MAP P9F3 / P146

熱したムエタイの試合をライブで観戦しよう

ら

王宮周辺
ラチャダムヌン・ボクシング・スタジアム
ムエタイ観戦 歴史あるムエタイ・スタジアム。基本的に毎日試合が開催され、土曜にはビッグイベントも。⏲18〜23時 ㊡不定休

MAP P2B2 / P154

バンコク北部
ルンピニ・ボクシング・スタジアム
ムエタイ観戦 金・土曜に試合が開催されるムエタイ・スタジアム。⏲金曜は18〜23時、土曜は17〜20時 ㊡日〜木曜

MAP P3D1 / P154

スパ・マッサージ

あ

スクンビット 定番
アーバン・リトリート
街スパ ボディトリートメントが充実。自家製のスクラブは竹炭など約8種類が揃う。⏲10〜22時(最終受付はメニューにより異なる) ㊡なし

MAP P11D1 / P165

スクンビット 定番
アジア・ハーブ・アソシエイション
街スパ タイの伝統療法のひとつ、生ハーバルボールを使ったトリートメントはマスト。⏲9〜24時(最終受付は22時) ㊡なし

MAP P11E3 / P165

スクンビット 定番
アット・イーズ
タイ古式マッサージ タイ古式マッサージとヘッドマッサージのセットがおすすめ。足裏の角質取りもぜひ。⏲9〜23時(最終受付は22時) ㊡なし

MAP P11E2 / P167

サイアム
アナンタラ・スパ
ホテルスパ アナンタラ・サイアム・バンコク内にあり、エキゾチックな演出も魅力。⏲10〜22時(最終受付は20時) ㊡なし

MAP P7D4 / P161

スクンビット 定番
オアシス・スパ
一軒家スパ 緑に囲まれた敷地に白亜の建物でトリートメントを受ける。⏲10〜22時(最終受付は18時) ㊡なし

MAP P3E3 / P162

サイアム オススメ!
オークラスパ
ホテルスパ Ⓗオークラ・プレステージ・バンコク(→P211)内。竹マッサージなどメニューは多彩。⏲10〜20時 ㊡なし

MAP P7F4 / P160

トンブリー オススメ!
オリエンタル・スパ
ホテルスパ マンダリン・オリエンタル・バンコク(→P210)別館内。アジア初の本格スパ。⏲10〜20時(最終受付は18時) ㊡なし
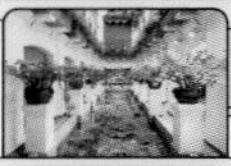
MAP P8A3 / P161

さ

サトーン・ピア周辺
Chi スパ
ホテルスパ シャングリ・ラ バンコク(→P211)内。トリートメントで体内の「氣」を整える。⏲10〜22時(最終受付はコースにより異なる) ㊡なし

MAP P8A4 / P161

トリートメントルームも癒しの空間に

トンブリー 定番
ザ・ペニンシュラ スパ
ホテルスパ ザ・ペニンシュラバンコク(→P210)。30種類のメニューが揃う。⏲9〜23時(最終受付は20時30分) ㊡なし

MAP P8A3 / P160

バンコク東部 オススメ!
シリ・ギリヤ・スパ
一軒家スパ 約30種のハーブをブレンドしたハーバル・バスが人気。築50年の古民家を改装。⏲10〜22時(最終受付は18時30分) ㊡なし

MAP P3F4 / P162

トンロー
スマライ・スパ&マッサージ
タイ古式マッサージ タイ式マッサージとラインローリングを組合せた施術でリラックス。⏲10〜24時(最終受付23時) ㊡なし

MAP P13B2 / P167

た

シーロム
ダーラ・ビューティー&スパ
街スパ アロマオイルトリートメントが人気で、オイルは4種類から選べる。⏲10〜23時(最終受付はメニューにより異なる) ㊡なし

MAP P9D3 / P164

トンロー
ディヴァナ・ディヴァイン・スパ
一軒家スパ タイでもトップクラスと評判の技術を誇る。オリジナルプロダクトも販売。⏲11〜23時(土〜月曜は10時〜。最終入店は21時) ㊡なし

MAP P13B1 / P163

エリア名 / 店・スポット名 | 星評価 | ジャンル名 | ひと言コメント | MAP掲載ページ

	エリア名・店・スポット名	星評価	ジャンル名・ひと言コメント	写真	MAP掲載ページ
スパ・マッサージ	スクンビット テイク・ケア		ネイル 高い技術の細やかなサービスが好評。マニキュアB600(60分)など。 ⏲9～20時(最終受付は19時) ㊡なし	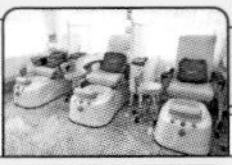	MAP P11E2 P165
	トンロー トレジャー・スパ・トンロー		一軒家スパ ハーブやフルーツを多く取り入れたプロダクトを使用した施術。⏲11～21時(金～月曜は10～22時。最終受付は19時30分) ㊡なし		MAP P13A1 P163
は	サイアム パンピューリ・ウェルネス		直営スパ ホームスパ・ブランド「パンピューリ」直営。コスメショップと隣接している。 ⏲10～22時(最終受付は21時30分) ㊡なし		MAP P7E3 P163
	シーロム バンヤン・ツリー・スパ		ホテルスパ バンヤン・ツリー・バンコク(→P210)内。熟練セラピストの施術に癒やされる。 ⏲10～20時(最終受付は18時30分) ㊡なし		MAP P9F3 P161
	トンロー ビー・ブロッサム・マッサージ&スパ	オススメ!	タイ古式マッサージ BTSトンロー駅から徒歩1分というアクセスの良さも魅力。セットメニューがお手頃。 ⏲10～23時 ㊡なし		MAP P13A3 P166
	トンロー プリマ・スパ		街スパ アロマオイルを使ったボディ&フットマッサージのほか、フェイシャルケアのメニューも。 ⏲10～22時(最終受付はメニューにより異なる) ㊡なし		MAP P13A3 P165
	スクンビット ヘルス・ランド		タイ古式マッサージ 良心的な価格が魅力。アロマテラピー・ボディ・マッサージも人気。 ⏲9～24時(最終受付は21時30分) ㊡なし		MAP P12B4 P167
	スクンビット ポータイマッサージ39	定番	タイ古式マッサージ 総本山であるワット・ポー(→P46)の直営スクールが経営。 ⏲9～21時(最終受付は20時) ㊡なし		MAP P11F2 P166
ま	スクンビット マイ・スパ	オススメ!	街スパ 人気トリートメントを組合せたマイスパ・シグネチャー・パッケージがおすすめ。 ⏲9～22時(最終受付はメニューにより異なる) ㊡なし		MAP P11D1 P164
わ	王宮周辺 ワット・ポー・タイ・トラディショナル・メディカル&マッサージ・スクール		スクール 旅行者でもタイ古式マッサージを学べるコースが用意されているスクール。本場の技術にふれられる。 ⏲8～17時 ㊡なし		MAP P4B3 P167
おさんぽ					
あ	カオサン アーバン・タイ・マッサージ		マッサージ カオサンの散策途中の立ち寄りに便利。屋外席でのフットマッサージ30分B150。 ⏲10時～翌2時 ㊡なし		MAP P4C1 P181
	サイアム イエンリー・ユアーズ		スイーツ タイ産マンゴーのスイーツやドリンクが味わえる。 ⏲10時～20時30分(土・日曜は～21時) ㊡なし		MAP P6C3 P171
	サトーン・ピア周辺 ウェアハウス30		複合施設 古い倉庫を改装しやタイの最新カルチャーの発信地。ショップやカフェなどがある。 ⏲7時～翌1時(店舗により異なる) ㊡なし		MAP P8B2 P175
	チャイナタウン 益生老店		カフェ 1927年創業。タイ南部のコーヒー豆で淹れたコーヒーとトーストで朝食を。 ⏲5～18時 ㊡なし		MAP P5E4 P177
	スクンビット オードリー・カフェ		カフェ 店内にはカラフルな花がいっぱい。フラワーポット型カップケーキとドリンクでひと休み。 ⏲11～21時(金～日曜は～22時) ㊡なし		MAP P11F2 P183
か	スクンビット グルメ・マーケット		スーパーマーケット お菓子や調味料、インスタント食品などばらまきみやげに便利な商品が多数揃う。 ⏲10～22時 ㊡なし		MAP P11D1 P183
	トンロー グロウ・コーヒー		カフェ タイ国内のほか、世界各国から仕入れた豆で淹れたこだわりのコーヒー。 ⏲8～16時(土・日曜は9時～) ㊡なし		MAP P13B3 P185

タイ古式マッサージで全身をスッキリさせよう

バスソルトなどオリジナル商品も要チェック!

カラフルなドリンクなど個性派メニューが勢揃い

エリア名 店・スポット名 / 星評価 / ジャンル名 / ひと言コメント / MAP 掲載ページ

い物が苦手な
プーパッポン
リーで決まり！

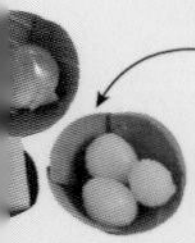
ークチュップ
ど甘〜い伝統
子をいろいろ
わおう

ラヤの代名詞、
ボンバッグ

五十音	エリア名	店・スポット名	ジャンル名	ひと言コメント	写真	MAP	掲載ページ
さ	スクンビット	ザ・ローカル	タイ料理	築75年ほどの高床式伝統家屋を改装した建物で、タイ料理を堪能できる。 ⌚11時30分〜22時 ㊡なし		MAP P12C4	P183
	カオサン	ザ・ワン	バー	カオサン通りを見渡せる階段席が印象的。開放感たっぷり。 ⌚15時〜翌3時 ㊡なし		MAP P4B1	P181
	サイアム	サイアム・スクエア・ワン	ショッピングセンター	若者向けのファッションブランドやコスメが中心。4〜5階は飲食店フロア。 ⌚10〜22時(店舗により一部異なる) ㊡なし		MAP P6C3	P171
	サイアム	サイアム・センター	ショッピングセンター	タイ発のデザイナーズブランドやセレクトショップなど。 ⌚10〜22時(店舗により一部異なる) ㊡なし		MAP P6C3	P171
	王宮周辺	サイアム博物館	博物館	歴史、信仰、文化、風習など、ユニークな展示方法でタイについて楽しく学べる。 ⌚10〜18時 ㊡月曜		MAP P4B4	P179
	チャイナタウン	サンペン市場	市場	いつもエネルギッシュな卸売店が密集する市場。ホーローやプラスチックの食器が格安で手に入る。 ⌚8〜17時ごろ ㊡なし		MAP P5D4	P177
	シーロム	シーロム・コンプレックス	ショッピングセンター	6フロアに高級デパートやドラッグストア、レストランなどが入る。駅直結で旅行者にとっては使い勝手がいい。 ⌚10〜22時 ㊡なし		MAP P9E2	P173
	王宮周辺	ジンジャーブレッド・ハウス	カフェ	タイ様式の木造家屋を改装したカフェ。伝統スイーツのセットがおすすめ。 ⌚11〜20時(土・日曜は9時〜) ㊡なし		MAP P4C2	P179
	チャイナタウン	真真アイスクリーム	アイスクリーム	常時約20種のフレーバーが揃う。レトロな雰囲気の店内がおしゃれ。 ⌚9時30分〜17時30分 ㊡火曜		MAP P5E4	P177
	サトーン・ピア周辺	スカイバー	ルーフトップバー	先端が少し飛び出した形になっているバーからバンコクの夜景を一望できる。 ⌚18〜24時 ㊡なし		MAP P8B3	P175
	トンロー	セーウ	タイヌードル	クイティオ(米麺)が名物で、トンコツでとったクリアなスープと相性抜群。軽めの朝食やランチに。 ⌚8時30分〜15時30分 ㊡なし		MAP P13A2	P185
	サイアム	ソムタム・ヌア	イサーン料理	細切りの青パパイヤのサラダ、ソムタムがおいしいと評判。 ⌚11〜22時 ㊡なし		MAP P6C4	P171
た	サトーン・ピア周辺	タイランド・クリエイティブ・デザイン・センター	複合施設	1階のギャラリーとショップ、5階の屋上スペースとカフェは一般客の利用OK。 ⌚10時30分〜19時 ㊡月曜		MAP P8B2	P175
	チャイナタウン	陳點心	点心	中国から移住したというオーナー家族に伝わるレシピで作る点心が美味。 ⌚9〜17時 ㊡なし		MAP P5E4	P177
	チャイナタウン	T&Kシーフード	シーフード	近海でとれた魚介類を好みの調理法で味わえる。ホイワーンという貝の網焼きは必食。 ⌚16〜24時 ㊡なし		MAP P5E4	P177
な	王宮周辺	ナッタポーン	アイスクリーム	プレーン・プートン通りにある老舗のアイスクリーム店。散策途中の休憩に。 ⌚9〜17時 ㊡日曜		MAP P4C2	P179
	スクンビット	ナラヤ	バッグ	1989年にバンコクで創業。大きめのリボンが特徴のバケツ型リボンバッグが人気。 ⌚9時30分〜22時30分 ㊡なし		MAP P11F2	P183

エリア名 店・スポット名 / 星評価 / ジャンル名 / ひと言コメント / MAP掲載ページ

おさんぽ

は

エリア名	店・スポット名	ジャンル名・ひと言コメント	写真	MAP	掲載ページ
サトーン・ピア周辺	ハーモニック	タイ料理 古い中国風の一軒家をリノベーション。定番のタイ料理など。 ⏲10～20時 ㊡なし		MAP P8B3	P175
トンロー	バーン・アイス	タイ南部料理 ハーブをたっぷり使い、本場のタイ南部と同じようなスパイシーな料理が楽しめる。 ⏲11～22時 ㊡なし		MAP P13B2	P185
サトーン・ピア周辺	バーン・ソムタム	ソムタム ソムタムは約30種類。シーフードや肉、麺入りなどバラエティ豊か。 ⏲11～22時 ㊡月曜		MAP P8B3	P175
シーロム	ハウス・オン・サトーン	アフタヌーンティー 1889年建造のコロニアル様式の邸宅でアフタヌーンティーを楽しめる。 ⏲アフタヌーンティーは14時30分～16時30分 ㊡なし		MAP P9D3	P173
カオサン	バディ・ビア	タイ料理 少し奥まった場所にテーブル席があるのでゆっくり過ごせる。 ⏲11時～翌1時 ㊡なし		MAP P4C1	P181
カオサン	パトンコー・カフェ	カフェ タイの朝食の定番、揚げパンのパトンコーの有名店。朝は豆乳と一緒に食べるのが地元流。 ⏲8～18時 ㊡第4火曜		MAP P4C1	P181
トンロー	パヤ	雑貨 センスのよいインテリア雑貨が多数。陶器と布製品のほか、リパオ草のアイテムも並ぶ。 ⏲9～18時 ㊡日曜		MAP P13C2	P185
サイアム	バンコク・アート&カルチャー・センター	複合施設 美術館をメインにアート系のショップやカフェが集まる。 ⏲10～20時 ㊡月曜		MAP P6C3	P171
トンロー	バンコク・ファーマーズマーケット(ゲートウェイ・エカマイ)	マーケット BTSエカマイ駅に直結するショッピングセンター「ゲートウェイエカマイ」で開催されるファーマーズマーケット。⏲開催日は要確認		MAP P13C4	P186
カオサン	バンランプー市場	市場 小規模店が密集する巨大マーケット。旅行中に重宝しそうなタイパンツやTシャツなども。 ⏲8時30分～17時ごろ(店舗によって異なる) ㊡なし		MAP P4C1	P181
カオサン	フー・バー	バー 中国風の古い木造建物がおしゃれ。毎晩20時30分からライブ演奏あり。 ⏲17時～翌2時 ㊡なし		MAP P4B1	P181
スクンビット	フジ・スーパー(1号店)	スーパーマーケット 日本のスーパーのような見やすいディスプレイも特徴。おすすめ商品は日本語の説明付き。 ⏲8～22時 ㊡なし		MAP P11E1	P183
王宮周辺	プレーン・プートン通り	通り ラマ5世の時代に整備されたエリア。中国と西洋の建築様式を融合した家並みはレトロな雰囲気で絵になる。老舗の飲食店も多いので要チェック。		MAP P4C2	P179
カオサン	モーリー・バー	バー 大きな木の下でくつろげるテラスやライブ音楽で盛り上がる1階席など、飲む場所を好みで選べる。 ⏲16時～翌2時(店内の席は19時～) ㊡なし		MAP P4C1	P181
チャイナタウン	ヤワラート通り	通り 漢字の看板があふれるチャイナタウンのメインストリート。1日中賑やかで、月曜以外の夜はB級グルメが楽しめる屋台街に。		MAP P5D～E4	P177
シーロム	ルンピニ公園	公園 バンコク市民の憩いの公園。早朝からお粥などを出す屋台も出る。 ⏲4時30分～21時 ㊡なし		MAP P9F1～2	P173
トンロー	レモン・ファーム	オーガニック オーガニック製品のスーパー。食材のほかコスメも充実。 ⏲9～21時 ㊡なし		MAP P13B3	P185

ま　や　ら

エビチャーハン。パイナップルの器で南国ムード満点♪

ツル性植物を編んだ伝統工芸品のリパオのボックス

16時以降は通り沿いに屋台が続々とやって来てにぎやか

	エリア名	店・スポット名	星評価	ジャンル名	ひと言コメント		MAP	掲載ページ
わ	王宮周辺	ワット・スタット		寺院	バンコクで最も美しいといわれる、礼拝堂に安置されたサカヤムニー仏は必見。 ㋪8時30分～20時 ㊡なし	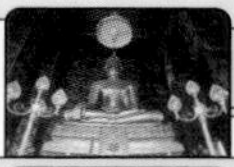	MAP P4C2	P179
	チャイナタウン	ワット・トライミット		寺院	約700年前に造られたといわれる総重量5.5tの金で鋳造された黄金仏。 ㋪9～17時 ㊡なし		MAP P8A1	P177
	王宮周辺	ワット・ラーチャボピット		寺院	円形の回廊や中国陶器の破片を用いた象嵌細工の外壁がみどころ。 ㋪7～18時 ㊡なし		MAP P4C3	P179
あ	アユタヤ	アヨタヤ水上マーケット		テーマパーク	昔のタイの風景を再現。敷地内の運河を遊覧したり、屋台グルメを楽しんだりできる。 ㋪10～18時 ㊡なし		MAP P191	P197
か	アユタヤ	クルンシー・リバー		ホテル	アユタヤ駅から徒歩5分。観光メインでアユタヤを楽しみたい旅行者に便利。 ㊕B1800～ 客室数202室		MAP P191	P216
さ	アユタヤ	サラ・アユタヤ		ホテル	アユタヤ王朝の遺跡をイメージした建物が特徴。ライトップした遺跡を眺められる。 ㊕サイトを参照 客室数27室		MAP P191	P216
た	アユタヤ	チャオ・サン・プラヤ国立博物館	★★	博物館	発掘調査で遺跡群から出土した遺物を展示。仏教美術のコレクションは必見。 ㋪9～16時 ㊡なし		MAP P191	P196
な	アユタヤ	日本人町跡	★	名所	かつて日本人が暮らしていた場所で、日本式庭園や山田長政の像などがある。 ㋪9時30分～18時(土・日曜は8時30分～) ㊡なし		MAP P191	P196
は	アユタヤ	バーン・ポムペット		ホテル	レンガ造りの建物や階段は撮影スポットとして人気。川沿いのレストランからは遺跡を一望。 ㊕B4300～ 客室数8室		MAP P191	P216
	アユタヤ	バーン・マイ・リム・ナム		タイ料理	アユタヤ名物の川エビを使った料理が味わえる。グリルがおすすめ。 ㋪10時30分～22時 ㊡なし		MAP P191	P197
	アユタヤ	バンパイン宮殿	★★	名所	1637年建造。アユタヤ王朝の王たちの夏の離宮として使用されていた。現在は王族の別荘、迎賓館。 ㋪8～16時 ㊡なし		MAP P191	P196
ま	アユタヤ	マラコー・キッチン&カフェ		タイ料理	アユタヤ風高床式の建物で、遺跡を眺めながら食事が楽しめる。 ㋪8～22時(月曜は～18時) ㊡なし		MAP P191	P197
ら	アユタヤ	ラーン・アビディーン		スイーツ	アユタヤ生まれのスイーツ「ローティ・サイマイ」を販売。 ㋪6時～なくなり次第終了 ㊡なし		MAP P191	P197
わ	アユタヤ	ワット・チャイ・ワッタナーラーム	★★★	遺跡	17世紀に20年もの歳月をかけて建造された寺院。1987年からの修復作業で現在の姿に。 ㋪8時～16時30分 ※ライトアップ19～21時 ㊡なし		MAP P191	P194
	アユタヤ	ワット・ナー・プラ・メン	★★★	遺跡	本堂の高さ5mの巨大仏像と、礼拝堂の緑色のドヴァラヴァティ様式の仏像がみどころ。 ㋪8～17時 ㊡なし		MAP P191	P195
	アユタヤ	ワット・プラ・シー・サンペット	★★★	遺跡	アユタヤ王朝の初代ウートン王が最初の王宮を建設した場所に、3人の王が眠る仏塔が立つ。 ㋪8～18時 ※ライトアップ19時30分～21時 ㊡なし		MAP P191	P192
	アユタヤ	ワット・プラ・マハタート	★★★	遺跡	菩提樹に覆われた仏塔はインパクト抜群。建造当初は高さ44mの黄金の仏塔がそびえていたという。 ㋪8～18時 ※ライトアップ19～21時 ㊡なし		MAP P191	P193

ひと足のばして アユタヤ

地内には思わ
写真に撮りた
なるような場
がたくさん

状の砂糖菓子
クレープ生地
包んだローテ
・サイマイ

往時の面影を探しながら
散策してみよう

エリア名 店・スポット名 ／ 星評価 ／ ジャンル名 ／ ひと言コメント ／ MAP掲載ページ

ひと足のばして

アユタヤ

アユタヤ ★★★
ワット・ヤイ・チャイ・モンコン
遺跡 高さ72mを誇るスリランカ様式の大仏塔はアユタヤで2番目の高さ。
◷8～17時 ㊡なし

MAP P191 ／ P194

アユタヤ ★★★
ワット・ラチャブラナ
遺跡 礼拝堂やタイ最古といわれる壁画、クメール様式の仏塔は見ごたえ充分。
◷8時～16時30分 ※ライトアップ19～21時 ㊡なし

MAP P191 ／ P193

アユタヤ ★★★
ワット・ロカヤ・スター
遺跡 高さ5m、長さ28mの巨大涅槃仏が広大な草原に横たわる。現在の仏像は1956年に復元されたもの。◷8時～16時30分 ㊡なし

MAP P191 ／ P192

パタヤ

あ

パタヤ
アヴァニ・パタヤ・リゾート&スパ
ホテル ビーチまで200m。マリンアクティビティの拠点にぴったり。
(料)サイトを参照 客室数300室

MAP P198 ／ P216

パタヤ
アルカザール
キャバレーショー 舞台美術や衣装など、ショーの構成などで評価が高いキャバレー。
◷17時、18時30分、20時、21時30分(所要約1時間) ㊡なし

MAP P198 ／ P202

パタヤ ★★
アンダーウォーター・ワールド
水族館 約200種4500匹以上の魚を観察できる水族館。長さ105mの水槽トンネルはみどころ。
◷9～18時 ㊡なし

MAP P198 ／ P199

パタヤ ★★
ウォーキング・ストリート
通り バーやレストランが立ち並ぶ約500mの歓楽街。毎晩19時から翌朝4時まで歩行者天国となる。
◷店によって異なる ㊡店によって異なる

MAP P198 ／ P202

か

パタヤ
キング・シーフード
シーフード ウォーキング・ストリートにある。新鮮な魚介を使った料理を堪能。
◷12時～翌1時 ㊡なし

MAP P198 ／ P202

さ

パタヤ ★★★
サンクチュアリー・オブ・トゥルース
名所 着工から40年以上経った現在も建設中の巨大建造物。建物全体に施された精緻な彫刻は圧巻。
◷8～18時 ㊡なし

MAP P198 ／ P200

海を背景にした堂々とした姿も写真に収めよう

パタヤ
セントラル・フェスティバル
ショッピングセンター 約300店ものショップが集結。ソンテウの停留所やタクシースタンドがある交通の拠点。
◷11～23時 ㊡なし

MAP P198 ／ P199

た

パタヤ
ターミナル21 パタヤ
ショッピングセンター フロアごとに世界各国の都市をイメージした内装が楽しい。3階にフードコートがある。
◷11～22時 ㊡なし

MAP P198 ／ P199

パタヤ
ティファニーズ・ショー
キャバレーショー 毎晩開催される華麗なショーで知られる老舗。
◷18時、19時30分、21時(所要約1時間) ㊡なし

MAP P198 ／ P202

は

パタヤ ★★
パタヤ・パーク・タワー
展望台 地上175m、55階の展望デッキからパタヤを見渡せる。◷9時～17時30分(レストランは16時30分～22時) ㊡なし

MAP P198 ／ P199

パタヤ
パタヤ・ビーチ
ビーチ 約4kmにわたって続くパタヤを代表するビーチ。マリンアクティビティも楽しめる。

MAP P198 ／ P198

波のようにレイアウトした天井の布がおしゃれなロビー

パタヤ
ヒルトン・パタヤ
ホテル 全室バルコニー付きのオーシャンビュー。ショッピングセンターの上階にあるので買物に便利。
(料)サイトを参照 客室数304室

MAP P198 ／ P216

ま

パタヤ
マイク・ショッピングモール
ショッピングセンター パタヤ・ビーチロードの中心にあり、旅行者にとって立ち寄りに便利なロケーション。
◷11～23時 ㊡なし

MAP P198 ／ P199

ら

パタヤ
ラン島
アクティビティ パタヤの沖合約8kmに浮かぶサンゴ礁に囲まれた美しい島。パラセーリングやジェットボート、シーウォークなどマリンアクティビティが満喫できる。

MAP P198 ／ P203

索引	エリア名	店・スポット名	星評価	ジャンル名	ひと言コメント	写真	MAP	掲載ページ
	パタヤ	ルアン・タイ		シアターレストラン	華やかなタイ舞踊を観賞しながらタイ料理を満喫できる。 ⏲11～21時(ショーは19～21時) ㊡なし		MAP P198	P202
わ	パタヤ	ワット・プラ・ヤイ	★★	寺院	丘の上に鎮座する黄金の大仏は「ビッグブッダ」の愛称で親しまれている。テラスからはパタヤの街並みを一望。⏲見学自由		MAP P198	P199
か	カンチャナブリ	クウェー川鉄橋	★★★	名所	映画『戦場にかける橋』の舞台になった全長約300mの鉄橋。映画では木造だったが実際はコンクリートで支えられている。		MAP P204	P205
さ	カンチャナブリ	JEATH戦争博物館	★★	博物館	第二次世界大戦中に泰緬鉄道の建設に関する資料や連合軍兵士の遺品などを展示。 ⏲8時30分～16時30分 ㊡なし		MAP P204	P205
た	カンチャナブリ	泰緬鉄道	★★★	鉄道	バンコクのトンブリー駅からカンチャナブリ駅を経由してナムトク駅まで運行。クウェー川鉄橋やタムクラセー桟道橋(→P208)などみどころがたくさん。		MAP P204	P205
	カンチャナブリ	フェリックス・リバー・クワイ・リゾート		ホテル	クウェー川鉄橋近くにある緑豊かな庭園に囲まれたリゾート。 ㊎B2000～ 客室数255室		MAP P204	P216
ら	カンチャナブリ	連合軍戦没者共同墓地	★★	名所	第二次世界大戦中にカンチャナブリで亡くなった連合軍兵士のうち6982名の墓碑が並ぶ。 ⏲8～17時 ㊡なし		MAP P204	P205
さ	ホアヒン	シカダ・マーケット		ナイトマーケット	散策するだけでも楽しい、アート系の雑貨などが並ぶ週末のみのナイトマーケット。 ⏲16～23時 ㊡月～木曜		MAP P206	P207
	ホアヒン	スタンダード・ホアヒン		ホテル	海を望む開放感と客室やレストランなど随所にスタイリッシュさを感じるリゾートホテル。 ㊎B4589～ 客室数199室		MAP P206	P216
は	ホアヒン	プラサ		タイ料理	スタンダード・ホアヒン(→P216)にあるおしゃれなシービューダイニング。 ⏲15～24時(22時30分LO) ㊡なし		MAP P206	P207
	ホアヒン	ホアヒン駅	★★★	駅舎	鮮やかな色合いとレトロな雰囲気の駅舎がフォトジェニック。ホームに建つ赤色とクリーム色が美しい王室専用の待合室は外観のみ見学できる。⏲見学自由		MAP P206	P207
	ホアヒン	ホアヒンビーチ	★★	ビーチ	約5kmにわたるホアヒンのメインビーチ。ビーチをのんびり馬に乗って散策するビーチ乗馬体験が名物。 写真提供：タイ国政府観光庁		MAP P206	P207
わ	ホアヒン	ワット・フアイモンコン	★★	寺院	高僧ルアン・プー・トゥアットの巨大像が寺院のシンボル。パワースポットとしても有名。 ⏲5～20時 ㊡なし 写真提供：タイ国政府観光庁		MAP P206	P207
あ	トンブリー	アナンタラ・リバーサイド・バンコク・リゾート		個性派ホテル	チャオプラヤー川西岸沿いに位置し、喧騒から離れてくつろげる。 ㊎B3240～ 客室数281室		MAP P2B4	P213
	シーロム	アマラ・バンコク		おすすめホテルetc.	広々としていてシンプルでスタイリッシュな客室は6タイプが揃う。屋上のバーからの眺めも楽しみたい。㊎サイトを参照 客室数250室		MAP P9D2	P214
	サイアム	インターコンチネンタル・バンコク		おすすめホテルetc.	ゆったりスペースの客室。レストラン「エスプレッソ」のビュッフェが人気。 ㊎B1万～ 客室数381室		MAP P7E3	P214
	スクンビット	ウェスティン・グランデ・スクンビット		おすすめホテルetc.	ウェスティンの代名詞にもなっているオリジナルベッドの「ヘヴンリーベッド」で快適。 ㊎B6500～ 客室数362室		MAP P11D1	P215

カンチャナブリ

ホアヒン

ホテル

タイ国府観光庁

然いっぱ
のカンチ
ナブリを
る。車窓
景色は見
せない

イ湾を望む絶
のロケーショ
。開放感たっ
り

エリア名／店・スポット名	星評価	ジャンル名	ひと言コメント		MAP掲載ページ
サイアム ウォルドーフ・アストリア・バンコク		おすすめホテルetc.	全11タイプの客室が用意されており、シティビューやパークビューを選択できる。 ㊖B1万4000～ 客室数171室		MAP P7D4 P214
サイアム オークラ・プレステージ・バンコク		ラグジュアリーホテル	シックなインテリアで統一された館内は日本語スタッフ、和朝食など日本人向けサービスが充実。 ㊖B7900～ 客室数240室		MAP P7F4 P211
か バンコク南部 カペラ・バンコク		おすすめホテルetc.	チャオプラヤー川沿いにあり、優雅なシティリゾートを体験できる。 ㊖B2万2500～ 客室数101室		MAP P2B4 P215
シーロム クラウン・プラザ・バンコク・ルンピニ・パーク		おすすめホテルetc.	ルンピニ公園まで徒歩5分で、BTSサラデーン駅やMRTシーロム駅にも近い便利な立地。 ㊖サイトを参照 客室数243室		MAP P9E2 P214
スクンビット グランデ・センター・ポイント・ターミナル21・バンコク		おすすめホテルetc.	ショッピングセンター「ターミナル21」(→P136)の上層階に位置し、アクセス至便。 ㊖B6300～ 客室数498室		MAP P11D1 P215
シーロム コモ・メトロポリタン・バンコク		個性派ホテル	アジアと西洋のデザインを融合したインテリアを配したデザインホテル。家具やファブリックに注目。 ㊖B5670～ 客室数171室		MAP P9F3 P213
サイアム コンラッド・バンコク		おすすめホテルetc.	観光客にもビジネスユーザーにも使い勝手のよいホテル。最寄りのプルーンチット駅までは無料送迎がある。㊖B5500～ 客室数391室		MAP P7F4 P214
さ サイアム サイアム・ケンピンスキー・ホテル・バンコク		おすすめホテルetc.	サイアム・パラゴンの裏手にあり、買物やグルメ、市内移動にも便利な立地。 ㊖サイトを参照 客室数397室		MAP P7D3 P214
トンブリー ザ・ペニンシュラバンコク		ラグジュアリーホテル	チャオプラヤー川沿いに立つ、香港の名門ホテル。客室はスタンダードでも約46㎡とゆったりスペース。㊖B1万9000～ 客室数370室		MAP P8A3 P210
王宮周辺 サラ・ラタナコーシン・バンコク		おすすめホテルetc.	白と黒のモノトーンで統一した客室がおしゃれ。バー＆レストランも人気。 ㊖サイトを参照 客室数25室		MAP P4A3 P215
スクンビット JWマリオット・ホテル・バンコク		おすすめホテルetc.	全9タイプの客室はグレーを基調に、ライトウッドのフローリングや大理石、豪華な家具がアクセスに。㊖B6400～ 客室数441室		MAP P12A4 P215
スクンビット シェラトン・グランデ・スクンビット・バンコク		おすすめホテルetc.	BTSアソーク駅に直結し、MRTスクンビット駅へも徒歩すぐという便利な立地。 ㊖B6600～ 客室数420室		MAP P11D1 P215
サトーン・ピア周辺 シャングリ・ラ バンコク		ラグジュアリーホテル	シャングリ・ラ ウイングとクルンテープウイングの2棟から成る大型ホテル。 ㊖B6500～ 客室数802室		MAP P8A3 P211
シーロム スコータイ・バンコク		個性派ホテル	スコータイ王朝時代にタイムトリップしたかのような調度品などで演出した館内。優雅な雰囲気が漂う。㊖B7000～ 客室数233室		MAP P9F3 P212
シーロム スタンダード・バンコク・マハナコン		おすすめホテルetc.	コンパクトにまとまりポップでスタイリッシュ。 ㊖B7415～ 客室数155室		MAP P9D3 P214
サイアム セントレジス・バンコク		おすすめホテルetc.	優雅な雰囲気が漂うラグジュアリーなホテル。8軒のレストランとバーがある。 ㊖B1万2000～ 客室数222室		MAP P7D4 P214
スクンビット ソフィテル・バンコク・スクンビット		おすすめホテルetc.	ソフィテルの東南アジアにおけるフラッグシップ。フランスの洗練された雰囲気が漂う。 ㊖B5750～ 客室数345室		MAP P12B4 P215

夜景を眺めながらナイトプールを満喫

目の前にワット・アルンを望む川沿いのダイニングも人気

南国リゾート風の照明が印象的なロビー

エリア名 / 店・スポット名 ／ 星評価 ／ ジャンル名 ／ ひと言コメント ／ MAP掲載ページ

た

スクンビット
ダブル・ツリー・バイ・ヒルトン・スクンビット・バンコク
個性派ホテル 1970年代のアメリカをイメージしたカジュアルな空間がユニーク。
㊋サイトを参照 客室数177室

MAP P11F2 / P213

シーロム
Wバンコク
個性派ホテル 遊び心あふれるモダンなインテリアが印象的なデザインホテル。SNS映えするスポットもたくさん。
㊋B6250～ 客室数403室

MAP P9D3 / P212

な

サイアム
ノボテル・バンコク・オン・サイアム・スクエア
おすすめホテルetc. サイアムの中心部に位置しており、買物や食事に便利なロケーション。
㊋B5000～ 客室数425室

MAP P6C3 / P214

は

サイアム
パーク ハイアット バンコク
ラグジュアリーホテル 独立した深めのバスタブとレインシャワーが完備されたバスルームでリラックス。プールからの眺めも素敵。㊋サイトを参照 客室数222室

MAP P7F4 / P211

スクンビット
ハイアット・リージェンシー・バンコク・スクンビット
おすすめホテルetc. 5タイプのスイート、10タイプのスタンダードルームを用意。全室床から天井までの窓になっており、眺めは抜群。㊋B7000～ 客室数273室

MAP P12A4 / P215

クンビット通沿いに立ち、'Sナーナー駅直結

サイアム
バイヨーク・スカイ
おすすめホテルetc. 客室は22～74階にあり、眺めは最高。22～45階がスタンダード、46～63階hがスカイ、64～74階がスペースの3つのゾーンに分かれている。㊋B3000～ 客室数658室

MAP P7D2 / P214

トンロー
バンコク・マリオット・ホテル・スクンビット
おすすめホテルetc. 49階のルーフトップバー(→P146)が人気。BTSトンロー駅から徒歩3分なので、移動もスムーズ。
㊋B5500～ 客室数295室

MAP P13B3 / P215

シーロム
バンヤン・ツリー・バンコク
ラグジュアリーホテル 全室ががリビングと寝室が独立したスイート仕様で、ラグジュアリーな滞在が体験できる。
㊋B5120～ 客室数327室

MAP P9F3 / P210

バンコク南部
フォーシーズンズ・ホテル・バンコク
おすすめホテルetc. サトーン船着場とアジアティークの間くらいに位置。ダイニングやスパなど施設が充実し、ホテル滞在を満喫できる。㊋B1万5500～ 客室数299室

MAP P2B4 / P215

ックでエレントな雰気が漂うレミアム・バービュー客室

シーロム
プルマン・バンコク・ホテルG
おすすめホテルetc. 賑やかなシーロム通り沿いに立つホテル。シャワーが独立したバスルームやフローリングなどが快適。
㊋B2660～ 客室数469室

MAP P9D3 / P214

ま

サトーン・ピア周辺
マンダリン・オリエンタル・バンコク
ラグジュアリーホテル 開業時の面影を残すコロニアル調の館内を滞在中に散策したい。客室は伝統的なチーク材やタイシルクを使用。㊋B1万4000～ 客室数331室

MAP P8A3 / P210

トンブリー
ミレニアム・ヒルトン・バンコク
おすすめホテルetc. チャオプラヤー川西岸にあり、アイコンサイアムへも歩いて行ける。無料シャトルボーがサトーン船着場まで出ている。㊋B5330～ 客室数533室

MAP P8A2 / P215

ら

王宮周辺
リヴァ・アルン・バンコク
おすすめホテルetc. コロニアル建築のエッセンスを残した白を基調としたシックな空間。客室からチャオプラヤー川または旧市街の眺めを楽しめる。㊋B4500～ 客室数25室

MAP P4B4 / P215

カオサン
リヴァ・スルヤ・バンコク
おすすめホテルetc. ほとんどの客室に広々としたバルコニーが付いている。客室からのチャオプラヤー川や旧市街の眺めは格別。㊋B4000～ 客室数68室

MAP P4B1 / P215

ャオプラヤー沿いのプールすぐそばは絶バー

サイアム
ルネッサンス・バンコク・ラッチャプラソーン
個性派ホテル 客室は全11タイプで、ガラス張りのバスルームが個性的。
㊋B4800～ 客室数327室

MAP P7E4 / P213

シーロム
ル・メリディアン・バンコク
おすすめホテルetc. BTSサラデーン駅とMRTサムヤン駅の中間に位置。リニューアルして客室や内装、設備などを一新。
㊋B6000～ 客室数282室

MAP P9D2 / P214

サトーン・ピア周辺
ロイヤル・オーキッド・シェラトン・ホテル&タワーズ
おすすめホテルetc. 全室リバービュー。バンコク最大のアンティークモール「リバーシティ」に隣接。
㊋B5050～ 客室数726室

MAP P8A2 / P214

お役立ち！
シーン別！
旅のタイ語

グルメシーン

日本語メニューをもらう
日本語のメニューはありますか？
มีเมนูภาษาญี่ปุ่นไหม
ミー メーヌー パーサー イープン マイ

辛さが気になるとき
あまり辛くしないでください。
ไม่เอาเผ็ด ค่ะ(ครับ)
マイ アオ ペット カップ(カー)

食事が終わったら
お会計をお願いします。
เช็คบิล ด้วย ครับ(ค่ะ)
チェックビン ドゥアイ カップ(カー)

トイレに行きたいとき
トイレはどこですか？
ห้องน้ำ อยู่ ที่ไหน
ホンナム ユー ティーナイ

ショッピングシーン

カードで支払いたいとき
クレジットカードは使えますか？
ใช้บัตรเครดิตได้ไหม คะ(ครับ)
チャイケーディッ(ト)ダイマイ カップ(カー)

服を試着したいとき
試着をしてみてもいいですか？
ลองใส่ได้ไหม คะ(ครับ)
ローン サイ ダイマイ カップ(カー)

ほしいものを買いたいとき
これをください。
ขออันนี้ ค่ะ(ครับ)
コー アンニー カップ(カー)

値段がわからないとき
これはいくらですか？
อันนี้เท่าไหร่ คะ(ครับ)
アンニー タオライ カップ(カー)

ホテルシーン

Wi-Fiを使いたいとき
Wi-Fiのパスワードを教えてください。
ขอรหัสไวไฟหน่อยครับ(ค่ะ)
コー ラハット ワイ ファイ ノーイ カップ(カー)

トラブルシーン

どうしても助けを求めたいとき
助けてください！
ช่วยด้วย
チュアイ ドゥワイ

チェックインしたいとき
予約した○○です。チェックインをお願いします。
จองไว้ชื่อ○○.ขอเช็ค อิน หน่อย
ヂョーン ワイ チュー○○ コー チェックイン ノーイ

盗難に遭ったとき
財布をなくしました。
กระเป๋าหาย ค่ะ(ครับ)
クラパオ ハーイ カップ(カー)

トイレが壊れているとき
トイレが流れません。
ชักโครกไม่ไหล
チャクロー ティーナイ

パスポートを失くしたとき
パスポートを失くしました。
พาสปอร์ตหาย ค่ะ(ครับ)
パーサポート ハーイ カップ(カー)

観光シーン

目的地まで徒歩で行けるか知りたいとき

ここから歩いていけますか？

เดินไปได้ไหม

ドゥーン　パイ　ダーイ　マイ

お店の開店、閉店時間が知りたいとき

営業時間は何時から何時までですか？

เวลาทำการของคุณคืออะไร

プート　タン　ティー　ギー　モーン　トゥン　ギー　モーン

日本語ガイドによるツアーに参加したいとき

日本語のガイドがつくツアーはありませんか？

คุณมีทัวร์พร้อมไกด์ภาษาญี่ปุ่นหรือไม่

ミー　トゥア　ティー　ミー　ガイ　プート　パーサー　イープン　マイ

ツアー中、気になるものがあったとき

あれはなんですか？

นี่อะไร

ニー　アライ

写真を撮りたいとき

写真を撮ってもいいですか？

ถ่ายรปได้ไหม คะ(ครับ)

ターイ　ループ　ダイマイ　カップ(カー)

写真を撮ってほしいとき

写真を撮ってもらえますか？

ถ่ายรูปให้หน่อยได้ไหม

タイループ　ハイ　ノーイ　ダーイ　マイ

入場料を知りたいとき

入場料はいくらですか？

ค่าเข้าเท่าไหร่ คะ(ครับ)

カー　カオ　タオライ　カップ(カー)

チケットが欲しいとき

チケットはどこで買えますか？

ซื้อตั๋วได้ที่ไหน คะ(ครับ)

スー　トゥア　ダーイ　ティーナイ　カップ(カー)

移動シーン

トゥクトゥクの料金交渉のとき

〇〇まではいくらですか？

ไปที่...ราคาเท่าไหร่ คะ(ครับ)

イ　～　ラーカー　タオライ　カップ(カー)

駅の場所をたずねる

駅はどこにありますか？

สถานีอยู่ที่ไหน

サターニー　ロット　ファイ　ユー　ティー　ナイ

タクシーを探しているとき

タクシーはどこでひろえますか？

แท็กซี่อยู่ที่ไหน

タクシー　ユー　ティーナイ

タクシーで行き先を伝えるとき

この住所へ行ってください。

โปรดไปที่ที่อยู่นี้

パイ　ティー　バーレークティー　ニー

目的地までの時間を知りたいとき

〇〇まで何分くらいかかりますか？

ไป〇〇ใช้เวลากี่นาที

パイ　〇〇　チャイ　ウェラー　ギー　ナーティー

基本フレーズリスト

日本語	タイ語	読み方
おはよう、こんにちは、こんばんは、さようなら	**สวัสดี ครับ(ค่ะ)**	サワディー　カップ（カー）
はい／いいえ	**ใช่／ไม่ใช่**	カップ（カー）／マイ
ありがとうございます	**ขอบคุณ ครับ(ค่ะ)**	コープクン　カップ（カー）
ごめんなさい	**ขอโทษ ครับ(ค่ะ)**	コートー　カップ（カー）
どうぞ（何かを促す）	**ชิญ ครับ/ค่ะ**	チュアーン　カップ（カー）

※文末が男女によって異なる。(　) 内が女性

日本語	タイ語	読み方
1	**หนึ่ง**	ヌン
2	**สอง**	ソーン
3	**สาม**	サーム
4	**สี่**	シー
5	**ห้า**	ハー
6	**หก**	ホック
7	**เจ็ด**	ジェット
8	**แปด**	ペート
9	**เก้า**	ガーウ
10	**สิบ**	シゥプ

せかたび バンコク

Sekatabi bangkok

初版印刷　2023年7月15日
初版発行　2023年8月1日

編集人　福本由美香
発行人　盛崎宏行
発行所　JTBパブリッシング
〒135-8165
東京都江東区豊洲5-6-36
豊洲プライムスクエア11階

企画・編集	情報メディア編集部
デスク	矢﨑歩
担当	中野朱夏
取材・執筆	ランズ（北原俊寛、小島浩隆）／粟屋千春
表紙デザイン	中嶋デザイン事務所
デザイン	中嶋デザイン事務所／山﨑デザイン室（山﨑剛）／橋本有希子 BUXUS（佐々木恵里）／office鐵／BEAM／小笠原准子 池内綾乃／村上祥基
表紙イラスト	MASAMI
本文イラスト	MASAMI／テライ アリサ
取材・編集協力	KANYANAT SEEMAKARN／RUJIKAN KULNITTHAROJ CHANCHAYA KITAHARA／木原一美
写真協力	北原俊寛／粟屋千春／鈴木伸／筒井聖子／中田浩資／ウシオダキョウコ 岩井加代子／タイ国政府観光庁／日本アセアンセンター gettyimages／PIXTA
地図	アトリエプラン
印刷所	凸版印刷

編集内容や、乱丁、落丁のお問合せはこちら
JTBパブリッシング お問合せ
https://jtbpublishing.co.jp/contact/service/

Printed in Japan
234591　762160
ISBN978-4-533-15530-7 C2026

本誌掲載の記事やデータは、特記のない限り2023年5月現在のものです。その後の移転、閉店、料金改定などにより、記載の内容が変更になることや、臨時休業等で利用できない場合があります。各種データを含めた掲載内容の正確性には万全を期しておりますが、お出かけの際には電話などで事前に確認・予約されることをおすすめいたします。また、各種料金には別途サービス税などが加算される場合があります。なお、本書に掲載された内容による損害等は、弊社では補償致しかねますので、あらかじめご了承くださいますようお願いいたします。